Ökonomische Leistungsfähigkeit und institutionelle Innovation

Herausgegeben vom Wissenschaftszentrum Berlin für Sozialforschung

Frieder Naschold
David Soskice
Bob Hancké
Ulrich Jürgens (Hg.)

Ökonomische Leistungsfähigkeit und institutionelle Innovation

Das deutsche Produktions- und Politikregime im globalen Wettbewerb

WZB-Jahrbuch 1997

Die Deutsche Bibliothek - CIP-Einheitsaufnahme

Wissenschaftszentrum Berlin für Sozialforschung:
WZB-Jahrbuch ... / hrsg. vom Wissenschaftszentrum Berlin
für Sozialforschung. - Berlin : Ed. Sigma
   ISSN 0945-5159

1997. Ökonomische Leistungsfähigkeit und
institutionelle Innovation. - 1997

**Ökonomische Leistungsfähigkeit und institutionelle
Innovation** : das deutsche Produktions- und Politikregime
im globalen Wettbewerb / [hrsg. vom Wissenschaftszentrum
Berlin für Sozialforschung]. Frieder Naschold ... (Hg.). -
Berlin : Ed. Sigma, 1997
   (WZB-Jahrbuch ... ; 1997)
   ISBN 3-89404-293-1

Copyright 1997 by edition sigma rainer bohn verlag, Berlin.
Alle Rechte vorbehalten. Dieses Werk einschließlich aller seiner
Teile ist urheberrechtlich geschützt. Jede Verwertung außerhalb
der engen Grenzen des Urheberrechtsgesetzes ist ohne schriftliche
Zustimmung des Verlags unzulässig und strafbar. Das gilt insbesondere für Vervielfältigungen, Mikroverfilmungen, Überset-
zungen und die Einspeicherung in elektronische Systeme.

Konzeption und Gestaltung: Johannes Rother, Berlin
Druck: Fuldaer Verlagsanstalt, Fulda
Printed in Germany

Inhalt

Einführung

Zur Bedeutung der Institutionen in der Wirtschaftsentwicklung
Frieder Naschold und David Soskice 9

I Rahmenbedingungen und Trends

Ökonomische Leistungsfähigkeit und institutionelle Innovation – Das deutsche Produktions- und Politikregime im globalen Wettbewerb
Frieder Naschold 19

II Reengineering von Prozeßketten

Schnittstellen des deutschen Produktionsregimes Innovationshemmnisse im Produktentstehungsprozeß
Ulrich Jürgens und Inge Lippert 65

Regimewandel und Prozeßkettenreengineering in der globalen Telekommunikationsindustrie
Christoph Dörrenbächer, Heinz-Rudolf Meißner, Frieder Naschold und Leo Renneke 95

Restrukturierung der kommunalen Dienstleistungsproduktion – Innovationsfähigkeit deutscher Kommunen in internationaler Perspektive
Maria Oppen und Alexander Wegener 151

Ökologisierung der Arbeit und die Innovationsfähigkeit der industriellen Beziehungen
Eckart Hildebrandt und Eberhard Schmidt 183

III Erosion oder Restrukturierung der Governance-Strukturen auf betrieblicher, zwischen- und überbetrieblicher Ebene

Vorsprung, aber nicht länger (nur) durch Technik – Die schnelle Anpassung der deutschen Automobilindustrie an neue internationale Wettbewerbsbedingungen
Bob Hancké — 213

Nationale Institutionengefüge und innovative Industrieorganisation: Zulieferbeziehungen in Deutschland
Steven Casper — 235

Innovationskrise in der deutschen Industrie? Das deutsche Innovationssystem der neunziger Jahre
Carsten Becker und Sigurt Vitols — 251

Diversifizierte Qualitätsproduktion bei Lufthansa – Ein institutioneller Ansatz zur Unternehmensstrategie
Mark Lehrer — 269

IV Divergenz und Konvergenz von Regimen

The Political Economy of Adjustment in Germany
Peter A. Hall — 293

Technologiepolitik, Innovation und nationale Institutionengefüge in Deutschland
David Soskice — 319

Identity, Procedural Knowledge, and Institutions: Functional and Historical Explanations for Institutional Change
Bruce Kogut — 349

Einführung

Zur Bedeutung der Institutionen in der Wirtschaftsentwicklung

Frieder Naschold und David Soskice

Das WZB-Jahrbuch 1997 kreist um zwei aufeinander bezogene Themenkomplexe: um das wissenschaftspolitische Interesse an der Bedeutung institutioneller Innovationen einerseits, um den gesellschaftspolitischen Problembezug zur „Standortdebatte" andererseits. Diese beiden Schwerpunkte resultieren aus den Kerninteressen der beiden WZB-Abteilungen „Regulierung von Arbeit" und „Wirtschaftswandel und Beschäftigung", die dem Band zugrunde liegen: den institutionellen Determinanten und Mechanismen in der Entwicklung nationaler Ökonomien und den Innovationsentwicklungen des soziopolitischen Institutionengefüges in einer internationalisierten Weltwirtschaft. Zusammengeführt werden dabei Ansätze des ökonomischen und sozialwissenschaftlichen Institutionalismus und der neueren Politischen Ökonomie. Auf den Punkt gebracht, geht es in diesem Jahrbuch um Analysen der Wechselwirkung von ökonomischer Performanz – beschrieben in Kennziffern der Produktivität und Innovation –, Beschäftigung und Wohlfahrt mit den innovativen wie retardierenden Entwicklungen des gesellschaftspolitischen Institutionengefüges auf der Mikro- und Makroebene von Politik und Ökonomie.

Dieser Theorieperspektive liegt als reale Problematik die Kontroverse zur Ortsbestimmung der bundesrepublikanischen Wirtschaft und Politik beim Übergang ins 21. Jahrhundert zugrunde. Die „Standortdebatte", wie sie weithin geführt wird, verkürzt unseres Erachtens die Problematik des „deutschen Produktions- und Politikregimes im globalen Wettbewerb" allzu oft auf die simple Dichotomie von einzelwirtschaftlicher Kostenperspektive und politischer Deregulierungs-, also Deinstitutionalisierungsperspektive einerseits, eine voreilige Apologie des Strukturkonservatismus und der nationalhistorischen Pfadabhängigkeit andererseits. Wir halten viele der in dieser Debatte vorgetragenen Diagnosen und Therapien für ein perspektivloses Zerrbild der bundesrepublikanischen Realität. Das Jahrbuch versucht – im Einklang mit verwandten vorausgehenden Arbeiten – , einer solchen verkürzten Standortdebatte entgegenzuwirken.

Noch ein drittes Merkmal kennzeichnet die Arbeit beider WZB-Abteilungen: der international vergleichende Ansatz. Die Einzelbeiträge sind allesamt aus einer distinkt international-vergleichenden Perspektive auf der Basis langjähriger Projekte geschrieben und gehen dadurch methodisch über einschlägige Veröffentlichungen ähnlicher Stoßrichtung hinaus. Sie beinhalten dabei einen Vergleich mehrerer nationaler Konfigurationen, der EU-Staatenwelt und/oder der Triade. Diese methodischen Perspektiven erschließen wir uns vor allem über internationale Fallvergleichsstudien auf der Unternehmens- und Sektorebene, die in der Regel abgeglichen sind mit makropolitischen und gesamtwirtschaftlichen, oft quantifizierten Rahmenentwicklungen.

Übergreifendes Ziel der Jahrbuch-Beiträge ist es, exemplarische Themen theoretischer wie empirischer Art zum Zusammenhang von ökonomischer Performanz und institutioneller Innovation darzustellen. Dabei wird in einer eher grundsätzlichen Betrachtungsweise von der Rolle von Institutionen in der ökonomischen Entwicklung die Rede sein; dieser Gesichtspunkt wird anhand des deutschen Produktions- und Politikregimes spezifiziert und anhand hinreichend gesicherter empirischer Evidenzen konkretisiert. Der Schwerpunkt des Bandes liegt somit in den eingehenderen Analysen der allgemeinen Trends und Problemstellungen anhand exemplarischer Teilbereiche.

Die nachfolgenden Beiträge stehen in dem angesprochenen Bezugsrahmen des Zusammenhangs von ökonomischer Performanz und institutioneller Innovation am Standort Deutschland (vgl. dazu auch Kapitel I). Dabei ist das Jahrbuch nicht einer einzigen Perspektive verpflichtet, sondern orientiert bewußt auf die Präsentation durchaus unterschiedlicher Akzentuierungen.

Der Band thematisiert im einzelnen drei unterschiedliche, jedoch zusammenhängende Ebenen. Zunächst geht es im Kapitel II um das *„Reengineering" von Prozeßketten.* Hier liegt der Schwerpunkt der arbeitspolitisch orientierten Studien auf der Ebene des betrieblichen und zwischenbetrieblichen Arbeits- und Produktionsprozesses im privaten und öffentlichen Sektor und dessen Internationalisierungstendenzen.

Im Beitrag „Schnittstellen des deutschen Produktionsregimes – Innovationshemmnisse im Produktentstehungsprozeß" von *Ulrich Jürgens* und *Inge Lippert* wird an die Diskussion über Innovationsschwächen des Industriestandorts Deutschland angeknüpft; es werden unter Bezug auf eigene Forschungsergebnisse der Autoren Faktoren untersucht, die diese Schwächelagen begründen. Im Zentrum steht die These, daß das deutsche Produktionsregime spezifische „Rigiditäten" der Arbeitsteilung erzeugt, die sich negativ auf die Performanz von Produktentstehungsprozessen auswirken und die Richtung und das Ausmaß der Reorganisation im Hinblick auf neue Konzepte der Produktentstehung maßgeblich beeinflussen. Jürgens und Lippert zeigen, daß sich fachliche und funktionale Orientierungen im deutschen System wechselseitig stützen und eine nach wie vor stark versäulte Struktur der gesellschaftlichen Arbeitsteilung zur Folge haben, die sich der Prozeßkettenorientierung – organisatorisch und mental – nur schwer öffnet und konservative Lösungen bei der Umsetzung der neuen Konzepte begünstigt. Der Befund, daß die nationalspezifischen Schnittstellenstrukturen zu spezifischen Problemen für die Kommunikation und Kooperation in Prozeßketten der Produktentstehung führen, wird durch eigene Forschungsergebnisse auch in ländervergleichender Perspektive unterstrichen. Allerdings gibt es auch gravierende Probleme mit den neuen Konzepten. Eine Lösung dieser Probleme kann jedoch nicht in einem Festhalten an den „alten Strukturen" liegen. Der „Stein der Weisen" scheint demnach nicht in der Übernahme universell gültiger Konzepte zu liegen, sondern in der adäquaten Anpassung neuer Strukturmerkmale an die zugrundeliegenden national- und unternehmensspezifischen Besonderheiten.

Marktliberalisierung und technologische Innovationsdynamik haben die Koordinationsbedingungen (Governance-Struktur) in der Telekommunikationsindustrie in den letzten zehn Jahren radikal verändert. Vor allem die europäischen und japanischen Herstellerunternehmen stehen vor der doppelten Herausforderung, ihre vormals oft quasimonopolistischen Positionen auf ihren Heimatmärkten gegen die internationale Konkurrenz zu verteidigen und dabei zugleich selbst auch die internationalen Märkte zu erschließen. Gleichzeitig erfordert der Technologiewettbewerb immer höhere Investitionen ebenso wie komplexere technologische Kompetenzen, die oftmals nur noch durch Kooperationen mit anderen Unternehmen – zunehmend auch in horizontalen Kooperationen zwischen Wettbewerbern – bereitgestellt werden können. Die Untersuchung „Regimewandel und Prozeßkettenreengineering in der globalen Telekommunikationsindustrie" von *Christoph Dörrenbächer, Heinz-Rudolf Meißner, Frieder Naschold* und *Leo Renneke* zeigt, daß insbesondere Siemens durch seine historische Stärke und durch die staatliche Politik der inkrementellen Liberalisierung des deutschen Betreibermarktes eine gute Ausgangsposition im internationalen Wettbewerb hat. Anhand der empirischen Fallstudie der Verfasser zum bisherigen Verlauf der strategischen Allianz zwischen den Unternehmen Siemens und Newbridge zur Entwicklung neuester Breitband-Technologie kann in einer international vergleichenden Perspektive auf exemplarische Weise die stark pfadabhängige Entwicklung des deutschen Unternehmens beim Aufbau seiner technologischen und manageriellen Kompetenzen gezeigt, zugleich aber auch der Internationalisierungsprozeß seiner Strukturen illustriert werden. Die Strategie einer horizontalen Kooperation im Falle Siemens-Newbridge verweist auf eine Abkehr vom bisherigen Vorgehen der Akquisition und des internen Wachstums. Auch bei der Organisationsintegration zeigen sich Elemente, die über eine Erhaltungsstrategie hinaus auf eine Symbiosestrategie deuten. Diese zielt auf die Nutzung der komplementären „Assets" ab und indiziert bei Siemens in gewissem Maß eine Abkehr von ethnozentrischen Internationalisierungsmustern. Die Herausforderung an die Evolutionsfähigkeit von Siemens und an die deutsche Herstellerindustrie liegt in der durchgängigen Internationalisierung der Unternehmensstrukturen und -prozesse und in der Überwindung des ethnozentrischen Erbes des „Hoflieferanten"-Status sowie in der Anpassungsfähigkeit an neue Technologielinien und Kundenbedürfnisse. Dabei mischen sich Elemente der inkrementalen Erweiterung evolutionärer Kapazitäten mit leisen, vorerst noch kaum wahrnehmbaren Signalen der Strukturbeharrung.

Im Beitrag „Restrukturierung der kommunalen Dienstleistungsproduktion – Innovationsfähigkeit deutscher Kommunen in internationaler Perspektive" von *Maria Oppen* und *Alexander Wegener* geht es um die Restrukturierung des Produktionsprozesses öffentlicher Dienstleistungen am Beispiel der Kommunalverwaltung, die gegenwärtig unter dem Schlagwort „New Public Management" in allen OECD-Staaten zu beobachten ist. Die Internationalisierung der Wirtschaft wie auch der ökonomischen Krisenerscheinungen und der politischen und gesellschaftlichen Umbrüche hat entscheidend zu einer tendenziellen Universalisierung der Reformkonzepte im öffentlichen Sektor beigetragen. Denn aufgrund der ökonomischen und funktionalen Austauschbeziehungen zwischen öffentlichem und privatem Sektor entsteht im internationalen Maßstab ein erheblicher Anpassungsdruck hinsichtlich der Effizienz der Leistungserstellungsprozesse ebenso wie ein Innovationsdruck auf die Gestaltung der Leistungsangebote und deren Qualität. Skizziert werden die konvergenten ausländischen Entwicklungen in Hinsicht auf zentrale Elemente der Reform der Dienstleistungsproduktion mit ihren drei Phasen des Umbaus der Aufbau- und Ablaufstrukturen und der Steuerungssysteme, der Verbesserung der Leistungsprozesse und -produkte sowie der Ansätze grundlegender Restrukturierungen („reengineering"). Als dynamisierende Elemente des Wandels werden speziell neue Formen des Wettbewerbs sowie der Integration der Kunden-/Bürgerperspektive in den Blick genommen. Ausgehend von dem bis zu Beginn der neunziger Jahre vorherrschenden deutschen Modell der kommunalen Leistungsproduktion wird der Frage nach den förderlichen und hemmenden Basisinstitutionen, Akteurskonstellationen und vorgängigen Reformerfahrungen für den begonnenen Prozeß der aufholenden Modernisierung hierzulande nachgegangen. Als besondere Potentiale sind das Institutionengefüge mit den Elementen breiter dezentraler Aufgabenverantwortung und Selbstverantwortung sowie Anbieterpluralität und mindestens punktuelle Reformerfahrungen auf den Gebieten direkter Bürgerbeteiligung und kooperativer Leistungsgestaltung hervorzuheben. Das komplexe und traditionell konsensorientierte Akteursnetzwerk in Deutschland behindert dagegen eher die Bildung durchsetzungsfähiger Reformkoalitionen.

In der Diskussion um die internationale Wettbewerbsfähigkeit der bundesdeutschen Wirtschaft gewinnt die Berücksichtigung umweltpolitischer Anforderungen durch die Unternehmen eine steigende Bedeutung. Umstritten ist dabei, ob und in welcher Form die Beschäftigten und ihre Interessenvertretungen in die Ökologisierung der Wertschöpfungskette einbezogen werden und welchen Beitrag sie zu sozial-ökologischen Innovationen leisten können. Unter Anwendung des Konzepts der „intermediären Organisation" werden in dem Beitrag „Ökologisierung der Arbeit und die Innovationsfähigkeit der industriellen Beziehungen" von *Eckart Hildebrandt* und *Eberhard Schmidt* eigene Untersuchungen zur Entwicklung der Regulierungsmuster und den institutionellen Innovationen in der Bundesrepublik Deutschland und vergleichend in den Ländern der Europäischen Union ausgewertet. Grundtendenzen identifizieren die Autoren in der Verschiebung umweltpolitischer Regelungsformen zu Mesokorporatismus und Akteursnetzwerken, in neuen Formen der Selbstorganisation des Umweltschutzes auf der Unternehmensebene mit teilweise partizipatorischen Personalstrategien sowie in der Transformation des Systems der industriellen Beziehungen.

Die grundlegende Frage nach der Öffnung oder Schließung dieses Systems gegenüber umweltpolitischen Anforderungen muß im Ergebnis sehr differenziert beantwortet werden. Die gesellschaftliche Bedeutung der Gewerkschaften und ihre Verpflichtung auf Lebensqualität eröffnen ihnen den Zugang zum Diskurs über die Grundstrategien der Umweltpolitik. Im formellen System industrieller Beziehungen muß dagegen eher eine Schließung gegenüber umweltpolitischen Fragen konstatiert werden, wobei an den Rändern durchaus neue Themenkarrieren, Regulierungsformen und institutionelle Innovationen entstehen, die mit der generellen Transformation der industriellen Beziehungen einhergehen. Eine wichtige Dynamik geht schließlich von einer beteiligungsorientierten Unternehmenspolitik aus, die das Spannungsverhältnis zwischen direkter Partizipation und institutioneller Interessenrepräsentation erhöht.

Das III. Kapitel dieses Bandes befaßt sich mit den *„Governance"-Strukturen* inner-, zwischen- und überbetrieblicher Art. Die Beiträge aus der Abteilung „Wirtschaftswandel und Beschäftigung" fragen nach Erosionserscheinungen bzw. Restrukturierungsstrategien der für das deutsche Produktions- und Politikregime wichtigen Koordinierungsmechanismen.

Seit langem gilt die Automobilindustrie in Deutschland als das Paradebeispiel des deutschen Produktionsregimes. Diese Branche, in der die „Diversifizierte Qualitätsproduktion" (DQP) eine wichtige Rolle spielt, ging zwischen 1991 und 1994 durch eine unerwartete, schwere Krise. Der Beitrag „Vorsprung, aber nicht länger (nur) durch Technik – Die schnelle Anpassung der deutschen Automobilindustrie an neue internationale Wettbewerbsbedingungen" von *Bob Hancké* befaßt sich mit einem Aspekt dieser Krise: dem Zusammenhang von Produktentwicklung, Produktionsabläufen und Zuliefererstrukturen sowie deren Umstrukturierung. Hancké legt dar, wie die großen deutschen Automobilunternehmen bei ihren Anpassungsstrategien vor allem die Senkung ihrer Kosten durch einen Externalisierungsprozeß im Auge hatten. Auslösendes Moment dieser strategischen Orientierung war die Tatsache, daß in Deutschland durch die starke Position von Gewerkschaften und Betriebsräten Massenentlassungen und Lohnsenkungen nahezu unmöglich waren. Gerade weil also eine kurzfristige Kostenstrategie durch die Reduktion der Gesamtlohnsumme für Unternehmen sehr schwierig war, wählten sie die Strategie der weitgehenden Externalisierung.

Das in den achtziger Jahren überaus erfolgreiche deutsche Innovationsmodell ist nach der heftigen Krise Anfang der neunziger Jahre mehr und mehr in die Kritik geraten. Mit Hinweis auf die Zahl internationaler Patentanmeldungen wird u.a. kritisiert, daß die deutsche Industrie zu wenig in den zukunftsträchtigen High-Tech-Industrien vertreten sei. Allerdings gehen die Meinungen darüber auseinander, welche Strategien nunmehr eingeschlagen werden sollten; in die aktuelle Diskussion fließen sehr unterschiedliche

Vorschläge ein. Es werden beispielsweise niedrige Unternehmenssteuern sowie eine bessere Risikokapital-Versorgung empfohlen, aber es wird auch eine Deregulierung der Arbeitsbeziehungen verlangt. Unklar ist vielfach, wie die verschiedenen Reformbestrebungen zusammenhängen und vor allem zusammenwirken.

Gegenstand der Untersuchung „Nationale Institutionengefüge und innovative Industrieorganisation: Zulieferbeziehungen in Deutschland" von *Steven Casper* ist das rechtliche Regelwerk in Deutschland für die „Just-in-time"-Zulieferungen. Die wachsenden Haftungsrisiken für Lieferanten wie Endhersteller eröffnen ein neues Konfliktfeld zwischen Unternehmen. Dabei geht es sowohl um die Begrenzung der Möglichkeiten für große Unternehmen, Risiken auf kleine Unternehmen abzuwälzen, als auch um die Begrenzung strategischer Konflikte zwischen den Endherstellern und den Zulieferern. Casper bezeichnet es als Nachteil, daß deutsche Gesetze die neu entstandenen Mischformen und Varianten zwischenbetrieblicher Beziehungen bei „Just-in-time"-Zulieferungen nicht adäquat regeln. Infolgedessen wenden sich große Unternehmen der Automobilindustrie entweder vom Bezug auf gesetzliche Regelungen ab oder nutzen ihre Verhandlungsmacht, um neue und in ihrer Legalität unklare Verträge zu entwickeln, die sie zu ihrem Vorteil gestalten. Der Autor untersucht auch den Entstehungsprozeß neuer rechtlicher Leitlinien. Die Entwicklung neuer Rechtsgrundsätze durch Richterrecht findet gegenwärtig nicht statt, da die großen Unternehmen gerichtliche Auseinandersetzungen scheuen, um Präzedenzfälle zu verhindern. Die Entwicklung von rechtlich gangbaren Wegen durch Unternehmensverbände wird zuweilen als Alternativmöglichkeit angesehen. Deutschland hat den Vorteil, über eine Vielfalt von Organisationen und Zusammenschlüssen zu verfügen, durch die Unternehmen für viele Probleme Lösungen finden und verbreiten können. Allerdings haben in der Automobilindustrie Interessenkonflikte zwischen Endherstellern und Zulieferern so gut wie jeden Fortschritt verhindert. Nur in der Elektronikindustrie gab es einen gewissen Fortschritt bei der Regelung offener Fragen und Probleme im Kontext von „Just-in-time"-Zulieferungen.

In dem Beitrag „Innovationskrise in der deutschen Industrie? Das deutsche Innovationssystem der neunziger Jahre" von *Carsten Becker* und *Sigurt Vitols* wird eine „breite" Definition nationaler Innovationssysteme zugrunde gelegt, die neben Industrieunternehmen weitere innovationsrelevante Institutionen wie das Bildungs-, das Forschungs-, das Technologietransfer- und das Finanzierungssystem einbezieht. Es soll verdeutlicht werden, daß das deutsche Innovationsmodell vorrangig inkrementale, weniger jedoch radikale Innovationen unterstützt. Reformbestrebungen, die sich z.B. an angloamerikanischen Innovationssystemen orientieren, müssen daher in Deutschland sehr umsichtig ausgelegt werden, um zu vermeiden, daß die bei inkrementalen Innovationen unbestreitbaren Stärken des deutschen Innovationsmodells unbeabsichtigt geschwächt werden. Die Autoren weisen auf die große Bedeutung des Bildungs- und Forschungssystems sowie intermediärer Institutionen für einen funktionierenden Innovationsprozeß hin.

In dem Beitrag „Diversifizierte Qualitätsproduktion bei Lufthansa – Ein institutioneller Ansatz zur Unternehmensstrategie" von *Mark Lehrer* wird die strategische Anpassung der Lufthansa an veränderte Wettbewerbsbedingungen in den achtziger und neunziger Jahren beschrieben. Der Autor schildert den Versuch, in den achtziger Jahren das Äquivalent einer „diversifizierten Qualitätsproduktion" auch für den Luftverkehr zu entwickeln; er beschreibt das Scheitern der DQP-Strategie sowie dessen Gründe; und er geht auf die Krise von 1992, den Turnaround und die 1995 geschaffene neue Konzernstruktur ein. Mit Rückgriff auf die jüngste Forschung über den Einfluß nationaler Institutionengefüge auf die Produktmarkt- und Innovationsstrategien von Unternehmen wird argumentiert, daß das deutsche Institutionengefüge die Lufthansa solange begünstigt hatte, wie die Luftfahrtindustrie durch einen kontinuierlichen technischen Fortschritt charakterisiert war, während es ab Mitte der achtziger Jahre ein Hindernis für die Lufthansa darstellte, als veränderte Marktbedingungen radikalere Innovationen notwendig machten. Zwei institutionelle Faktoren werden besonders betont: zum einen die Art der Entscheidungsprozesse auf Spitzenebene in deutschen Unternehmen, zum anderen der betriebsinterne Arbeitsmarkt für Manager. Weil die Lufthansa dem deutschen Muster in diesen Punkten weitgehend entsprach, war sie nach Ansicht des Autors in der Fähigkeit eingeschränkt, sich den veränderten Rahmenbedingungen des Luftverkehrs anzupassen. In jüngster Zeit hat die Lufthansa organisatorische Reformen vorgenommen, die u.a. darauf abzielen, die durch das nationale Institutionengefüge bedingten Nachteile auszugleichen.

Im IV. Kapitel befaßt sich das Jahrbuch auf ländervergleichender Ebene von *Regimes* mit der Frage nach der Divergenz oder Konvergenz nationalstaatlicher Koordinationsprofile im internationalen Systemwettbewerb.

Ziel des Beitrags „The Political Economy of Adjustment in Germany" von *Peter A. Hall* ist es, in einer breiten und vergleichenden Analyse die mit dem Strukturwandel in Deutschland verbundenen Herausforderungen und Bewältigungskapazitäten neu zu betrachten. Dieser Essay, der andere empirische Beiträge dieses Jahrbuchs einbezieht, ist vor allem explorativer Natur und darauf angelegt, Diskussionen in Gang zu setzen und neue Interpretationen zu stimulieren. Das Hauptargument des Beitrags lautet, daß die Internationalisierung der Wirtschaft, obgleich sie auch einen Strukturwandel auslöst, zugleich bestehende institutionelle Vorteile der verschiedenen OECD-Länder verstärkt. Diese These wird anhand des deutschen Modells illustriert.

Der Beitrag „Technologiepolitik, Innovation und nationale Institutionengefüge in Deutschland" von *David Soskice* untersucht die Entwicklungsvoraussetzungen für Innovationen in Deutschland, die sich substantiell von dem entsprechenden Muster in den USA oder in Großbritannien unterscheiden. Soskice vertritt die These, daß die in Deutschland vorherrschenden Formen von Innovationen – Entwicklungen in kleinen Schritten bei technischen und chemischen Spitzenprodukten – langfristiges Kapital, sehr kooperative Gewerkschaften und mächtige Arbeitgeberverbände, ein effizientes Berufsausbildungssystem sowie eine enge, langfristige Zusammenarbeit zwischen Unternehmen einerseits und Forschungsinstituten bzw. Universitätseinrichtungen andererseits voraussetzen. (Den für die USA und Großbritannien typischen hochtechnologischen Basisinnovationen sind im Gegensatz dazu weniger regulierte Marktbedingungen förderlich.) Diese Bedingungen werden durch das Institutionengefüge erfüllt, in dessen Rahmen die Unternehmen in Deutschland operieren. Für den beschriebenen Innovationstyp ist nach Ansicht des Verfassers die Technologiepolitik in Deutschland angemessen und wichtig. Darüber hinaus kann das Institutionengefüge – vor allem die mächtigen Unternehmensverbände – die „Collective-action"-Probleme lösen, denen die in Deutschland vorherrschende Technologiepolitik normalerweise ausgesetzt wäre.

Der Beitrag „Identity, Procedural Knowledge, and Institutions: Functional and Historical Explanations for Institutional Change" von *Bruce Kogut* diskutiert kritisch neuere ökonomische Theorieinnovationen, von denen einige implizit den anderen Beiträgen des Jahrbuchs zugrunde liegen. Die Hauptthese lautet, daß diese Theorien, die kollektive Aktionen auf ihren korporativen Ausdruck reduzieren, für eine Erklärung des institutionellen Wandels nicht hilfreich sind. In solch turbulenten Perioden verschiebt sich nämlich der Schwerpunkt von der Stabilität, die korporative Akteure gewähren, hin zu den „beliefs" der Individuen über ihre Lage. Folglich kann das (vor allem unterschwellige) Prozeßwissen, das koordinierte Märkte erfordern, in solchen Situationen nicht vorausgesetzt werden, da Individuen die nichtreflexiven Routinen abschütteln, die sie zu normativ vorgeschriebenem Verhalten zwingen. Der institutionelle Wandel wirft deshalb die Frage auf, wie „Common sense"-Begriffe des koordinierten Handelns entstehen. Diese Thesen werden abgerundet durch eine Untersuchung von Veränderungen in Arbeitsprozessen in der Weimarer Republik und durch eine Diskussion der Frage, warum Verhaltensänderungen in Ostdeutschland nicht durch die Installierung westdeutscher Institutionen erreicht wurden.

I Rahmenbedingungen und Trends

Ökonomische Leistungsfähigkeit und institutionelle Innovation

Das deutsche Produktions- und Politikregime im globalen Wettbewerb

Frieder Naschold

Die Thematik des WZB-Jahrbuchs 1997 verbindet eine sehr kontroverse Sachdiskussion mit einer komplizierten Theorie- und Methodendebatte. Es geht um die vergleichende Einschätzung der bundesrepublikanischen Wirtschaftsentwicklung, exemplifiziert an Branchen, Unternehmen und Organisationen des privaten und des öffentlichen Sektorsaus einer konzeptionellen Perspektive des Zusammenwirkens von institutionellen und ökonomischen Faktoren. In diesem Beitrag möchte ich ein Stück Bestandsaufnahme beider Diskussionsstränge vornehmen. Die dazu vorgetragenen Skizzen und Thesen beziehen dabei selbst Position. Die hier vertretene These der „leisen und schleichenden Signale nachlassender Evolutionsfähigkeit" – auf hohem Ausgangsniveau – wird von vielen, wenn auch sicherlich nicht allen Beiträgen des Jahrbuchs getragen.

1. „Catching-up", Rekonstruktion und wirtschaftliche Konvergenz: langfristiges Wirtschaftswachstum und Institutionen in der Nachkriegszeit

Die Interpretation langfristiger historischer Wachstumsverläufe und ihrer Divergenzen wie Konvergenzen zwischen einzelnen Ländern gab schon immer Anlaß zu wissenschaftlichen wie gesellschaftspolitischen Kontroversen. Besonders kontrovers sind im letzten Jahrzehnt die empirischen Befunde und theoretischen Konzeptionalisierungen der „mechanics of economic development" (Lucas 1988) der Nachkriegszeit und zugespitzt des „making a miracle" (Lucas 1993) im Nachkriegsdeutschland einerseits und in den ost- und südostasiatischen Ländern andererseits.

Im deutschen Fall spitzte sich die Diskussion auf die Ursachen des deutschen „Wirtschaftswunders" und dessen Verblassen zu. Die gegensätzlichen Einschätzungen lassen sich besonders prägnant an einer expliziten Kontroverse zu diesem Thema festmachen (siehe Giersch et al. 1992; Dornbusch et al. 1993; Dumke 1990 und den Überblick bei Klump 1995).

In ihrer ausführlichen Studie über „Das verblassende Wunder" betonen Giersch et al. 1992 den engen Zusammenhang zwischen der deutschen Wirtschaftsordnung, also den wichtigsten institutionellen Arrangements in der Bundesrepublik, ihren Veränderungen und der jeweiligen Wirtschaftsentwicklung. Dornbusch et al. (1993) stellen in einer Besprechung jenes Buchs diese Sichtweise vehement in Frage. Danach unterscheidet sich die langfristige Entwicklung in der Bundesrepublik in ihrer Grundstruktur wenig von derjenigen in anderen westlichen Industriestaaten, selbst wenn diese teilweise andere Wirtschaftsordnungen aufweisen.

> "The authors want us to believe that superior performance in the early period is due to free market economics and poor performance later to a lag thereof. But it is doubtful that free market economics has really been that important in the case of Germany. In fact, Germany does not really differ that much from the experience of a large group of countries" (Dornbusch et al. 1993, S. 884).

Als alternative Erklärung für das langfristige Entwicklungsmuster der deutschen Wirtschaft verweisen Dornbusch et al. dabei auf die Theorie des „catching-up". Internationale Unterschiede bezüglich der Technologie- und Produktivitätsentwicklung ziehen nach dieser Theorie Konvergenzprozesse nach sich, in deren Verlauf die zunächst rückständigen Länder sich dem Entwicklungsniveau der führenden Länder annähern. Mit der „catching-up"-Hypothese eng verwandt ist die Theorie der Rekonstruktionsperiode, die als ein Erklärungsmuster für die langfristige Wirtschaftsentwicklung der Bundesrepublik in jüngeren wirtschaftshistorischen Darstellungen herangezogen wird (vgl. Abelshauser 1983; Jánossy 1966; Klump 1995, S. 29ff.). Dumke (1990) hat eine Kombination von Rekonstruktions- und Konvergenztheorie entwickelt und in einer umfangreichen ökonometrischen Untersuchung auf die Nachkriegsentwicklung der Bundesrepublik angewendet. Die Ergebnisse scheinen gegen eine besondere Bedeutung des bundesdeutschen Institutionengefüges für das „Wirtschaftswunder" zu sprechen:

> "Forms of supergrowth also appear in other countries – e.g. Japan, Austria, Italy – without the introduction of the 'social market economy' ... which questions the beneficial influence of special German institutional virtues" (Dumke 1990, S. 486).

Gemäß der „catching-up"-Theorie, so schon Abramowitz (1986), lassen sich internationale Unterschiede im ökonomischen Entwicklungsstand zu einem überwiegenden Teil auf Unterschiede in der Produktivität der eingesetzten Produktionsfaktoren zurückführen. Diese stehen wiederum im Zusammenhang mit der Art und der Effizienz der verwendeten Produktionstechnologien. Existiert eine Produktivitäts- und Technologielücke zwischen einem hoch und einem weniger entwickelten Land, so erschließt die prinzipielle Verfügbarkeit der besseren Technologie dem armen Land ein Potential für ein rapides aufholendes Wachstum. Im Aufholprozeß konvergiert dann das Produktivitätsniveau des rückständigen Landes mit dem Niveau des technologisch führenden Landes. Implizit liegt der Konvergenzhypothese ein Modell des internationalen Technologietransfers zugrunde, wonach rückständige Länder mit relativ geringen, im Extremfall gar keinen Kosten am Technologiestand fortgeschrittener Länder partizipieren können (Klump 1995, S. 31f.).

Als komplementär zur „catching-up"-Theorie ist die Theorie der Rekonstruktionsperiode aufzufassen. Während die „catching-up"-Theorie auf die internationale Dimension der unterstellten Konvergenzprozesse abhebt, betont die Rekonstruktionstheorie die intertemporalen Aufholeffekte innerhalb eines Landes. Danach gibt es in jedem Land einen langfristig relativ konstanten Wachstumstrend, der durch die Zahl und die Qualifikationsstruktur der Arbeitskräfte bestimmt ist. Kommt es dann durch „exogene Schocks", also Kriege oder schwere Wirtschaftskrisen, zu einer beträchtlichen Abweichung vom Trendwachstum, so setzt eine Rekonstruktionsperiode ein, in deren Verlauf die betroffene Volkswirtschaft durch überdurchschnittlich hohe Wachstumsraten wieder Anschluß an den langfristigen Wirtschaftstrend gewinnt. Das somit vorhandene und weiter steigende Wachstumspotential stößt jedoch im Zuge der Rekonstruktionsperiode an seine Grenzen.

> „For the catching-up thesis, reconstruction may provide a reason for high temporary post-WW II growth, while the empirical test of the productivity gap thesis indicates a way to account for the rate of improvement in the long run which the latter could not explain" (Dumke 1990, S. 474).

Die scheinbare Bestätigung von „catching-up"- und Rekonstruktionstheorie im Falle des bundesrepublikanischen Wirtschaftswunders ordnet sich ein in die breite Diskussion zur Wirtschaftsentwicklung der Nachkriegszeit, insbesondere im Vergleich zu den USA und anderen westlichen Industrieländern (Baumol 1986; Maddison 1991). Auch hier scheinen die ersten Befunde dafür zu sprechen, daß die wirtschaftliche Entwicklung entscheidend von der technisch-ökonomischen Grundausstattung der Produktionsfaktoren geprägt wird und daß die oben genannten internationalen und intertemporalen Mechanismen zu länderübergreifenden Konvergenzprozessen führen. Dem gesellschaftlichen Institutionengefüge kommt in dieser Perspektive keine größere Relevanz zu.

Ein solches, lange Zeit dominierendes „ökonomistisches" Interpretationsmuster zeigte jedoch bald gravierende Schwachstellen (zu einem Überblick siehe Klump 1995):

- In die jeweiligen Untersuchungssamples waren nur die erfolgreichen Länder – mit Konvergenzprozessen – , nicht jedoch die weniger erfolg-

reichen Fälle wirtschaftlicher Entwicklung – mit Divergenzprozessen – einbezogen.
- Intertemporal zeigten sich ganz unterschiedliche Entwicklungen in der Zeit zwischen und nach den Weltkriegen; in der Zeit zwischen dem Ersten und Zweiten Weltkrieg dominierten eher Divergenzprozesse, nach dem Zweiten Weltkrieg eher Konvergenzprozesse.
- Die historischen wie länderspezifischen Differenzen widerlegen somit die Annahme relativ homogener Konvergenztrends; es existieren vielmehr ganz unterschiedliche Ländergruppen mit unterschiedlich konvergenten respektive divergenten Entwicklungsdynamiken, also sogenannte „Konvergenz-Clubs"; es kann daher keinesfalls von einer absoluten, sondern nur von einer „bedingten Konvergenz" gesprochen werden.
- Die unterschiedliche Ausgangsposition der einzelnen Länder wie das unterschiedliche Tempo möglicher Konvergenzprozesse sind nicht gleichsam von einem naturwüchsigen Nullpunkt aus zu erklären, sondern selbst schon das Produkt unterschiedlicher „social capabilities" (Abramowitz 1986), also des Ensembles gesellschaftlicher Institutionen auf der Mikro- und Makroebene.

Unterschiedliche Ausgangslagen, unterschiedliche Entwicklungstempi und unterschiedliche "bedingte Konvergenzprozesse" der einzelnen westlichen Industrieländer lassen sich folglich nur sehr begrenzt durch "catching-up"- und Rekonstruktionsprozesse erklären. Es ist das Wechselspiel von ökonomischen Produktionsfaktoren und gesellschaftlichem Institutionengefüge auf der Mikro- wie Makroebene, das zur Erklärung der langfristigen Wachstumsprozesse der Nachkriegszeit heranzuziehen ist.[1]

Dieser Wirkungszusammenhang von ökonomischer Performanz und Institutionengefüge mit seinen innovativen Entwicklungen und stagnativblockierenden Tendenzen kann durch eine differenzierte Analyse der bundesrepublikanischen Wirtschaftsentwicklung weiter spezifiziert und illustriert werden. Die einschlägigen Analysen (so insbesondere Crafts 1992; Cassiers 1994; Klump 1995) erbringen zugleich langfristige empirische Evidenz zur Standortdebatte, die über die häufig tagespolitisch orientierten und motivierten Kontroversen hinausgehen. Die Untersuchung von Crafts (1992) differenziert die Wirtschaftsentwicklung der Bundesrepublik nach den drei Perioden 1950 bis 1960, 1960 bis 1973 und 1979 bis 1988 und bereinigt dabei das tatsächliche Wachstum des Bruttoinlandsprodukts pro Arbeitsstunde durch einen hypothetischen Wachstumsbonus, der unter Berücksichtigung von "catching-up"- und Rekonstruktionseffekten berechnet wurde. Selbst bei Abzug des relativ hohen Wachstumsbonus von knapp drei Prozent blieb in den fünfziger Jahren das Wachstum in der Bundesrepublik mit

---

1 Eine spiegelbildliche Debatte mit ähnlichen Schlußfolgerungen von Länderdivergenzen, „bedingter Konvergenz" und der Rolle von „social capabilities" finden wir in der regionalökonomischen und regionalpolitischen Diskussion der EU im Kontext der regionalen Strukturpolitik (siehe zuletzt mit Literaturüberblick Busch et al. 1997; Heinelt et al. 1997).

über vier Prozent im internationalen Vergleich außerordentlich hoch. Hingegen liegen die Werte in den achtziger Jahren, bereinigt um einen geringeren Wachstumsbonus von 0,3 Prozent, unter dem Durchschnitt anderer Industrieländer (Crafts 1992, S. 400f.; Klump 1995, S. 38ff.).

Die Studie von Cassiers (1994) arbeitet mit den gleichen Daten und dem gleichen Schätzansatz wie Dumke, unterscheidet jedoch, ähnlich wie Crafts, nach zwei Perioden (1950 bis 1960 und 1960 bis 1980). Dabei ergibt sich, daß in der Zeit des „Wirtschaftswunders" während der fünfziger Jahre nur etwa 60 Prozent der relativen Abweichung der deutschen Wachstumsraten gegenüber dem OECD-Durchschnitt – durch Rekonstruktion 46 Prozent und durch Konvergenz 14 Prozent – erklärt werden können. Es verbleibt somit ein ganz erheblicher unerklärter Rest von 40 Prozent. In der Zeit nach 1960 liegen hingegen die deutschen Wachstumsraten unter dem OECD-Durchschnitt, während nach den Modellschätzungen die Wirksamkeit von Rekonstruktions- und Konvergenzeffekten weiterhin zu einer überdurchschnittlichen Entwicklung hätte beitragen müssen. So ergibt sich auch für diese zweite Periode ein hoher unerklärter Rest.

Gemäß unserem Argumentationsgang geben diese hohen Residuen in beiden Perioden, die zusätzlich auch noch ein unterschiedliches Vorzeichen aufweisen, massiven Anlaß zur Relativierung der Konvergenzhypothese im Kontext rein ökonomistischer Modellierung. Es empfiehlt sich vielmehr, nach den landesspezifischen Voraussetzungen für „catching-up" und Rekonstruktion zu fragen:

> "The econometric results, interpreted with the necessary caution, can serve as a stimulating point of departure for country studies ... the pace at which the potential for catching-up is actually realized in a particular economy depends on a broad range of economic, social and political factors" (Cassiers 1994, S. 902).

Für den theoretischen Zusammenhang von ökonomischer Performanz und institutionellem Arrangement besteht demnach, in der zusammenfassenden Bewertung Klumps (1995, S. 39f.),

> „angesichts der differenzierten Ergebnisse der neueren ökonomischen Untersuchungen ... somit keine Veranlassung, die Bedeutung ordnungspolitischer Faktoren (d.h. des Institutionengefüges auf Mikro- und Makroebene) für die Wirtschaftsentwicklung der Bundesrepublik mit dem Hinweis auf Konvergenz- und Rekonstruktionseffekte zu verwerfen. Die Bereinigung um den Einfluß dieser Sonderfaktoren, die auch in anderen Ländern Wirksamkeit entfalteten, macht vielmehr erst deutlich, in welcher Weise das Wirtschaftswachstum in Deutschland während der 50er Jahre als ein 'Wirtschaftswunder' anzusehen war und wie stark der Einbruch in der Folgezeit im internationalen Vergleich ausfiel. Beide Sonderentwicklungen lassen sich gut mit den ordnungspolitischen Entwicklungen in Deutschland in Verbindung bringen".

2. Entwicklung von Produktivität und Produktionsregime

Der Zusammenhang von ökonomischer Entwicklung und gesellschaftlichem Institutionengefüge konnte in den ökonomischen Analysen nur auf der Basis hochaggregierter wie approximierter Konzepte zur Abbildung gesellschaftlicher Institutionen nachvollzogen werden. Ich will diese Analyse der Wechselwirkungen in etwas spezifizierterer Weise ergänzen, indem ich auf die Komplementarität von ökonomischer Entwicklung, ausgedrückt in Stundenproduktivität, und dem jeweils dominanten Produktionsregime, also dem Ensemble von Institutionen der ökonomischen Wertschöpfung, verweise. Auch hier läßt sich die komplexe und kontroverse Diskussion nur in stilisierter und linearisierter Form abbilden, um einige inzwischen weithin akzeptierte Zusammenhänge aufzuzeigen (vgl. Hollingsworth/Boyer 1997; Borrus/Zysman 1997 und viele andere).

Abbildung 1: Entwicklung von Produktivität und Produktionsregime

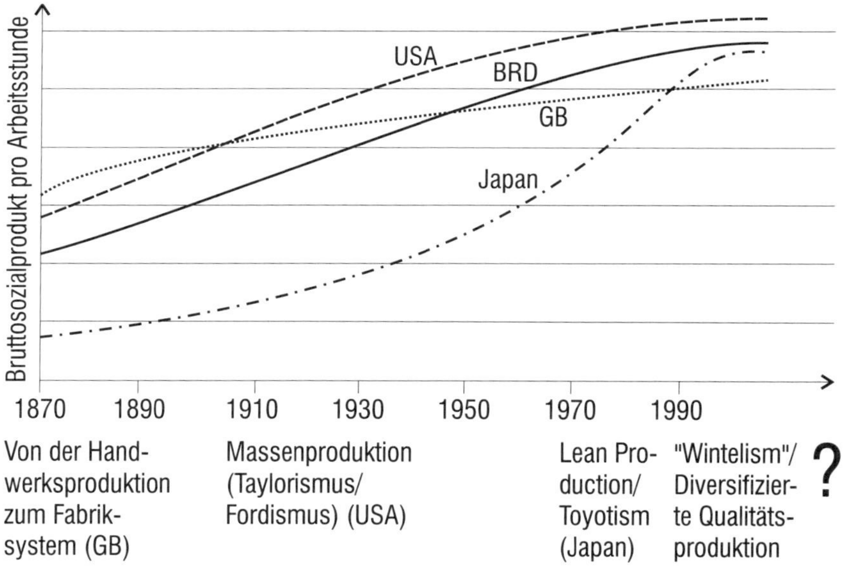
Bruttosozialprodukt pro Arbeitsstunde
USA
BRD
GB
Japan
1870
1890
1910
1930
1950
1970
1990
Von der Handwerksproduktion zum Fabriksystem (GB)
Massenproduktion (Taylorismus/ Fordismus) (USA)
Lean Production/ Toyotism (Japan)
"Wintelism"/ Diversifizierte Qualitätsproduktion
?

Quelle: Skizze auf der Basis von Maddison (1991) und Extrapolationen von T. Sasaki, Japan Productivity Center (schriftliche Mitteilung).

Abbildung 1 verweist – in stark schematisierter Form – auf eine Reihe von in unserem Kontext relevanten Entwicklungszusammenhängen, von denen einige stichpunktartig benannt seien:

- In den langfristigen Entwicklungstrends wird der historische Wandel in der globalen Produktivitätshierarchie deutlich: Großbritannien als Ursprungsland des Kapitalismus wurde in den Produktivitätsniveaus bald von den USA überflügelt, die seither eine bis heute unangefochtene Spitzenposition in der Produktivitätshierarchie einnehmen. Imposant sind die „catching-up"-Prozesse von Wirtschaftswunderländern wie Bundesrepublik Deutschland und insbesondere Japan, die Großbritannien erheblich hinter sich gelassen haben und dicht an das US-amerikanische Produktivitätsniveau herangekommen sind (Maddison 1991).
- Deutlich wird aber auch, daß die Dynamik der „catching-up"-Trends, insbesondere in Ländern wie Japan und Deutschland, zunehmend erschöpft zu sein scheint, während umgekehrt die USA nach der relativen Stagnation der siebziger und achtziger Jahre seit Ende der achtziger Jahre vor allem in der „manufacturing productivity" einen neuen Aufschwung zu erleben scheinen (vgl. u.a. EU Competitiveness Report 1997; Council on Competitiveness 1996). Die spannende entwicklungsstrategische Frage liegt in einem Trendbruch der bisherigen Konvergenzentwicklung zwischen den USA einerseits und Japan und Deutschland andererseits. Einige Anzeichen sprechen für neue Divergenzprozesse: gleichsam ein „reversed catching-up" der US-Ökonomie und umgekehrt eine erheblich nachlassende Wachstumsdynamik in den beiden „Wirtschaftswunderländern" (Council on Competitiveness 1996).
- Den Wandlungen in der globalen Produktivitätshierarchie entsprechen in etwa gleichgerichtete Veränderungen in den dominanten Produktionsregimes als den jeweils distinkten und international weithin diffundierten Ensembles der Institutionen des Wertschöpfungsprozesses. Auf die in diesem Zusammenhang bestehende Kontroverse über Universalismus oder Landesspezifik von Produktionsregimes kann ich an dieser Stelle nicht eingehen. Dem paradigmatischen Wandel der Produktionsregimes von der Handwerksproduktion zum klassischen Fabriksystem mit seinem Ursprung in Großbritannien folgte das Regime der tayloristisch-fordistischen Massenproduktion, entwickelt in den USA und zugespitzt im Toyotismus/„lean production"-Modell japanischer Genese. In der Literatur wird zur Zeit noch kontrovers diskutiert, wieweit diese Form der Massenproduktion ihrerseits in eine flexible, spezialisierte, qualitätsorientierte Massenproduktion transformiert wird, die ein hohes Maß an universeller Verbreitung aufweist (Hollingsworth/Boyer 1997), oder in ein neues Produktionsregime des „Wintelismus" (Borrus/Zysman 1997), einer Kombination von Architektur-Standard-Kernprozessen bei ausgelagerten transnationalen Produktionsketten.
- In allen Aussagen über den Zusammenhang von Produktivitätsentwicklung und Wandel des Produktionsregimes wird jedoch ein grundsätzlicher Wirkungsmechanismus überdeutlich: Transformationen des Produktionsregimes entwickeln sich immer im Kontext einer nachhaltigen Produktivitätsherausforderung; sie erzeugen zugleich nicht nur einfach eine neue technisch-ökonomische Faktorkonstellation, sondern eine

größere Sozialinnovation inner-, zwischen- und überbetrieblicher Art. Größere Produktivitätsschübe stehen umgekehrt wiederum in enger Verbindung mit der Rekonfiguration soziopolitischer Kräfte, Trends und Strukturen auf der Mikro- und Makroebene, also weitreichenden Veränderungen des Produktionsregimes.
- Als Nebenbefund der Debatte zum Zusammenhang von Produktivitätsentwicklung und Produktionsregime wird für den deutschen Kontext zugleich auch deutlich: Das für Deutschland charakteristische Produktionsregime der „diversifizierten Qualitätsproduktion" hat sicherlich lange Zeit eine vielbeachtete Nischenposition, nie jedoch eine international dominierende Orientierungsfunktion eingenommen.

3. Zur Genese und Funktion von Institutionen in der Wirtschaftsentwicklung: zwischen neo-institutionalistischer, neo-schumpeterianischer und neo-polanyischer Perspektive

Diese Darlegung hat bis hierher den Institutionenbegriff undifferenziert und gleichsam als Black Box verwendet. Die Literatur präsentiert jedoch eine verwirrende Vielfalt ganz unterschiedlicher Vorstellungen von „Institutionen", ihren Strukturprinzipien und Wirkungsweisen im Zusammenhang mit ökonomischen Entwicklungen, und dies mit stark divergierenden anwendungsbezogenen Konsequenzen. Um dem Differenzierungsbedarf für die weitere Argumentation gerecht zu werden, will ich die Bandbreite der in diesem Zusammenhang relevanten Institutionenkonzepte anhand der Abbildung 2 auf der nächsten Seite grob skizzieren.

Im Zusammenhang der hier zu führenden Diskussion sind drei Ansätze von Institutionenkonzeptionen von besonderem theoretischem, empirischem und anwendungsbezogenem Interesse: neo-institutionalistische, neo-schumpeterianische und neo-polanyische Ansätze (vgl. Hollingsworth/Boyer 1997; Freeman/Soete 1994):
- Die Genese von Märkten gilt in der neo-institutionalistischen Perspektive als ein Resultat der Selbstregulation der ökonomischen Agenten und der freiwilligen Bildung von extraökonomischen Institutionen. Diese erzeugen positive und negative Anreizsysteme, beschränken sich allerdings auf einen möglichst begrenzten Satz außerökonomischer Instanzen. Ökonomischer Institutionenwandel vollzieht sich tendenziell in einem graduellen Modus, es sei denn, daß Rigidisierungen aufgrund pfadabhängiger „lock in"-Effekte eintreten.
- In der neo-schumpeterianischen Perspektive hingegen entstehen Märkte immer aus der Kombination von Selbstregulation und autonomen extraökonomischen, vor allem staatlichen Interventionen. Gesellschaftliche Institutionen bringen dabei durch kollektive, gesellschaftliche Kräfteverhältnisse geschaffene „beneficial opportunities and constraints" hervor

(Streeck 1997), die vor allem in den jeweiligen „nationalen Systemen der Innovation/Produktion" (Freeman/Soete 1994) verankert sind. Ökonomischer und institutioneller Wandel sind integrale Entwicklungen und vollziehen sich in längerfristigen Zyklen „schöpferischer Zerstörung" und Erneuerung.

Abbildung 2: Institutionen: neo-institutionalistische, neo-schumpeterianische und neo-polanyische Ansätze

	Neo-Institutionalismus	Neo-Schumpeterianismus	Neo-Polanyismus
I Genese von Märkten	Selbstregulation von Agenten durch freiwillige Bildung von Institutionen	Selbstregulation, unterstützt von extraökonomischer Intervention	gesellschaftliche „embeddedness" von Märkten und soziopolitische Konstruktion
II Struktur von Institutionen	generalisierte positive und negative Anreizsysteme	durch gesellschaftliche Kräfteverhältnisse geschaffene „beneficial opportunities and constraints"	internalisierte und externalisierte „Zwangsmechanismen"
III Reichweite der extraökonomischen Institutionen	begrenzter Satz wirtschaftsnaher Instanzen	nationales System der Innovation/Produktion	gesamtgesellschaftliche Konfiguration
IV Wandlungsmodus	tendenziell gradueller Wandel, ggf. „lock in"-Effekte	längerfristige Zyklen von „schöpferischer Zerstörung" und Erneuerung	„Zähmung" neuer Märkte durch Inkorporation in gesellschaftliche Kultur- und Machtsysteme
V Interventionsmodus bei Wandlungsproblemen	De-Institutionalisierung (De-Regulierung)	Unterstützung und Beschleunigung der Innovationszyklen	kultur- und machtpolitische Regulation emergenter Märkte

- In der neo-polanyischen Perspektive findet sich eine weitreichende Radikalisierung der neo-schumpeterianischen Betrachtungsweise: Märkte sind tief in der Gesellschaftskonstellation „eingebettet" und bilden soziopolitische Konstruktionen aus; Institutionen sind folglich über traditionelle Werte internalisierte und über politische Macht externalisierte „Zwangs"mechanismen als Ausdruck einer gesamtgesellschaftlichen Konfiguration; ökonomischer und institutioneller Wandel stellt eine tiefgreifende säkulare Transformation der „Zähmung" neuer Märkte durch deren Inkorporierung in gesellschaftliche Kultur- und Machtsysteme dar.

Die drei Konzeptionen von Institutionen und ökonomischem Wandel weisen weitreichende Differenzen auf. Besonders markant im hier wesentlichen Diskussionszusammenhang sind die Unterschiede in der Konzeptualisierung von Problemen im Strukturwandel. In der neo-institutionalistischen Sicht reduzieren sie sich vor allem auf Friktionen von „lock in"-Effekten; ihre Lösung wird in der Deregulierung des erstarrten Institutionengefüges, also in De-Institutionalisierungsstrategien gesehen. Probleme im Strukturwandel werden in neo-schumpeterianischer Sicht als die oft tiefgreifenden Übergangsschwierigkeiten im Innovationszyklus aufgefaßt; die Beschleunigung und Unterstützung der zyklischen Entwicklung ist danach das Mittel der Wahl zur Krisenbewältigung. In der neo-polanyischen Perspektive hingegen entstehen Transformationskrisen aus den Ungebändigtheiten der Märkte und können zum Zusammenbruch des Gesellschaftsgefüges führen, soweit nicht eine kulturelle wie machtpolitische Zähmung und Nutzbarmachung eben dieser Märkte gelingt.

4. Das Produktions- und Politikregime der Bundesrepublik

Wenn den institutionellen Faktoren ein so großes Gewicht in der Wirtschaftsentwicklung zukommt und wenn hierin eine Quelle erheblicher länderspezifischer Heterogenität liegt, dann gilt es, die jeweilige Spezifik dieses Institutionengefüges näher zu erfassen. Im folgenden soll deshalb auf der Ebene des Nationalstaates das Produktions- und Politikregime in Deutschland kurz skizziert werden.

In der einschlägigen nationalen und internationalen Diskussion hat sich ein überraschend hoher Konsens herausgebildet, daß die Spezifika der Produktion und Politik nicht einfach nur einen lockeren Satz von Einzelfaktoren darstellen. Sie können vielmehr als ein Komplementaritätsverhältnis politischer, sozialer und ökonomischer Merkmale begriffen werden, das als Produktions- und Politikregime, also als Ensemble von Institutionen, Praktiken und Normen der „politics in production" und der „politics of production" (Burawoy 1985) zusammengefaßt werden kann – vor allem auch und immer noch auf der Ebene des Nationalstaates (vgl. zuletzt Hollingsworth/ Boyer 1997).

Des weiteren besteht ein erstaunlich hoher Konsens über die wichtigsten spezifischen Merkmale des Produktions- und Politikregimes in Deutschland, über dessen Kernbestandteile die Abbildung 3 eine Übersicht liefert (vgl. Jürgens/Naschold 1994; Soskice 1996):

Abbildung 3:   Das Produktions- und Politikregime in Deutschland

Produktionsregime	Politikregime
I Sektorstruktur und Makrostrategien Breite Sektorspezialisierung in höherwertigen Technologien und in qualitätsorientierten und preiselastischen Nachfragesegmenten; Exportorientierung; unterentwickelte und relativ geschützte Dienstleistungsmärkte Dominanz interner und externer Geldwertstabilität; neo-merkantilistische Exportförderung; relativ geschützte binnenwirtschaftliche Sektoren *II* Unternehmensstruktur Funktional und hierarchisch segmentierte Unternehmensorganisation Breite "mittlere" Qualifikationsstruktur (insbesondere Facharbeit und Beruflichkeitsprinzip) Technologietransfer zwischen Wirtschaft und Wissenschaft *III* Interorganisatorische Kooperationsstruktur Inner-, zwischen- und überbetriebliche Koooperationsverflechtungen zwischen Firmen und dem System industrieller Beziehungen	Dezentrale Politik- und Machtstrukturen hoch organisiertes Parteien- und ausdifferenziertes korporativistisches Verbändesystem horizontale und vertikale Konsenspolitik ausdifferenzierter Wohlfahrtsstaat als Transfersystem mit relativ hohem Kompensationsniveau standardisierte öffentliche Dienstleistungsproduktion bei begrenzter Innovationsentwicklung

Als wichtigste Merkmale des deutschen Regimes lassen sich unter knappem Hinweis auf relevante internationale Vergleichsdimensionen herausarbeiten:

– Das Charakteristische in der Sektorstruktur der deutschen Wirtschaft liegt, ähnlich wie bei Japan, in der außergewöhnlichen Breite des Spezialisierungsprofils; dabei liegen die traditionellen Schwerpunkte in den industriellen Clustern hochwertiger Technologien der Chemie, des Maschinenbaus und der Fahrzeugindustrie und einer starken Exportorientierung in qualitativ hochwertigen, preissensiblen Marktsegmenten; charakteristisch ist zudem ein international vergleichsweise gering ausgeprägter, oft auch wenig wettbewerbsintensiver Dienstleistungssektor.

- Auf dieses Spezialisierungsmuster sind die Strategien und Praktiken der Makro- und Mikropolitik ausgerichtet: Stabilität des internen wie externen Geldwertes, neo-merkantilistische Züge der Exportförderung, protektionistisch angelegte Wettbewerbspolitik gegenüber niedergehenden Industriebranchen und binnenländischen Dienstleistungssektoren.
- Für die Funktionsweise der Mikroökonomik und Mikropolitik der deutschen Industrieunternehmen ist ihre eher klassische, funktional und hierarchisch segmentierte Unternehmensorganisation prägend. Ein international besonders beachtetes Kernmerkmal liegt in der außergewöhnlichen Breite des mittleren Qualifikationsniveaus – dem „deutschen Facharbeiter" und seiner distinkten Beruflichkeit. Hinzu tritt ein intensiver Technologietransfer zwischen den industriellen Sektoren und der deutschen Wissenschaftslandschaft. Ein solches Unternehmensprofil steht in deutlichem Kontrast zu einer dominanten Prozeß- und Projektorientierung von Unternehmen, einem Modell der Wissensakkumulation, das stärker „On-the-job-training" als „Frontloading" und „Beruflichkeit" betont, und einer sehr direkten Symbiose von Wissenschaft und Wirtschaft, wie wir sie vor allem von den modernen Wirtschaftssektoren der USA und Japans kennen.
- Der hohe korporativistische Institutionalisierungsgrad und eine vorherrschende Konsenspolitik kennzeichnen die „politics in production" wie auch die „politics of production"; sie unterscheiden sich deutlich von weniger dicht institutionalisierten und eher auf „arm's length relationship" angelegten Systemen wie z.B. dem angelsächsischen Typus.
- Ein Hauptmerkmal des deutschen Politikregimes liegt in seiner komparativ außergewöhnlich dezentral angelegten politischen Macht- und Kompetenzverteilung. Zusammen mit einem ausdifferenzierten und hoch organisierten Parteien- und Verbandssystem haben sich sehr komplexe Verflechtungsstrukturen in der Meso- und Makropolitik herausgebildet.
- Der operative Vollzug der deutschen Politik beruht auf einem öffentlichen Sektor, der hohe funktionale Berufsfachlichkeit mit standardisierter Qualitätsproduktion seiner Dienstleistungen verknüpft, jedoch nur begrenzte Anpassungsfähigkeit gegenüber Flexibilitäts-, Zeit- und Innovationsanforderungen aufweist.
- Ein ausdifferenziertes und hinsichtlich des Kompensationsniveaus international recht hoch entwickeltes System sozialer Sicherung zielt auf eine relativ stabile Funktionsweise gegenüber den Externalitäten des Produktionsregimes auf der Basis hoher Produktivitätszuwächse ab.

Ergänzend ist auf zwei Entwicklungsdynamiken aufmerksam zu machen, die für die Funktionsweise des deutschen Produktions- und Politikregimes gerade im internationalen Vergleich als besonders prägnant einzuschätzen sind:

- Trotz dreimaligem tiefgreifendem Systemwechsel innerhalb der letzten hundert Jahre der deutschen Geschichte haben sich die Grundzüge des deutschen Produktions- und Politikregimes als erstaunlich zeitstabil erwiesen. Dies trifft für das Ausbildungs- und Wissenschaftssystem mit seiner funktionalen Beruflichkeit und seinem Spezialisierungsprofil ebenso zu wie für die Grundstruktur des politischen Systems und des deutschen Wohlfahrtsstaates. Das deutsche Produktions- und Politikregime ist somit durch ein besonders hohes Maß an historischer Pfadabhängigkeit gekennzeichnet.

– Das deutsche Politik- und Produktionsregime ist in vergleichender Perspektive als relativ eng gekoppeltes System anzusehen, dessen Grundstrukturen je nach Umweltkonstellation einen entgegengesetzten Funktionsmodus aufweisen können: In Zeiten relativer Umweltstabilität bilden sich vergleichsweise eng abgestimmte Koordinationsmodi zwischen den einzelnen Komponenten gleichsam in Form eines „virtuous circle" aus. In Zeiten von Umweltturbulenzen mit hohen Zeit- und Flexibilitätsanforderungen droht diese Funktionsweise in einen „vicious circle" mangelnder Anpassungsflexibilität umzuschlagen. Und genau hierin könnte eines der gegenwärtigen Zentralprobleme des deutschen Produktions- und Politikregimes liegen.

5. Konvergente Struktur-, divergente Performanzeinschätzung: transnationale Hauptlinie der deutschen Standortdiskussion

So hoch der Übereinstimmungsgrad bezüglich des Strukturprofils ist, so divergent sind die Einschätzungen der ökonomischen und politischen Performanz des deutschen Produktions- und Politikregimes. Dieser Dissens betrifft die gegenwärtige Positionsbestimmung der Bundesrepublik im internationalen Wettbewerb, noch mehr jedoch die Einschätzung der prospektiven Entwicklungsdynamik. Im folgenden sollen einige besonders markante – auch ausländische – Positionen in dieser Debatte in idealtypischer Zuspitzung skizziert und auf die zentralen Diskussionskontroversen bezogen werden.

Es sind insbesondere vier deutlich unterscheidbare, z.T. sogar entgegengesetzte Einschätzungen, die die deutsche Standortdebatte bestimmen:

– Die Initiativen zur Standortdebatte der beginnenden neunziger Jahre diagnostizieren eine sich verschärfende Struktur-, im wesentlichen Kostenkrise des deutschen Wirtschaftsstandortes (vgl. Naschold 1994a; Giersch et al. 1992 und viele andere). Als Hauptursache wird sehr eindeutig eine Kombination von mesopolitisch induzierten Arbeitskosten und makropolitisch produzierter Überregulierung diagnostiziert, die auch mangelnde industrielle und institutionelle Innovationsfähigkeit nach sich zieht. Zusammengenommen führt diese Kumulation der Folgewirkungen in einer globalisierten Ökonomie die deutsche Wirtschaft in eine Scherenentwicklung nachlassender Kostenwettbewerbsfähigkeit am „unteren Ende" und

Abbildung 4: Kontroverse Positionen zur ökonomischen Performanz des Produktions- und Politikregimes in Deutschland

Dimensionen	*I* Struktur-(Kosten)-Krise (Ba.-Württ. Zukunftskommission 1993)	*II* Konjunkturkrise (und externe Schocks) (DIW 1995; GD V 1997)	*III* Erosion der Innovationsdynamik (McKinsey 1997; Priewe 1997)	*IV* absolute komparative Vorteile/ Nachteile (Borrus/Zysman 1997)
I Ökonomische Performanz	Erosion der Wettbewerbsposition wegen Arbeitskosten und Überregulierung	konjunkturell bedingte Anpassungsproblematik	nachlassende Innovationsfähigkeit auf hohem Wettbewerbsniveau	säkular sich verschärfende Erosion der Wettbewerbsfähigkeit wegen traditioneller Sektorstruktur
II Institutionengefüge	Überregulierung, Überverflechtung, Überkompensation	stukturelle Basisoptimalität der wichtigsten Institutionen	institutionelle Inflexibilisierung und Nicht-Anpassungsbedarf	mangelnde Anpassungsfähigkeit des Institutionengefüges
III Mikropolitik der Unternehmen	zurückbleibender Sektorwandel	Modernisierung der traditionellen Sektorstruktur	sektoraler „Strukturkonservatismus"	Mangel an radikalem Reengineering auf Unternehmensebene und Mangel an Produkt-, Prozeß- und Organisationsinnovation
IV Makropolitik von Staat und Verbänden	zu weitreichende Konzertierung	makropolitische Fehlsteuerung als zentraler Verursachungskomplex im Kontext der Vereinigung	makropolitische Fehlsteuerung verschärft Innovationsproblematik	makropolitische Fehlsteuerung insbes. auf der geld- und fiskalpolitischen Seite verschärft Sektorstrukturproblem
V internationales Umfeld	Globalisierungsdruck und Scherenentwicklung zwischen High-Tech- und Niedriglohnländern	Globalisierung als verschärfende Rahmenbedingung	Globalisierung als verschärfende Rahmenbedingung	Dynamik globaler Hochtechnologieökonomien gegenüber traditionellen Sektorstrukturen
VI Veränderungsstrategien	institutioneller Regimewechsel	Sicherung der Basisoptimalität bei Sektoranpassung und Koordinierung der Makropolitik	breite Institutionenreform und beschleunigter sektoraler Strukturwandel im Dienstleistungs- und High-Tech-Bereich	Transformation der Unternehmen und Sektorstruktur in Hochtechnologieökonomien

nachlassender Innovationswettbewerbsfähigkeit am „oberen Ende" des Marktes, also sowohl hinsichtlich des Kostenwettbewerbs bei gehobenen Standardgütern gegenüber Niedriglohnländern wie des Qualitäts- und Innovationswettbewerbes bei kundenspezifischen Hochpreisprodukten gegenüber Hochtechnologieländern. Ein solcher Teufelskreis ist nicht mehr durch traditionelle Strukturanpassung, sondern letztlich nur noch durch einen institutionellen Regimewechsel in Richtung auf ein – nicht näher spezifiziertes – angelsächsisches Wirtschafts- und Gesellschaftsmodell zu durchbrechen.

- Den Gegenpol in dieser Debatte stellt die These von der konjunkturellen Krise, verstärkt um einige strukturelle Aspekte, dar (vgl. DIW 1995, S. 653ff.; Generaldirektion V 1997). Bei gegebener Basisoptimalität der Strukturen des ökonomischen und politischen Systems werden die anstehenden Probleme des Wirtschafts-, Produktivitäts- und Beschäftigungswachstums vor allem in einer makroökonomischen Fehlsteuerung (im Kontext der deutschen Vereinigung) gesehen. Diese Fehlsteuerung wird zusätzlich noch durch sektorale Probleme verschärft, etwa durch einen unterentwickelten, nur begrenzt wettbewerbsfähigen Dienstleistungssektor. Globalisierungstendenzen stellen eine problemverschärfende Rahmenbedingung dar, nicht jedoch einen zentralen Erklärungsfaktor wie in der vorgenannten Interpretation. Konsequenterweise wird die richtige Krisenbewältigungsstrategie vor allem in einer verbesserten Makropolitik gesehen, d.h. einer national wie international konzertierten Geld- und Währungs-, Fiskal- und Lohnpolitik.
- Nicht in einer Kostenkrise oder der Konjunkturentwicklung, sondern in der längerfristig nachlassenden Innovations- und zum Teil auch Produktivitätsdynamik sieht eine dritte Position die zentrale Strukturproblematik der Bundesrepublik (vgl. den Literaturüberblick bei Priewe 1997 sowie McKinsey 1997). Die deutsche Wirtschaft befindet sich, so die dezidierte Gegenthese zur Strukturkrisen-Interpretation, immer noch auf einem international hohen Leistungsniveau. Nimmt man allerdings die führenden Ökonomien wie die USA oder Japan und nicht OECD- oder EU-Durchschnittswerte zum Maßstab, verweist der sich vergrößernde Rückstand besonders bei Produktinnovationen auf eine strategische Schwachstelle des deutschen Produktions- und Politikregimes. Die bundesrepublikanische Wirtschaft hat beim dynamischen Wandel der Sektorstruktur der Volkswirtschaften der USA und Japans nicht mithalten können. Das mangelnde Wandlungsvermögen ist wesentlich auf institutionelle Inflexibilitäten und eine geringe Anpassungsfähigkeit des deutschen Institutionengefüges im betrieblichen, sektoralen und nationalen Innovationssystem zurückzuführen, wird jedoch durch makroökonomische Fehlsteuerung verschärft und durch den Globalisierungsdruck offengelegt. Eine Kombination von Institutionenreform, Innovationsentwicklungen im privaten und öffentlichen Sektor auf der Mikro- und Mesoebene sowie die Anpassung der sektoralen Wirtschaftsstruktur charakterisiert die zentrale Stoßrichtung einer entsprechenden Veränderungsstrategie.

- Vor allem in der US-amerikanischen und auch japanischen Diskussion wird auf einen Problemkomplex der „deutschen (und europäischen) Krankheit" hingewiesen, der in den oben genannten Positionen zwar angedeutet, jedoch nie systematisch analysiert und strategisch eingeordnet wird (vgl. zum folgenden etwa Zysman et al. 1996; Fransman 1995): Die traditionelle Sektorspezialisierung der Bundesrepublik und der sehr begrenzt und sehr verzögert sich vollziehende Strukturwandel in Richtung auf die hochtechnologischen Sektoren der Industrie und vor allem der Dienstleistungsbereiche hat die Bundesrepublik nicht nur um die entsprechenden Einkommens- und Beschäftigungszuwächse gebracht, sondern auch sektorale „spill-over"-Effekte gleichsam verschenkt. In den High-Tech-Sektoren liegen absolute komparative Vorteile begründet, die über konstante bzw. wachsende Skalenerträge, dynamische „Learning-by-doing"-Effekte und oligopolistische Renten zu kaum mehr einholbaren Wettbewerbsvorsprüngen führen. Die Bundesrepublik als klassisches Industrieland – noch dazu mit traditioneller Sektorprägung bei geringen, wenig kompetitiven Dienstleistungsanteilen – verliert somit kontinuierlich an Boden gegenüber „Hochtechnologieökonomien", in denen der High-Tech-Sektor in der Tat quantitativ schon so große Anteile erreicht hat, daß seine Entwicklungsdynamik gesamtwirtschaftlich markante Ausstrahleffekte auf Wachstum, Beschäftigung und Innovationsdynamik aufweist. Für Länder wie die Bundesrepublik verbleibt daher nur die Flucht nach vorn in eine nachholende, zugleich jedoch beschleunigte Sektortransformation, also eine enge Verknüpfung von Spitzen- und höherwertiger Technologie, von Industrieproduktion und Dienstleistung.

Bei aller Unterschiedlichkeit der vier Interpretationsmuster sind allerdings auch einige beachtliche, gleichsam querliegende Gemeinsamkeiten der Diagnosen nicht zu übersehen, die insbesondere in folgenden Bereichen liegen:

- im mangelnden Strukturwandel, in der Unterentwicklung des Dienstleistungssektors, im Zurückbleiben der Hochtechnologiebereiche;
- im relativen Zurückfallen der Bundesrepublik in der Innovationsentwicklung bei Produkten wie bei Prozessen;
- in makroökonomischen Fehlsteuerungen im Kontext des Vereinigungsprozesses;
- in den vergleichsweise geringen Beschäftigungswirkungen des Wachstums in der Bundesrepublik.

Diese und andere Gemeinsamkeiten dürfen jedoch die deutlichen Identifikations-, Erklärungs- und Strategieunterschiede nicht verdecken, die vor allem in folgenden Aspekten auszumachen sind:

- die relative strategische Relevanz der Kosten- gegenüber der Innovations- und Produktivitätsdynamik;
- die relative strategische Relevanz der traditionellen bundesrepublikanischen Sektorstruktur mit ihren drei Führungsbranchen gegenüber einer „Hochtechnologieökonomie" mit den jeweils unterschiedlichen Entwicklungsdynamiken und Ausstrahleffekten ihrer spezifischen Hochtechnologiesektoren;
- das Verhältnis von Regulation und Wettbewerb in den emergenten Dienstleistungssektoren;
- das traditionelle deutsche Modell einer funktional definierten Beruflichkeit als Basis der Breiten- wie Spitzenqualifikation der Arbeitskräfte;
- die Anpassungsfähigkeit und -notwendigkeit der institutionellen Infrastruktur auf betrieblicher, zwischen- und überbetrieblicher Ebene.

6. Ökonomische Performanz in der BRD in vergleichender Perspektive: Strukturtrends, Institutionengefüge und Politikdetermination

6.1 Aufholende Wirtschaftsentwicklung, Konvergenz und internationale Positionierung

Unstrittig ist über alle Fronten hinweg die ungewöhnlich starke Wirtschaftsentwicklung im Deutschland der fünfziger Jahre, das sich zusammen mit Ländern wie Japan und Österreich und später einigen südostasiatischen Ländern in die Fälle des „making a miracle" (Lucas 1993), in die „Wirtschaftswunderländer" einreiht. Unstrittig ist heute auch, daß diesem außerordentlichen Konvergenzprozeß eine Kombination von „catching-up"- und Rekonstruktionseffekten, von – heute immer deutlicher sichtbar – spezifischen institutionellen Arrangements und distinkten wirtschaftspolitischen Entscheidungen zugrunde lag.

Allen katastrophistischen Deutungen von interessierter Seite in der deutschen Standortdebatte zum Trotz muß angesichts aller empirischen Befunde sehr deutlich festgehalten werden: Die Bundesrepublik nimmt in fast allen wichtigen Indikatoren eine gute Position im Kreis der fünf bis zehn führenden Vergleichsländer ein (vgl. European Commission 1997; BMBF 1996; Generaldirektion V 1997). In bezug auf die US-amerikanische Führungsökonomie hat sich eine deutliche Konvergenz in der Nachkriegszeit herausgebildet.

Genauso deutlich muß jedoch auch festgehalten werden: der „catching-up"- und Rekonstruktionsprozeß bezogen auf die USA kam spätestens Mitte der achtziger Jahre zum Ende und ist in den neunziger Jahren sogar leicht rückläufig. In den zentralen ökonomischen Leistungsindikatoren wie Lebensstandard per capita und Produktivität besteht eine Differenz bis zu 20 Prozent zu den USA (European Commission 1997; zur Kontroverse hinsichtlich der Produktivitätsdifferenzen vgl. McKinsey 1997). Beim Beschäftigungswachstum liegt Deutschland eindeutig und mit zunehmendem Abstand hinter den USA und einer ganzen Reihe europäischer Vergleichsstaaten (vgl. insgesamt zu den Vergleichsdaten European Commission 1997; Council on Competitiveness 1996).

Offen bleiben in diesem Zusammenhang insbesondere zwei Fragenkomplexe:

- Ab wann und in welcher Konstellation sind die nachlassenden „catching-up"- und Rekonstruktionseffekte respektive die relativen Stagnationstendenzen in der Bundesrepublik anzusetzen? Wir greifen zwei unterschiedliche Interpretationen heraus. Nach Giersch et al. (1992) setzt praktisch schon ab Mitte der sechziger Jahre der ordnungspolitische Zerfallsprozeß ein, der letztlich zum „verblassenden Wunder" führt. In einer anderen Interpretation (Jürgens/Naschold 1994) wird die sich abflachende deutsche Entwicklung aus dem Zusammenhang von internen Stagnationstendenzen – insbesondere auch im Institutionengefüge – und der Revitalisierung vor allem der US-amerikanischen Industrie seit der zweiten Hälfte der achtziger Jahre hergeleitet.
- Ebenso kontrovers wird auch die US-amerikanische Entwicklung eingeschätzt. Nach dem „productivity slow-down" (Denison 1989) der siebziger Jahre und den geringen Zuwachsraten insbesondere in den dominanten Dienstleistungssektoren sind tatsächlich seit der zweiten Hälfte der achtziger Jahre erstaunlich stark steigende Zuwachsraten in der Produktivität der Industriesektoren festzustellen (Council on Competitiveness 1996). Bilden diese jüngsten Entwicklungen nur den günstigen Konjunkturverlauf ab, stellen sie gleichsam einen „reversed catching-up"-Prozeß der US-amerikanischen Industrie gegenüber der „japanischen Herausforderung" der siebziger und achtziger Jahre dar, oder deuten sich hier erste Anzeichen einer „langen Welle" einer neuartigen „Hochtechnologieökonomie" an (vgl. Business Week 1997)?

Die international vergleichenden Befunde lassen im übrigen auch eine Schlußfolgerung hinsichtlich des gegenwärtig häufig angepriesenen „angelsächsischen Modells" zu. In der Standortdebatte wird mit der Forderung nach institutionellem Regimewechsel recht undifferenziert vom angelsächsischen Modell gesprochen, wobei sowohl auf die USA als auch Großbritannien verwiesen wird. Eine solche Empfehlung führt hinsichtlich der langfristigen Entwicklung und der Gesamtpositionierung Großbritanniens – sieht man von einigen wenigen kurzfristigen Performanzdaten ab – jedoch in die Irre. Alle längerfristigen Fundamentalindikatoren der britischen Ökonomie – die Pro-Kopf-Einkommensentwicklung, die Entwicklung des realen und Humanressourcen-Kapitalstocks, die Produktivitäts- und Innovationsraten u.a. – weisen durchgängig weit geringere Werte auf als die der Bundesrepublik (vgl. die Zusammenstellung bei Generaldirektion V 1997; European Commission 1997; Council on Competitiveness 1996). Großbritannien nimmt innerhalb der EU bei den meisten Leistungsindikatoren eine mittlere Rangposition ein – und erkauft diese Positionierung damit, daß die britischen Einkommensdifferentiale zu den ausgeprägtesten in der EU gehören (European Commission 1997). Eine Orientierungsfunktion des britischen Produktions- und Politikregimes im Hinblick auf die Wirtschaftsentwicklung in der BRD kann aus den verfügbaren Trenddaten daher nicht abgeleitet werden.

6.2 Kostenstrukturkrise oder Innovationsproblematik?

In der deutschen Standortdiskussion ist der Argumentationsstrang dominant, wonach die Kostenstruktur als zentrale Wettbewerbsschwäche in einer globalisierten Ökonomie anzusehen sei; aus ihr resultiere eine Zangenbewegung für die deutsche Volkswirtschaft (exemplarisch hierfür Naschold 1994a). Unter Kosten werden dabei einerseits die Arbeitskosten – inklusive der wohlfahrtsstaatlichen Lohnnebenkosten –, im weiteren Sinne andererseits auch die staatlichen Regulierungskosten verstanden.

Aus international vergleichender Sicht (vgl. European Commission 1997; DIW 1995) trifft eine so geführte Kostendebatte in der Tat zwei Entwicklungen der jüngsten Jahre:

– Der Kostendruck auf die deutsche Industrie wird trotz ihres Spezialisierungsprofils zunehmen, da im internationalen Wettbewerb auch bei Qualitätsprodukten und bei Nischenmärkten die Preiselastizität ansteigen wird, das heißt: auch Qualitätsprodukte in Nischenmärkten müssen zu immer günstigeren Kosten produziert werden.
– Neu hinzu kommt der Arbeitskostendruck der mitteleuropäischen Länder, die zunehmend in einen Fertigungsverbund mit der deutschen Industrie integriert werden.

Zwar sind beide Beobachtungen zutreffend, doch betreffen diese differentiellen Kostenentwicklungen relativ kleine Segmente des deutschen Produktspektrums; sie stellen auf absehbare Zeit keine grundsätzliche Gefährdung der Leistungsfähigkeit der deutschen Volkswirtschaft dar, sondern sind vielmehr Ausdruck einer erweiterten internationalen Arbeitsteilung – auch zugunsten der Ökonomie Deutschlands.

An dieser Stelle soll und kann nicht auf die zahlreichen nationalen und internationalen Kostenvergleichsstudien eingegangen werden. Meines Erachtens stehen die zentralen Einwände gegen die These von einer Kostenstrukturkrise, wie sie nicht zuletzt aus den wohl einhelligen Befunden aller ökonomischen Strukturforschungsinstitute in Deutschland entwickelt worden sind, bisher unwiderlegt im Raum. Diese Position hat zuletzt ein ifo-Gutachten am Beispiel der internationalen Lohnstückkostenvergleiche exemplarisch dargelegt:

> „Die These vom 'Hochlohnland Deutschland' konnte nicht bestätigt werden: hohe Stundenlöhne erscheinen gerechtfertigt, wenn man Arbeits- und Stundenproduktivität berücksichtigt. Auf gesamtwirtschaftlicher Ebene sind die realen Lohnstückkosten weder übermäßig hoch, noch sind sie in den vergangenen Jahren überdurchschnittlich stark gestiegen. Relativ zu den in DM umgerechneten nominalen Lohnstückkosten anderer Länder haben die nominalen Lohnstückkosten in Deutschland dagegen deutlich zugenommen. Aber das ist kein Arbeitskostenproblem, sondern die unvermeidbare Konsequenz der Aufwertung der DM" (ifo 1996, S. 6ff; vgl. auch DIW 1995).

Lediglich im Verarbeitenden Gewerbe, das 30 Prozent der gesamten Wirtschaftsleistung erbringt und in dem etwa 40 Prozent aller Direktinvestititionen vorgenommen werden, gibt es Defizite.

> „Im Vergleich zur Gesamtwirtschaft haben sich die Lohnstückkosten in Deutschland hier weniger verbessert als in den anderen Ländern mit Ausnahme von Japan. Dieses Ergebnis kann aber das insgesamt positive Bild nur geringfügig beeinträchtigen. Insgesamt ergibt sich damit für Deutschland eine gute Position auf gesamtwirtschaftlicher Ebene und eine zufriedenstellende für das verarbeitende Gewerbe." (ifo 1996, S. 6ff.).

Eine auf Kosten fokussierte Standortdiskussion kann damit als „zu einem großen Teil interessenpolitisch motiviert" (ebd., S. 10) angesehen werden: „Hinter der Standortdebatte steht (in dieser Perspektive) ein Verteilungskonflikt" (Kantzenbach 1967).

Eine mindestens ebenso gravierende Schwäche der These von einer Kostenstrukturkrise liegt darin, daß durch die Überbetonung der Kosten die Frage der strukturellen Kosten- und Werttreiber in den Hintergrund gedrängt wird.[2] Eine „Benchmarking"-Studie der europäischen Elektronikindustrie unter Beteiligung der führenden Firmen dieser Branche führt im Vergleich zu den jeweiligen internationalen Spitzenunternehmen zu einer ganz anderen Fokussierung der deutschen Standortproblematik (vgl. McKinsey 1997, S. 65ff.).[3] Nach dieser Studie entfallen von den 50 Prozent Kostendifferenz, die bei deutschen Produkten im Vergleich zur Weltspitzenposition ermittelt wurden, allenfalls elf Prozent auf Faktorkostenunterschiede (also Arbeit, Kapital und Material). Den Löwenanteil der Kostendifferenz verursachen eine geringere Organisations- und Prozeßproduktivität (zwölf Prozent) und vor allem ein Wettbewerbsrückstand im Produktgenerierungsbereich – dem internationalen Brennpunkt industrieller Produktion: Mängel in der Ferti-

---

2 Diese Umgewichtung findet sich schon in der Studie der Baden-Württembergischen Zukunftskommission, in der zwar die Innovationsfrage angeschnitten wurde, diese jedoch deutlich in den Windschatten der Kostenfrage tritt. Siehe hierzu die abweichende Stellungnahme zum Hauptgutachten von Naschold (1994a).
3 Eine solche Einschätzung liegt übrigens auch der konzernstrategischen Umstrukturierungsinitiative der Firma Siemens seit 1994 zugrunde.

gungsgerechtigkeit der Produktgestaltung (17 Prozent) und überflüssige Leistungsmerkmale (zehn Prozent), also klassische Design-Aspekte, geben den Ausschlag.

Dieser exemplarische Fall stützt anschaulich die Interpretation, daß die nachlassende Konvergenzentwicklung der deutschen Wirtschaft wohl kaum auf Arbeitskostendifferentiale zurückzuführen ist, sondern ganz wesentlich in einer breit gefächerten Innovationsproblematik begründet ist. Drei Dimensionen dieser Innovationsproblematik – die Sektorzusammensetzung, die nachlassende Dynamik des deutschen Innovationssystems und die schleppende Modernisierung des öffentlichen Sektors – sollen im folgenden etwas ausführlicher angesprochen werden.

6.3 Der „industrielle Konservatismus" der deutschen Sektorspezialisierung

Die vier oben genannten Interpretationsmuster zur deutschen Standortproblematik spielen alle auf die Bedeutung der überkommenen deutschen Sektorstruktur und auf den, international gesehen, nur begrenzten Strukturwandel an. Vor allem in der Perspektive der „absoluten komparativen Vorteile/Nachteile" kommt der jeweiligen Sektorstruktur eine überragende Rolle zu. Diese These des „industriellen Konservatismus" (Cassiers 1994, S. 907) soll etwas eingehender geprüft werden, um die Relevanz dieses Komplexes abschätzen zu können.

Die Bedeutung der Sektorstruktur für Wirtschaftswachstum und Beschäftigungsentwicklung wird durch die Tatsache unterstrichen, daß in keinem EG-Land absolut und relativ mehr Beschäftigte im produzierenden Gewerbe (Energie und Bergbau, Verarbeitendes Gewerbe und Baugewerbe) zu finden sind als in Deutschland. Entsprechend niedrig fällt der Anteil der Beschäftigten in den Dienstleistungsbereichen aus. Dies zeigt einer weit verbreiteten Auffassung zufolge, daß die Bundesrepublik Deutschland nach wie vor „überindustrialisiert" ist und den Übergang zur modernen, arbeitsintensiven „Dienstleistungs- und Informationsgesellschaft" noch nicht geschafft hat. In diesem Zusammenhang wird in den deutschen Studien zur Strukturberichterstattung und analogen Studien der EU-Kommission besonders auf den Rückstand bei den „sonstigen marktbestimmten Dienstleistungen" verwiesen, der in erster Linie auf Defizite bei den industrienahen bzw. unternehmensbezogenen Dienstleistungen zurückzuführen ist: Informations- und Kommunikationsdienste, Online-, Datenbank- und Multimediadienste, Unternehmensberater, neue Finanzierungsinstitutionen sind demnach in der Bundesrepublik Deutschland nur schwach vertreten und von ausländischen Anbietern dominiert. Hier liegt eine ausgesprochene Diskrepanz in der Bereitstellung neuer und attraktiver Arbeitsplätze vor.

Besonders deutlich werden die unterschiedlichen Sektorstrukturen auch im jeweils unterschiedlichen Spezialisierungsmuster bei den FuE-intensiven Waren (ab 3,5 Prozent FuE-Anteil am Umsatz).

Abbildung 5: Spezialisierung Deutschlands bei FuE-intensiven Waren

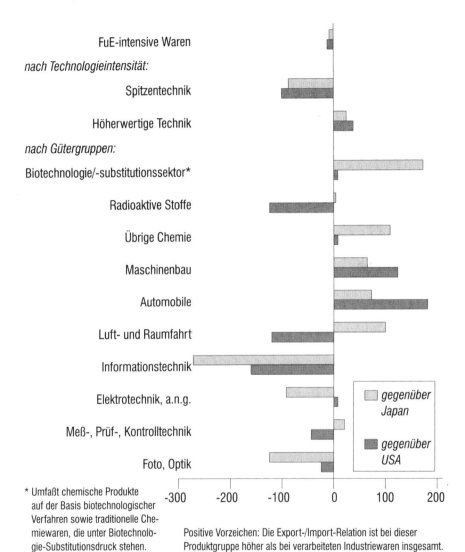

* Umfaßt chemische Produkte auf der Basis biotechnologischer Verfahren sowie traditionelle Chemiewaren, die unter Biotechnologie-Substitutionsdruck stehen.

Positive Vorzeichen: Die Export-/Import-Relation ist bei dieser Produktgruppe höher als bei verarbeiteten Industriewaren insgesamt.

Die seit vielen Jahren beobachteten Grundmuster im Technologiewettbewerb haben sich – gemessen an den internationalen Patentstrukturen – nur wenig verändert. Die Grundpositionen variieren allerdings auch zwischen jenen Volkswirtschaften sehr kraß, die auf eine vergleichbare Ausstattung mit Produktionsfaktoren zugreifen können. So ist in forschungsintensiven Bereichen nur Japan wirklich stark spezialisiert, intensiver als die USA und Deutschland. Die USA haben jedoch im Segment der Spitzentechnologien erhebliche Vorteile vor Japan. Deutschlands Domäne in der Technologie ist nach wie vor die höherwertige Technik, die in den USA mit geringerem Nachdruck produziert wird. Deutschlands Position hat sich in den neunziger Jahren kaum verändert: Fahrzeugtechnik, Maschinenbau und Chemie sind die Stärken. Nicht spezialisiert ist Deutschland hingegen bei den Spitzentechnologien.

Unterstrichen wird diese Einschätzung durch eine Überprüfung der jeweiligen Sektorstrukturen am Maßstab durchschnittlicher, über- oder unterdurchschnittlicher Wachstumsraten (Graskamp/Siebe 1994). Über eine verhältnismäßig „wachstumsfreundliche" Branchenstruktur verfügten im Jahr 1991 insbesondere die USA, in Europa vor allem die Benelux-Länder und das Vereinigte Königreich; hier waren jeweils mehr als ein Viertel aller Beschäftigten in überdurchschnittlich wachsenden Branchenbereichen zu finden. Eine deutliche Verbesserung der Branchenstruktur konnten seit 1980 vor allem Italien, Luxemburg und Spanien erreichen. Nimmt man den Austausch zwischen den drei wachstumsintensiven Gruppen zum Maßstab, dann hat der sektorale Strukturwandel in der Bundesrepublik Deutschland vergleichsweise wenig zur Verbesserung des Arbeitsplatzangebotes beigetragen. Die geringe Dynamik im Strukturwandel der Bundesrepublik Deutschland bildet somit den Hintergrund der oben konstatierten Schwächen in der Wirtschafts- und Beschäftigungsentwicklung.

Dominieren in Europa eher noch die traditionellen Branchen und insbesondere in Deutschland das Industriecluster von Automobil-, Maschinenbau- und Chemieindustrie, so hat sich seit Ende der achtziger Jahre in den USA ein Hochtechnologiesektor – mit knapp zehn Prozent der US-Arbeitsplätze insgesamt – herausgebildet, der die traditionell treibenden Wirtschaftssektoren der Automobil- und der Bauindustrie aus ihrer ökonomischen Führungsrolle verdrängt hat: Der Hochtechnologiesektor wächst erheblich schneller als die übrige Ökonomie, er ist der wesentliche Antriebsmotor des gesamtwirtschaftlichen Wachstums, und dies bei sektoral weit stärker steigenden Einkommen und sektoral sinkenden Produktpreisen. Die spezifische Art dieser Expansion, angeführt durch Hochtechnologie, erklärt zu einem Teil, warum die USA es geschafft haben, eine niedrigere Arbeitslosenrate mit stärkerem Wachstum und weniger Inflation zu erreichen, als dies von den Fachökonomen angenommen wurde (Business Week, March 31, 1997, S. 58; vgl. auch Abbildung 6 auf der nächsten Seite).

Der Hochtechnologiesektor beschleunigt sich, er beherrscht das Wachstum, indem er einen überproportionalen Beitrag zum Wirtschaftswachstum leistet, er unterstützt die überproportionale Wachstumsphase der realen Wochenlöhne – und zwar ohne inflationäre Tendenzen hervorzurufen. Die Arbeitsplatzschaffungs- und Multiplikatoreffekte im Hochtechnologiesektor werden sehr anschaulich, wenn man die regionale Entwicklung an der Westküste der USA als exemplarischen Fall mit anderen forschungsintensiven Hochtechnologiesektoren vergleicht.

Einer Analyse in *Business Week* zufolge hat der Hochtechnologiesektor heute beschäftigungspolitisch einen größeren Multiplikatoreffekt als das

Abbildung 6: Der High-Tech-Sektor...

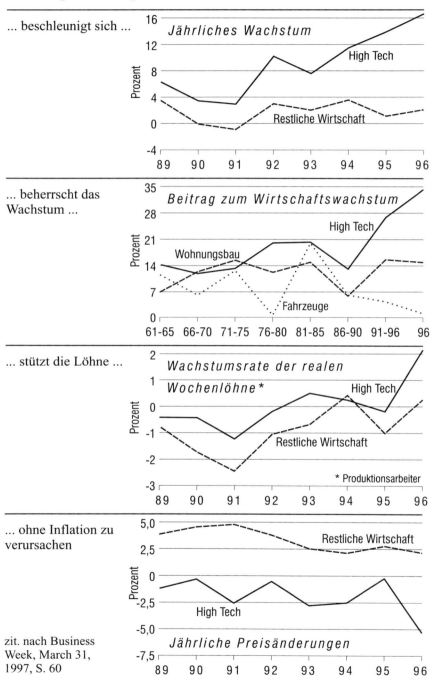

... beschleunigt sich ...

... beherrscht das Wachstum ...

... stützt die Löhne ...

... ohne Inflation zu verursachen

zit. nach Business Week, March 31, 1997, S. 60

produzierende Gewerbe, das in der ökonomischen Theorie stets als Schlüsselsektor für die Schaffung von Arbeitsplätzen galt. Die hohen Effizienzsteigerungen im produzierenden Gewerbe ermöglichen einen höheren Ausstoß ohne entsprechende Beschäftigungszuwächse. Dieser Trend wird durch die Auslagerung von Zulieferbeziehungen ins nicht-amerikanische Ausland verstärkt. Im Unterschied dazu ist die Erstellung eines neuen Chipdesigns oder eines neuen Softwareprogramms arbeitsintensiv, und diese Arbeit wird in aller Regel fast ausschließlich von gut bezahlten einheimischen Arbeitskräften ausgeführt. Eine Studie über den Einfluß der Firma Microsoft auf die Ökonomie des Bundesstaates Washington besagt, daß jeder Microsoft-Arbeitsplatz 6,7 neue Arbeitsplätze im Staat hervorbringt – verglichen mit einem Multiplikatoreffekt von 3,8 neuen Arbeitsplätzen durch die Firma Boeing. Die Differenz entspringt vor allem aus der Tatsache, daß 1995 beinahe 800 Millionen US-Dollar an Kapitalmarkteinkommen für Microsoft-Arbeiter in Washington anfielen, Einkommen, die die Nachfrage nach Autos, Eigenheimen usw. verstärkten. Die Multiplikatoreffekte durch Boeing waren erheblich schwächer, weil Boeing einen großen Teil der Arbeiten an jedem Flugzeug nach außen vergibt. Im Ergebnis profitiert die lokale Ökonomie durch jeden Microsoft-Beschäftigten drei bis vier Mal so stark wie durch einen Boeing-Mitarbeiter.

Hochtechnologiearbeitsplätze sind in der Regel gut bezahlt, und die Gehälter steigen auch bei den Mitarbeitern, die nicht zu den Spitzenverdienern gehören. Die Arbeitsmarkt-Statistiken wiesen 1996 für die Kommunikationstechnik-, Software- und Computerindustrie einen Anstieg der Wochenlöhne um rund fünf bis sieben Prozent aus; der Chiphersteller Intel verteilte 1996 allein 620 Millionen US-Dollar „profit sharing"- und Bonuseinkommen an seine mehr als 40.000 Beschäftigten.

Bei einer im wesentlichen durch den Hochtechnologiesektor getriebenen Expansion sind Inflationsgefahren vergleichsweise gering. Im traditionellen Konjunkturzyklus würden die Preise steigen, und das Produktivitätswachstum würde sich verlangsamen, sobald die Betriebe ihre Kapazitätsgrenzen erreichen. Hochtechnologieindustrien wie Halbleiter- und Softwareherstellung haben insofern andere Bedingungen, als die laufenden Produktionskosten eines Chips oder einer Software – nach der Entwicklungsphase, die allerdings sehr hohe Investitionen erfordert – relativ gering sind. Durch die Stückkostendegression in der Phase der Serienproduktion kann eine Abwärtsspirale mit wachsender Nachfrage und sinkenden Preisen aufgrund von Skalenerträgen und abermaliger Nachfragebelebung ausgelöst werden (Business Week, March 31, 1997, S. 61ff.).

Vergleichbar dynamische Entwicklungen lassen sich in der EU und vor allem in der Bundesrepublik Deutschland kaum ausmachen. Hier herrschen nach wie vor „industrial conservatism" des produzierenden Gewerbes und eine begrenzte Wettbewerbsintensität in den Dienstleistungssektoren, die doch die prospektiven Träger von Wachstum, Einkommen und Beschäftigung darstellen.

Die Europäische Kommission (vgl. European Commission 1997, S. 69ff.) wie auch das Bundesministerium für Wirtschaft (vgl. zuletzt: 1997) haben seit langem auf das Übermaß staatlicher Regulierung und die Notwendigkeit einer Re-Regulierung im Hinblick auf einen erweiterten Wettbewerbsspielraum hingewiesen.

Abbildung 7: Eingriffsintensität nach Wettbewerbsbereichen

	Subvention	Regulierung	Protektion
Land- und Forstwirtschaft	hoch	hoch	hoch
Bergbau	hoch	hoch	hoch
Verarbeitendes Gewerbe	niedrig	niedrig	mittel
Baugewerbe	niedrig	niedrig	niedrig
Handel, Verkehr	mittel	mittel	hoch
Dienstleistungen	mittel	mittel	mittel

Legende: niedrig | mittel | hoch

Quelle: BMWi 1997, IW-Schätzung

In einer McKinsey-Studie vom Frühjahr 1997 wird bei der Erklärung der Produktivitäts- und Wachstumsschwäche der französischen und deutschen Industrie in den neunziger Jahren insbesondere die Bedeutung sektoraler Marktzugangsbarrieren in den Mittelpunkt der Analyse gestellt. Dabei werden die erheblichen Produktivitäts- und Beschäftigungsunterschiede in sechs ausgewählten Branchen ganz wesentlich auf die unterschiedlichen Marktzugangsbarrieren vor allem auf dem US-Markt einerseits und auf dem französischen und deutschen Markt andererseits zurückgeführt. Die direkten und positiven Ausstrahleffekte offener Produktmarktzugänge – im Unterschied zu der vielfach diskutierten Frage der Liberalisierung des Arbeitsmarktes – werden plastisch am Bereich der Softwareentwicklungs-Dienstleistungen demonstriert.

Die deutsche und französische Computersoftwareindustrie ist in Ausstoß und Beschäftigung durch den Mangel an lebendigen Dienstleistungssektoren auf ihren lokalen Märkten stark eingeschränkt. So sind z.B. die externen Informationstechnologie-Ausgaben pro Kopf in den US-Finanzdienstleistungen – 20 Prozent der gesamten externen Informationstechnologie-Ausgaben in den USA – beinahe zweimal so hoch wie in Frankreich

Abbildung 8: Pro-Kopf-Ausgaben für externe Software und Dienstleistungen 1994

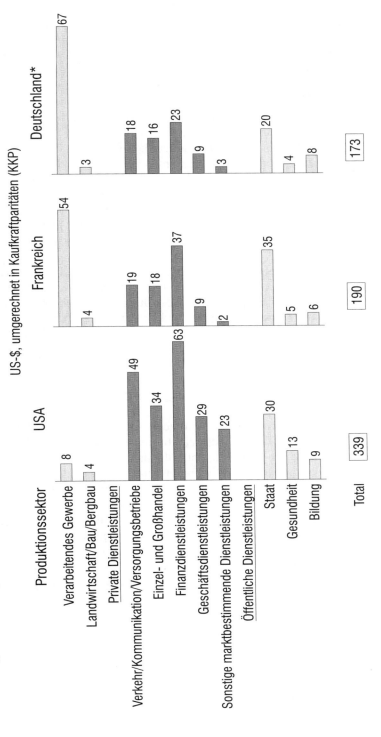

und fast dreimal so hoch wie in Deutschland. Die USA haben somit pro Ausstoßeinheit ein fast 40 Prozent höheres Informationstechnologie-Ausgabenniveau über die ganze Ökonomie hinweg. Insgesamt nutzen die USA somit beinahe zweimal soviel Computersoftware pro Kopf wie Frankreich oder Deutschland.

Die positiven externen Ausstrahleffekte auf andere Sektoren und deren Rückwirkungen auf die Softwareindustrie lassen sich bis hin zum öffentlichen Sektor aufzeigen. Ein internationaler Vergleich der öffentlichen Sektoren (am Beispiel neuseeländischer, US-amerikanischer und deutscher Kommunalverwaltungen: vgl. Naschold et al. 1997) belegt den relativ geringen organisatorischen und informationstechnologischen Entwicklungsstand in Deutschland (und in den größten Teilen Europas). Der organisatorische Modernisierungsprozeß in den fortgeschritteneren Ländern hat dagegen nicht nur hohe Investitionen in Informationstechnologie (Hardware und Software) erforderlich gemacht, sondern simultan auch die Qualität und die Diversität der Nachfrage nach hochwertigen Softwaredienstleistungen erheblich gesteigert.

Die hier angedeuteten Erfahrungen konvergieren in der Schlußfolgerung, daß Sektorentwicklungen nicht nur pfad- und strukturabhängig, sondern in erheblichem Maße auch der politischen Gestaltung zugänglich sind; die Ausstrahleffekte starker Hochtechnologie- und Dienstleistungsbereiche auf gesamtwirtschaftliches Wachstum und Beschäftigung werden in Deutschland anscheinend immer noch unterschätzt; „industrieller Konservatismus" mit „defensiven Investitionen" ist nach wie vor dominant.

6.4 Entwicklungstendenzen im nationalen Innovationssystem

Wie die Sektorspezialisierung, so wird auch das Innovationsgeschehen in allen der vier oben genannten Interpretationsmuster als Erklärung der Wirtschaftsentwicklung der Bundesrepublik thematisiert. In allen Fällen wird unter „Innovation" in einem relativ breiten Sinn das nationale Innovationssystem auf betrieblicher, zwischen- und überbetrieblicher Ebene verstanden; eingeschlossen sind jeweils Produkt-, Prozeß- und Organisationsinnovationen. Deutlich ausgeprägt sind auch hier die unterschiedlichen Gewichtungen und Akzente. Im Konjunkturerklärungsmuster spielt das Innovationsgeschehen – verglichen mit der starken Akzentuierung in den drei anderen Ansätzen – eine relativ geringe Rolle. Kostenstruktur- und Konjunkturkrisenansatz heben insbesondere die Rolle der staatlichen Innovationspolitik hervor, in den beiden anderen Ansätzen wird darüber hinaus besonders die Rolle der unternehmensbezogenen Innovationsentwicklung betont. Im folgenden sollen einige exemplarische Befunde zur Einschätzung der internationalen Positionierung der Bundesrepublik aus einer Innovationsperspektive und zur Erfassung der Rolle von Institutionen im Innovationsgeschehen angesprochen werden.

„Deutschland zählt uneingeschränkt zu den patentstärksten Volkswirtschaften – ob je Einwohner, je Erwerbstätigen oder je Produktionseinheit gerechnet – und ist innerhalb Europas der mit weitem Abstand wichtigste Technologieproduzent." (BMBF 1996, S. 36)

Die zu Recht positive Einschätzung der Innovationsentwicklung der deutschen Industrie muß jedoch komplettiert werden, um auf Signale aufmerksam zu machen, die auf Strukturschwächen auch im Innovationsgeschehen der deutschen Industrie hindeuten.

Im internationalen Vergleich läßt sich das Spezialisierungsmuster der Branchenstruktur der deutschen Industrieforschung wie folgt nachzeichnen (vgl. auch Abbildung 9 auf den folgenden Seiten): Die Branchen, in denen die deutsche Industrie Spezialisierungsvorteile, d.h. überdurchschnittliche Anteile aufzuweisen hat, sind im internationalen Durchschnitt durch Stagnation oder relative Abnahme des Interesses der Erfinder gekennzeichnet; andererseits ist die deutsche Industrie in den Wachstumsbranchen, die sich durch ein weltweit zunehmendes Interesse der Erfinder auszeichnen, mit relativ geringen Anteilen ihres Forschungspotentials engagiert.

Die größten Gewichte im deutschen Branchen-Technologieportfolio liegen, wie zu erwarten, im Maschinenbau, sodann im Straßenfahrzeugbau und in der Elektro- sowie der chemischen Industrie. Dieses Branchen-Technologieportfolio der deutschen Industrie hat sich jedoch zumindest zwischen 1992 und 1994 nicht wesentlich verändert, so daß sich auch der strukturelle Anpassungsdruck insgesamt nicht verringerte. Zwar konnte der Rückgang des deutschen Anteils an den weltweit zum Patent angemeldeten Erfindungen durch eine allgemeine Steigerung der Patentaktivitäten der deutschen Industrie gestoppt werden; und die international überdurchschnittliche Zunahme erfinderischen Engagements in der deutschen Automobiltechnik verweist auf ein Wachstumspotential für den deutschen Straßenverkehrsfahrzeugbau mit seiner technologischen Spitzenposition. Doch insgesamt stimmen alle Ergebnisse mit dem Befund eines unverminderten strukturellen Anpassungsdrucks auf die deutsche Industrieforschung überein. „Es sind keine Hinweise auf eine beschleunigte strukturelle Anpassung zu erkennen." (ifo 1996, S. 14).

Eine zweite zentrale Antriebskraft der wirtschaftlichen Entwicklung liegt im Innovationsgeschehen, also in der Erzeugung von Produkt- und Prozeßinnovationen. Betrachten wir zunächst – in längerfristig vergleichender, aggregierter Perspektive – die Entwicklung in der Industrieforschung und im Erfindungsoutput, gemessen in den Trends der Patentanmeldungen und der Patentstrukturen (zum folgenden vgl. BMBF 1996, S. 35ff.).

Die Zahl der Triaden-Patentanmeldungen aus den Industrieländern befindet sich insgesamt nach einer langjährigen Phase starken Wachstums und einer deutlichen Verschärfung des technologischen Wettbewerbs in den achtziger Jahren seit Beginn der neunziger Jahre eher in einer Stagnationsphase.

Abbildung 9: Branchen-Technologieportfolio im internationalen Vergleich nach Erfindungen mit internationaler Patentanmeldung

Industriezweig	Deutschland			USA		
	Trend[a]	1992[b]	Veränderung 1992-94	Trend[a]	1992[b]	Veränderung 1992-94
Luft- und Raumfahrt	–	1,2	–0,3	–	1,2	–0,1
Straßenfahrzeugbau	1,40	8,9	+0,5	–	3,7	+0,2
Maschinenbau	–0,76	23,7	–0,4	–3,36	12,8	–0,2
darunter						
– Werkzeugmaschinen	–	2,5	0,0	–4,84	1,3	0,0
– Nahrungsmittel- u. Verpackungsmaschinen	–1,68	1,3	–0,3	–2,69	0,9	0,0
– Druck- und Papiermasch.	4,04	1,5	0,0	–	0,4	–0,1
Feinmechanik, Optik, Uhren	–	7,8	–0,4	1,70	11,4	–0,8
Textilgewerbe	–	0,9	+0,1	–	0,9	+0,4
Hüttenwesen	–2,38	0,7	–0,1	–7,24	0,3	0,0
Chemische Industrie	–	15,0	+0,4	–	20,8	–0,6
darunter						
– Kunststoffe	2,71	4,0	+0,2	–1,62	3,6	–0,5
– Pharmazeutika	–	1,9	0,0	3,95	4,9	+0,1
– Gentechnik	3,16	1,3	+0,1	5,11	3,7	+0,1
Verarbeiten von Kunststoffen	3,21	3,0	+0,2	–1,63	1,9	–0,1
Elektroindustrie	0,59	20,8	–0,4	1,29	29,3	+0,9
darunter						
– Elektrizitätsversorgung	–	3,9	+0,3	–2,11	2,8	–0,1
– Meß-, Regel- und Steuerungstechnik	–	3,5	–0,3	–2,35	2,7	–0,1
– Nachrichtentechnik	1,84	2,3	–0,1	5,15	4,0	+0,6
– Bauelemente d. Elektronik	1,44	1,2	+0,1	–	2,9	+0,1
– ADV und Bürotechnik	–	2,4	–0,2	4,14	8,2	0,0
Gießereien	–3,29	0,5	0,0	–3,60	0,3	–0,1
Bergbau	–6,25	0,5	–0,1	–5,35	1,1	0,0
Schienenfahrzeuge	–	0,8	0,0	–5,43	0,3	+0,1
Schiffbau	–6,20	0,3	0,0	–	0,3	0,0
Nahrungs- u. Genußmittel	–2,51	0,9	–0,1	–2,26	1,4	–0,3
Ausgewählte Branchen insgesamt	–	85,1	–0,5	–	85,5	–0,4
Alle Felder der Technik	–	100,0		–	100,0	
nachrichtlich: Erfindungen insges. 1994[b] Erfindungen insges. 1992[b]		16.268 15.002			32.230 29.200	

a Jährliche Veränderungen der Anteile 1982 bis 1992 in Prozent; Trendwerte mit höchstens 5% Irrtumswahrscheinlichkeit gegen 0 gesichert.
b Anmeldejahr

ÖKONOMISCHE LEISTUNGSFÄHIGKEIT UND INSTITUTIONELLE INNOVATION

(Anteil der jeweils relevanten Erfindungen an den Erfindungen des betreffenden Ursprungslandes insgesamt in Prozent)

Japan			Welt insgesamt			Industriezweig
Trend[a]	1992[b]	Veränderung 1992-94	Trend[a]	1992[b]	Veränderung 1992-94	
–	0,9		–	1,2	–0,1	Luft- und Raumfahrt
–2,18	6,4	+0,9	–	5,7	+0,3	Straßenfahrzeugbau
–1,60	13,9	–1,1	–2,48	16,8	–0,7	Maschinenbau
						darunter
–2,16	1,8	–0,3	–3,15	1,8	–0,2	– Werkzeugmaschinen
						– Nahrungsmittel- u.
–	0,6	–0,2	–2,61	1,0	0,0	Verpackungsmaschinen
–	0,4	0,0	–	0,6	0,0	– Druck- und Papiermasch.
–1,67	10,0	–0,9	–	9,5	–0,6	Feinmechanik, Optik, Uhren
–	0,6	0,0	–	0,8	+0,1	Textilgewerbe
–5,06	0,8	0,0	–5,16	0,6	–0,1	Hüttenwesen
–	14,3	+0,7	1,07	17,0	0,0	Chemische Industrie
						darunter
1,88	4,0	–0,3	–	3,3	–0,2	– Kunststoffe
–	2,3	+0,2	2,53	3,6	+0,1	– Pharmazeutika
–	1,4	+0,3	4,26	2,4	+0,2	– Gentechnik
1,82	2,2	0,0	–	2,1	+0,1	Verarbeiten von Kunststoffen
1,48	42,2	–1,9	1,79	28,1	+0,2	Elektroindustrie
						darunter
–	4,0	0,0	–0,70	3,3	+0,1	– Elektrizitätsversorgung
						– Meß-, Regel- und Steue-
–3,20	3,0	–0,4	–1,64	2,9	–0,2	rungstechnik
4,56	3,0	+1,4	4,72	3,2	+0,7	– Nachrichtentechnik
5,32	5,7	–0,6	4,04	2,8	–0,1	– Bauelemente d. Elektronik
1,74	12,9	–1,8	3,43	6,9	–0,4	– ADV und Bürotechnik
–4,97	0,5	0,0	–4,07	0,4	0,0	Gießereien
–9,43	0,1	0,0	–5,02	0,7	0,0	Bergbau
–	0,4	–0,1	–	0,5	0,0	Schienenfahrzeuge
–4,25	0,2	0,0	–5,76	0,4	0,0	Schiffbau
–3,45	0,7	+0,2	–1,87	1,3	0,0	Nahrungs- u. Genußmittel
						Ausgewählte Branchen
–	93,2	–2,3	–	85,1	–0,8	insgesamt
–	100,0		–	100,0		Alle Felder der Technik
						nachrichtlich:
	16.956			94.507		Erfindungen insges. 1994[b]
	16.789			86.585		Erfindungen insges. 1992[b]

Quelle: ifo Schnelldienst 11/1997

Abbildung 10: Entwicklung der Triaden-Patente

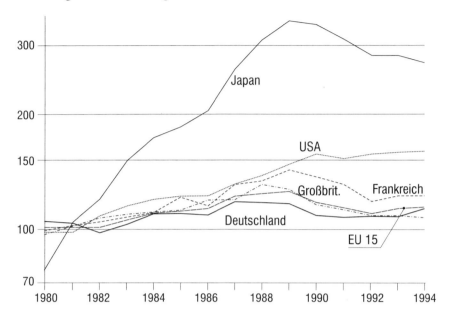

Quelle: BMBF 1996, S. 35ff.

Japan hatte – relativ betrachtet – seit Ende der achtziger Jahre die Spitzenposition inne, konnte jedoch das hohe Niveau nicht dauerhaft halten. Die USA hatten in den achtziger Jahren ihre internationalen Patentaktivitäten ebenfalls ausgedehnt, wenn auch mit Abstand nicht so stark wie Japan; sie blieben dann jedoch auf dem 1990 erreichten Niveau. Gerade in der langfristigen Entwicklung stellen sich somit die USA und Japan als wesentlich dynamischer dar als Deutschland und das übrige Europa. Die europäischen Länder haben allerdings in den letzten zwei Jahren etwas mehr Schwung gewonnen als Japan und USA. Deutschland zählt immer noch zu den patentstärksten Volkswirtschaften und ist innerhalb Europas der mit Abstand wichtigste Technologieproduzent.

Der Triaden-Vergleich im Längsschnitt zwischen 1970 und 1992 über die gesamte Industriestruktur hinweg unterstreicht die genannten Befunde zum unterschiedlichen und wachsenden Spezialisierungsprofil noch.

Hinter dieser erheblichen Diskrepanz im Innovationsgeschehen zwischen Europa und den anderen Triaden-Regionen liegt eine Vielzahl von Bestimmungsgründen, aus denen ich unter Bezugnahme auf maßgebliche Veröffentlichungen der Europäischen Kommission zwei Ursachenkomplexe herausgreifen will.

Der erste Komplex liegt im Institutionengefüge der Wissensproduktion begründet und kann, dem „Green Paper on Innovation" der Kommission

Abbildung 11: Index der industriellen Spezialisierung in „High-", „Medium-" und „Low-Tech"-Industrien

OECD = 100	Japan		USA		Europäische Gemeinschaft	
	1970	1992	1970	1992	1970	1992
High-Technology	124	144	159	151	86	82
Medium-Techn.	78	114	110	90	103	100
Low-Technology	113	46	67	74	103	113

Quelle: OECD, STAN database, zit. n. European Commission 1995

(European Commission 1995, S. 5ff.) folgend, als das „European paradoxon" bezeichnet werden: Die Kapazität von Institutionen und Firmen in Forschung und Entwicklung, in Erziehung und Ausbildung, in Information, in Kooperation und generell in intangible Faktoren zu investieren, ist gegenwärtig ein wichtiger Bestimmungsfaktor der ökonomischen Entwicklung. Dabei ist es notwendig, gleichzeitig in kurz- und mittelfristiger Perspektive zu arbeiten und schnell auf Begrenzungen und Opportunitäten in der Gegenwart zu reagieren. Eine solche Mobilisierung ist um so nötiger, als Europa in der Tat an einem Paradoxon leidet. Verglichen mit der wissenschaftlichen Performanz der wesentlichen Wettbewerber ist die wissenschaftliche Performanz Europas durchaus hervorragend, die technologische und kommerzielle Umsetzung vor allem in den forschungsintensiven Sektoren hat sich in den letzten fünfzehn Jahren jedoch erheblich verschlechtert.

"The presence of sectors in which the scientific and technological results are comparable, if not superior, to those of our principal partners, but where the industrial and commercial performance is lower or declining, indicates the strategic importance of transforming the scientific and technological potential into viable innovations." (European Commission 1995, S. 5)

Eine der größten Schwächen Europas liegt also im komparativen Mangel, die Ergebnisse technologischer Fähigkeiten in Innovationen und kompetitive Vorteile zu transformieren.

Ein Indikator dieser Entwicklung wird im unterschiedlichen Anteil von anwendungsorientierter Forschung und Entwicklung im Verhältnis zur Marktnähe gesehen. Japan und die USA geben, wie Abbildung 12 zeigt, größere Anteile ihrer FuE-Ausgaben für marktnahe Aktivitäten aus als die führenden europäischen Länder.

Abbildung 12: Anteile der Gesamtausgaben im Verhältnis zur Marktnähe: Grundlagenforschung, Angewandte Forschung und Entwicklung

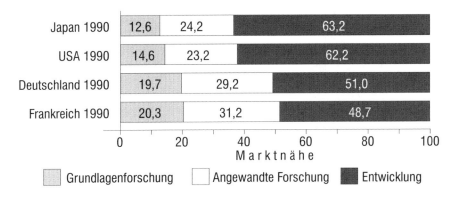

Quelle: DG XII, Arbeitspapier, 1995

Ein komplementärer Indikator verweist auf die unterschiedliche Fähigkeit zur Transformation wissenschaftlicher Performanz in technologische Performanz, wie anhand der Abbildung 13 auf der gegenüberliegenden Seite deutlich wird.

Diese Rückständigkeit ist um so problematischer, als sie sich auf ein Gesamtforschungsbudget bezieht, das kleiner ist als jenes der Wettbewerbsstaaten.

"The gap between our efforts – measured by the percentage of total R&D-expenditure as a share of European GDP (2% in 1993) – and those of our main partners, i.e. the United States (2,7%) and Japan (2,8%) has not narrowed over the last few years. Expressed in absolute terms, the size of this continuing gap appears critical for a cumulative and long-term activity such as research. European firms and governments must therefore redeploy their efforts, improve their capability to translate into commercial successes and better fund intangible investments which are a deciding factor for the future of competitiveness, growth and employment." (European Commission 1995, S. 5).

Ein zweiter ganz wesentlicher Ursachenkomplex für die unterschiedliche Entwicklungsdynamik im Innovationsgeschehen liegt in den unterschiedlichen Restrukturierungsstrategien in den Kernsektoren der Industrie. Es geht hier um die zwei Grundrichtungen derartiger Rationalisierungsstrategien, die im einen Fall mehr die Kostenseite betonen und vor allem auf Kostensenkung ausgerichtet sind, sich im anderen Fall stärker an der Leistungsverbesserung orientieren und damit wesentlich auf Produktivitätssteigerung und Innovationsentwicklungen abzielen. Derartige Rationalisierungsstrategien

Abbildung 13: Ergebnisorientierung der Forschung in der EU, den USA, Japan und den dynamischen asiatischen Volkswirtschaften

a) Wissenschaftliche Leistungen (Zahl der Veröffentlichungen pro Mio. ECU öffentliche Ausgaben für Forschung und Entwicklung [in US-Preisen von 1987])

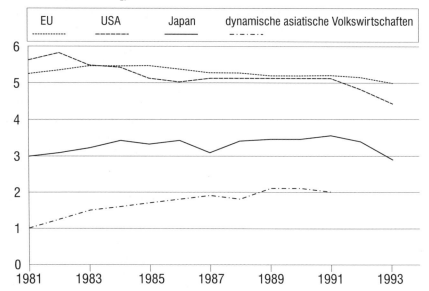

b) Technologische Leistungen (Zahl der Patente pro Mio. ECU Ausgaben der Unternehmen für Forschung und Entwicklung [in US- Preisen von 1987])

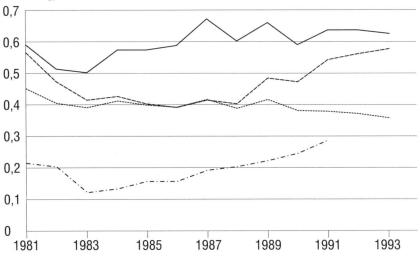

sind hauptsächlich gestützt auf organisatorische, personalwirtschaftliche und auf die Prozeßkette bezogene Innovationen. Eine größere Vergleichsstudie des WZB zur Automobilindustrie, zum Maschinenbau und zur Computerindustrie, welche die Reaktion einschlägiger Unternehmen auf die „japanische Herausforderung" der achtziger Jahre untersucht hat, kommt zu dem Ergebnis, daß die US-Konzerne verglichen mit deutschen Firmen in der Tat weit innovativere Restrukturierungsstrategien eingeschlagen haben und damit gleichsam einen „reversed catching up-Effekt" erreichen konnten.[4]

6.5 Die Modernisierung des öffentlichen Sektors in Deutschland

Auch in sich internationalisierenden Marktökonomien spielen nichtmarktliche Institutionen eine wesentliche einzel- und gesamtwirtschaftliche Rolle für Produktivität, Wohlfahrt und Evolution. Dem Staat wie insgesamt dem öffentlichen Sektor kommt dabei in quantitativer und qualitativer Hinsicht eine besondere Funktion zu: durch die Regulation der wirtschaftlichen und gesellschaftlichen Beziehungen zum einen und die direkte Dienstleistungsproduktion zum anderen.

Deutschland und Europa insgesamt sind im Vergleich zu den USA und z.T. auch zu Japan durch eine stark ausdifferenzierte und dezentrale institutionelle Infrastruktur gekennzeichnet, die förderlich oder limitierend auf die marktliche Entwicklung einwirkt. Von erheblicher Bedeutung ist somit das Ausmaß innovativer oder konservierender Ausstrahlungseffekte staatlicher Maßnahmen auch auf diese institutionelle Infrastruktur.

Der Wandel des Umfeldes des öffentlichen Sektors durch die Internationalisierung der Wirtschaft, die wachsenden Interdependenzen von privaten und öffentlichen Sektoren und die ansteigende Regimekonkurrenz auch zwischen den öffentlichen Sektoren verändern die Kernkompetenzen, die von modernen öffentlichen Sektoren eingefordert werden: Es ist die aktivdynamische Gewährleistung von gesellschafts- und wirtschaftspolitischen Zielen und Standards durch einen innovativen Staat bei flexiblen wie hybriden Formen der Dienstleistungsproduktion, die als Umstrukturierungsprogramm des öffentlichen Sektors im Zentrum der Entwicklung stehen. Das Konzept des „schlanken Staates" ist dabei ein ebenso empirisch fehlorientiertes wie normativ irreführendes Leitbild.

Bezogen auf das Referenzmodell der klassischen öffentlichen Verwaltung hat Deutschland einst eine gute Ausgangsposition gehabt, doch sind seit längerer Zeit deutliche Tendenzen einer nachlassenden Innovationsentwicklung zu beobachten (vgl. nationalen und internationalen Überblick bei Naschold et al. 1997). Im internationalen Vergleich gibt es unabweisbare Evidenz für ein Zurückfallen des deutschen öffentlichen Sektors hinsicht-

---

4 Siehe zu den Ergebnissen den Konferenzbericht von Jürgens et al. (1997, Ms.) sowie vor allem Jürgens/Lippert in diesem Band. Für die Telekommunikationsindustrie vgl. mit ähnlichen Resultaten Naschold 1997. Zur These von den „verlorenen achtziger Jahren" in bezug auf die Innovationsentwicklung vgl. Jürgens/Naschold 1994.

lich Effizienz, Effektivität, innovativer Evolutionsfähigkeit und den damit zusammenhängenden Ausstrahlungseffekten. Es droht ein Zustand, in dem der öffentliche Sektor zunehmend zum Hemmschuh notwendiger Innovationsentwicklungen wird. Gegenüber derartigen Stagnationserscheinungen wird in der deutschen Diskussion immer deutlicher ein strategischer Umschwung gefordert, der

- auf eine deutliche Akzentverschiebung von fiskalpolitisch verengten Kostensenkungs- und simplen Deregulierungsstrategien hin zu breiten Innovationsentwicklungen im öffentlichen Sektor abhebt;
- eine erhebliche Tempobeschleunigung der Wandlungsprozesse umfaßt;
- zugleich eine geglückte Mischung aus der Imitation ausländischer Spitzenerfahrungen und genuiner Innovation durch Eigenentwicklungen unter Nutzung des „second mover advantage" beinhaltet.

Eine solche strategische Umorientierung läßt sich in sechs Maßnahmenbündeln konkretisieren:

1) eine Veränderung der Kernkompetenz von der Produzentenrolle zur aktiv-dynamischen Gewährleistungsfunktion;
2) die Entwicklung einer strategischen Managementkompetenz;
3) der Aufbau einer nachhaltigen und zielorientierten Ressourcensteuerung;
4) eine Neuregelung der Beziehung von staatlicher und kommunaler Verantwortung;
5) eine Prozeßerneuerungsstrategie, die „Reengineering" und bereichs- und hierarchieübergreifende Breitenmobilisierung zusammenführt;
6) eine Institutionalisierung des Modernisierungsprozesses in stabilisierten Motivations- und Anreizstrukturen.

Eine empirische Zwischenbilanz der Verwaltungsmodernisierung in Deutschland – verglichen mit entsprechenden Entwicklungen von „best practice"-Beispielen im relevanten Ausland – läßt sich mit konvergierenden und robusten Befunden in wenigen Ergebnisthesen zusammenfassen (vgl. Naschold et al. 1997).[5]

Verwaltungsmodernisierungsprozeß „in Bewegung"

Es besteht kein Zweifel: In den deutschen Kommunen ist der Verwaltungsmodernisierungsprozeß in Bewegung geraten; in der überwiegenden Zahl der Städte und Gemeinden, an vielen Fronten und mit viel Energie und Kreativität wird an Reformprojekten gearbeitet. Dies bestätigen alle Untersuchungen und belegt die Vielzahl von Reformstädten, angefangen mit Han-

---

5 Diese Zwischenbilanz ist das Ergebnis eines größeren, von der Hans-Böckler-Stiftung geförderten Drittmittelprojekts zum internationalen Vergleich von „best practice"-Städten im OECD-Bereich (vgl. auch Oppen/Wegener in diesem Band).

nover, München, Hamburg und Berlin über Offenbach, den Main-Kinzig-Kreis, Saarbrücken, Solingen, Wuppertal bis hin zu Passau, Hagen, Heidelberg, Warstein und Herten – um nur die meistgenannten Städte aus unserer eigenen Erhebung in exemplarischer Weise zu nennen. Noch 1993 hätte niemand diese Entwicklung so vorausgesehen.

Spezifität des deutschen Modernisierungsprofils

Stützt man sich auf eine Sekundäranalyse der Erhebung des Deutschen Städtetages von 1996, dann zeigt sich ein klares Profil des kommunalen Modernisierungsprozesses in Deutschland. Der Schwerpunkt der Reformmaßnahmen in Deutschland liegt eindeutig in den verschiedenen Formen des Finanzmanagements – dem Aufbau eines Berichts- und Controllingsystems, der Definition von Produkten und der Erstellung von Kennzahlen, partiell verknüpft mit einer Umstrukturierung der Aufbauorganisation inklusive Auslagerungen. Das Modernisierungsprofil deutscher Kommunen spiegelt somit in seinen Prioritäten eindeutig die finanzwirtschaftliche Situation wider.

Es gibt jedoch eine bedenkliche Kehrseite dieser Profilbildung: In der überwiegenden Zahl der Fälle fehlen weiterreichende Veränderungen im Bereich des Wettbewerbs, der Qualität und des strategischen Managements – also auf den Feldern, die zusätzliche Kernschwerpunkte der internationalen Spitzenstädte darstellen. Zwar existieren in diesen Bereichen auch in Deutschland vereinzelte Pilotprojekte und verschiedene Neuentwicklungen, nicht jedoch größere und markante Trends wie in vergleichbaren Städten des Auslands (vgl. auch Abbildung 14).

Die Profilbildung der Verwaltungsreform in Deutschland erkauft also die Prioritätensetzung im Finanzmanagement mit einer erheblichen Einseitigkeit auf Kosten anderer essentieller Reformmaßnahmen.

Umsetzungsdefizit

An der Profilbildung der deutschen Kommunalverwaltungsreform wird ein weiterer Gesichtspunkt deutlich: In praktisch allen Reformdimensionen überwiegen die konzeptionellen Absichtserklärungen gegenüber den realisierten Reformvorhaben. Dies ist zunächst ein vielerorts bekannter Umstand, jedoch in diesem Ausmaß aus keiner vergleichbaren Umfrage im Ausland bekannt. Diese weite Kluft zwischen konzeptioneller Intention und faktischer Realisierung indiziert das bekanntlich relativ späte Einsetzen des Modernisierungsprozesses in Deutschland. Dahinter verbirgt sich aber mehr: nämlich die notorische deutsche Vorliebe für Konzeptdiskussionen anstelle von Realisierungsprozessen und damit möglicherweise eine tiefergreifende Umsetzungsschwäche im kommunalen Umstrukturierungsprozeß – ein auch aus der Privatwirtschaft und der Politik in Deutschland bekanntes Phänomen.

Abbildung 14: Schwerpunkte der Verwaltungsreform in Deutschland

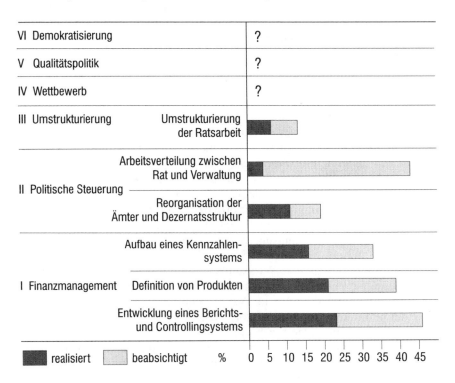

Darstellung nach Deutscher Städtetag 1996

Kein integrierter Reengineering-Fall in Deutschland

Im internationalen Vergleich auffällig ist auch noch ein vierter Befund: In Deutschland gibt es zwar eine ganze Reihe interessanter sektoraler Reformentwicklungen, insbesondere im Finanzsteuerungsbereich. Es existiert aber kein – international vergleichbarer – Fall einer integrierten Gesamtinnovation der Gemeindeverwaltung, wie man sie bei den führenden Spitzenstädten antrifft. Kommunale Verwaltungsreformpolitik ist in Deutschland letztlich immer noch eher Insellösung als Komplettlösung.

Zeitlicher Modernisierungsrückstand

Die kommunale Verwaltungsreform in Deutschland hat im internationalen Vergleich der Spitzenstädte zweifellos verspätet angefangen: Der Rückstand beläuft sich auf 17 Jahre gegenüber Phoenix, sieben Jahre gegenüber Christchurch und jeweils rund fünf Jahre gegenüber Städten wie Linköping und Hämeenlinna. Dies mag Anlaß zu Besorgnis sein. Gravierender erscheint mir jedoch ein anderer Umstand: Die deutschen Städte haben trotz der seit 1993 durchgeführten rasanten Aufhol-Anstrengungen nur begrenzt Boden gutgemacht. Denn das Reformtempo in den Spitzenstädten, so insbesondere Christchurch oder etwa auch Hämeenlinna, hat sich eher weiter beschleunigt als verlangsamt.

Gefährdungen durch die Begrenztheit des deutschen Reformprofils

Am bedenklichsten erscheint mir jedoch die spezifische Begrenztheit im Profil des deutschen Modernisierungspfades. Die ganz wesentlich auf das Finanzmanagement zugespitzten Reformanstrengungen übersehen die Relevanz der anderen Politikbereiche wie insbesondere von Wettbewerb, Qualitätspolitik und strategischem Management in bezug auf die strukturellen Kostentreiber im Kommunalgeschehen. Wie schon oben anhand der Haushaltskonsolidierung skizziert, provoziert diese Verkürzung und Engführung des Reformansatzes zwei zentrale Gefährdungen im Verwaltungsmodernisierungsprozeß deutscher Kommunen:

– Durch die sehr begrenzte Wirksamkeit des Finanzmanagements mit seinen fiskalischen Instrumenten können zum einen weder die strukturellen Kostentreiber entschieden ins Visier genommen werden, noch können andere Politikfelder zur gesamtorganisatorischen Stärkung der Ressourcensteuerung mobilisiert werden;
– zum anderen bedingt die Engführung des Reformansatzes eine begrenzte Nachhaltigkeit der Reformbewegung wegen ihrer nur losen Verankerung im kommunalen Gesamtgefüge.

Angesichts der strukturellen Ambivalenz des Modernisierungsprozesses ist die Gefahr nicht von der Hand zu weisen, daß das neue Steuerungssystem, der Produktkatalog, die Kosten-Leistungs-Rechnung, die dezentrale Ressourcenverantwortung zu einem Fortschreibungsmanagement traditionell bürokratischer Strukturen in verändertem Gewand degenerieren. Eine Reihe von mikropolitischen Kräften in den Kommunen drängt aus Gründen des Status- und Machterhalts in diese Richtung. Diese mikropolitischen Gegentendenzen sind ein hinreichend bekannter Tatbestand. In der Theorie würde man deshalb von der bekannten Gefahr des Rückfalls in den Neo-Taylorismus, also einer Art Rekonventionalisierung, sprechen. Ein solcher Rückfall muß nicht zwangsläufig eintreten. Doch die Gefahr ist strukturell angelegt.

6.6 Die leisen und schleichenden Signale nachlassender Evolutionsfähigkeit

Die stichpunktartigen Skizzen zu exemplarischen Strukturproblemen der Bundesrepublik im internationalen Leistungswettbewerb lassen sich abschließend zu einem vorläufigen Gesamtbild mit folgenden Hauptaspekten zusammenfügen.

1. Es sind vor allem drei zusammenhängende Komplexe, die im internationalen Vergleich das Schwächenprofil des bundesrepublikanischen Produktions- und Politikregimes charakterisieren.

Abbildung 15: Nachlassende Evolutionsfähigkeit des bundesrepublikanischen Produktions- und Politikregimes

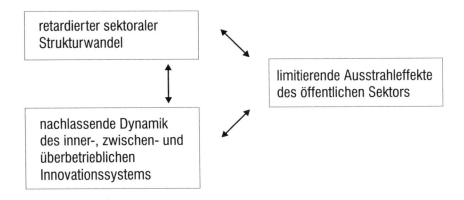

Der retardierte Strukturwandel in der bundesrepublikanischen Sektorspezialisierung ist hoch interdependent mit der nachlassenden Dynamik in den inner-, zwischen- und überbetrieblichen Bereichen des nationalen Innovationssystems, und beide Komplexe werden von den limitierenden Ausstrahleffekten eines recht statischen öffentlichen Sektors in ihrer Beharrungstendenz noch bestärkt.

2. Eine katastrophische Einschätzung mißversteht jedoch die diagnostizierten Erosionsphänomene. Nach wie vor schneidet die Bundesrepublik bei den meisten wichtigen Indikatoren im internationalen Vergleich relativ gut ab. Es sind keine dramatischen Einbrüche und Katastrophen zu vermelden. Vielmehr sind es eher die vielen leisen und schleichenden Signale, die sich zu einem besorgniserregenden Bild zusammenfügen. Alles deutet darauf hin, daß es die nachlassende „evolutionäre Kapazität" (Fujimoto 1996) in den vielen zusammenhängenden Elementen des bundesrepublikanischen Innovationssystems ist, die sich zu einem emergenten „Teufelskreis" gerade für eine Ökonomie der diversifizierten, kundenorientierten und innovationszentrierten Qualitätsproduktion und für eine wohlfahrtsstaatliche demokratische Politik auf hohem Kompensationsniveau zu formieren droht. Viele Einzelstudien – auch die in diesem Jahrbuch veröffentlichen – indizieren genau diese begrenzte Fähigkeit zur selbstreflexiven Transformation in Richtung auf ein neues, sich beschleunigendes wie kontinuierlich weiterentwickelndes Innovationsniveau unter veränderten Kontextbedingungen.

3. Eine solche Problemdefinition verweist zugleich auch auf die verschiedenen Sichten der Ursachenkomplexe in der Standortdiskussion. Ein-Faktoren-Theorien wie die Konjunktur- oder Kostenstrukturinterpretation verkennen den systemischen Charakter nachlassender Evolutionsfähigkeit und verdecken somit eher die angesprochenen Probleme. Unleugbar ist eine ausgeprägte Pfadabhängigkeit in allen drei genannten Kernursachenkomplexen zu erkennen. Das Institutionengefüge in den verschiedenen privatwirtschaftlichen und öffentlichen Sektorbereichen des deutschen Innovationssystems ist selber in seiner Anreizstruktur zu sehr auf Beharrung angelegt, als daß es die vielen kleinen und wenigen großen Entscheidungen zur kontinuierlichen Selbsttransformation zulassen oder ermöglichen würde. Eine solche Diagnose läßt auch kein schnelles und effizientes Restrukturierungsprogramm zu, das zügig in „zwei Jahren" abgearbeitet werden könnte. Verschiedene Erfahrungen mit sektoralem Strukturwandel oder der Selbsttransformation ganzer Länder verweisen hier vielmehr auf längere Wegstrecken.

Literatur

Abelshauser, W. (1983): *Wirtschaftsgeschichte der Bundesrepublik Deutschland 1945-1980.* Frankfurt a.M.

Abramowitz, M. (1986): „Catching up, Forging Ahead and Falling Behind?". In: *Journal of Economic History,* Vol. 46, S. 385-406.

Baumol, W. J. (1986): „Productivity Growth, Convergence, and Welfare: What the Long-Run Data Show". In: *American Economic Review,* Vol. 76, S. 1072-1085.

Borrus, M./Zysman, J. (1997): *Wintelism and the Changing Terms of Global Competition: Prototype of the Future?* Working Paper 96 B. Berkeley.

Bullinger, H. J. (Hg.) (1997): *Dienstleistungen für das 21. Jahrhundert.* Stuttgart.

Bundesministerium für Bildung, Wissenschaft, Forschung und Technologie (BMBF) (1996): *Zur technologischen Leistungsfähigkeit Deutschlands.* Bonn.

Bundesministerium für Wirtschaft (1997): *Deutschland in der globalen Dienstleistungsgesellschaft.* Bonn.

Burawoy, M. (1985): *The Politics of Production. Factory Regimes under Capitalism and Socialism.* London.

Busch, B./Lichtblau, K./Schnabel, C. (1997): „Kohäsion in der Europäischen Union. Eine empirische Analyse". In: *iw-Trends. Quartalsheft zur Empirischen Wirtschaftsforschung,* 1, 1997, S. 15-30.

Business Week (1997): „The New Business Cycle". In: *Business Week,* March 31, 1997.

Cassiers, I. (1994), „Belgium's Postwar Growth and the Catch-Up Hypothesis". In: *European Economic Review,* Vol. 38, S. 899-911.

Council on Competitiveness (1996): *Competitiveness Index 1996 – a Ten Year Strategic Assessment.* Washington.

Crafts, N. (1992): „Productivity Growth Reconsidered". In: *Economic Policy,* Vol. 15, S. 387-426.

Denison, E. F. (1989): *Estimates of Productivity Change by Industry: An Evaluation and an Alternative.* Brookings Institute. Washington.
Deutsches Institut für Wirtschaftsforschung (DIW) (1995): „Hat Westdeutschland ein Standortproblem?". In: *DIW-Wochenbericht* 38/1995, S. 653-666.
Dornbusch, R./Nölling, W./Layard, R. (eds.) (1993): *Postwar Economic Reconstruction and Lessons for the East Today.* London.
Dumke, R. H. (1990): „Reassessing the Wirtschaftswunder: Reconstruction and Postwar Growth in West Germany in an International Context". In: *Oxford Bulletin of Economics and Statistics,* Vol. 52, S. 451-491.
European Commission (1995): *Green Paper on Innovation.* Bulletin of the European Union. Brüssel.
European Commission (1997): *The Competitiveness of the European Industry.* Brüssel.
Fransman, M. (1995): *Japan's Computer and Communications Industry.* Oxford.
Freeman, C./Soete, L. (1994): *Work for All or Mass Unemployment?* London.
Fujimoto, T. (1996): *An Evolutionary Process of Toyota's Final Assembly Operations: The Role of Ex-post Dynamic Capabilities.* Discussion Paper, University of Tokyo. Tokyo.
Generaldirektion (GD) V (1997): *German Unemployment and the European Social Model.* Ms.
Giersch, H. et al. (1992): *The Fading Miracle. Four Decades of Market Economy in Germany.* Cambridge/New York.
Graskamp, R./Siebe, T. (1994): „Produktivitätsrechnungen für die achtziger Jahre: Konzepte und Ergebnisse". In: *RWI-Mitteilungen,* 45, 1994, S. 61-73.
Heinelt, H. et al. (1997): *Die Entwicklung der europäischen Strukturfonds als kumulativer Politikprozeß.* Ms.
Hollingsworth, J./Boyer, R. (1997): *Contemporary Capitalism. The Embeddedness of Institutions.* Cambridge.
ifo (1996): „Sind Löhne und Steuern zu hoch? Bemerkungen zur Standortdiskussion in Deutschland". In: *ifo-Schnelldienst* 20/96, S. 6-15.
ifo (1997): „Internationale Patentanmeldungen: Globale Positionen und strukturelle Anpassungsreaktionen". In: *ifo-Schnelldienst* 11/97, S. 7-14.
Jánossy, F. (1966): *Das Ende der Wirtschaftswunder. Erscheinung und Wesen der wirtschaftlichen Entwicklung.* Frankfurt a.M.
Jürgens, U./Naschold, F. (1994): „Arbeits- und industriepolitische Entwicklungsengpässe der deutschen Industrie in den neunziger Jahren". In: W. Zapf/M. Dierkes (Hg.): *Institutionenvergleich und Institutionendynamik. WZB-Jahrbuch 1994.* Berlin, S. 239-270.
Jürgens, U. et al. (1997): *Konferenzbericht.* Ms. (Veröffentlichung in Vorbereitung).
Kantzenbach, E. (1967): *Die Funktionsfähigkeit des Wettbewerbs.* Göttingen.
Klump, R. (1995): „Produktivitätslücken, Konvergenzprozesse und die Rolle der Wirtschaftsordnung: Anmerkungen zur 'Catching-up'-Hypothese". In: *Zeitschrift für Wirtschaftspolitik,* 44 (1), S. 29-44.
Krugman, P. R. (1996): „Making Sense of the Competitiveness Debate". In: *Oxford Review of Economic Policy,* 12, 3, S. 17-25.
Land Baden-Württemberg (1993): Bericht der Zukunftskommission 'Wirtschaft 2000', August 1993, S. 11ff.
Lucas, R. E. (1988): „On the mechanics of economic development". In: *Journal of Monetary Economics,* 22 (1), S. 3-42.
Lucas, R. E. (1993): „Making a Miracle". In: *Econometrica,* 61 (2), S. 251-272.

Maddison, A. (1991): *Dynamic Forces in Capitalist Development: A Long-run Comparative View.* Oxford.

Maddison, A./van Ark, B. (1994): *The International Comparison of Real Product and Productivity.* University of Groningen. Groningen.

McKinsey Global Institute (1997): *Removing Barriers to Growth and Employment in France and Germany.* Frankfurt/Paris/Washington.

Muramatsu, M./Naschold, F. (1996): *State and Administration in Japan and Germany.* Berlin.

Naschold, F. (1994a): „Stellungnahme zum Bericht der Zukunftskommission 'Wirtschaft 2000' (Stand: 12. August 1993)". In: W. Fricke (Hg.): *Jahrbuch Arbeit und Technik 1994.* Bonn, S. 403-408

Naschold, F. (1994b): *The Politics and Economics of Workplace Development.* Helsinki.

Naschold, F. (1997): „Die Siemens AG: Inkrementale Anpassung oder Unternehmenstransformation?". In: *Arbeit,* H. 2/1997, S. 173-196.

Naschold, F. et al. (1997): *Innovative Kommunen. Internationale Trends und deutsche Erfahrungen.* Stuttgart.

Priewe, J. (1997): *Die technologische Wettbewerbsfähigkeit der deutschen Wirtschaft.* Discussion paper FS II 97-203, Wissenschaftszentrum Berlin für Sozialforschung. Berlin.

Soskice, D. (1996): *German Technology Policy, Innovation and National Institutional Frameworks.* Discussion paper FS I 96-319, Wissenschaftszentrum Berlin für Sozialforschung. Berlin.

Streeck, W. (1997): „Beneficial Constraints: On the Economic Limits of Rational Voluntarism". In: J. R. Hollingsworth/R. Boyer (eds.): *Contemporary Capitalism: The Embeddedness of Institutions.* Cambridge, S. 197-219.

Willers, S./Wright, M. (1991): *The Promotion and Regulation of Industry in Japan.* London.

Zysman, R. et al. (1996): *Tales of the Global Economy. Cross-national Production Networks and the Reorganisation of the European Economy.* Amsterdam.

II Reengineering von Prozeßketten

Schnittstellen des deutschen Produktionsregimes

Innovationshemmnisse im Produktentstehungsprozeß

Ulrich Jürgens und Inge Lippert

1. Innovationsdynamik und institutionelle Arrangements

„Innovationsschwäche" ist ein zentraler Topos in der Diskussion über die gegenwärtige Lage des Industriestandortes Deutschland (Hirsch-Kreinsen 1997b; Henzler/Späth 1995). Als Schwächemoment wird insbesondere die Umsetzung von Basisinnovationen in marktfähige Produkte unter Konkurrenzbedingungen genannt. Bei dieser Umsetzung spielt die Organisation des Produktentstehungsprozesses eine wesentliche Rolle. Vergleichende Untersuchungen verweisen auf spezifische Probleme der deutschen Produktentstehungssysteme, sich auf die veränderten Markt- und Konkurrenzbedingungen der neunziger Jahre einzustellen:

- die Systeme erweisen sich als wenig dynamisch, binden zu viele Ressourcen an „alte Aufgaben";
- in den Unternehmen überwiegt die Produzenten-/Technikorientierung anstelle der Kundenorientierung;
- die Unternehmen sind strukturkonservativ in der Umsetzung neuer Organisationskonzepte (hin zu stärkerer Prozeßorientierung, Empowerment);
- die Verkürzung von Time-to-market-Zyklen wird defensiv angegangen und nicht als Chance zur Erhöhung der Innovationsdynamik angesehen.

Unser Beitrag knüpft an die Diskussion über die besondere Innovationsproblematik im deutschen Kontext an und untersucht die Faktoren, die hinter diesen Schwächelagen stehen. Dabei gehen wir von der These aus, daß das deutsche Produktionsregime spezifische „Rigiditäten" der Arbeitsteilung erzeugt, die sich negativ auf die Performanz von Produktentstehungsprozessen auswirken und die Richtung und das Ausmaß der Reorganisation im Hinblick auf neue Konzepte der Produktentstehung maßgeblich beeinflussen. Der hohe Institutionalisierungsgrad betrieblicher Strukturen aufgrund arbeitspolitischer Regulierung auf Meso- und Makroebene, insbesondere das System der Berufsbildung und die von ihm bewirkte starke fachliche Spezialisierung, stellen nachhaltige Beharrungsmomente dar, die dazu führen, daß die betrieblichen Veränderungsmaßnahmen in einen Typus strukturimmanenter Reform überführt werden, in dem sich „alte" Kräfteverhältnisse und Strukturmerkmale in hochkomplexer Form mit neuen Organisationselementen mischen. Die Beharrungskraft des traditionellen Produktionsregimes und die in besonderem Maße versäulten Strukturen gesellschaftlicher Arbeitsteilung bilden danach den Kern einer spezifisch deutschen Schnittstellenproblematik mit ausgeprägten Barrieren für die fach- und funktionsüberschreitende Kommunikation und Kooperation.

Trifft diese These zu, dann befinden sich die deutschen Unternehmen in der Tat in einem sich verstärkenden Dilemma: Auf der einen Seite hält die Dynamik der Differenzierung der Arbeitsteilungsstrukturen in den Prozeßketten der Produktentstehung weiter an, auf der anderen Seite fallen Probleme der schnittstellenübergreifenden Kommunikation und Kooperation im Hinblick auf den zunehmenden Druck zur Verkürzung der Vorlaufzeiten für neue Produkte zunehmend ins Gewicht.

Die Betonung des Schnittstellencharakters gesellschaftlicher Arbeitsteilung gegenüber der altehrwürdigen Hervorhebung der Vorteile der Teilung von Arbeit verweist auf den grundlegenden Paradigmenwechsel in der Regulierung von Arbeit am Ende des Jahrhunderts der Massenproduktion. Schnittstellen erscheinen in dieser Perspektive als Störquellen für eine möglichst reibungslose Kommunikation und Kooperation zwischen Akteursgruppen, deren Handlungsorientierungen und Denkmuster sich voneinander unterscheiden und die „eigensinnigen" sozialen Bezugssystemen angehören. Dies führt zu Verständigungsschwierigkeiten, kann bis zu Interessengegensätzen reichen, kann Blockaden verursachen. Solche Schnittstellenprobleme resultieren aus

– der fachlichen Differenzierung (im Sinne der Spezialisierung nach Wissensdisziplinen, die mit dem nationalen Bildungssystem korrespondieren);
– der funktionalen Differenzierung nach Unternehmensfunktionen entsprechend dem klassischen Funktionsspektrum (Einkauf, Verkauf, Finanzen, Produktion etc.);
– der organisatorischen Differenzierung nach Abteilungs-, Bereichs- und Unternehmensabgrenzungen.

Erweitert und vertieft werden diese Probleme durch eine Vielzahl anderer Faktoren: der räumlichen Entfernung zwischen den Einheiten, ihrer regionalen, nationalen Standortzugehörigkeit, materieller und symbolischer Statusdifferenzierung, Zugehörigkeit zu unterschiedlichen Branchen, Wirtschaftssektoren mit jeweils eigenen Regulierungsformen und Institutionen.

Unter dem Diktat der „Time-based-competition" erscheint diese Schnittstellenstruktur als Horrorliste potentieller Konflikte und Schwierigkeiten. Und die Differenzierungsdynamik hält weiter an. Ihre Triebkräfte sind:

- die technologische Entwicklung vor allem aufgrund der Tendenz zu Hybridtechnologien, der Mechatronik, Optoelektronik etc., die etwa zur Folge haben, daß im Falle des Werkzeugmaschinenbaus die vormals weitgehend mit Mechanikern besetzten Entwicklungsbereiche nunmehr Elektroniker und Softwarespezialisten benötigen. Hinzu kommt der Bedarf an weiteren funktionalen Spezialisten aufgrund zunehmender Verwendung neuer Materialien für Produkt und Prozeß, erhöhter Anforderungen an Sicherheit und Qualität usw.;
- die Tendenz in den Unternehmen zur Fokussierung ihrer Geschäftsprozesse (auf Kernkompetenzbereiche) und zur Verlagerung von Produktions- und Dienstleistungsaufgaben auf andere Unternehmen (Netzwerkbildung); und
- die Globalisierungstendenz bei dem Bezug dieser Fremdleistungen.

Demgegenüber beschwören die aktuellen Reorganisationskonzepte das Ideal der „seamless integration" und der „boundaryless firm". Im Hinblick auf die Anforderungen des Zeitwettbewerbs betonen insbesondere die neuen Konzepte der Produktentstehung die Notwendigkeit schnittstellenübergreifender Arbeitsformen und reibungsloser Kommunikation und Kooperation in Prozeßketten.

Die traditionellen Strukturen und sequentiellen Abläufe der Produktentstehung werden in den neunziger Jahren radikal in Frage gestellt. Forciert vor allem durch die Wettbewerbsstrategien japanischer Unternehmen – und angeregt durch die von ihnen angewendeten Organisationskonzepte – wird die Notwendigkeit zu einem Quantensprung in der Verbesserung der Leistungsfähigkeit der Produktentstehungssysteme gesehen, als Faustformel soll das bisherige Leistungsniveau mindestens verdoppelt werden. Dieser Verbesserungsdruck – stimuliert durch Benchmarking-Untersuchungen, wie vor allem der bahnbrechenden Studie von Clark und Fujimoto (1991) – zielt auf Effizienzgrößen des Time-to-market (der benötigten Zeit von der Initiierung des Produktprojektes bis zur Markteinführung), der Kosten (etwa der aufzuwendenden Anzahl Ingenieursstunden) sowie der Qualität der neuen Produkte. Die Reorganisation erscheint als Problem des Überlebens in einer Phase der „Hyperkonkurrenz" (Cooper 1995), und ihre Richtung als alternativlos.

Triebkräfte der Reorganisation sind also der Druck der Konkurrenz und veränderte Marktanforderungen – Triebkräfte, die global wirksam sind. Ebenso universal ist der Geltungsanspruch der Reorganisationskonzepte. Die zentralen Stoßrichtungen sind:

- die gezielte Überlappung von Tätigkeiten, die im Prinzip aufeinander aufbauen, um Zeit zu sparen (Simultaneous/Concurrent Engineering);
- schnittstellenübergreifende Kommunikation und Kooperation in der Prozeßkette (integrierte Aufgabenbearbeitung z.B. in crossfunktionalen Teams, frühzeitige Berücksichtigung von Erfordernissen nachgelagerter Prozeßschritte); und

– die Fokussierung von Organisation und Arbeitseinsatz-Strategien auf Prozeßketten (Prozeßorientierung).

Damit greifen die neuen Konzepte tief in bestehende gesellschaftliche Strukturen der Arbeitsteilung, der fachlichen Spezialisierung und der organisatorischen Differenzierung ein. Dies wiederum hat weitreichende Folgen für das nationalspezifische arbeitspolitische Institutionensystem sowie für Statusdifferenzierung und gewachsene „Kulturen" von Verhaltensmustern und Denkorientierungen. Diese in hohem Maße nationalspezifische Symptomatik wirkt umgekehrt auf die Umsetzung der universalen Konzepte, prägt Schwerpunktsetzungen, Tiefe und Reichweite der Veränderungen.

Die Verkürzung der Vorlaufzeiten für neue Produkte in der angezielten Größenordnung („Quantumsprünge") löst dabei einen „Schneeballeffekt" von Sekundärwirkungen aus: Durch die Zeitverkürzung zwischen der Festlegung der Produktspezifikationen und dem Serienanlauf kann das Risiko reduziert werden, an den Kauftrends vorbei zu konstruieren. Auf der anderen Seite stellen neue Maßnahmen wie Outsourcing, Prozeßorientierung, funktionsübergreifende Zusammenarbeit neue Anforderungen an die Qualifikation der Beschäftigten, an die Fähigkeit zur Zusammenarbeit im Team und zur Antizipation der Anforderungen der Prozeßkettenpartner. Die Veränderungen in einem Bereich der Prozeßkette ziehen notwendige Veränderungen in anderen Bereichen nach sich. Einmal angestoßen, münden die neuen Konzepte in einen Prozeß, in dem es darum gehen muß, alle organisatorischen, technischen und personalpolitischen Innovationspotentiale des Unternehmens auszuschöpfen.

Abbildung 1 stellt den Wirkungszusammenhang, mit dem wir uns im weiteren befassen wollen, im Überblick dar: Im Zentrum steht danach der Versuch der Reorganisation der Produktentstehungssysteme und ihrer Wirkung auf die Schnittstellen der Arbeitsteilung. Die Ausprägung dieser Schnittstellen und damit verbundener Handlungsorientierungen sind wesentlich beeinflußt durch Institutionen und Regelungen sowohl inner-, als auch überbetrieblicher Art, sie sind damit Resultat sowohl der Politics of Production

Abbildung 1: Variablenmodell

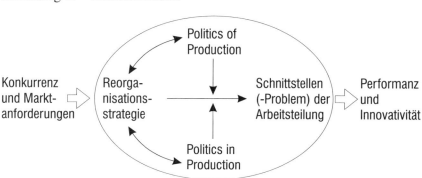

wie der Politics in Production (Naschold 1985). Diese Struktur- und Handlungskonfiguration ändert sich unter dem Druck der Konkurrenz- und Marktanforderungen, und die Bewältigung der Schnittstellenprobleme erklärt in hohem Maße die Varianz in der Performanz und Innovativität von nationalen Produktentstehungssystemen.

Neben der einschlägigen Literatur beziehen wir uns im folgenden auf Ergebnisse unseres Projektes über Veränderungen in der Produkt- und Prozeßentwicklung im Länder- und Branchenvergleich.[1] In diesem Projekt haben wir anhand von Interviews auf der Ebene von Sachbearbeitern und mittlerem Management die Kommunikations- und Kooperationsmuster in Prozeßketten der Produktentstehung in der Automobil-, Werkzeugmaschinen- und Computerindustrie untersucht. Es handelt sich damit also nicht um die Entstehung völlig neuer Produkte, sondern um die Hervorbringung neuer Modelle und Modellvarianten von im Prinzip bekannten Produkten.

Der Beitrag gliedert sich in vier Teile. Im Anschluß an diesen Problemaufriß werden im zweiten Teil die Besonderheiten der deutschen Produktentstehungssysteme und der hierauf bezogenen Reorganisationsmaßnahmen diskutiert. Als Ursachen für die spezifisch deutsche Schnittstellenproblematik sehen wir die starke Fach- und Funktionsorientierung, die traditionell dominierende Technikorientierung, die unzureichende Einbeziehung der Produktionsintelligenz und die Überkomplexität der Entscheidungsprozesse infolge der arbeitspolitischen Aushandlungsstrukturen (Politics in Production) in den Unternehmen. An diese Darstellung schließt sich der Versuch an, die Relevanz dieser Schnittstellenprobleme zu bestimmen (3.). Wir verfolgen hier drei Fragen: Wie stark unterscheidet sich erstens das nationalspezifische Muster der Kommunikations- und Kooperationsprobleme in komparativer Perspektive; wie relevant sind zweitens die festgestellten Prozeßbesonderheiten unter dem Gesichtspunkt der Performanz; und welche Bedeutung haben sie drittens im Hinblick auf die Produktinnovativität? In unserem

---

[1] Das Projekt „Veränderungen in der vertikalen Arbeitsteilung. Die Rolle von Informations- und Kommunikationstechnologien und Arbeitspolitik bei Strategien zur Verkürzung der Vorlaufzeiten für neue Produkte im Länder- und Branchenvergleich" wurde im Zeitraum 1993 bis 1996 von Ulrich Jürgens, Inge Lippert und Helmut Drüke am Wissenschaftszentrum Berlin für Sozialforschung zusammen mit Partnerteams in Japan, den USA und Italien durchgeführt. Das Projekt erhielt eine Drittmittelförderung von seiten der Volkswagen-Stiftung. Gegenstand der Untersuchung waren die Kommunikations- und Kooperationsmuster in ausgewählten Prozeßketten der Produktentstehung von Automobilen, CNC-Werkzeugmaschinen und Personalcomputern. Für die Automobiluntersuchung beispielsweise wurden die Prozeßketten der Seitentür und der Instrumententafel ausgewählt; diese Prozeßketten wurden von den Automobilendherstellern bis zu den Zulieferern von Komponenten, Betriebsmitteln (Werkzeugen) und Ingenieursdienstleistungen verfolgt. Insgesamt wurden im Rahmen dieser Untersuchung vom Berliner Kernteam 425 Interviews in 80 Unternehmen der Automobilindustrie, des Werkzeugmaschinenbaus und der PC-Industrie in Deutschland, Italien, den USA und Japan durchgeführt (vgl. Jürgens 1997; Drüke 1997; Lippert/ Jürgens/Drüke 1996).

Resümee (4.) kommen wir – jenseits von Katastrophenbeschwörung und Status-Quo-Rechtfertigung – auf die Frage nach einer spezifisch deutschen Innovationsproblematik zurück.

2. Besonderheiten der deutschen Produktentstehungssysteme

2.1 Die Resilienz der Fach- und Funktionsorientierung

In der Tat werden die mit der Berufsfachlichkeit verbundenen festen Rollenidentitäten und Spezialisierungen in der Literatur häufig als spezifisch deutsche Problematik dargestellt (Kern 1996; Herrigel 1995; Lullies et al. 1993; Deutschmann 1989). Die individuelle Sozialisierung durch ein wesentlich auf „Berufe" abstellendes System der Qualifizierung prägt individuelle Denk- und Verhaltensweisen nachhaltig, denn in der Berufsausbildung werden nicht nur spezifische Fachkenntnisse vermittelt. Die Zuschneidung der Qualifikationen auf Berufe bringt auch Erwartungen an eine „adäquate" Tätigkeit und an darauf bezogene betriebliche Privilegien mit sich und vermittelt den Auszubildenden bestimmte Werte, Grundhaltungen und Motivationen, die mehr auf die individuelle Entfaltung und Autonomie als auf Integration in einen übergeordneten sozialen Zusammenhang zielen (Feuchthofen 1989, S. 437). Die damit einhergehenden berufsfachlichen Abgrenzungen lassen sich nach Deutschmann mit den Erfordernissen ökonomischer Anpassung nur schwer in Einklang bringen:

> „Es beginnt schon bei dem in der Instandhaltung eingesetzten Facharbeiter, der sich sperrt, direkte Produktionsaufgaben zu übernehmen, die ihm als 'unterwertig' gelten, auch wenn ein solcher flexibler Einsatz ökonomisch viel effektiver wäre. Noch schwieriger wird es beim graduierten Ingenieur, von Wissenschaftlern ganz zu schweigen. Je höher der berufliche Status, desto heikler die konkrete Kooperation und desto stärker das Bedürfnis, sich sozial an den Standesgenossen und nicht an den tatsächlichen Arbeitskollegen zu orientieren" (Deutschmann 1989, S. 419f.).

Historisch gesehen geht die tiefe Verankerung der Berufsfachlichkeit in den Denk- und Verhaltensweisen der Akteure auf eine lange Tradition zurück, nach der berufliches Wissen und Können als wesentliche Voraussetzung für Innovativität, Kreativität und qualitativ hochwertige Produkte gilt. Durch das duale Ausbildungssystem getragen und durch zahlreiche institutionelle Vorkehrungen im Arbeits- und Sozialrecht geschützt, konnte sich das Prinzip der Berufsfachlichkeit zu einem nachhaltigen Charakteristikum des „Deutschen Modells" entwickeln. Die Identifikation der „Facharbeiter" mit ihren Berufen und die damit verbundene arbeitsinhaltliche Erwartungshaltung sowie Aufstiegsorientierung hin zum Techniker und Ingenieur stellen wichtige Tatbestände in deutschen Unternehmen dar.

Der Einfluß dieser sozialen und kulturellen Aspekte auf die Kommunikation und Kooperation auch in Produktentstehungsprozessen ist generell unstrittig. Wie weit dieser Einfluß allerdings reicht und ob sich die deutsche Schnittstellenproblematik *in besonderem Maße* aus der prägenden Kraft der Berufsfachlichkeit erklären läßt, muß hingegen kritisch diskutiert werden. Sind die unterschiedlichen Berufe ursächlich, oder gehen die drängendsten Kommunikations- und Kooperationsprobleme in der Prozeßkette auf organisatorische Abgrenzungen zwischen den Abteilungen zurück? Eine Antwort auf diese Frage setzt einen genaueren Blick auf die Verbreitung des Berufsprinzips in den Funktionsbereichen der Unternehmen voraus.

Für die Tätigkeiten im Prozeß der Produktentstehung sind vor allem die Gruppen der mittleren und höheren Angestellten von Bedeutung. In diesem Bereich findet sich eine mit der „Fachausbildung" vergleichbare Verankerung beruflicher Orientierung nur bei den „Technischen Angestellten". Für diesen Bereich lassen sich zwei langjährige Trends feststellen: Zum ersten die zunehmende Differenzierung der Ingenieursspezialisierungen in den produkt- und prozeßtechnischen Entwicklungsbereichen der Unternehmen, in denen sich nunmehr oft Naturwissenschaftler, Informatiker, Ingenieure unterschiedlicher Fachrichtungen und Spezialisierungen gegenüberstehen; zum zweiten der Trend zu einer zunehmenden Akademisierung; so ist selbst im mittelständischen Maschinenbau, der traditionell die Rekrutierung von Fachhochschulingenieuren bevorzugt, der Anteil graduierter Ingenieure mehr und mehr angestiegen (Hirsch-Kreinsen 1995, S. 25). Aufgrund der im internationalen Vergleich überaus langen Studienzeiten der Ingenieure an den Universitäten – 1995 betrugen sie im Durchschnitt 14 Semester, also sieben Jahre (Henning/Staufenbiel 1995) – haben sich insbesondere in dieser Gruppe für Spezialisten typische arbeitsinhaltliche Erwartungen und eine berufliche Orientierung am Leitbild wissenschaftlicher Tätigkeiten in Forschungsinstituten wie jenen der Fraunhofer-Gesellschaft (Häusler 1990) herausgebildet. Durch diese beiden Trends der Differenzierung und Verwissenschaftlichung hat die Schnittstellenproblematik in vielen Unternehmen deutlich an Komplexität und Dynamik gewonnen. Verständigungsprobleme zwischen den Denkwelten, unterschiedliche Fachsprachen und Arbeitsweisen[2] in den Fachdisziplinen, die Distanzierungswirkung von Statusdifferenzierungen zwischen Technikern, Fachhochschul- und Universitätsingenieuren sowie zwischen Entwicklungs- und Produktionsingenieuren und wechselseitige Ressentiments unter den akademisch qualifizierten „Seiteneinsteigern" und den praktisch orientierten „innerbetrieblichen Aufsteigern" sind keine Seltenheit (vgl. Mickler 1997; Böhle 1995).

Demgegenüber gilt das Prinzip der Berufsfachlichkeit für die „Kaufmännischen Angestellten" nicht in gleichem Maße. Ob ein/e Sachbearbeiter/in

---

2 Mickler führt in diesem Zusammenhang das Beispiel an, daß Elektroniker und Mechaniker Schwierigkeiten haben zu verstehen, weshalb ein Softwareentwickler mehrere Tage für das Schreiben einer einzigen Programmzeile benötigt (Mickler 1997, S. 115ff.).

im Einkauf, im Vertrieb, in der Finanzabteilung oder anderen Bereichen des Unternehmens eingesetzt wird, ist in der Regel nicht an einen spezifischen Ausbildungshintergrund gebunden. Ein Einkäufer wird zum Einkäufer durch seine berufliche Tätigkeit und Erfahrung, nicht jedoch durch seine kaufmännische Erstausbildung, die im Vergleich zur Erstausbildung der Ingenieure „fachlich" weit weniger differenziert ist. Probleme der Kommunikation und Kooperation in diesen Berufsgruppen lassen sich kaum auf die Institution der Berufsausbildung zurückbeziehen. Noch weniger läßt sich das Selbstverständnis der Sachbearbeiter mit volks- oder betriebswirtschaftlichem Hintergrund aus dem formalen Abschluß erklären. Im Unterschied zur Gruppe der Technischen Angestellten überwiegt bei den Kaufmännischen Angestellten nicht die berufliche Ausbildung, sondern die Sozialisierung im jeweiligen Funktionsbereich des Unternehmens.

Diese Überlegungen machen deutlich, daß der Einfluß der überbetrieblichen Institutionen für die Ausbildung und Qualifizierung der gesellschaftlichen „Humanressourcen" auf die Kommunikations- und Kooperationsbeziehungen in den Prozeßketten weniger direkt und unvermittelt ist als häufig angenommen (vgl. Ruth 1997). Berufsfachliche Orientierungen lassen sich zwar vor allem im Bereich der Technischen Angestellten feststellen, aber auch hier gebrochen durch Einflüsse der Statusdifferenzierung, insbesondere aber durch die Rolle, die die Funktionalorientierung im Unternehmen spielt, sowie durch Erfahrungen aufgrund der individuellen Mobilitäts- und Karrieremuster innerhalb eines oder mehrerer Funktionsbereiche und Projekte. Die Analysen unseres Forschungsprojekts haben ergeben:

- Schnittstellen zwischen Tätigkeitsgruppen mit unterschiedlichen berufsfachlichen Ausbildungshintergründen spielen als Ursache für Probleme der Kommunikation und Kooperation in der Prozeßkette für sich genommen nur eine geringe Rolle. Soweit Probleme auftreten, wird in der Regel darauf verwiesen, daß es sich um Ausnahmefälle oder Anfangsprobleme nach Rekrutierung bzw. organisatorischer Umstellung handelte. (Zu einem ähnlichen Ergebnis kommen auch Heidenreich et al. 1997.) Häufig wird auch angeführt, daß die Interaktionen mit den anderen Spezialisierungsbereichen (etwa zwischen Mechanikern und Elektronikern im Werkzeugmaschinenbau) sich ohnehin aus technischen Gründen auf wenige Abstimmungsgespräche beschränken lassen und die eigentliche Arbeit getrennt voneinander in eigenen Fachabteilungen verrichtet werden kann.
- Im Unterschied dazu haben wir eine hohe Bereitschaft auf der Ebene der Produkt- und Prozeßingenieure in den unterschiedlichen Arbeitsbereichen vorgefunden, im Rahmen von Job-rotation-Programmen Erfahrungen auch in anderen Funktionsbereichen zu sammeln. Ebenso war die Bereitschaft groß, sich in crossfunktionalen Arbeitsgruppen zu engagieren. Soweit Erfahrung mit entsprechender Projektarbeit vorlag, wurde diese als außerordentlich positiv empfunden (vgl. auch Kraus 1996).

Positive Kooperationserfahrung setzte allerdings voraus, daß tatsächlich funktionsintegriert gearbeitet werden konnte und der Gruppe ein gewisses Maß an Eigenverantwortung übertragen wurde; soweit diese Bedingungen nicht erfüllt waren, stellte sich in vielen Fällen eher Frustration ein.

Vor diesem Hintergrund scheint die auch in der Praxis oft zu hörende Kritik an Spezialistentum und wechselseitiger Abschottung der Fachdisziplinen vorwiegend auf Probleme der Unternehmensorganisation und der Beibehaltung einer dominanten Funktionalorganisation in den Unternehmen hinzudeuten. Solange die Unternehmen nicht bereit sind, diese Dominanz zugunsten prozeß- und projektorientierter Arbeitsformen in Frage zu stellen, bleibt auch das Milieu bestehen, in dem berufsfachliche Abgrenzungen gedeihen.

Unseren Untersuchungsergebnissen zufolge sind strukturelle Kommunikations- und Kooperationsprobleme also nicht in erster Linie auf die berufsfachlichen Abgrenzungen zurückzuführen. Die wesentlich direktere Wirkung auf die schnittstellenübergreifende Zusammenarbeit geht vielmehr von den organisatorischen Grenzlinien aus, den „Säulen", „Schornsteinen" oder „Silos" – wie die Funktionsbereiche auch genannt werden – und von den hierauf bezogenen unterschiedlichen Arbeitskulturen, Denk- und Sprachmustern. Und in keinem der von uns verglichenen Länder hat sich diese Funktionsorientierung im Unternehmensaufbau so prägnant erhalten können wie in Deutschland. Zu dem gleichen Befund kamen Dyas und Thanheiser bereits in ihrer ländervergleichenden Untersuchung in den 70er Jahren (Dyas/Thanheiser 1976); Braun/Beckert bescheinigen noch in den 90er Jahren insbesondere dem deutschen Fahrzeugbau eine große Nachhaltigkeit funktionaler Strukturen (Braun/Beckert 1992, S. 643).

Für die Friktionen, die sich in der „crossfunktionalen" Kommunikation und Kooperation feststellen lassen – so unser Befund –, spielen berufsfachliche Differenzierungen kaum eine Rolle. Gering ausgeprägte Prozeßorientierung und abteilungsbezogene Bearbeitungsweisen und Prioritätensetzungen sind eher das Resultat funktionaler Strukturen und funktions-/abteilungsorientierter Personalentwicklungssysteme. Die Bereitschaft zur Rotation in andere Funktionsbereiche ist in Deutschland – wie die Daten zur Personalerhebung zeigen – ähnlich hoch wie in den USA, aber in beiden Ländern klafft zwischen Bereitschaft und Realität die große Implementationslücke. Auch sind für die alltäglichen Kommunikations- und Kooperationsprobleme weniger disziplinär bedingte Verständigungsschwierigkeiten von Bedeutung als vielmehr die verbleibende starke Position der Funktionsbereiche und das Selbstverständnis der Teammitglieder als Delegierte ihrer Bereiche. Entsprechend stehen die neuen Formen der Projektorganisation in Deutschland besonders deutlich im Schatten der Funktionalorganisation. Zwar haben alle im Rahmen unseres Projekts untersuchten Firmen aus der Computer-, Automobil- und Werkzeugmaschinenindustrie in der einen oder anderen Form Projektorganisation eingeführt und auf diese Weise die traditionellen durch prozeßorientierte Organisationsstrukturen überlagert, doch war die Projektorganisation in allen Fällen mit so geringen Kompetenzen ausgestattet, daß hiervon kaum eine Relativierung der Stärke der „Fachabteilungen" und „dominanten Beschäftigtengruppen" ausging.

Ein typisches Beispiel für einen solchen „strukturkonservativen Ansatz" in der formalen Reorganisation der Prozeßkette liefert der deutsche Automobilhersteller Deucar. Deucar ließ die Dominanz der „Fachsäulen" unberührt: Die „Technische Entwicklung" (und diese noch einmal differenziert nach den Bereichen „Karosserie", „Ausstattung", „Elektrik", „Motor" und „Getriebe"), die „Produktionsplanung", „Qualitätssicherung", „Einkauf", „Vertrieb" und „Finanzen" behielten die Kompetenz und Verantwortung für ihre funktionalen Aufgabenbereiche. Zur gleichen Zeit entstand eine Projektorganisation für Produktentstehungsprozesse mit einem Produktmanager an der Spitze und crossfunktionalen Produktentwicklungsteams (PETs) an der Basis. In diesen PETs sind im Prinzip alle Organisationseinheiten „vertreten", die für die Erstellung des entsprechenden Teilprodukts kommunizieren und kooperieren müssen. Zu ihrer Unterstützung und Koordination gibt es für jede Fachgruppe in der Entwicklung (Karosserie, Ausstattung usw.) jeweils ein übergeordnetes crossfunktional aus Managementvertretern der Unternehmensbereiche zusammengesetztes Gremium. Für ihre eigene Koordination und als erste Ansprechpartner für den Produktmanager stellt jede Fachsäule im Unternehmen einen Projektleiter für das Entwicklungsprojekt aus dem höheren Management. Die Produktmanager verfügen über kein eigenes Budget und besitzen keine Anweisungsbefugnisse; ihre Aufgabe besteht darin, die Abstimmung vorzunehmen und Verpflichtungen einzuklagen. Ähnlich ist die Rolle der PET-Sprecher bestimmt, die durchweg aus der „Entwicklung" kommen, wo sie von den Fachvorgesetzten ernannt werden. Die operative Arbeit, sei es der Konstruktion, der Methodenplanung, der Finanzkalkulation, wird in den jeweiligen Fachbereichen ausgeführt.

Dieser Form der Reorganisation steht als Kontrastfall der Reorganisationsansatz eines amerikanischen Herstellers aus der Gruppe der „Big Three" gegenüber. Bei Uscar wurden die Fachsäulen der Entwicklung und Produktionsplanung zugunsten paralleler Plattformorganisationen aufgelöst, denen die Verantwortung für jeweils eine Produktfamilie übertragen wurde. Bestimmte Aufgabenbereiche wie Styling, vor allem aber Support-Funktionen wie Modell- und Versuchsbau wurden von dieser Segmentierung ausgenommen. Das Plattformmanagement ist für die Aufgaben der Produktentwicklung und Prozeßplanung verantwortlich. Jeder Plattform zugeordnet sind Vertreter von Einkauf und Finanz. Es wird räumlich integriert in einem Concurrent-Engineering-Centrum (CEC) gearbeitet, das die organisatorische Segmentierung räumlich widerspiegelt: Jeder Aufgabenbereich hat über oder unter sich auf den anderen Stockwerken das Äquivalent bei der anderen Plattform, und Produktentwicklung sowie Prozeßentwicklung befinden sich jeweils auf der gegenüberliegenden Flurseite. Im CEC sind darüber hinaus Styling, Modell-, Versuchs- und Pilotbau sowie weitere Support-Funktionen untergebracht.

Der Unterschied zwischen beiden Reorganisationstypen ist eklatant. Bei Uscar wurde die Funktionalorganisation in eine reine Projektorganisation überführt, wodurch die Notwendigkeit einer Matrix-Bildung zwischen Projekt und Linie und von vermittelnden Koordinationspositionen und Gremien entfällt. Zur gleichen Zeit sind die Organisationseinheiten durch die Segmentierung wesentlich kleiner geworden, was positive Effekte auf die informellen Sozialbeziehungen der Projektbeteiligten nach sich gezogen hat: Fachkollegen, die die gleiche Arbeit verrichten, sind in den Plattformen kaum noch anzutreffen. Im Zentrum der Tätigkeiten und der Perspektiven steht das Projekt. Im Unterschied zu den früheren Fachabteilungen bearbeitet jede Plattform nur eine Produktlinie, wodurch die Rückkopplungsschleifen vereinfacht und Priorisierungsprobleme reduziert wurden. Der Fall Uscar kann als prototypisch für eine gelungene Neufokussierung von der Funktion auf das Produkt angesehen werden.

Demgegenüber beschränkten sich die Maßnahmen bei Deucar auf eine partielle Überlagerung der „traditionellen" durch die „neuen" Strukturen. Durch die Projekt-Matrix-Konstellation bildeten sich komplizierte Mischstrukturen heraus, die insgesamt kaum eine Verbesserung für die schnittstellenübergreifende Zusammenarbeit in der Prozeßkette mit sich brachten. Denn denjenigen Schnittstellen, an denen durch die neue Form der Projektorganisation eine Verbesserung der Kommunikation und Kooperation erreicht worden war, standen neue Abgrenzungen und Schnittstellenprobleme gegenüber, die durch die Vielzahl neuer Abstimmungsgremien und Zuständigkeitsbereiche erst entstanden waren. In der Projektorganisation reproduzierten sich die gleiche Funktionshegemonie und die gleiche Hierarchieorientierung, die bereits die früheren Strukturen geprägt und die Probleme an den Schnittstellen erzeugt hatten.

Die Kontextbedingungen bei Deucar wirkten sich in vielfacher Weise negativ auf die Zusammenarbeit in den neugeschaffenen PETs aus. Durch die schwache Kompetenzausstattung der Projektvertreter und hierarchische Eingriffe seitens des Managements der Funktionsbereiche in das Projekt konnten sich die Teams nicht als „innovative Kraftzentren" mit anderen Kommunikationsstrukturen und überwiegend projektorientierten Zielen etablieren. In der Teamarbeit spiegelten sich die „Politics of Production" zwischen den Funktionsbereichen folgenreich wider:

— Die Teams konnten kaum eigene Entscheidungen treffen, sondern sahen sich eher als Ausführungsorgan „weiter oben" getroffener Entscheidungen.
— Die Teamorientierung der Teammitglieder war dementsprechend gering ausgeprägt. Ursächlich dafür war zum einen, daß die Teams nicht vor Ort zusammenarbeiteten, sondern lediglich als Koordinationsinstrument dienten. Zum anderen wurde das Entstehen eines starken Teambewußtseins auch dadurch verhindert, daß die Funktionalmanager die alleinige Verantwortung für die Personalentwicklung trugen, was zur Folge hatte, daß ein zu starkes Engagement im Projekt unter Umständen Nachteile

für die Karriere des einzelnen mit sich bringen konnte, wenn die Projektarbeit mit den Prioritäten der Funktion kollidierte oder die Vorgesetzten den Eindruck gewannen, daß ihr Vertreter Funktionsinteressen nicht hinreichend zur Geltung brachte.

Ein Zurückschrauben der Fach- bzw. Funktionalorientierung zugunsten einer Prozeßkettenorientierung konnte im vorliegenden Fall nicht erreicht werden. Demgegenüber waren die amerikanischen Unternehmen durchweg eher dazu bereit, den Einfluß der Fachabteilungen zugunsten eines Teamempowerments zu reduzieren.

Bei der Bewertung solcher Veränderungsmaßnahmen dürfen allerdings die Nachteile eines radikalen Übergangs von der Fach- bzw. Funktional- zur Prozeßorientierung nicht aus dem Blick geraten. Als Nachteil beispielsweise des Uscar-Modells erwies sich, daß der Aufbau fachlicher Kompetenz und die Nutzung von Synergien Schwierigkeiten bereitete. Durch die Plattformorganisation wurde zwar ein unbürokratischer und rascher Informationsaustausch zwischen den Projektmitgliedern gefördert. Auf der anderen Seite wurde aber der fachliche Austausch zwischen Entwicklern erschwert, die mit unterschiedlichen Fahrzeugmodellen betraut waren. Obwohl die Netzwerke zu den früheren Fachkollegen noch bestanden, sah die Mehrheit der befragten Sachbearbeiter dennoch einen Mangel an fachlichen Austauschmöglichkeiten, für den auch die plattformübergreifenden Technologiekreise keine hinreichende Abhilfe schaffen konnten. Hinzu kam, daß viele Sachbearbeiter durch den hohen Zeitdruck im Projekt keine Möglichkeit hatten, an den Technologiekreisen teilzunehmen. Diese Probleme machen deutlich, daß die Lösung für das Differenzierungs-/Integrationsdilemma nicht in einer einfachen Ablösung funktionaler durch rein projektbezogene Strukturen, sondern in der richtigen "Balance" zwischen beiden Orientierungen liegt.

2.2 Die Dominanz der Technikorientierung

Wenn berufsfachliche Demarkationen prima facie auch nicht für crossfunktionale Beziehungsprobleme verantwortlich sind, so gibt es doch einen Bereich, in dem die berufsfachliche Prägung eine bedeutende Rolle spielt: den Ingenieurbereich. In der tief verankerten Ingenieurskultur in deutschen Unternehmen und den hiermit verbundenen Leitbildern liegen – so wird in der Literatur angeführt – die Wurzeln für die spezifische Technikorientierung deutscher Unternehmen und die im Vergleich mit anderen nationalen Wirtschaftssystemen geringer ausgeprägte Kundenorientierung. Die besondere Stärke der ingenieurswissenschaftlichen Orientierung in deutschen Unternehmen erklärt sich aus

- dem nach wie vor dominierenden technischen Ausbildungshintergrund im leitenden Management von Industrieunternehmen;

– den durch die gemeinsame Lehrlingsausbildung getragenen informellen Beziehungsnetzwerken zwischen Mechanikentwicklung und Produktion im Rahmen des „dominanten Mechanikblocks" (Kalkowski et al. 1995), neben dem die kaufmännischen Bereiche ein weitgehend abgekoppeltes Dasein fristen;
– einem von Ingenieuren getragenen Beziehungsnetzwerk („Milieu") von Verbänden, Ausbildungsinstitutionen, Forschungsinstituten und Firmen, das auf das Leitbild des „technisch Machbaren" orientiert ist (Brödner 1997; Laske 1996).

Die Dominanz der Ingenieursperspektive und Technikorientierung bei der Produktentwicklung geht einher mit der organisatorischen „Vormachtstellung" des Funktionsbereichs Technische Entwicklung in der Prozeßkette. Aufgrund überlappender berufsfachlicher Ausbildung besteht zugleich eine enge Verbindung zur Produktion, und diese Achse ist in der arbeitspolitischen Konfiguration der Unternehmen häufig unschlagbar. Naturgemäß bildet dieser Funktionsbereich die Spitze in der fachlich und hierarchisch vermittelten Entwicklungsperspektive. Technikorientierung bei der Produktentstehung bedeutet:

– produktbezogen setzt sich eine Fokussierung auf Funktionalität und Performanz durch; Vermarktungs- und Nutzungsbedingungen erscheinen demgegenüber sekundär;
– prozeßbezogen werden soziale Einflußfaktoren vernachlässigt und einem technisch deterministischen Wirkungszusammenhang untergeordnet;
– in bezug auf die schnittstellenübergreifende Zusammenarbeit bildet sich die Tendenz zur Optimierung der Arbeit im eigenen Spezialisierungsbereich zu Lasten der Anforderungen „nachrangiger" Prozeßschritte heraus, wodurch ein serielles, sequentielles Vorgehen verstärkt wird.

Durch die Strategie der „diversifizierten Qualitätsproduktion", die auf das Produktsegment technisch anspruchsvoller Produkte mit hoher Funktionalität und hohem Preis zielte, wurde die Technikorientierung in Deutschland noch verstärkt. Die Entwicklungsbereiche konnten ihre ohnehin starke Machtposition ausbauen und sich als dominante Koalition in der Prozeßkette etablieren. Damit war unter anderem das Privileg verbunden, in der Frühphase des Projekts quasi autonom über die Gestaltung des Produkts entscheiden zu können. In dieser Dominanz der Entwicklungsbereiche liegt die Quelle für das vielgescholtene „Overengineering" deutscher Produkte (vgl. Hirsch-Kreinsen 1995).

Die aktuellen Reorganisationsmaßnahmen haben auch diese Entwicklungsdominanz bisher nur am Rande angetastet. Unsere Ergebnisse lassen den Schluß zu, daß die Entwicklungsbereiche trotz der Einführung von „crossfunktionalen" Teams die Projektarbeit in deutschen Unternehmen – im Unterschied vor allem zu den amerikanischen Unternehmen – weiterhin nahezu ungebrochen dominieren. Die alten Dominanzverhältnisse werden hier lediglich in ein neues organisatorisches Gewand gekleidet. Dies zeigt sich daran, daß

– Projektmanager nahezu ausschließlich aus der Entwicklung kommen;
– in den Teams nur die Entwickler vor Ort zusammenarbeiten, während die restlichen Vertreter zu den Teambesprechungen hinzugezogen werden;
– die Federführung in den entscheidungsfindenden Gremien bei den Entwicklungsbereichen liegt.

Der entwicklungsdominierte Typus der Prozeßkettenorganisation ist vor allem im Werkzeugmaschinenbau stark ausgeprägt.

Ein kennzeichnendes Beispiel hierfür konnte bei Deuma, einem führenden deutschen Werkzeugmaschinenhersteller, gefunden werden. Bei Deuma wurden die neuen Produkte von einer Projektgruppe entwickelt, die, in der Mechanikentwicklung angesiedelt, ausschließlich aus Mechanikingenieuren zusammengesetzt war. Die Entwicklung der neuen Maschine stand von Beginn an unter der Devise „höchster Geheimhaltung". Um möglichst wenig Informationen nach „außen" dringen zu lassen, wurden die Projektmitglieder in einem gesonderten Raum zusammengefaßt, zu dem der Zutritt nur ausgesuchten Personen auf Managementebene gestattet war. Die Konzeptentwicklung erfolgte unter diesen Bedingungen weitgehend isoliert, Abstimmungen über die Projektgruppe hinaus fanden lediglich mit der Geschäftsleitung statt. So blieb auch der Vertriebs- bzw. Marketingbereich während dieser Phase außen vor. Im Anschluß an die Formulierung des „Lastenhefts" begann die Mechanikgruppe zwar wöchentliche Teamsitzungen – sogenannte entwicklungsbegleitende Konstruktionsbesprechungen – einzuberufen, um die abteilungsübergreifenden Abstimmungen zu verbessern. Der Einfluß der „vor- und nachgelagerten" Prozeßkettenbereiche auf die Produktentwicklung blieb jedoch auch während der Konstruktionsphase gering. Denn während an den Sitzungen jeweils die gesamte Projektgruppe inklusive dem Abteilungsleiter der Mechanikentwicklung beteiligt war (14 Personen), wurden aus den Bereichen Marketing, Arbeitsvorbereitung, Fertigung, Einrichtungsbüro und Technischer Verkauf lediglich die Abteilungsleiter hinzugezogen. Informelle Beziehungen auf Sachbearbeiterebene blieben hingegen schwach. Die räumliche Abtrennung der Mechanikgruppe hatte zur Folge, daß Sachbearbeiter bzw. direkte Produktionsarbeiter den Projektgruppenraum nicht ohne weiteres betreten konnten, während gleichzeitig auch die Mechanikentwickler den Kontakt zur Produktion nicht mehr in dem Maße suchten wie früher. Daraus resultierte eine verstärkte Konfliktneigung zwischen den beiden Bereichen, die während der Serienanlaufphase, als gravierende Fertigungsprobleme offenbar wurden, zu offenen Auseinandersetzungen und gegenseitigen Schuldzuweisungen eskalierte und zu einer verspäteten Einführung des neuen Produkts auf den Markt führte.

Auch für diesen Fall findet sich ein krasses Gegenbeispiel in den USA. Bei Usma, einem großen US-amerikanischen Werkzeugmaschinenhersteller, wurde zu Beginn der neunziger Jahre ein Reorganisationsprogramm aufgelegt, das die Umorientierung des Produktentstehungsprozesses zu einem „kundengetriebenen Entwicklungsprozeß" zum expliziten Ziel erhob. Im Rahmen eines darauf bezogenen „task-force"-Ansatzes wurde der traditionelle Ablauf des Produktentwicklungsprozesses grundlegend umgestaltet. Die Besonderheit dieses Ansatzes lag in der konsequenten Umsetzung des Teamgedankens auch über das Unternehmen hinaus. Intern wurde das crossfunktionale Kernteam, bestehend aus Entwicklungs- und Fertigungsingenieuren, räumlich zusammengelegt und in der Fertigung plaziert, um ein „Simultaneous Engineering", d.h. die gleichzeitige Bearbeitung von Produkt- und Prozeßentwicklung durch gemeinsame Arbeit vor Ort, zu gewährleisten und die informellen Beziehungen zu den Produktionsbeschäftigten zu intensivieren. Nach außen diente der Teamansatz als Vehikel zur Verbesserung der Kundenbeziehungen. Die wichtigsten „Leitkunden" des Unternehmens wurden zwar nicht ins Kernteam, aber in das übergreifende Gesamtteam einbezogen, das neben den Ingenieuren einen größeren Kreis an unternehmensinternen und -externen Akteuren, unter anderem auch Zulieferer, umfaßte und sich zu regelmäßigen Abstimmungsrunden zusammenfand. Der verbesserten Umsetzung von Kundenbedürfnissen in marktgängige Produkte dienten darüber hinaus auch das Beta-Testing der Maschinen durch diese Leitkunden und der Aufbau elektronischer Feed-Back-Systeme zur Effektivierung des unternehmensübergreifenden Informationsaustausches (Kundenbeschwerden, Kundenwünsche, künftige Entwicklungsvorhaben etc.). Der „kundengetriebene Entwicklungsprozeß" wurde jedoch nicht nur durch die stärkere Einbeziehung der Kunden in die interne Produktentwicklung realisiert, sondern es wurde gleichzeitig auch der Einfluß des Marketingbereichs im internen Prozeß gestärkt. Kennzeichnend hierfür waren die Ernennung eines Marketingvertreters während der Konzeptfindungsphase zur „Leitfigur" des Projektteams und die Umkehr der Kräfteverhältnisse im entscheidungsfindenden Strategiekomitee zugunsten des Marketingbereichs. Während früher die Mechanikentwickler dieses Komitee dominiert hatten, lag der vorherrschende Einfluß nun bei den Marketingvertretern. Sie waren zahlenmäßig überlegen, beriefen die Sitzungen ein und übernahmen die Diskussionsleitung.

Während im US-amerikanischen Fall die vorherige Entwicklungsorientierung durch die beschriebenen Maßnahmen erfolgreich in Richtung auf eine Markt- und Produktionsorientierung umdefiniert wurde, blieb im deutschen Fall die traditionelle Dominanz des „Mechanikblocks" quasi unangetastet. An den traditionellen Kräfteverhältnissen vermochten auch die verbesserten Abstimmungsmöglichkeiten im Rahmen der wöchentlichen Teambesprechungen nichts zu ändern. Aus der unzureichenden Einbeziehung der Prozeßkettenbeteiligten in die Entscheidungsprozesse und Aktivitäten der Produktentwicklung resultierten Versäumnisse bei der Berücksichtigung von Fertigungs- und Marktgesichtspunkten, die letztlich mitentscheidend dafür waren, daß Deuma für eine grundlegende Neuentwicklung mit 33 Monaten eine mehr als doppelt so lange Produktentstehungszeit benötigte wie Usma (16 Monate).

Als Probleme, die sich aus der nachhaltigen Dominanz der Entwicklungsbereiche in den Prozeßketten des deutschen Werkzeugmaschinenbaus ergeben, lassen sich festhalten:

- Mängel bei der Berücksichtigung von Marktgesichtspunkten durch unzureichende Einbeziehung des Vertriebs/Marketings während der Konzeptfindungsphase;
- lange Entwicklungszeiten durch hohen Nacharbeitsaufwand infolge ungenügender Berücksichtigung von Produktionsgesichtspunkten;
- Barrieren für die Parallelisierung von Produkt- und Prozeßentwicklung durch sequentielles entwicklungsgeleitetes Vorgehen;
- hohe Kosten durch „Overengineering", d.h. zu komplexe und zu wenig auf die Anwenderbedürfnisse zugeschnittene Produkte.

2.3 Die vernachlässigte Rolle der Produktionskompetenz

In der Produktionskompetenz der Beschäftigten, vermittelt durch das Berufsbildungssystem, wird in der Literatur eine traditionelle deutsche Stärke lokalisiert (Neary 1993; Wolf et al. 1992). Als prototypisch galt der Maschinenbau mit seiner starken Durchgängigkeit und Überlappung berufsfachlicher Qualifikation und individueller Personalentwicklung. Friktionslose Kommunikation und Kooperation schienen auf diese Weise möglich: Gemeinsame Sozialisationserfahrungen, Qualifikationsbestände, offene Personalentwicklungswege über die Funktionsdemarkationen zwischen Produktion und Entwicklung hinweg entsprachen hier am ehesten dem Ideal der „seamless organization". Das Bemühen der Automobilindustrie in den achtziger Jahren im Hinblick auf ihre damaligen Konzeptionen der Fabrik der Zukunft, Facharbeiter zu horten, zeigt die Ausstrahlungskraft des Maschinenbau-Modells (Für die Elektroindustrie galt dieses Modell nicht; hier überwogen in der Produktion die Angelerntentätigkeiten und Frauenarbeit).

Das Maschinenbau-Modell der durch berufsfachlich überlappende Qualifikationen vermittelten idealen Kommunikations- und Kooperationsstruktur hat nach wie vor in Deutschland eine hohe Ausstrahlungs- und Prägekraft. Dies widerspiegelt sich auch in industriesoziologischen Diagnosen der Problemursachen des deutschen Werkzeugmaschinenbaus. Die Tendenz, akademisch qualifizierte Ingenieure als funktionale Spezialisten einzustellen, zerstört danach die engen Netze vertikaler Kommunikation und Kooperation, das „Gift" funktionaler Spezialisierung und Segmentierung zersetzt die Einheit von Produkt- und Prozeßkompetenz als eigentliche Kraftquelle dieser Branche. In diesem Zusammenhang wird häufig das Ende der innerbetrieblichen Aufstiegswege und der Zerfall der traditionellen Maschinenbaukultur konstatiert (Mickler 1997; Böhle 1995; Hirsch-Kreinsen 1995).

Bei den Praxisakteuren scheint das Maschinenbau-Paradigma paradoxerweise zu bewirken, daß die Schnittstelle zur Produktion in deutschen Unternehmen mit vergleichsweise wenig Problembewußtsein bedacht wird. Dementsprechend haben wir im Vergleich der deutschen und der US-amerikanischen Unternehmen folgendes festgestellt:

(a) Das Bemühen um die Integration der „Produktion" als Funktionsbereich durch organisatorische Maßnahmen war in den deutschen Unternehmen deutlich geringer ausgeprägt. Während die amerikanischen Unternehmen zu einer umfassenden und formalisierten Integrationsvariante tendieren, herrschen in den deutschen Unternehmen partiell angelegte und informelle Integrationslösungen vor.

Der Unterschied zwischen beiden Ansätzen läßt sich an den Beispielen Usma und Deuma vergegenwärtigen. Bei Usma wurde die Überbrückung der Schnittstelle zwischen Entwicklung und Produktion auf zwei Wegen erreicht: durch Einbeziehung von Produktionsvertretern in das crossfunktionale Team sowie räumliche Nähe zur Fertigung und durch Bestellung eines Projektmanagers aus der Fertigung im Rahmen eines Co-Teamleadership-Ansatzes. Dieser Ansatz sah vor, daß dem traditionellen Projektmanager aus der Entwicklung (Mechanikingenieur) ein zweiter Projektmanager aus der Fertigung (Fertigungsingenieur) schon während der Konzeptphase zur Seite gestellt wurde. Die Aufgabe des Projektmanagers „Fertigung" bestand darin, für die frühzeitige Berücksichtigung von Produktionsgesichtspunkten zu sorgen und die Kontakte zur Fertigung aufzubauen. Die Verantwortung seines Co-Managers aus der Mechanikentwicklung richtete sich auf die Entwicklungsseite des Produkts. Durch dieses arbeitsteilige Projektmanagement waren bereits während der Konzeptphase die Bedingungen für eine „fertigungsgerechte Konstruktion" geschaffen, die später einen schnellen Durchlauf des neuen Produkts ermöglichte. Demgegenüber war der Ansatz bei Deuma deutlich weniger weitreichend. Hier wurde versucht, die Schnittstelle zur Produktion durch eine „Schnittstellenperson" aus der Arbeitsvorbereitung (AV) zu überbrücken. Die Aufgabe des AV-Vertreters, der während der Entwicklungsphase bei der Projektgruppe plaziert wurde, bestand darin, die Konstruktionszeichnungen zu überprüfen und die Arbeitspläne für die Fertigung aufzubereiten, um den Übergang des Projekts in die Phase der Prozeßentwicklung zu erleichtern. Im Unterschied zur oben beschriebenen Lösung bei Usma erwies sich dieser Ansatz jedoch als wenig geeignet, eine umfassende Berücksichtigung von Fertigungsgesichtspunkten in der Frühphase des Prozesses zu garantieren. Problematisch war insbesondere die unzureichende Einbeziehung der Produktionsvertreter, die die Maschine fertigen sollten. Diese bekamen die Maschine zum ersten Mal während der Serienanlaufphase zu Gesicht, was letztlich zu einer Vielzahl nachträglicher Änderungen in den Arbeitsplänen und Produktentwürfen und einer erheblichen Verzögerung des Produktionsanlaufs führte.

(b) Die Einbeziehung erfolgte bei Deuma vorwiegend über Delegierte und reichte nicht bis zur „Basis". Daß die US-amerikanischen Unternehmen deutlich konsequentere und weiterreichende Maßnahmen zur Mobilisierung von Erfahrungswissen aus der Produktion ergriffen, zeigt die folgende Episode über die Entstehung einer neuen Form der Zusammenarbeit von Entwicklung und Produktion bei Uscar.

Das Montagewerk, das für die Produktion des in der Entwicklung befindlichen Fahrzeugs vorgesehen war, lag rund 300 Kilometer entfernt von dem Simultaneous-engineering-Zentrum. Ungeachtet der Tatsache, daß die „Produktion" ja bereits durch Prozeßplaner im technischen Zentrum repräsentiert war, beschlossen Management und Gewerkschaft am Standort, daß auch die Beschäftigten aus der direkten Produktion frühzeitig und mit starker Präsenz am Prozeß der Entwicklung teilnehmen sollten, um auf diese Weise die Zukunft des Standortes zu sichern, die in der Vergangenheit wiederholt in Frage gestellt war. Schon in der Phase des Modellbaus fuhren daher Vertreter des Werks häufiger zum technischen Zentrum, in der Phase des Prototypenbaus kamen zunehmend auch Werker aus der Fertigung hinzu, und deren Zahl stieg weiter an, als die Phase des Pilotbaus erreicht war. Insgesamt nahm so gut die Hälfte der Belegschaft, rund 1.500 Angehörige des Werks, durch einen mindestens einwöchigen Aufenthalt an den Aktivitäten der Produkt- und Prozeßentwicklung teil. Dabei berieten sie mit Produktingenieuren über Fragen der Herstellbarkeit, besuchten Zulieferbetriebe, die Einbauteile herstellten, die die Werker später im Montagewerk zu montieren hatten, und diskutierten mit Firmen, die Maschinen und Anlagen für den späteren Fertigungsprozeß konstruierten und bauten. Wurde diese massive Präsenz zunächst von den Beschäftigten im Simultaneous-engineering-Zentrum als Belastung empfunden, so wurde sie im Nachhinein als sehr nützlich eingestuft. Die Werkerbeteiligung hat nicht nur zu spezifischen produkt- und prozeßtechnischen Änderungen geführt, sondern auch wesentlich zu einer Verminderung der Probleme beim Serienanlauf und in der Serienfertigung selbst beigetragen. Dabei erwies es sich als außerordentlich nützlich, daß informelle Netzwerke zwischen den Produkt- und Prozeßentwicklern, Zulieferern und Montagewerkern entstanden waren, die in der Phase des Anlaufes und danach unbürokratisch und rasch Problemlösungen zu finden halfen, während in der traditionellen Organisation kostspielige Produktionsunterbrechungen und Qualitätsprobleme zu befürchten gewesen wären.

Ebenso offenkundig wie die geringere Reichweite bei der Einbeziehung von Fertigungsvertretern in die frühen Phasen der Produktentwicklung ist auch, daß der Fertigungserfahrung als Element der betrieblichen Sozialisierung und Qualifizierung in Deutschland ein geringerer Wert beigemessen wird als in den USA. In den von uns untersuchten deutschen Unternehmen waren sowohl die gegenwärtige Praxis wie auch der Wunsch, Ingenieure in der Fertigung anzulernen, erheblich weniger ausgeprägt als bei den US-amerikanischen Unternehmen (Jürgens 1997, S. 22).

Die oben beschriebenen Strukturen wiederholen sich bei den Zulieferern und betreffen damit schließlich die gesamte Prozeßkette. Als Folgewirkung dieses Syndroms läßt sich für die deutschen Unternehmen feststellen:

- trotz hoher Fachkompetenz in der Produktion gibt es erhebliche Anlaufprobleme in der Serienproduktion;
- es existiert wenig Ownership-Bewußtsein in der Fertigungsbelegschaft im Hinblick auf das neue Produkt/den neuen Prozeß;
- Produktionskompetenz (im eigenen Unternehmen wie bei den Zulieferern) spielt als Input-Faktor im Konzeptfindungsprozeß für neue Produkte eine geringe Rolle. Vorentwicklungspotentiale für Prozeßinnovationen werden vernachlässigt, und im Zweifel wird das Wissen „bei den Fraunhofers" gesucht.

2.4 Die Überkomplexität der Entscheidungsprozesse

Im Vergleich mit US-amerikanischen Unternehmen sind deutsche Unternehmen deutlich stärker durch das Bemühen um eine breite Interessenberücksichtigung und durch Formen der Aushandlung von Interessen bei der Entscheidungsfindung gekennzeichnet. Es liegt nahe, die Erklärung hierfür im Bereich der Politics of Production und damit in überbetrieblichen Institutionen der Arbeitsregulierung zu suchen. Herrigel geht in diesem Zusammenhang sogar soweit, die traditionelle Aushandlungspraxis direkt auf die Berufsfachlichkeit des Wissens und die damit verbundenen Ansprüche an die möglichst weitgehende Verwirklichung der eigenen Fachperspektive im Verhandlungsprozeß zurückzuführen:

> "Each time a new product or a new technology is introduced (...) the various roles that each of the categories of skill will play in the production and development of the new product must be bargained out. Each, naturally, wants to participate; each has its own ideas and solutions; each defends its turf against encroachments of the others. Electrical masters and technicians, for example, will fight with mechanical ones both on the shop floor and in the design studios over different kinds of technical or manufacturing solutions to problems that have direct consequences on the amount and character of work they do and on the overall value their position within the firm contributes to the value of the product" (Herrigel 1995, S. 8).

Ein solches „Kampfszenario" haben wir bei unserer Untersuchung nicht vorgefunden, und im Rahmen der auch von uns beobachteten deutlich stärker ausgeprägten Aushandlungspraxis in den deutschen Unternehmen ging es weniger um berufsfachliche Aushandlungen als um den Interessenabgleich zwischen Funktionsbereichen. Dadurch spielten auch die Interessenvertretungs- und Mitbestimmungsstrukturen auf der Ebene der industriellen Beziehungen – eine weitere institutionelle Besonderheit des deutschen Wirtschaftsstandortes – nur eine geringe Rolle. Die Aushandlungsorientierung ergab sich vielmehr ebenfalls aus der starken Resilienz der Funktionalorganisation. Sind solche Organisationsformen für sich genommen – das ist in der Organisationswissenschaft bekannt – „äußerst koordinationsintensiv"

(Braun/Beckert 1992, S. 646), so verstärkt die Überlagerung durch Formen der Projektorganisation den Koordinationsbedarf noch zusätzlich.

Durch die partielle Überlagerung der Funktionalstrukturen mit neuen projektorientierten Organisationsstrukturen steigt unseren Untersuchungsergebnissen zufolge der Abstimmungsbedarf weiter an. Abstimmungsnotwendigkeiten ergeben sich nun

- zwischen den Produktprojekten, um die Entwicklungsaktivitäten und Zeithorizonte innerhalb des Unternehmens zu koordinieren;
- innerhalb des Projekts, um die Ziele, Interessen und Aktivitäten bei der Projektarbeit aufeinander abzustimmen;
- zwischen Projekt- und Linienvertretern, um die Verteilung der personellen und finanziellen Ressourcen zwischen den Fachbereichen und dem Projekt zu steuern; und
- zwischen den Linienvertretern bei der Festlegung der Ziele und Politiken der einzelnen Fachbereiche.

Zentraler Austragungsort für diese Aushandlungen zwischen Projektmanagern, Linienmanagern, Projektmitarbeitern und teilweise auch externen Beteiligten sind „pluralistische Gremien" (Zündorf/Grunt 1982). Die Vielzahl der Abstimmungsprozesse erzeugt eine komplexe Gremienstruktur, die auch als „zweite, locker gewebte Realitätsschicht über der dicht gewebten Schicht der formalen (bürokratischen) Organisationsstruktur" beschrieben wurde (ebd., S. 25).

Aushandlungs- und Abstimmungsprozesse durch Gremien ließen sich dementsprechend auch auf allen Ebenen der Entscheidungsfindung nachweisen. Auf Managementebene bildet ein pluralistisches Gremium in der Regel die übergeordnete Instanz für den Produktentstehungsprozeß, in der die Grundzüge des neuen Produkts sowie die Ablauf- und Zeitstruktur des Prozesses festgelegt und die Entscheidungen an wichtigen Meilensteinen getroffen werden (z.B. Verabschiedung des „Lastenheftes", das die Produktspezifikationen festschreibt). Und auch auf der Mikroebene des Projekts findet sich die Institution des „Gremiums" wieder. Wie bereits erwähnt, besteht der wesentliche Unterschied in den Teamansätzen zwischen deutschen und amerikanischen Unternehmen darin, daß in Deutschland nicht die Variante des räumlich zusammengelegten Teams für Simultaneous Engineering praktiziert wird. In Deutschland erfüllen die Teams in erster Linie eine Koordinierungs- und Informationsfunktion. Ganz im Sinne eines Vertretermodells bestimmen die Fachbereiche einen oder mehrere Vertreter, die die Interessen der Abteilungen in das Team hineintragen. Damit werden die Teams selbst zur politischen „Arena", zum Brennpunkt der Auseinandersetzungen zwischen den unterschiedlichen funktionalen Interessen der beteiligten Akteure.

Diese Überlagerung von formalorganisatorischer und aushandlungsregulierter Entscheidungsfindung erzeugt eine hohe Komplexität in den Entscheidungsprozessen, die nicht ohne Auswirkungen auf den Produktentstehungsprozeß bleibt. Als besonders gravierend wurden von den befragten Sachbearbeitern empfunden:

- die langen Entscheidungszeiten. Entscheidungen werden häufig nicht termingerecht gefällt, was für die Arbeitsebene zur Folge hat, daß sie auf Verdacht und informelle Hinweise hin tätig werden muß, um nicht in Zeitverzug zu geraten. Dies gilt vor allem auch für die Zulieferer, die häufig bereits vor Vertragsabschluß mit der Konstruktion beginnen müssen, um die von den Endherstellern gesetzten zunehmend kürzeren Lieferzeiten erfüllen zu können;
- die mangelnde „Entscheidungskonstanz", die daraus resultiert, daß im Verlauf der Verhandlungsprozesse Entscheidungen immer wieder in Frage gestellt, neu überdacht und z.T. auch ganz umgeworfen werden. Aufgrund der Interdependenz der Prozeßkettenbeziehungen wirkt sich diese Inkonsistenz in den Entscheidungen auf die gesamte Prozeßkette aus;
- die praktische Arbeit der crossfunktionalen Teams auf der Ebene der Arbeitsausführung (Simultaneous-engineering-Teams) leidet darunter, daß die Teams von Vertretern der Funktionalbereiche eher als Informationsbörse gesehen werden, da die wichtigen Entscheidungen letztlich doch woanders fallen.

Aus diesen Problemen in den Entscheidungsprozessen resultierten gravierende Effizienzeinschränkungen: Verzögerungen in der Durchführung der Prozeßkettenaufgaben und im Durchlauf des Projekts, Arbeit für den Papierkorb, wenn Spezifikationen im nachhinein geändert wurden oder wenn die von der vorgängigen Prozeßstufe angedeutete Richtung – auf die man aus Termingründen im nachgelagerten Prozeß bereits die Arbeit hin ausgelegt hatte – sich dann doch änderte, wenn Vertragsabschlüsse im Falle der Zulieferer trotz Vorarbeiten nicht zustande kamen. Als Ergebnis all dessen ergaben sich häufige ex-post-Änderungen, hohe Entwicklungskosten und lange Entwicklungszeiten .

3. Relevanzabschätzungen

Wie die Darstellung oben gezeigt hat, zeichnen sich deutsche Produktentstehungsprozesse tatsächlich durch einige Besonderheiten aus, die in dieser Form in anderen Ländern nicht zu erkennen sind. Auffallend ist vor allem, daß sich fachliche und funktionale Orientierungen im deutschen System wechselseitig stützen und eine nach wie vor stark versäulte Struktur bilden, die sich der Prozeßkettenorientierung – organisatorisch und mental – nur schwer öffnet und zu konservativen Lösungen bei der Umsetzung neuer Konzepte führt. Produktdivisionale Organisationsformen und Projektorganisation wurden zwar eingeführt, blieben im Hinblick auf die Erhaltung der funktionalen Organisation aber stark kompromißhaft. Die sich herausbildenden Kompromißstrukturen von Projekt- und Funktionalorganisation sind in hohem Grade abstimmungsintensiv, Fragen der Entscheidungsorganisation (Termingerechtigkeit, Konstanz von Entscheidungen) erhalten kritische Bedeutung. Auf der Arbeitsebene schließlich, bei den neuen „Simultaneous-engineering-Teams", mangelt es häufig an Dynamik aufgrund fehlender Entscheidungskompetenz (die bei den Funktionsbereichen bleibt) und durch das Selbstverständnis der Teammitglieder als Funktionsbereichsvertreter. Die Teams bleiben damit weitgehend reduziert auf operative Abstimmungen und die Funktion als Informationsbörse. Insgesamt bleibt der organisatorische Wandlungsprozeß strukturkonservativ.

Die These, wonach nationalspezifische Schnittstellenstrukturen im deutschen Kontext Innovationshemmnisse darstellen, scheint uns durch die oben erörterten Beispiele hinreichend belegt. Wie relevant sind aber diese Schnittstellenprobleme – so bleibt zu fragen – in komparativer Perspektive? Wie stark fallen die Besonderheiten des deutschen Produktentstehungssystems ins Gewicht, wenn man sie mit anderen Ländern und mit deren spezifischen Schnittstellenproblemen vergleicht? Dieser Frage wollen wir in diesem Abschnitt zunächst nachgehen. Darauf wird die Erörterung einer zweiten Frage folgen, nämlich der Frage nach der Relevanz der Schnittstellenprobleme unter dem Gesichtspunkt der „Performanz" von Produktentstehungsprozessen. Eine dritte Frage schließlich betrifft das Verhältnis von Prozeßinnovationen im Produktentstehungsprozeß und ihrer Auswirkung auf die Produktinnovativität: Besteht hier eine Trade-off-Beziehung, die ein Festhalten an bestimmten deutschen Besonderheiten rechtfertigen könnte, obgleich sie, allein unter Effizienzgesichtspunkten gesehen, einen negativen Einfluß ausüben?

3.1 Probleme der Kommunikation und Kooperation in ländervergleichender Perspektive

Es ist auffällig, daß in der Diskussion über die Palette einschlägiger Einflußfaktoren Fallstudien und Monoanalysen überwiegen, während selten der Versuch unternommen wird, eine Gewichtung und komparative Relevanzabschätzung vorzunehmen. Eine Ausnahme stellt die Untersuchung der internationalen Enquete über das FuE-Management in den Industrienationen USA, Japan und Bundesrepublik dar (Brockhoff et al. 1988; 1989). Die Ergebnisse, die sich auf die Branchen des Maschinen- und Anlagenbaus, der Chemieindustrie und der Elektrotechnik beziehen, bleiben jedoch im wesentlichen auf „Mängel" in der Forschung und Entwicklung (Overengineering der Produkte, geringe Marktkenntnisse der Entwickler, zeitraubende Kompromisse im Entwicklungs- und Entscheidungsprozeß, unprofessionelle Steuerung des Informationsflusses etc.) beschränkt (Brockhoff et al. 1988, S. 194). Die Frage, wie „problematisch" die einzelnen Einflußfaktoren tatsächlich in konkreten Abläufen der Kommunikation und Kooperation in Prozeßketten sind und wie sich Problemniveau und -struktur von vergleichbaren Produktentstehungsprozessen in anderen Ländern unterscheiden, wird jedoch auch hier nicht systematisch verfolgt.

Anhaltspunkte in dieser Hinsicht bieten die Ergebnisse einer Befragung, die wir im Zusammenhang unseres Forschungsprojekts durchgeführt haben. Befragt wurden Sachbearbeiter aus unterschiedlichen Funktionsbereichen in ausgewählten Prozeßketten der Entwicklung von Automobilen, Werkzeugmaschinen und Personalcomputer in unterschiedlichen Ländern, die im Zuge des Prozesses „Konzept bis Serienanlauf" miteinander kommunizierten und kooperierten. Ziel der Befragung war, systemische Probleme der Kommunikation und Kooperation mit anderen Funktionsbereichen und die möglichen Ursachen dafür zu ermitteln. Wir beschränken uns an dieser Stelle auf den Vergleich deutscher und amerikanischer Unternehmen, wobei unter den letzteren einige der in der Literatur Mitte der neunziger Jahre als „Best-practice"-Beispiele angeführte Firmen vertreten sind.

Als erstes Untersuchungsergebnis soll festgehalten werden, daß – unserer Ausgangshypothese entsprechend – die Problemintensität (die Anzahl genannter Probleme im Verhältnis zu der Gesamtzahl möglicher Problemnennungen) um so stärker ausgeprägt ist, je größer der Time-to-market-Druck in einer Branche ist.

Tabelle 1: Höhe der Problemlast in Prozent

	PC Unternehmen	Problem	*Automobil* Unternehmen	Problem	*Werkzeugmasch.* Unternehmen	Problem	Durchschn. Länder
USA	UsCom	7,1	Uscar	7,1	Usma	8,0	9,3
	AmCom	14,9	Amcar	11,9	Amma	7,0	
D	DeuCom	8,9	Deucar	11,3	Deuma	4,7	8,2
			Gecar	8,3	Germa	6,9	
Durchschnitt Branche	10,3		9,7		6,7		

Quelle: WZB-Projekt „Vertikale Arbeitsteilung"

Betrachtet man die (im Erhebungsinstrument spezifizierten) Problemursachen und setzt die Wahrnehmungen der Sachbearbeiter in den US-amerikanischen und deutschen Unternehmen dazu in Beziehung, so fallen folgende Punkte besonders ins Auge:

– Die Einflußfaktoren „räumliche Distanz" und „bürokratische, zu rigide Prozeduren" waren bei den US-amerikanischen Herstellern deutlich ge-

ringer ausgeprägt als bei den deutschen Unternehmen (zusammengenommen haben die deutschen 27 Prozent mehr davon); gegenläufige Resultate in einzelnen Unternehmen verdecken teils dramatische Unterschiede (Beispiel: räumliche Distanz als Problem zwischen Uscar und Deucar unter Kontrolle der Zulieferer).
– Fehlende Kompetenz und Ausbildung wurden umgekehrt von den US-amerikanischen Sachbearbeitern eher als Problem genannt als von den deutschen (13 Prozent weniger), wobei die gegenläufigen Aussagen im Bereich des deutschen Maschinenbaus sich vor allem auf Kompetenzprobleme im Einkauf und Vertrieb konzentrierten (bei Deuma Probleme aufgrund der ausgelagerten Fremdfertigung).

Tabelle 2: Ursachen für Probleme mit Kooperationspartnern (Durchschnittswerte in Prozent)

Einflußfaktoren	PC		Automobil		Werkzeug- maschine		Durch- schnitt Länder	
	USA	D	USA	D	USA	D	USA	D
RäumlicheDistanz	21,4	30,1	21,0	29,8	24,5	18,7	22,3	26,2
Bürokratie	8,8	17,5	9,8	10,8	13,0	17,7	10,5	15,3
Hierarchie	6,3	9,7	9,6	7,8	6,8	3,8	7,6	7,1
MangelndeQualität	12,3	12,6	17,2	16,3	20,6	23,4	16,7	17,4
Fehlende Kompetenz	11,8	11,7	18,4	8,5	8,9	10,3	13,0	10,2
Technische Inkompatibilitäten	8,2	9,7	17,2	7,4	10,9	6,6	12,1	7,9
Fehlende Manpower	27,2	2,9	5,3	18,2	13,2	17,8	15,2	13,0

Quelle: WZB-Projekt "Vertikale Arbeitsteilung"

Aus diesem Zahlenmaterial lassen sich zwei Schlußfolgerungen ziehen: Zum einen bestätigen die höheren Problemnennungen für „bürokratische, zu rigide Prozeduren" und „räumliche Nähe" die Vermutung, daß die organisationsbedingten Kommunikations- und Kooperationsprobleme im deutschen Kontext größer sind. Zum anderen aber erscheinen die Unterschiede nicht dramatisch. In bezug auf die Unterschiede in der Problemwahrnehmung und -verteilung lassen sich keine Quantensprünge zwischen den deutschen und den amerikanischen Unternehmen feststellen – und dies immerhin vor dem Hintergrund, daß die amerikanischen Unternehmen in weitaus größerem Umfang neue Konzepte crossfunktionaler, projekt- und prozeßorientierter Organisationsformen implementiert hatten als die deutschen.

3.2 Auswirkungen auf die Performanz

Die Auswirkungen realprozeßlicher Merkmale auf Dimensionen der Performanz lassen sich in der Regel kaum präzise angeben. Angesichts der Schwierigkeiten einer Messung unterbleibt daher in den einschlägigen Fallstudien und Berichten eine Relevanzabschätzung. Als schwer modellierbar und zu „soft" werden entsprechende Einflußbeziehungen damit auch häufig nicht in Maßnahmeprogramme einbezogen. Dabei liegen die Wirkungen durchaus in relevanten Größenordnungen. So schätzt Peters in seinem „Handbook for a Management Revolution":

"Rip apart a badly developed project and you will unfailingly find 75 per cent of the slippage attributable to (1) 'silos' or 'stove pipes' for decisions, and (2) sequential problem solving (...)" (Peters 1989, S. 211).

Unter Bezug auf die deutschen Unternehmen konstatiert Henzler von McKinsey:

„Zwei Drittel der Kostennachteile deutscher gegenüber japanischen Unternehmen werden gemäß ausführlichen Untersuchungen meines Hauses nicht durch höhere Faktorkosten, sondern im wesentlichen durch Mängel in der fertigungsgerechten Konstruktion und der Arbeitsorganisation verursacht. (...) Durch konsequentes Design to Cost und den Verzicht auf nicht honorierte Produktmerkmale ließen sich z.B. bei typischen deutschen Unternehmen der Elektronikindustrie über 20% der Herstellkosten einsparen." (Henzler 1993, S. 17)

Diese Bedeutungszuweisungen korrespondieren allerdings nicht mit den entsprechenden Maßnahmeprioritäten. Nach unserem Befund gehören die Reduzierung von Overengineering (nicht honorierte Produktmerkmale) und die Förderung fertigungsgerechten Konstruierens (Verbesserung der Kommunikation und Kooperation mit der Produktion) nicht zu den Schwerpunkten der gegenwärtigen Veränderungsmaßnahmen. Dabei hatten in der FuE-Enquete-Studie Deutschland knapp 40 Prozent der befragten Unternehmen darüber geklagt, daß die Entwicklungszeiten infolge des Überperfektionsstrebens der Entwickler überzogen werden (vgl. Albach et al. 1991, S. 312). Der Innovationsumfrage des Ifo-Instituts 1993 zufolge liegt hier nach Auskunft der Firmen ein wesentliches Innovationshemmnis. 22 Prozent der westdeutschen Unternehmen nannten die fehlende Akzeptanz der Kunden für neue Produkte und Prozesse als Innovationsproblem (Schmalholz/Penzkofer 1994, S. 13).

Eine ähnliche Diskrepanz von Problemwahrnehmung und Strukturresilienz läßt sich im Hinblick auf erkannte Leistungsdifferenzen der

Produktentwicklungssysteme feststellen, wie sie in Benchmarking-Untersuchungen Ende der achtziger Jahre konstatiert wurden (Clark/Fujimoto 1991; Womack et al. 1991). Obgleich in dieser Studie den Entwicklungssystemen amerikanischer wie europäischer Unternehmen im Hinblick auf Aufwand und Zeit ein Rückstand von 30 bis 50 Prozent gegenüber den japanischen Konkurrenten bescheinigt wurde, hinken die deutschen Hersteller in ihren Reorganisationsmaßnahmen den US-amerikanischen Herstellern zwischen drei und fünf Jahren hinterher. Diese Zeitverzögerung gilt auch für den Werkzeugmaschinenbau (Lippert 1997).

3.3 Auswirkungen neuer Produktentstehungskonzepte auf Produktinnovativität

Der Vergleich zwischen den Reorganisationsansätzen amerikanischer und deutscher Unternehmen zeigt, daß die amerikanischen Hersteller die Einführung von Projektprinzipien, Prozeßorientierung und Funktionsintegration sowohl rascher, als auch radikaler betrieben als die deutschen Unternehmen. Deutlich wird die Differenz vor allem im Hinblick auf die Stellung der Funktionalorganisation, die im deutschen strukturkonservativen Vorgehen ihre Dominanz behielt, in den amerikanischen Unternehmen dagegen respektlos segmentiert und ihrer funktionellen Selbständigkeit beraubt wurde. Dabei besitzen Funktionalorganisationen unbestritten ihre Vorzüge:

- Sie bieten einen stabilen Rahmen für fachliche Weiterentwicklung und für Know-how-Transfer zwischen Projekt- und Ingenieursgenerationen.
- Sie besitzen hinreichend Autonomie und Durchsetzungskraft, um funktional wichtige Interessen geltend zu machen.

Nach einer Segmentierung und Funktionsintegration müssen diese Leistungen auf andere Weise erbracht werden, wenn sich ihr Fehlen nicht auf empfindliche Weise in der Produktqualität oder -innovativität bemerkbar machen soll. Womack und Jones sehen hier ein Problem des Plattformansatzes von Chrysler, der zur Zeit häufig als Best-practice-Modell genannt wird. So habe die Auflösung eines eigenständigen Bereichs für Prozeßentwicklung zu eine „Vakuum" in der funktionalen Entwicklungsexpertise geführt, gerade zu einer Zeit, als die Automobilindustrie mit neuen Prozeßtechnologien zu experimentieren begann. Dementsprechend raten sie dem Unternehmen mit warnend erhobenem Zeigefinger:

> "Chrysler dares not fall behind in its fundamental technical capabilities but does not wish to send the advanced R&D function on excursions unrelated to the practical needs of the platform teams. The company therefore, must redefine its engineering functions so that they support its key processes but still have a life of their own" (Womack/Jones 1994, S. 97).

Eine ähnliche Problematik des Widerspruchs zwischen fachlichen und zeitwettbewerblichen Anforderungen ist im Hinblick auf die Rolle der „Vorentwicklung" sichtbar geworden. Die Aufgabe von „Vorentwicklung" ist es, unabhängig von konkreten Produktprojekten neue Komponenten zu entwickeln. Die unter Zeitdruck stehenden Projekte können sich dann dieser Vorentwicklungen bedienen, um etwa neue Technologien zu integrieren und damit sowohl den Anforderungen an Produktinnovativität wie an Vorlaufzeitverkürzung gerecht zu werden. Von Consultant-Seite wird beispielsweise den Automobilunternehmen unter Verweis auf Japan ein Vorentwicklungsanteil von 20 Prozent empfohlen. In der Realität aber wird (unseren Erhebungen zufolge selbst in japanischen Unternehmen) aufgrund des anhaltend starken Drucks, Produktentstehungszeiten weiter zu verkürzen, die Manpower für Vorentwicklung in hohem Maße von den Routinetätigkeiten aufgesogen.

Es läßt sich damit nicht von der Hand weisen, daß mit der Beschleunigung der Produktentstehungszyklen die Gefahr der „Stagnovation" verbunden ist, d.h. „die immer intensivere Weiterentwicklung innerhalb bestehender Strukturen, die jedoch alle Ressourcen bindet, die nötig wären, um echte Innovationen (...) zu entwickeln." (Canzler/Marz 1997, S. 359)

In den genannten Punkten bestehen in der Tat gravierende Probleme mit den neuen Konzepten. Eine Lösung dieses Dilemmas kann jedoch nicht in einem einfachen Festhalten an den „alten Strukturen" liegen. Um die widersprüchlichen Anforderungen an Zeitersparnis und technische Performanz erfüllen zu können, sind vielmehr neue Lösungen nötig, die die Prozeßkettenorientierung „proaktiv" vorantreiben. Der Effekt der Stagnovation kann nur durch innovative organisatorische und qualifikatorische Institutionen verhindert werden, die eine bessere Ausbalancierung zwischen funktional- und projektbezogenen Strukturen möglich machen. Der „Stein der Weisen" scheint demnach nicht in der Übernahme universal gültiger Konzepte zu liegen, sondern in der adäquaten Anpassung und Vermittlung neuer Strukturmerkmale mit den zugrunde liegenden national- und unternehmensspezifischen Besonderheiten.

4. Resümee

Es ist deutlich geworden, daß die Schnittstellenstruktur, wie sie sich in Deutschland vor dem Hintergrund nationalspezifischer Institutionen und Traditionen (insbesondere der Funktionalorganisation) herausgebildet hat, Probleme für Kommunikation und Kooperation in der Prozeßkette nach sich zieht. Die Probleme sind im Unternehmensvergleich unverkennbar, ihre Relevanz – verallgemeinert im Hinblick auf nationalspezifische Wettbewerbsfragen – von erheblichem Gewicht. Gemessen an dieser Bedeutung ist die Aufmerksamkeit der Praxis sowie der Theorie gering.

In der Unfähigkeit, diese Schnittstellenprobleme zu bewältigen, liegt gegenwärtig das größte Defizit deutscher Unternehmen. Der Umorientierungsprozeß ist gerade erst angestoßen worden, und eine allgemeine Zielrichtung ist kaum zu erkennen. Das zögerliche Vorgehen der Unternehmen schafft zusätzliche Konflikte und neue Widersprüchlichkeiten zwischen Linien- und Projektorganisation, denn für die Koordination zwischen „neuer" und „alter" Organisation sind bisher noch keine geeigneten Steuerungsmechanismen gefunden worden. Die Probleme akkumulieren sich und erzeugen Barrieren, die eine Nutzung der in den neuen Konzepten liegenden Verbesserungspotentiale in weiten Teilen konterkarieren.

Infolgedessen steht das deutsche Innovationssystem nach wie vor unter Anpassungsdruck. Die bisherige konservative Umsetzung der neuen Konzepte ist kaum geeignet, den dringend benötigten Produktivitäts- und Innovationsschub in Gang zu setzen. Vor allem im Bereich der Prozeßinnovation sind eigene, über die bruchstückhafte Einführung der aus „best-practice"-Konzepten bekannten Elemente hinausgehende Innovationen einstweilen nicht zu erkennen. Diese Innovationsschwäche, die auch im Bereich der Produktionsreorganisation auffällig ist, mag als eine weitere Manifestation der Technikorientierung und Ingenieursdominanz gesehen oder aber Management- und Organisationskonzepten zugeschrieben werden, die nicht hinreichend auf die spezifischen Standortbedingungen zugeschnitten sind.

Literatur

Albach, H./de Pay, D./Rojas, R. (1991): „Quellen, Zeiten und Kosten von Innovationen. Deutsche Unternehmen im Vergleich zu ihren japanischen und amerikanischen Konkurrenten." In: *Zeitschrift für Betriebswirtschaft,* Jg. 61 (1991), H. 3, S. 309-324.

Böhle, F. (1995): „Technikentwicklung zwischen Verwissenschaftlichung und Erfahrung - zur Begründung eines neuen Forschungs- und Entwicklungsfeldes." In: H. Rose (Hg.): *Nutzerorientierung im Innovationsmanagement.* Neue Ergebnisse der Sozialforschung über Technikbedarf und Technikentwicklung. Frankfurt a.M./New York, S. 69-102.

Braun, G. E./Beckert, J. (1992): „Funktionalorganisation." In: E. Frese (Hg.): *Handwörterbuch der Organisation.* Stuttgart, S. 640-655.

Brockhoff, K./von Ghyczy, T. G. J./Wilhelm, W. (1988; 1989): „Die großen Drei im Test." In: *Manager Magazin* 10/1988, S. 185-197; 11/1988, S. 218-229; 1/1989, S. 84-94.

Brödner, P. 1997: *Der überlistete Odysseus.* Über das zerrüttete Verhältnis von Menschen und Maschinen. Berlin.

Canzler, W./Marz, L. (1997): „Stagnovation. Der Automobilpakt und die gedopte Arbeitsgesellschaft." In: *Universitas,* Nr. 610, Jg. 52 (April 1997), S. 359-371.

Clark, K. W./Fujimoto, T. (1991): *Product Development Performance.* Strategy, Organization, and Management in the World Auto Industry. Boston, Mass.

Cooper, R. (1995): *When Lean Enterprises Collide.* Competing through Confrontation. Boston, Mass.

Deutschmann, Chr. (1989): „Läßt sich der Berufsbegriff interkulturell übertragen?" In: M. Striegnitz/M. Pluskwa (Hg.) : *Berufsausbildung und berufliche Weiterbildung in Japan und in der Bundesrepublik Deutschland,* Loccumer Protokolle 6/87, S. 417-424.

Drüke, H. (1997): *Kompetenz im Zeitwettbewerb.* Politik und Strategien bei der Entwicklung neuer Produkte. Berlin etc.

Dyas, G. P./Thanheiser, H. T. (1976): *The Emerging European Enterprise.* Strategy and Structure in French and German Industry. London/Basingstoke.

Feuchthofen, J. E. (1989): „Berufsbildungspolitik in der Bundesrepublik Deutschland - Herausforderungen und Impulse durch den Blick nach Japan." In: M. Striegnitz/M. Pluskwa (Hg.): *Berufsausbildung und berufliche Weiterbildung in Japan und in der Bundesrepublik Deutschland,* Loccumer Protokolle 6/87, S. 435-446.

Häusler, J. (1990): *Zur Gegenwart der Fabrik der Zukunft - Forschungsaktivitäten im Maschinenbau.* MPI für Gesellschaftsforschung, Discussion Paper 90/1. Köln.

Heidenreich, M./Kerst, Ch./Munder, I. (1997): „Innovationsstrategien im deutschen Maschinen- und Anlagenbau." In: H.-J. Braczyk (Hg.): *Innovationsstrategien im deutschen Maschinenbau.* Bestandsaufnahme und neue Herausforderungen. Arbeitsbericht Nr. 83 der Akademie für Technikfolgenabschätzung in Baden-Württemberg. Stuttgart, S. 106-195.

Henning, K./Staufenbiel, J. E. (1995): *Berufsplanung für Ingenieure.* Köln.

Henzler, H. A. (1993): „Kritische Würdigung der Debatte um den Wirtschaftsstandort Deutschland." In: *Zeitschrift für Betriebswirtschaft,* Jg. 63 (1993), H. 1, S. 5-20.

Henzler, H. A./Späth, L. (1995): *Countdown für Deutschland.* Start in die neue Zeit? Berlin.

Herrigel, G. (1995): *Crisis in German Decentralized Production: Unexpected Rigidity and the Challenge of an Alternative Form of Flexible Organization in Baden-Württemberg.* Paper für das Special Seminar über Mutual Lessons for Adapting German and American Labor Policies, IIRA 10th World Congress, May 31 -June 4, 1995, Washington, D. C.

Hirsch-Kreinsen, H. (1995): „Institutionelle und personelle Innovationsvoraussetzungen des Werkzeugmaschinenbaus". In: H. Rose (Hg.): *Nutzerorientierung im Innovationsmanagement.* Neue Ergebnisse der Sozialforschung über Technikbedarf und Technikentwicklung. Frankfurt a.M./New York, S. 11-38.

Hirsch-Kreinsen, H. (1997a): „Institutionelle Differenzierung des produktionstechnischen Innovationsmusters". In: D. Bieber (Hg.): *Technikentwicklung und Industriearbeit.* Industrielle Produktionstechnik zwischen Eigendynamik und Nutzerinteressen. Frankfurt a.M./New York, S. 73-86.

Hirsch-Kreinsen, H. (1997b): „Innovationsschwächen der deutschen Industrie. Wandel und Probleme von Innovationsprozessen". In: *Jahrbuch Technik und Gesellschaft 9.,* Frankfurt a.M., S. 153-174.

Jürgens, U. (1997): *Restructuring Product Development and Production Networks: Learning from Experiences in Different Industries and Countries.* Paper presented at the International Conference on "Restructuring Product Development and Production Networks" at the Wissenschaftszentrum Berlin für Sozialforschung, March 20-22, 1997.

Kalkowski, P./Mickler, O./Manske, F. (1995): *Technologiestandort Deutschland.* Produktinnovation im Maschinenbau: Traditionelle Stärken - neue Herausforderungen. Berlin.

Kern, H. (1996): „Vertrauensverlust und blindes Vertrauen: Integrationsprobleme im ökonomischen Handeln." In: *SOFI-Mitteilungen* Nr. 24/1996, S. 6-14.

Kraus, G. (1996): *Einfluß des angewandten Projektmanagements auf die Arbeitszufriedenheit der in einer Projektorganisation integrierten Mitarbeiter.* Eine Felduntersuchung in der Automobilindustrie. Frankfurt a.M.

Laske, G. (1996): *Eine Musterbranche stürzt ab.* Werkzeugmaschinenbau in den USA und in Deutschland - Lernen aus der Krise. Bremen.

Lippert, I. (1997): *Reorganizing Process Chains in the German and American Machine Tool Industry.* Paper presented at the International Conference on „Restructuring Product Development and Production Networks" at the Wissenschaftszentrum Berlin für Sozialforschung, March 20-22, 1997.

Lippert, I./Jürgens, U./Drüke, H. (1996): „Arbeit und Wissen im Produktentstehungsprozeß". In: G. Schreyögg/P. Konrad (Hg.): *Managementforschung 6*, Berlin/New York, S. 235-261.

Lullies, V./Bollinger, H./Weltz, F. (1993): *Wissenslogistik.* Über den betrieblichen Umgang mit Wissen bei Entwicklungsvorhaben. Frankfurt a.M./New York.

Mickler, O. (1997): „Zwei Ingenieurkulturen im Konflikt: Mechaniker und Elektroniker im Innovationsprozeß des Maschinenbaus." In: G. Laske (Hg.): *Lernen und Innovation in Industriekulturen.* Institut Technik und Bildung. Universität Bremen, S. 109-118.

Naschold, F. (Hg.) (1985): *Arbeit und Politik.* Gesellschaftliche Regulierung der Arbeit und der sozialen Sicherung. Frankfurt a.M./New York.

Neary, B. U. (1993): *Management in the US and (West) German Machine Tool Industry: Historically Rooted and Socioculturally Contingent*, Diss., Duke University.

Peters, T. (1989): *Thriving on Chaos - Handbook for a Management Revolution.* London.

Ruth, K. (1997): „Industriekulturforschung: Weiße Flecken, dunkle Wolken?" In: G. Laske (Hg.): *Lernen und Innovation in Industriekulturen.* Institut Technik und Bildung. Universität Bremen, S. 19-28.

Schmalholz, H./Penzkofer, H. (1994): „Mit Innovationen den Wettbewerb bestehen - Ergebnisse des ifo Innovationstests für das Jahr 1993". In: *ifo Schnelldienst* 27/1994, S. 7-16.

Wolf, H./Mickler, O./Manske, F. (1992): *Eingriffe in Kopfarbeit.* Die Computerisierung technischer Büros im Maschinenbau. Berlin.

Womack, J. P./Jones, D. T./Roos, D. (1991): *Die zweite Revolution in der Autoindustrie.* Konsequenzen aus der weltweiten Studie aus dem Massachusetts Institute of Technology. Frankfurt a.M./New York.

Womack, J. P./Jones, D. T. (1994): „From Lean Production to the Lean Enterprise". In: *Harvard Business Review,* March/April, S. 93-103.

Zündorf, L./Grunt, M. (1982): *Innovation in der Industrie.* Organisationsstrukturen und Entscheidungsprozesse betrieblicher Forschung und Entwicklung. Frankfurt a.M./New York.

Regimewandel und Prozeßketten-reengineering in der globalen Telekommunikationsindustrie

Christoph Dörrenbächer*, Heinz-Rudolf Meißner**, Frieder Naschold und Leo Renneke***

1. Internationalisierung des Produktentstehungsprozesses und horizontale Unternehmenskooperationen in der Telekommunikationsindustrie

Die deutsche Telekommunikationsindustrie hatte sich durch eine Quasi-Monopolstellung auf dem großen Heimatmarkt und durch eine ungewöhnlich breit gefächerte internationale Exportbasis historisch eine im internationalen Vergleich starke Stellung erworben. Ihre Entwicklung ist – wie auch die der internationalen Wettbewerber – zum Ausgang der neunziger Jahre insbesondere durch fünf Tendenzen charakterisiert:

- In den achtziger Jahren lag der Schwerpunkt beim Übergang von einer Exportstrategie zu einer Strategie der Internationalisierung realer Wertschöpfungsprozesse sehr deutlich auf der Internationalisierung der Produktionsfunktion. Die neunziger Jahre werden vor allem durch Internationalisierungsprozesse der Produktentstehung bestimmt.
- Entsprechend ging der Internationalisierungsprozeß in den achtziger Jahren häufig mit vertikalen Kooperationsformen, also Endhersteller/Zulieferanten-Beziehungen einher; die letzten Jahre sind demgegenüber durch den Aufbau globaler horizontaler Produktentwicklungsverbünde zwischen konkurrierenden Firmen geprägt.
- Diese zunehmende internationale Verflechtung der Telekommunikationsindustrie wirft für die zentralen Akteure erhebliche Probleme der Unter-

---

* Christoph Dörrenbächer, Dipl.-Pol., Forschungsgemeinschaft für Außenwirtschaft, Struktur- und Technologiepolitik (FAST) e.V.
** Heinz-Rudolf Meißner, Dr. oec., Forschungsgemeinschaft für Außenwirtschaft, Struktur- und Technologiepolitik (FAST) e.V.
*** Leo Renneke, Dipl.-Volkswirt, Wissenschaftlicher Mitarbeiter an der Freien Universität Berlin

nehmens-Governance auf: die Transformation von eher ethnozentrisch organisierten transnationalen Unternehmen zu globalen Unternehmensnetzwerken wird zu einer der zentralen Herausforderungen in der Evolution dieser Firmen.
- Hinzu kommen neue technologische Entwicklungen und damit Innovationsprozesse, die auf eine reale Konvergenz wichtiger Basistechnologien verweisen.
- All diese Entwicklungen stehen in enger Wechselwirkung mit einem Wandel des regulatorischen Regimes der Telekommunikationsmärkte, wobei die rechtliche Liberalisierung jedoch nur einen von vielen Anstößen zur marktlichen Umstrukturierung bildet: Die Telekommunikationsindustrie ist zum Ausgang der neunziger Jahre mit einem wachsenden globalen Wettbewerb konfrontiert. Abbildung 1 zeigt diese Zusammenhänge in schematischer Form.

Abbildung 1: Regimewechsel und Prozeßkettenreengineering in der globalen Telekommunikationsindustrie

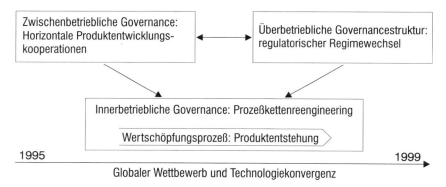

Quelle: FU/WZB-Projekt Globale Entwicklungsverbünde 1997

Die Frage der strategischen wie operativen Anpassungsfähigkeit der deutschen Telekommunikationsindustrie an die sich neu strukturierenden internationalen Telekommunikationsmärkte steht somit im Mittelpunkt unternehmerischer Strategie und staatlicher Politik: Wie weit gelingt es der deutschen Telekommunikationsindustrie innerhalb eines radikal veränderten Umfeldes, evolutionäre Fähigkeiten für die Internationalisierung ihrer Wertschöpfungsketten aufzubauen? Die Entwicklung entsprechender Kernkompetenzen bildet also einen zentralen Teil einer seriös geführten Standortdebatte.

Den nachfolgenden Ausführungen liegen die Ergebnisse der ersten Phase eines von der Deutschen Forschungsgemeinschaft unterstützten Forschungsprojektes zugrunde. In diesem Projekt werden acht internationale Produktentwicklungsverbünde, an denen 20 Firmen aus Europa, Nordamerika und Japan beteiligt sind, in longitudinal-prospektiv entwicklungsbegleitenden Fallvergleichsstudien untersucht.[1] Die Analysen der transnationalen, horizontalen Produktentwicklungskooperationen konzentrieren sich dabei auf Fragen des Prozeßkettenreengineerings, der inner- und zwischenbetrieblichen Integration und Evolution.

Wir skizzieren zunächst den regulatorischen Regimewechsel der Telekommunikationsindustrie auf der Makroebene. Innerhalb dieses Kontextes greifen wir sodann einen markanten Fall von horizontaler Entwicklungskooperation auf und fragen nach dem Zusammenhang von Regimewechsel und Prozeßreengineering, von Integration und Evolution, und zwar auf der strategischen wie operativen Ebene. Abschließend ziehen wir einige Schlußfolgerungen hinsichtlich der Globalisierung der Telekommunikationsindustrie und der Debatte um den Standort Deutschland.

2. Regime und Regimewandel in der Telekommunikationsindustrie

2.1 Regimewandel und technologische Veränderungen in der Telekommunikationsindustrie

Nach einer fast 100jährigen Phase der Kontinuität ist die Telekommunikationsindustrie[2] in den letzten beiden Jahrzehnten einem radikalen Wandel ausgesetzt, der sich aus technologischen wie ordnungspolitischen Veränderungen speist. Bereits durch die Mitte der siebziger Jahre begonnene Digitalisierung der Vermittlungs- und Übertragungstechnik haben sich die Bedingungen für die Hersteller erheblich geändert. So nimmt seitdem der Hardwareanteil bei der Herstellung von Telekommunikationsgütern kontinuierlich zugunsten des Softwareanteils ab[3], was in den Unternehmen zu einem dauerhaften Druck auf überkommene Arbeitsprozesse und die Zusammensetzung der Belegschaft (gewerbliche Arbeitnehmer/Ingenieure) führt (Drüke/Naschold 1996). Des weiteren verursacht die wachsende Ausdifferenzierung der Produktpalette in allen Segmenten der Telekommunikationsindustrie – ebenfalls ein Ergebnis der Digitalisierung – einen erheblichen

---

[1] DFG-Projekt: „Globalisierung von Produktionsstrukturen – Eine arbeits- und industriepolitische Analyse globaler Entwicklungsverbünde" (1. Phase Januar 1995 bis März 1997; 2. Phase April 1997 bis März 1999), bearbeitet von: C. Dörrenbächer, K. Hirschfeld, H.-R. Meißner, F. Naschold, L. Renneke; Zwischenbericht: Dörrenbächer et al. 1997.

[2] Sofern nichts anderes vermerkt, bezeichnet der Begriff Telekommunikationsindustrie lediglich die Hersteller von Telekommunikationsgeräten.

[3] Ungerer/Costello (1989, S. 127) schätzten, daß sich das Verhältnis von Hard- zu Softwareanteilen in der Produktion von Vermittlungsstellen von 80:20 im Jahr 1970 in 20:80 im Jahr 1990 verkehrt. Eine jüngere Einschätzung (Zeidler 1994, S. 7.6) bezifferte das Verhältnis von Hard- und Software im Jahr 1990 noch mit 60:40, erwartete aber für 1995 ein Verhältnis von 25:75.

Anstieg der technologischen Unsicherheit. Diese schlägt sich, zusammen mit verkürzten Pay-back-Zyklen und einem enormen Preisverfall, in einem dramatischen Anstieg der FuE-Aufwendungen nieder, der lediglich durch eine effizientere Organisation von FuE, Produktion und Verwaltung sowie durch internationale Markterfolge aufgefangen werden kann.[4]

Neue Anforderungen an die Industrie gehen aber auch auf den ordnungspolitischen Wandel im Fernmeldewesen zurück. So verlangt die mittlerweile in allen Industrieländern vollzogene Liberalisierung der Endgerätemärkte von der sich traditionell als Investitionsgüterindustrie begreifenden Telekommunikationsindustrie zusätzlich Kenntnisse und Fertigkeiten im Konsumgütermarketing. Die Zulassung von Wettbewerb bei Telekommunikationsdiensten und -netzen führt darüber hinaus dazu, daß sich die traditionellen „Amtsbauverhältnisse" zwischen nationalen Telefongesellschaften und ihren jeweiligen „Hoflieferanten" tendenziell auflösen. Nationale Telefongesellschaften sind unter dem Druck des Wettbewerbs stärker als früher zur kostenminimierenden Erbringung ihrer Dienstleistungen und zu einer stärkeren Kundenorientierung gezwungen. Wo mit der Zulassung von Wettbewerb auch eine Privatisierung der Telefongesellschaft stattgefunden hat, treten zudem bislang untergeordnete Renditegesichtspunkte deutlicher hervor. Eine in dieser Situation quasi natürliche Reaktion ist der Versuch der Telefongesellschaften, ihre traditionellen Zulieferbeziehungen zu lockern, um über den Wettbewerb zwischen ehemaligen Hoflieferanten und neuen, in der Regel ausländischen Anbietern Kostenvorteile zu erlangen.[5] Die Folgen für die Industrie liegen auf der Hand: Einerseits verschlechtern sich die Vermarktungsbedingungen im Inland, da zunehmend mit wettbewerbsfähigen Anbietern aus dem Ausland konkurriert werden muß. Andererseits ergeben sich aber auch Marktzutrittschancen im Ausland, deren Umsetzung allerdings von einer Bewältigung der Internationalisierung abhängt (Dörrenbächer et al. 1997).

Der aus den technischen und ordnungspolitischen Veränderungen resultierende Zwang (1) zur Internationalisierung, (2) zur Reorganisation von FuE und Produktion sowie (3) zu einer stärkeren Kundenorientierung hat inzwischen in der Telekommunikationsindustrie einen Transformationswettlauf in Gang gesetzt, über den der Nortel-Vorstandsvorsitzende Jean C. Monty pointiert sagt: „Speed is God and time is the devil". Allerdings war und ist dieses Prinzip – so unsere Ausgangshypothese – nicht für alle Unternehmen in gleichem Maße gültig, da weder alle Unternehmen vom gleichen

---

4 Beispielsweise stieg die FuE-Intensität (definiert als Anteil der FuE-Aufwendungen am Umsatz) der deutschen Telekommunikationsindustrie von 10,7 Prozent im Jahr 1979 auf 15,3 Prozent im Jahr 1987 (Neu 1990, S. 11). Zur Finanzierung der steigenden FuE-Aufwendungen wird, nachdem Anfang der neunziger Jahre noch ein Weltmarktanteil von zehn bis 15 Prozent als ausreichend erachtet wurde, mitterweile ein Weltmarktanteil von 20 Prozent angesetzt (Pauly 1991, S. 89; Schwab 1996, S. 16).
5 Eine weitere Reaktion ist die Ausweitung des Auslandsgeschäfts, entweder als Anbieter von weltweiten direct-end-to-end-Diensten für Großkunden oder als Netzbetreiber in Auslandsmärkten (Gerpott 1997, S. 200)

Punkt aus gestartet sind, noch der Regimewandel, den das Telekommunikationswesen seit Ende der siebziger Jahre durchläuft, sich in allen Ländern gleich vollzieht. Vielmehr haben sich nationalspezifische Anpassungsbedingungen herausgebildet, unter denen die Unternehmen den Wandel bewältigen müssen. Mit dieser Hypothese knüpfen wir zum einen an die Diskussion über Pfadabhängigkeit in der Unternehmensevolution an (Chandler 1962; 1990; Boyer/Freyssenet 1995). Zum anderen beziehen wir uns auf die Resultate verschiedener international vergleichender Sektoruntersuchungen, die verdeutlichen, daß ähnliche sektorale Problemlagen durch ihre Einbindung in übergreifende nationale Institutionensettings durchaus zu unterschiedlichen Ergebnissen führen können (Rose 1995, S. 4).[6]

Nachfolgend werden wir zunächst zeigen, daß die Anpassungsbedingungen für die deutsche Telekommunikationsindustrie aufgrund ihrer historischen Ausgangssituation sowie aufgrund der Spezifik des deutschen Regimewandels im Fernmeldewesen vergleichsweise günstig waren. Anschließend werden wir anhand einer Bestimmung der Wettbewerbsfähigkeit der deutschen Telekommunikationsindustrie belegen, daß die deutschen Telekommunikationsunternehmen heute zwar eine relativ gute Wettbewerbsposition innehaben, daß jedoch der Vorteil guter Anpassungsbedingungen nur unvollständig genutzt werden konnte.

2.2 Länderspezifische Anpassungsbedingungen

Gemäß dem Firm-Trajectory-Ansatz (Boyer/Freyssenet 1995) lassen sich Struktur- und Performanzunterschiede von Unternehmen zu einem großen Teil auf vorgängige, initiale Handlungen und Muster zurückführen, die – in einem nationalspezifischen historischen Entwicklungskontext entstanden – die weitere Entwicklung der Unternehmen „framen". Für Unternehmen der Telekommunikationsindustrie liegt dieser nationalspezifische Entwicklungskontext im wesentlichen in ihrem mehr oder weniger wechselhaften Verhältnis zur jeweiligen nationalen Telefongesellschaft bzw. in Fällen vertikaler Integration im Verhältnis zur nationalen Regulierungsinstanz. Zwei Bedingungen scheinen dabei wesentlich für eine gute Ausgangssituation im nunmehr globalen Wettbewerb zu sein: Erstens daß ein deutlicher Wandel in den Beziehungen zwischen Industrie und nationaler Telefongesellschaft tatsächlich stattgefunden hat; zweitens daß Richtung und Geschwindigkeit des Wandels an die Wettbewerbsstärke der Industrie angepaßt waren.

Japan: „Lock-in" der Industrie durch „Nicht-Reform"

Das enge Verhältnis zwischen dominanter nationaler Telefongesellschaft und nationaler Telekommunikationsindustrie entwickelte sich in Japan Ende

---

6 Für die Telekommunikationsindustrie vgl. die beiden französisch-britischen Vergleiche von Morgan (1989) und Weinstein (1992), den deutsch-französischen Vergleich von Rose (1995) sowie den britisch-japanischen Vergleich von Vogel (1996).

der zwanziger Jahre. Unter den spezifischen Bedingungen einer schweren ökonomischen Krise und einer wachsenden Kritik an der technologischen Abhängigkeit Japans vom Ausland erweiterte das zu jener Zeit für die Abwicklung des Telefondienstes zuständige Ministerium für Kommunikation den Kreis seiner Lieferanten um eine Reihe japanischer Unternehmen und reduzierte seine Aufträge an den bis dahin dominierenden Lieferanten NEC, der mehrheitlich im Besitz der amerikanischen International Western Electric war und zu einem erheblichen Teil auf Basis amerikanischer Patente produzierte. Zusammen mit der Firma NEC, die ab Anfang der dreißiger Jahre wieder zu 50 Prozent in japanischem Besitz war, und den „neuen" Lieferanten Fujitsu, Hitachi und OKI begründete das Ministerium für Kommunikation die sogenannte Den Den Family. Deren Ziel war zunächst, durch die Entwicklung einer leistungsfähigen nationalen Telekommunikationsindustrie die erheblichen Entwicklungsrückstände des japanischen Telekommunikationssystems gegenüber dem Westen zu egalisieren. Später bildete die Den Den Family aber auch das Sprungbrett für einen konzertierten Einstieg in andere Bereiche der Eletrotechnik, etwa in den Computer- oder Halbleiterbereich.

Innerhalb der Den Den Family kommt der 1952 aus dem Ministerium für Kommunikation hervorgegangenen nationalen Telefongesellschaft Nippon Telegraph and Telephon (NTT) eine besondere Rolle zu. Ausgestattet mit großen FuE-Kapazitäten, beansprucht sie für sich die Führungsverantwortung für die langfristige technologische Entwicklung und führt mit allen vier oben genannten Herstellern gemeinsam grundlagenorientierte FuE-Projekte durch (Fransman 1995, S. 360). Die Hersteller, die für die Entwicklung konkreter Produkte zuständig sind, erhalten im Gegenzug – sofern sie bestimmte von NTT festgesetzte Qualitäts- und Lieferstandards einhalten – einen garantierten Teil des Beschaffungsvolumens. Diese Sicherheit ermöglicht einerseits Kooperationen zwischen den Herstellern. Da NTT aber Produktentwicklungen nicht separat, sondern über den Beschaffungspreis der Systeme entlohnt, führt sie andererseits dazu, daß sich die Unternehmen bei ihren Produktentwicklungen stark an den Bedürfnissen des NTT-Netzes orientieren (Schnöring 1989, S. 26). NTT, so die zusammenfassende Einschätzung Fransmans, „is able to use its market power as the single largest customer of its suppliers, and its substantial research competences, to ensure that it gets what it wants". Die Hersteller haben demgegenüber „little options but to give NTT what it demands" (1995, S. 22).

An dieser starken Stellung von NTT haben auch die Zulassung von Wettbewerb auf den japanischen Dienstemärkten (seit 1971, insbesondere seit 1985) und die Privatisierung der NTT (begonnen 1985) bisher wenig geändert. Zwar ist der NTT, die sich früher faktisch selbst regulierte, mit dem Ministerium für Post und Telekommunikation (MPT) mittlerweile eine starke Regulierungsbehörde erwachsen, die durchaus eine kritische Position gegenüber NTT einnimmt (Vogel 1996, S. 5). Die Regulierungspolitik des MPT und die tatsächliche Wettbewerbsentwicklung hatten bisher jedoch keinen nennenswerten Einfluß auf die ökonomische Performanz der Firma

NTT[7], so daß es auch im Beschaffungswesen zu keinen wesentlichen Änderungen kam (Junne 1988, S. 21; Salvaggio 1995, S. 3; Fransman 1995, S. 377f.). Zwar versuchte das MPT, die Hersteller innerhalb der Den Den Family zu stärken, indem NTT dazu verpflichtet wurde, auch unter Wettbewerbsbedingungen „Public-interest-FuE" für die Hersteller durchzuführen (Vogel 1995, S. 5). Doch hat dies bisher eher zu einer Stärkung als zu einer Schwächung der Rolle von NTT geführt und bindet die Hersteller weiterhin eng an die spezifischen Interessen von NTT.

Wie problematisch die starke Bindung der Hersteller an die spezifischen Bedürfnisse von NTT war (und ist), zeigte sich bereits weit vor der Reform, und zwar Ende der siebziger Jahre im Bereich der Vermittlungsstellen, dem Herzstück der Telekommunikationstechnik (vgl. Fransman 1995, S. 43-125). NTT entschied sich damals deutlich später als z.B. AT&T oder Bell Canada, von der analogen zur digitalen Vermittlungstechnik überzugehen. Erst fünf Jahre nach dem im September 1977 erfolgten weltweiten „first launch" bei AT&T (Lieferant war Northern Telecom, heute Nortel) installierte NTT seine erste digitale Vermittlungsstelle.[8] Für die mittlerweile internationalisierten Hersteller in der Den Den Family, insbesondere für NEC und Fujitsu, die den Einstieg auf den amerikanische Markt suchten, bedeutete die zunächst zögerliche Haltung von NTT, daß sie ohne Beschaffungsaufträge und ohne ein nationales Testfeld im Rücken die Entscheidung zur Entwicklung einer Technik treffen mußten, die erstens technologisches Neuland war, deren Kosten zweitens als exorbitant eingeschätzt wurden und hinsichtlich derer drittens zumindest die „Mutter" NTT nicht überzeugt war, daß sie sich in absehbarer Zeit im Regelbetrieb rechne. Vor diesem Hintergrund und der seinerzeit verbreiteten Unsicherheit in der Telekommunikationsindustrie über die Digitaltechnik verwundert es nicht, daß NEC und Fujitsu erst ein Jahr nach Northern Telecom die Entwicklung von digitalen Vermittlungsstellen aufnahmen und erst entsprechend später lieferfähig waren (NEC 1979, Fujitsu 1981). Damit war aber der Einstieg in den „Lead-Market" USA verpaßt. Die Situation für NEC und Fujitsu verbesserte sich übrigens auch nicht wesentlich, nachdem sich NTT für die Digitaltechnik entschieden hatte, da es ihnen nicht gelang, in der Entwicklungszusammenarbeit mit NTT ihre Exportinteressen durchzusetzen. Entwickelt wurde ein eng auf die Bedürfnisse des NTT-Netzes zugeschnittenes „japanisches" Digitalsystem.

Der verspätete Übergang von der elektomechanischen zur digitalen Vermittlungstechnik war, wie unten näher erörtert wird, keineswegs ein spezi-

---

7 Allerdings gibt es Anzeichen dafür, daß sich dies zumindest mittel- bis langfristig ändern wird. So mußte NTT kürzlich auf Intervention des MPT die Zugangsgebühren zu den Ortsnetzen für Wettbewerber drastisch reduzieren. Des weiteren ist zu berücksichtigen, daß die Konkurrenten von NTT vor allem in neuen zukunftsträchtigen Bereichen (Mobilfunk, Mehrwertdienste) erfolgreich sind.

8 Gemeint sind hier Ortsvermittlungsstellen, da diese gegenüber Fernvermittlungsstellen ein wesentlich größeres Marktvolumen aufweisen. Erste Laborversionen und Testeinsätze im Bereich der Fernvermittlung gab es bereits seit 1972.

fisch japanisches Problem. Auch das britische Post Office und die Deutsche Bundespost entschieden sich erst relativ spät für die Digitaltechnik, vollzogen in der Folge allerdings einen grundsätzlichen Wandel im Verhältnis von nationaler Telefongesellschaft und Herstellerindustrie. NTT beharrte demgegenüber auf seiner Führungsrolle und konnte bisher alle Versuche, seine Macht zu beschneiden, weitgehend abwehren.[9] NTT hat lediglich bei der Entwicklung der nächsten Generation von Vermittlungstechnik (ATM) den Herstellerkreis (aus innovationspolitischen Gründen) u.a. um Nortel erweitert und berücksichtigt (aus handelspolitischen Zwängen) zunehmend ausländische Anbieter bei der Beschaffung. Allerdings ist diese Tendenz keineswegs im Sinne der japanischen Hersteller und dürfte langfristig eher zu deren Schwächung als Stärkung führen.

Großbritannien: Shake out der Industrie durch Big-Bang-Reform

Ähnlich wie in Japan entwickelte sich auch in Großbritannien in den zwanziger und dreißiger Jahren ein enges Verhältnis zwischen dem Betreiber des Telefonnetzes und der nationalen Fernmeldeindustrie. Auch hier kam dem Netzbetreiber, also dem Post Office, eine technologische Führungsrolle zu, insbesondere bei der Vermittlungsstellentechnik. Die gesamte Beschaffung erfolgte bis Ende der sechziger Jahre auf der Basis von kartellähnlichen Abkommen, den sogenannten bulk supply agreements. Diesem Abkommen zufolge war das Post Office verpflichtet, Aufträge nach einem vorab ausgehandelten Schlüssel ausschließlich an Unternehmen des sogenannten Telecom Clubs zu vergeben, zu dem die Firmen GEC, Plessey und STC gehörten. Bereits die bulk supply agreements verdeutlichen, daß die Position des britischen Post Office gegenüber den Herstellern des Telecom Clubs – trotz einer ausgewiesenen technologischen Führungsrolle – wesentlich schwächer war als die von NTT in der Den Den Family.[10]

Auch nachdem das Post Office 1969 die bulk supply agreements nicht mehr erneuerte, änderte sich nichts an der prinzipiellen Machtverteilung zwischen Post Office und Herstellerindustrie. Alle Versuche, mehr bzw. überhaupt Wettbewerb unter den Herstellern zu initiieren, scheiterten oder waren kontraproduktiv (Grande 1989, S. 60). Besonders deutlich wurde dies im Vorfeld der Entwicklung des britischen digitalen Vermittlungssystems (SystemX) (vgl. Morgan 1989). Ursprünglich hoffte das Post Office, direkt von der Elektromechanik zu einem vollelektronischen digitalen System übergehen zu können. Dies wurde aber durch technische Probleme verhindert,

---

9 Insbesondere das MPT hat sich in der Vergangenheit mehrfach für eine Aufspaltung von NTT eingesetzt.

10 Dies läßt sich, so die These von Morgan (1989), im wesentlichen auf die besondere Fähigkeit der britischen Telekommunikationsindustrie zurückführen, an höchster Stelle politischen Einfluß auszuüben. Demgegenüber kann die besondere Stärke von NTT mit der auf Johnson (1982) zurückgehenden These von der „Dominanz der Bürokratie" in Japan erklärt werden. Diese These ist allerdings heftig umstritten (zur Diskussion vgl. Wilks/Wright 1991).

und das Post Office entschloß sich Anfang der siebziger Jahre, zunächst eine gemeinsam mit STC entwickelte halbelektronische Zwischenlösung zu installieren. Allerdings mußte das Post Office, nach einer Intervention von GEC und Plessey, auf Druck höchster politischer Stellen auch ein von diesen beiden Unternehmen weiterentwickeltes elektromechanisches System installieren – ein System, für dessen Anschaffung weder eine technische noch eine betriebswirtschaftliche Notwendigkeit bestand und das sich dann zu allem Überfluß auch noch als qualitativ völlig unzulänglich erwies.

Die Macht der Hersteller zeigte sich schließlich auch in den Verhandlungen um die Entwicklung von SystemX. So gelang es dem Post Office aufgrund des Widerstands des Telecom Clubs nicht, einen vierten Hersteller an der Entwicklung von SystemX zu beteiligen, obwohl das Post Office die Entwicklungskosten nahezu allein aufbrachte.[11] Auch weigerten sich die Hersteller des Telecom Clubs, ohne feste Zusagen für die spätere Beschaffung Ressourcen für die Entwicklungsarbeit zur Verfügung zu stellen. Zusammen mit Patentstreitigkeiten zwischen den Herstellern und dem Post Office führte dies dazu, daß die Entwicklung von SystemX erst 1977 anlief, also genau in dem Jahr, in dem AT&T bereits die weltweit erste digitale Anlage installierte.

Vor dem Hintergrund dieser Strukturen und der insgesamt nur geringen Investitionen in den Fernmeldebereich (insbesondere in der Folge der IWF-Krise 1976, siehe Tabelle1) verwundert es kaum, daß das Fernmeldewesen Großbritanniens am Vorabend der Machtübernahme der konservativen Regierung in einem schlechten Zustand war. Neben einer Häufung von Beschwerden über den schlechten Service von seiten sowohl privater wie geschäftlicher Nutzer gab es zunehmend Klagen über die Leistungsfähigkeit und das Verhalten der Hersteller – auch und insbesondere im Zusammenhang mit der Entwicklung von SystemX, dessen Kosten mit 1,4 Mrd. US-Dollar letztlich wesentlich über denen vergleichbarer Systeme lagen.[12]

Nach der Machtübernahme der Regierung Thatcher (1979) war das britische Telekommunikationssystem dann auch einer der ersten Bereiche, in dem der Versuch einer „Redynamisierung der Wirtschaft" durch den Rückzug des Staates und die Einführung von Wettbewerb unternommen wurde. Aufbauend auf Empfehlungen, die bereits in der Zeit der Labour-Regierung erarbeitet, jedoch nicht umgesetzt worden waren (Carter Review), transformierte die Thatcher-Regierung in nur fünf Jahren (von 1979 bis 1984) das britische Telekommunikationswesen vom einst geschlossensten zum liberalsten System in Europa, in dessen Zentrum nun nicht mehr die Hersteller des Telecom Clubs und ihre Interessen, sondern die 1981 aus dem Post Of-

---

11 Geplant war die Beteiligung von Pye-TMC, einer britischen Tochtergesellschaft von Philips.

12 Die Financial Times (1986, S. VIII) bezifferte die Kosten für vergleichbare Systeme wie folgt: Ericsson (Axe) 500 Mio. $, Northern Telecom (DMS) und Siemens (EWSD) je 700 Mio. $, Western Electric (ESS-5) 750 Mio. $, ITT (System 12) und CIT-Alcatel (E10& E12) je 1000 Mio. $.

fice ausgegliederte British Telecom (BT) und die Interessen der (Groß-)Anwender standen (Weinstein 1992, S. 157).

Unter dem Druck konkurrierender Anbieter (durch die Aufhebung der Monopolrechte)[13] und in Erwartung der Privatisierung konfrontierte BT bereits im Mai 1982 die Unternehmen des Telecom Clubs mit einer rigiden Beschaffungspolitik. So gingen – trotz Intervention des Department of Industry, das sich um das Überleben der Hersteller aus dem Telecom Club sorgte – innerhalb kurzer Zeit 30 Prozent der Aufträge für digitale Vermittlungsstellen an einen ausländischen Anbieter (Ericsson). Die restlichen 70 Prozent wollte BT von lediglich einem britischen Hersteller beziehen. Da aber keine der Firmen allein lieferfähig war, übernahm Plessey den Auftrag und beteiligte GEC als Subkontraktor.

Tabelle 1: Investitionen der Netzbetreiber (Dreijahresdurchschnitt / in US-Dollar / Preisniveau und Wechselkurs von 1980)

	1975-77	1977-79	1979-81	1981-83	1983-85
Japan					
Absolut (Mio $)	6.530	6.822	6.638	6.646	6.754
pro Kopf ($)	57,94	59,37	56,85	56,11	56,27
Deutschland					
Absolut (Mio $)	3.602	3.997	5.091	5.650	6.337
pro Kopf ($)	58,48	65,13	82,72	91,74	103,57
UK					
Absolut (Mio $)	2.968	2.495	2.746	2.838	2.792
pro Kopf ($)	52,80	44,39	48,77	50,34	49,42

Quelle: OECD (1988, S. 103f.); eigene Zusammenstellung

BT beschränkte sich in der Folge allerdings nicht nur auf eine rigide Beschaffungspolitik, sondern begann, auch den Unternehmen des Telecom Clubs Konkurrenz zu machen. 1986 akquirierte BT die kanadische Firma Mitel, die u.a. auch in Großbritannien Nebenstellenanlagen produzierte und absetzte. Zwar gelang es den Herstellern des Telecom Clubs, BT durch einen scharfen Preiswettbewerb wieder aus dem Markt zu drängen. Insgesamt schwächte das rigide bis feindliche Vorgehen von BT die Hersteller jedoch in einem erheblichen Maße und erzwang – da der Telecom Club auch keine

---

13 Trotz überwältigender Übermacht gegenüber seinem Konkurrenten Mercury befürchtete BT einen Einbruch bei den geschäftlichen Anwendern, die – relativ gering in der Zahl – für einen erheblichen Teil der Einkünfte von BT sorgten (Morgan 1989, S. 34f.).

nennenswerten Exporterfolge aufweisen konnte (obwohl SystemX explizit mit Blick auf die Auslandsmärkte entwickelt worden war) – die seit langem überfällige Konzentration und Rationalisierung der Branche. Die Firma STC, die bereits 1982 beim SystemX außenvor blieb, versuchte glücklos eine Diversifizierung in den Computer- und Verteidigungsbereich und wurde später teilweise von Fujitsu, teilweise von Northern Telecom übernommen. Plessey strebte, mit Aufträgen von BT für SystemX im Rücken, den Einstieg auf dem US-amerikanischen Markt an, scheiterte aber ebenfalls und sah sich ab 1985 einem feindlichen Übernahmeversuch durch GEC ausgesetzt. Nach einiger Gegenwehr einigte sich Plessey schließlich 1988 mit GEC auf eine Fusion der Telekommunikationssegmente (GEC and Plessey Telecommunications, GPT). Nur ein Jahr später versuchte GEC erneut die Übernahme von Plessey, dieses Mal mit Hilfe von Siemens. Nach dem erfolgreichen Takeover gelangte GPT dann nach und nach in den Verantwortungsbereich von Siemens. Knapp zehn Jahre nach Thatchers Big-Bang-Reform war damit der Telecom Club zerschlagen und die britische Telekommunikationsindustrie von der Bühne verschwunden.

Deutschland: Schrittweise Anpassung durch Reform im Weltmarkttakt

Auch in Deutschland läßt sich das enge Kooperationsverhältnis zwischen nationaler Telefongesellschaft und Herstellerindustrie bis in die zwanziger Jahre zurückverfolgen. Im Zusammenhang mit der damals begonnenen Automatisierung der Ortsvermittlung und dem Aufbau des Weitverkehrsnetzes versammelte die Deutsche Reichspost eine Reihe von Lieferanten um sich, wobei Siemens rasch die Rolle des Systemführers zukam (Rose 1995, S. 59). Wesentlicher Hintergrund war dabei, daß die Deutsche Reichspost (später auch die Deutsche Bundespost) im Gegensatz zu NTT oder dem britischen Post Office kaum eigene Forschung und Entwicklung betrieb.

Da sich die Reichspost auf das Konzept der Einheitstechnik festgelegt hatte, mußte Siemens anderen Herstellern Nachbaurechte einräumen. Dies führte zu festen Lieferquoten, die Siemens mit den Nachbaufirmen aushandelte. Nachdem der Wettbewerb auf diese Weise unterlaufen war, konnten die sogenannten Hoflieferanten[14] über Jahrzehnte hinweg ihre Marktanteile nahezu konstant halten und regelmäßig Preissteigerungen durchsetzen. Erst die ökonomische Krise in der ersten Hälfte der siebziger Jahre und der damit verbundene abrupte Investitionsrückgang bei der Bundespost brachte etwas Bewegung ins Spiel. Die Verfahrensregeln zur Beschaffung wurden mehrfach modifiziert, im Resultat änderte sich jedoch zunächst wenig (Grande 1989, S. 40).

Die eigentliche Wende in den Beziehungen zwischen der Bundespost und der Industrie vollzog sich Ende der siebziger Jahre. Die Initialzündung erzeugte hier, ebenso wie in Japan und Großbritannien, die Einführung der

---

14 Zu diesem Kreis gehörten nach dem Zweiten Weltkrieg neben dem Systemführer Siemens u.a. SEL, Telenorma und DeTeWe.

digitalen Vermittlungstechnik, wodurch vor allem den Auslandsmärkten stärkere Bedeutung zukam. Die vergleichsweise stark exportorientierte deutsche Telekommunikationsindustrie (siehe Tabelle 2) mußte bereits 1977/78 erkennen, daß analoge Systeme, wie sie zu jener Zeit (im Rahmen des EWS-Projektes[15]) für die Bundespost entwickelt wurden, im Ausland nicht mehr absetzbar waren. Es folgte eine an der Bundespost zunächst vorbeigehende „autonome Umorientierung" (Werle 1990, S. 253) auf die Digitaltechnik bei Siemens und SEL.

Tabelle 2: Exportorientierung der Fernmeldeindustrie (Exportanteil an der Produktion)

	1973*	1978	1980	1983
Japan	6,7%	14,8%	14,9%	23,8%
Deutschland	24,7%	26,2%	21,9%	24,8%
UK	k.a.	16,7%	10,3%	11,1%

* Für Deutschland 1970   Quelle: OECD (1988, S. 106ff.); eigene Berechnungen

1979 schwenkte schließlich auch die Bundespost auf die digitale Vermittlungstechnik um, ohne daß dazu eine unmittelbar betriebsbedingte Notwendigkeit bestanden hätte.[16] Vielmehr bedeutete der damit einhergehende Ausstieg aus dem EWS-Projekt (1966-1979) einen erheblichen Imageverlust. Andererseits wurde der Bundespost damit aber eine Neuausrichtung der seit längerem als zu eng und vor allem zu teuer empfundenen Kooperation mit der Industrie ermöglicht.

So initiierte die Bundespost unter Aufgabe des Prinzips der Einheitstechnik und lange vor der Liberalisierung ihrer Märkte (Dörrenbächer 1988) bei der Entwicklung von digitalen Vermittlungsstellen zum ersten Mal einen Wettbewerb. Da ihr primäres Ziel in der preislichen Disziplinierung der Hersteller lag, beschränkte sie sich auf minimale technische Vorgaben zur Netzkompatibilität. Dieser Verzicht der Bundespost auf ein spezifisch deutsches Vermittlungssystem hatte allerdings gleichzeitig erhebliche industriepolitische Auswirkungen, da sowohl Siemens als auch SEL ihre für den Weltmarkt entwickelten Systeme voll in Anwendung bringen konnten. 1983 erhielten Siemens und SEL – nach einer noch rein nationalen Ausschreibung – den Zuschlag; 1984 wurde mit der Installation von digitaler Vermitt-

---

15 Das EWS-Projekt zielte auf die Entwicklung eines elektronisch gesteuerten analogen Vermittlungssystems ab. Beteiligt waren Siemens und SEL. Die Koordinierung des Projektes oblag der Bundespost.
16 Die bis dahin installierte Technik wäre, elektronisch aufgerüstet, durchaus in der Lage gewesen, auch mittelfristig einen sicheren Netzbetrieb zu gewährleisten (Werle 1989, S. 258).

lungstechnik im Netz der Deutschen Bundespost begonnen. Es folgten schrittweise weitere Veränderungen im Beschaffungswesen, die die deutsche Herstellerindustrie allmählich auf den Weltmarkt vorbereiteten. So gab die Bundespost zunächst die Reziprozitätsanforderung beim Auslandsbezug auf.[17] Dem folgte eine sukzessive Vergrößerung des Beschaffungsvolumens im Ausland (ab 1985 stets über zehn Prozent des Gesamtvolumens). Schließlich wurde 1991 erstmalig ein ausländischer Systemanbieter (Ericsson) in einem Kernbereich der Netztechnik berücksichtigt.

2.3 Die Wettbewerbsfähigkeit der deutschen Telekommunikationsindustrie

Inwieweit die deutschen Unternehmen den sich über zehn Jahre erstreckenden inkrementellen Wandel in den Beziehungen mit der Bundespost zur Anpassung genutzt haben, ist Gegenstand der folgenden Überlegungen. Als Ergebnis des vorangegangenen Kapitels ist zunächst festzuhalten, daß die deutsche Telekommunikationsindustrie wesentlich bessere Anpassungsbedingungen hatte als die japanische oder die britische Industrie (siehe die zusammenfassende Tabelle 3).

Tabelle 3: Regimewandel im Telekommunikationswesen

	Art des Wandels	Orientierung des Wandels	Anpassungsbedingungen
Deutschland	Inkremental über 10 Jahre	Balanciert hersteller- und betreiberorientiert	+
Japan	Kein tatsächlicher Wandel	Persistenz der starken Betreiberorientierung	0
Großbritannien	Abrupt innerhalb von 2 Jahren	Stark betreiber- und anwenderorientiert	–

Quelle: Dörrenbächer 1997

Eine außenwirtschaftliche Betrachtung der Entwicklung der Wettbewerbsfähigkeit der drei untersuchten Länder (siehe Tabelle 4) zeigt für den Zeitraum von 1980 bis 1993 erwartungsgemäß einen starken Rückgang der Wettbewerbsfähigkeit der britischen Telekommunikationsindustrie. Für Japan ergibt sich demgegenüber ein recht positives Bild, das – entgegen der Erwartung – auch die Entwicklung der Wettbewerbsposition der deutschen Telekommunikationsindustrie deutlich auszustechen scheint (siehe Tabelle 4).

---

17 Ursprünglich wurden ausschließlich Anbieter aus solchen Ländern berücksichtigt, zu denen deutsche Anbieter Marktzugang hatten.

Allerdings verbergen sich hinter den in Tabelle 4 wiedergegebenen Daten einige wesentliche Differenzierungen, die die Entwicklung der Wettbewerbsfähigkeit der deutschen Telekommunikationsindustrie gerade im Vergleich mit der japanischen Industrie in ein besseres Licht rücken. So vernachlässigt der in Tabelle 4 referierte RCA-Indikator die Sondereinflüsse der Deutschen Wiedervereinigung[18], und, wichtiger noch, alle Indikatoren beziehen sich auf die Gesamtindustrie, machen also keine Aussagen über die Struktur des Handels. Bei einer Betrachtung nach Produktkategorien zeigt sich jedoch, daß die starke Wettbewerbsposition Japans im wesentlichen auf die Exportstärke im Endgerätemarkt zurückzuführen ist – und dort insbesondere bei Telefaxgeräten, einem Produkt, das sich am Ende seines Lebenszyklus befindet. Demgegenüber verfügt Deutschland insbesondere in dem auch in Zukunft wichtigen Produktsegment der Vermittlungs- und Übertragungstechnik über komparative Wettbewerbsvorteile. Zudem kann die deutsche Industrie sowohl in Osteuropa als auch in den wachstumsstarken ostasiatischen Ländern mit überdurchschnittlichen Exporterfolgen aufwarten (Schwab 1996, S. 46).

Tabelle 4: Die Entwicklung der Wettbewerbsfähigkeit in der Telekommunikationsindustrie

	Handelsbilanzsaldo 1980*	Handelsbilanzsaldo 1993*	Weltexportanteil 1980**	Weltexportanteil 1993**	RCA** 1980	RCA** 1993
D	864,0	1041,9	15,8%	10,7%	0,63	0,31
J	920,7	6482,0	13,9%	23,0%	0,95	0,82
UK	243,6	–282,0	7,3%	5,4%	0,40	0,06
USA	213,8	–1046,7	12,6%	20,5%	0,18	0,18

*   in Mio. US-Dollar, Quelle: OECD (1991, S. 69), OECD (1997, S. 166)
** Quelle Schwab (1996, S. 39-42) auf Basis einer Sonderauswertung der UN-Handelsstatistik. Der RCA-Indikator eliminiert unterschiedlich große Handelsvolumen und erlaubt so eine bessere Vergleichbarkeit. Der in dieser Tabelle angeführte RCA-Indikator (Schwab 1996, S. 41) setzt den sektoralen Außenhandelssaldo eines Landes in Beziehung zum gesamten gehandelten Volumen, also der Summe aus Ex- und Importen. Der RCA-Indikator kann Werte zwischen +1 und –1 annehmen. Die Wettbewerbsposition ist bei +1 am besten und bei –1 am schlechtesten.

---

[18] Nach der Wiedervereinigung hat sich in Deutschland das gesamte gehandelte Volumen nur sehr unwesentlich geändert. Der vereinigungsbedingte Rückgang der Gesamtexporte wurde durch eine starke Zunahme der Importe kompensiert. Die sektoralen Handelsbilanzüberschüsse verzeichnen demgegenüber nach der Wiedervereinigung einen natürlichen Rückgang, da hier die zunehmenden Importe von den zurückgehenden Exporten *subtrahiert* werden. Der RCA-Wert, nach der Definition von Schwab (siehe Tabelle 4), muß also in der Tendenz sinken.

Diese Strukturunterschiede zeigen sich deutlich in der Entwicklung nach 1993 (vgl. Tabelle 5).[19] So erwirtschaftete die deutsche Telekommunikationsindustrie ab 1993 wesentlich größere Handelsbilanzüberschüsse, die „einen steigenden Beitrag zum Ausgleich der deutschen High-Tech Außenhandelsbilanz [leisteten]" (Krone 1997, S. 4). Die japanische Industrie erlebte demgegenüber seit 1993 einen dramatischen Einbruch ihrer Handelsbilanzüberschüsse. Dieser Einbruch reflektiert sowohl die starke Aufwertung des Yen als auch Produktionsverlagerungen japanischer Firmen in die Nachbarländer. Er reflektiert allerdings auch die oben angesprochenen Strukturprobleme.

Tabelle 5: Handelsbilanzsalden in der Telekommunikationstechnik (in Mrd. US-Dollar)

	1990	1991	1992	1993	1994	1995	1996
D	0,9	1,1	1,3	1,3	1,8	2,2	2,7
J	4,9	5,3	7,2	6,5	6,2	3,7	1,6
USA	–0,6	0,1	0,2	1,2	1,7	4,1	k.a.

Zusammengestellt aus Jahresdaten der Industrieverbände ZVEI, CJAI, TIA, eigene Berechnungen

Zusammenfassend zeigen diese makroökonomischen Analysen, daß die deutsche Telekommunikationsindustrie ihre vergleichsweise günstigen Anpassungsbedingungen zwar zu einer Positionsverbesserung genutzt hat, daß allerdings dieser Vorteil bisher nicht in einen nennenswerten Wettbewerbsvorsprung umgesetzt werden konnte.[20] Dies geht sicherlich zu einem gewissen Teil auf die deutsche Wiedervereinigung zurück. Es spiegeln sich darin aber auch Probleme auf der Mikroebene wider, die im folgenden thematisiert werden.

---

19 Leider ist eine zeitaktuellere Analyse nach dem Raster der Tabelle 4 nicht möglich, da die entsprechenden Daten üblicherweise erst mit drei-, teilweise vierjähriger Verspätung veröffentlicht werden. Die folgenden Ausführungen basieren deshalb auf den wesentlich aktuelleren Daten der jeweiligen nationalen Industrieverbände. Im Fall der USA, so zeigt ein Vergleich der Tabellen 4 und 5, unterscheidet sich die Datengrundlage (Abgrenzung) des Industrieverbandes allerdings erheblich von der Datengrundlage der OECD. Die Tendenz der Entwicklung wird davon jedoch nicht berührt.

20 Der in Tabelle 5 angeführte Vergleich mit den USA macht übrigens auch deutlich, daß in der Vergangenheit durchaus (noch) dynamischere Positionsverbesserungen möglich waren.

3. Prozeßkettenreengineering durch globale Produktentwicklungskooperationen: Internationalisierung durch radikale Innovation und strategische Allianzbildung zwischen Siemens ÖN-BN und Newbridge Networks ATM-net

3.1 Die Herausforderung: Aus dem monopolistischen Heimatmarkt auf den kompetitiven nordamerikanischen „Lead-Market"

Gute Anpassungsbedingungen allein sind – wie dem letzten Kapitel zu entnehmen war – keine hinreichende Bedingung für einen dauerhaften Wettbewerbsvorsprung. Notwendig und erfolgskritisch ist auch die tatsächliche Bewältigung des Anpassungsprozesses, der in einem Reengineering der Prozeßkette im globalen Rahmen besteht. Drei zentrale Herausforderungen gehen damit einher:

— eine gestaltende Auflösung des bisherigen Hoflieferantenstatus im Heimatland,
— eine forcierte internationale Marktbearbeitung, d.h. die Erschließung von Marktpotentialen in konkurrenzstrukturierten Märkten, zur Kompensation der Marktanteilsverluste auf dem Heimatmarkt und zur Finanzierung der stark steigenden FuE-Aufwendungen sowie
— eine an Liberalisierungsentwicklung und technischer Standardisierung orientierte internationale Restrukturierung von FuE und Produktion.

Insbesondere die beiden letzten Anforderungen erzwingen gerade in den bislang relativ wettbewerbsgeschützten Unternehmen der Telekommunikationsindustrie (respektive in den entsprechenden Business Units) einen radikalen Organisationswandel (vgl. Naschold 1996b; 1997).

Dieser Zwang zur Veränderung sowie eine dramatisch zunehmende Unsicherheit über die technological trajectories[21] in den zentralen Segmenten des Telekommunikationsmarktes (vor allem im Vermittlungsstellenbereich, aber auch in der Mobilkommunikation) lassen internationale Kooperationen – und internationale Produktentwicklungskooperationen im besonderen – zu einem unternehmenspolitisch zentralen Strategieelement werden. Die Umsetzung einer Kooperationsstrategie will allerdings beherrscht sein, denn internationale Kooperationen, insbesondere im Bereich von Produkt-

---

21 Gegenwärtig zeichnet sich eine technologische Entwicklung ab, die von der Trennung zwischen Schmal- und Breitband hin zu einer Integration beider Systeme gehen dürfte. Die bislang homogenen Netzstrukturen mit unterschiedlichen Netzwelten wie Sprache, Video oder Daten werden zu Netzwerken mit unterschiedlicher, variabel gestaltbarer Leistungsfähigkeit (Scalability) und Bandbreite zusammenwachsen. – Für die Telekommunikationsunternehmen stellt sich damit die Frage, welchem technologischen Entwicklungspfad sie folgen und welche Strategie sie einschlagen sollen – ob sie autark bleiben, Allianzen eingehen oder Joint-Ventures gründen.

entwicklungen, sind äußerst prekäre institutionelle Arrangements, die hohe Mißerfolgsraten aufweisen.

Obwohl die Literatur über Erfolgs- und Mißerfolgsfaktoren internationaler Produktentwicklungskooperationen vielfältige Resultate liefert, ist die wichtige Rolle der Arbeitsebene in internationalen Entwicklungskooperationen bisher weitgehend unbelichtet geblieben. Wir wollen im folgenden aus einem Set explorativ ausgerichteter Fallvergleichsstudien beispielhafte Konkretisierungen vornehmen, wobei die Bewältigung der oben angesprochenen Anforderungen sowie die spezifischen Stärken, Schwächen und Probleme eines deutschen Unternehmens in solchen Kooperationen im Mittelpunkt stehen sollen.

Die Anpassungsentwicklung der Telekommunikationsfirmen wird zum einen durch ökonomisch-technologische Eckwerte strukturiert, zum anderen bestimmt sie sich aus strategischen Dimensionen der Unternehmenspolitik. Zentrale ökonomische Eckwerte sind vor allem die Struktur und Größe des Heimat- respektive Zielmarktes. Im welchem Ausmaß die Struktur der Herkunfts- und Zielmärkte monopolistisch oder polypolistisch geprägt ist, zählt dabei ebenso zu den relevanten Umweltbedingungen wie die Größe des Heimatmarktes, die den Druck zur Internationalisierung beeinflußt.

Eine zweite Determinante der Internationalisierung liegt im technologischen Bereich. Ausschlaggebend sind hier sowohl das Ausmaß an Komplexität als auch die Unsicherheit bzw. Neuigkeit des Innovationsgeschehens. Es ist daher wichtig, zwischen Anpassungsinnovationen, radikalen Innovationen und systemischen Durchbruchsinnovationen zu unterscheiden.

Die Unternehmen können unterschiedliche Wege der Internationalisierung einschlagen: Binnenwachstum und interne Diversifizierung, strategische Allianzen als lockere Netzwerkverbünde, Kapitalverflechtungen in Form der Herausbildung neuer und selbständiger Organisationseinheiten wie insbesondere in Form von Joint Ventures sind die drei gängigsten Arten des Foreign Direct Investments.

Internationalisierung und vor allem internationalisierte Kooperationen beinhalten auf jeden Fall immer ein mehr oder weniger weitreichendes Reengineering der gesamten Prozeßkette. Bisher bestehende Arbeitsprozesse und Produktfunktionalitäten müssen international und zwischen den Partnern neu verteilt und neu organisiert werden. Eine solche Umstrukturierung erzeugt somit horizontale wie vertikale Desintegrationsprozesse, die ihrerseits in aller Regel weitreichende gegenläufige Integrationsprozesse zur Stabilisierung der neuen Arbeitsteilung erforderlich machen. Und jenseits der Integrationsprobleme liegt eine der großen Herausforderungen internationaler Kooperationen in der Selbstevolution der Unternehmen, d.h. den Möglichkeiten und Grenzen international reflexiven Lernens unter Inkorporierung der neuen Erfahrungen in die eigenen Kernkompetenzen.

Die folgende Fallstudie orientiert sich an der eben skizzierten Analytik; sie versucht zugleich jedoch auch, die historisch-individuelle Spezifik der Firmenkooperation herauszuarbeiten.

Die Möglichkeiten, die die Weiterentwicklung der Informations- und Kommunikationstechnologien bieten, werden oft mit dem Ziel der Schaffung von „Information Highways" verbunden. Die Breitbandvermittlungstechnologie ATM (Asynchronous Transfer Mode) gehört zu den Hochgeschwindigkeitstechnologien, die für die Netzinfrastruktur solcher „Datenautobahnen" erforderlich sind. Erste Einsatzbereiche dieser neuen Technologie – bisher allerdings mit begrenzter Bandbreite – sind Pilotprojekte in den USA (North Carolina Information Highway) oder das Deutsche Forschungsnetz (DFN). ATM ist aufgrund der Integration von Daten, Sprache und Bewegtbildern und aufgrund der zur Verfügung stehenden flexiblen Bandbreite den bisher eingesetzten Technologien wie Frame Relay, Fast Ethernet etc. in bezug auf Flexibilität, Integration der verschiedenen Datenstrukturen und Übertragungsgeschwindigkeit überlegen. Es wird erwartet, daß der Weltmarkt für ATM-Produkte in den nächsten drei Jahren von 0,9 Mrd. US-Dollar auf 3,6 Mrd. US-Dollar wachsen wird.

Die Zahl der Anbieter von ATM-Technologie ist weltweit auf zwölf bis 15 Unternehmen begrenzt. Einerseits bieten die führenden Unternehmen der Telekommunikationsindustrie spezifische ATM-Produkte (größere Vermittlungsrechner) an, andererseits hat sich eine Reihe von nordamerikanischen Unternehmen mit Lösungen vor allem für Unternehmensnetze am Markt etabliert. Mit unterschiedlichen Unternehmensstrategien versuchen diese Unternehmen, den sich entwickelnden Markt für ATM-Produkte für sich zu erschließen. Insbesondere auf dem nordamerikanischen Markt, der wegen seiner Innovativität und Innovationsgeschwindigkeit als Lead-Market angesehen wird, hat seit Beginn der neunziger Jahre ein Prozeß von Fusionen, Unternehmensübernahmen und Kooperationen eingesetzt, der deutlich macht, daß die Firmen sich neu positionieren und umgruppieren.

Eine dieser Kooperationen ist Gegenstand der folgenden Fallstudie. Anfang 1996 vereinbarten das Business Unit für Breitbandnetze der Siemens AG, Geschäftsbereich Öffentliche Kommunikationsnetze (Siemens ÖN-BN), München, und das Business Unit für ATM-Produkte der Newbridge Networks Corporation (ATM-net), Kanata/CDN, eine strategische Allianz. Ziele der Allianz sind die Abstimmung und gemeinsame Weiterentwicklung der ATM-Produktpalette, die gemeinsame Entwicklung neuer ATM-Produkte sowie deren gemeinsame Vermarktung.

3.2 Der Anpassungsprozeß eines durch einen monopolistischen Markt geprägten Unternehmens an ein kompetitives Regulationsregime

Im Zentrum unserer Fallstudie steht diese strategische Allianz als Ausdruck einer veränderten Internationalisierungsstrategie des Unternehmensbereichs Siemens ÖN, der bislang durch die monopolistische Struktur des Heimatmarktes geprägt wurde und sich nunmehr den veränderten Marktbedingungen anpaßt. Mit der Bildung dieser strategischen Allianz in einem relativ jungen Technologiefeld und einem sich erst entwickelnden Markt wird der traditionelle Internationalisierungsmodus von einer Übernahmestrategie hin zu netzwerkförmigen Strukturen verändert. Daraus leitet sich die zentrale Fragestellung ab, wie das deutsche Unternehmen den sich aus Marktveränderung und Strategiewandel ergebenden Anpassungsprozeß im Vergleich zu Wettbewerbern bewältigt. Wir gehen dieser Frage nach, indem wir zunächst die Marktposition sowie die Unternehmensstruktur von Siemens ÖN darstellen, den bisherigen Prozeß der Internationalisierung des Unternehmensbereiches skizzieren und die Motive zur Allianzbildung verdeutlichen. Sodann werden deren einzelne Phasen, die Governance der Allianz sowie die bisherigen Entwicklungsetappen thematisiert, um die Stärken und Schwächen der Umsetzung des neuen Internationalisierungsmodus sowie die spezifischen Anforderungen des Strategiewandels und den damit erforderlichen Kulturwandel herausarbeiten zu können. Schließlich widmen wir uns den Veränderungen in der Prozeßkette, d.h. der im Rahmen der Allianz umgesetzten neuen geographischen Verteilung der Funktionen, sowie der Bewältigung der Schnittstellenprobleme und der Integrationsproblematik. Der abschließende Ausblick auf mögliche Entwicklungsperspektiven stellt in Szenarien dar, wie sich die Allianz aus heutiger Sicht entwickeln könnte und welche externen und internen Gefährdungspotentiale den Erfolg der Allianz beeinträchtigen können.

Marktposition und Anpassungsnotwendigkeiten

Siemens ÖN als Geschäftsbereich der Siemens AG ist weltweit nach Alcatel zweitgrößter Hersteller von integrierter Netztechnik und setzte 1995/96 mit 33.000 Mitarbeitern 11,8 Mrd. DM um. Die Unternehmensentwicklung der letzten Jahre war durch eine Expansionsphase bis Anfang der neunziger Jahre geprägt; sie fiel mit der Aufbauplanung der nationalen Telekommunikationsbetreiber in Deutschland und anderen europäischen Ländern zusammen und vollzog sich damit im Rahmen nationaler monopolistischer Markt-

Abbildung 2: Funktionale Organisationsstruktur Siemens ÖN bis Oktober 1995

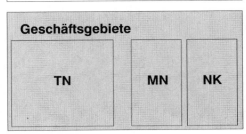

Quelle: Siemens AG 1996

strukturen. Der durch die nationalen Liberalisierungspolitiken (neue Wettbewerber, Preisverfall, internationale Ausschreibungen) bedingte Rückgang des Geschäftsvolumens wurde durch den Auftragsboom im Zusammenhang mit der Wiedervereinigung Deutschlands zwar abgemildert, legte jedoch den Restrukturierungsbedarf offen, um sich im neuen internationalen Wettbewerbsumfeld behaupten und technologische Veränderungen (Breitband-ISDN, Intelligente Netze, ATM u.a.) bewältigen zu können.

Siemens ÖN war im Rahmen einer stark funktional ausgerichteten Gesamtorganisation bis 1995 durch den Status eines deutschen „Hoflieferanten" geprägt und in drei große Produktgruppen aufgeteilt. Das breite Produktprogramm war auf das Marktsegment der nationalen Telekommunikationsgesellschaften ausgerichtet und ist nach wie vor als eher technik- denn marktorientiert zu charakterisieren.

Unternehmensorganisation und Unternehmenskultur im marktgetriebenen Wandel

Mit der sich abzeichnenden Liberalisierung des Heimat- und Triademarktes (Europa) wurde unternehmensweit ein Umstrukturierungsprozeß eingelei-

Abbildung 3: Struktur des Bereichs Siemens ÖN

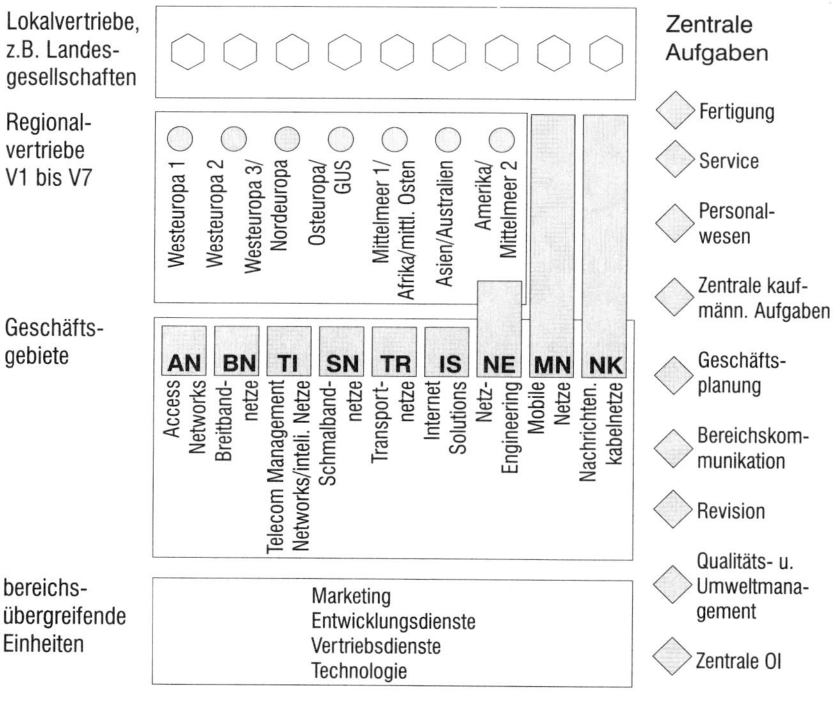

Quelle: Siemens AG 1996

tet. Äußere Merkmale dieses Prozesses sind das unternehmensweit umgesetzte Verbesserungsprogramm TOP seit 1993 (bei ÖN erst ein Jahr später) sowie die Differenzierung der ÖN-Organisation in zunächst acht und mittlerweile neun Geschäftsgebiete bzw. Business Units. Sie beinhalten nunmehr neben dem technischen Vertrieb auch die Entwicklung sowie das Product-Line-Management; das bestehende Zentrallabor wurde 1994/95 aufgelöst und auf die Business Units sowie das Marketing aufgeteilt.

Die bisherigen Ergebnisse des in Gang gesetzten Restrukturierungsprozesses, ausgerichtet auf Kundenorientierung, Wandel der Unternehmenskultur (Unterstützung von Kreativität, Flexibilität, Eigeninitiative, Stärkung von Teamarbeit und Abbau von Hierarchien), Prozeßorientierung, Produktivitätsverbesserungen und Kostensenkung, werden intern wie extern – gemessen am Unternehmensergebnis – als erfolgreich bewertet. So konnte ÖN im Vergleich der Geschäftsjahre 1995/96 zu 1994/95 den Umsatz um 13 Prozent, den Auftragseingang um 24 Prozent und das Ergebnis um 72 Prozent steigern. Zieht man jedoch den Wandel der Unternehmenskultur und den Zwang zur Internationalisierung als Bewertungsmaßstab heran, wird deutlich, daß der Wandlungs- oder Transformationsprozeß im internationalen Vergleich nicht zügig und nicht radikal erfolgte: „The company is creeping higher but it is a weaker restructuring story than other companies in Europe" (Financial Times vom 10.07.1997, S. 9; vgl. dazu auch Naschold 1997).

Weltweite Marktpräsenz, aber geringe Internationalisierung der Wertschöpfungsprozesse: von einer Export- hin zu einer Internationalisierungsstrategie

Seit Mitte der achtziger Jahre wird mehr als die Hälfte des Umsatzes von Siemens ÖN im Exportgeschäft erzielt. 1995/96 ist der Exportanteil auf 70 Umsatzprozente gestiegen; dabei ist Europa mit 75 Prozent nach wie vor regionaler Schwerpunkt des Exports. Demgegenüber wird ca. 60 Prozent der Wertschöpfung (gemessen an der Anzahl der Beschäftigten) in Deutschland, 21 Prozent im Rest Europas und 12,5 Prozent in Amerika erbracht. Damit bleibt trotz der Weltmarktorientierung sowohl der Heimat- als auch der Triademarkt Europa für das Unternehmen regionaler Schwerpunkt der Unternehmensaktivitäten.

Parallel zum forcierten Exportgeschäft wurde eine dezidierte Beteiligungs- und Übernahmestrategie umgesetzt; in weitaus geringerem Maße wurde der Internationalisierungsprozeß durch die Gründung und den Ausbau eigener Gesellschaften vorangetrieben. Im Vordergrund des strategischen Interesses stand der selektive Aufbau der weltweiten Präsenz mit Schwerpunkten in Europa und den USA. So konnte sich das Unternehmen im Lead-Market USA seit der zweiten Hälfte der achtziger Jahre als dritter Anbieter im Marktsegment der Vermittlungsstellen (Marktanteil: 10 Prozent) etablieren und ist mit umfangreicher Wertschöpfung durch eine Übernahmestrategie vor Ort präsent.

Strategiewechsel: Internationalisierung der Produktentwicklung durch Allianzbildung

Der bisherige Internationalisierungsmodus von Siemens ÖN war vorwiegend durch externes Wachstum, d.h. unternehmensrechtliche Beteiligungen oder Übernahmen von Unternehmen geprägt. Dementsprechend verliefen auch die bisherigen Internationalisierungsbemühungen in Nordamerika. Der Integrationsprozeß der übernommenen Einheiten war jedoch von umfangreichen, oft reibungsvollen Umstrukturierungen und Einschnitten in das Wertschöpfungspotential geprägt. Die damit verbundenen Entscheidungsprozesse und Autoritätsstrukturen entsprachen der ethnozentrischen Orientierung von Siemens – wesentliche Entscheidungen blieben bei der Unternehmenszentrale, die übernommenen Unternehmen wurden als Tochtergesellschaften eng an die Zentrale angebunden.

Mit der Bildung der strategischen Allianz fand ein Strategiewechsel oder zumindest eine Ergänzung der bislang dominierenden Internationalisierungsstrategie statt. Die Kooperation zwischen Siemens ÖN-BN und Newbridge wurde vertraglich abgesichert, ohne daß eine Kapitalbeteiligung erfolgte. Die Allianzvereinbarung beinhaltet im Kern eine Internationalisierung der Produktentwicklung aus Sicht von Siemens ÖN-BN im Kernbereich der Breitbandtechnologie ATM. Sie geht damit weit über eine klassische Anpassungsentwicklung von bestehenden Produkten an regionale Markterfordernisse hinaus, wie sie häufig Gegenstand anderer Entwicklungskooperationen ist.

Die Veränderung des Internationalisierungsmodus stellt sich als Ergebnis verschiedener Einflußfaktoren dar:

– Ausgangspunkt war die Suche von Siemens ÖN-BN nach einer Ergänzung der eigenen Produktpalette, um von der sich abzeichnenden Marktentwicklung im ATM-Bereich nicht abgekoppelt zu werden;
– wegen des begrenzten Marktes für Anbieter von ATM-Produkten gab es bei der Auswahl des Kooperationspartners keine tragfähige Alternative, da sich nur in diesem Fall die Produktpaletten sinnvoll ergänzten;
– der Kooperationspartner stand nicht zum Verkauf; wegen der Eigentümerstruktur und wegen der dynamischen Entwicklung von Newbridge wäre eine Übernahme allzu kostspielig geworden; sie wäre vor dem Hintergrund der noch unsicheren Marktentwicklung nicht zu vertreten gewesen;
– die bisherigen Erfahrungen mit Übernahmen im Lead-Market Nordamerika waren eher negativ geprägt. Wenn auch der Markteinstieg gelungen war, so erzeugte doch die Integration der übernommenen Unternehmen erhebliche Kosten;
– letztlich dürften auch die internen organisatorischen Veränderungsprozesse im Gesamtunternehmen diesen Perspektivwechsel unterstützt haben.

Im Ergebnis wurde der neue Internationalisierungspfad beschritten, um sich bietende Allianzvorteile zu nutzen und sich ein Flexibilitätspotential zu erhalten. Er kann als partielle Abkehr von der bisherigen ethnozentrischen Orientierung interpretiert werden.

3.3 Komplementarität der Kernkompetenzen in einem neuen Technologiefeld

Wesentliches Kriterium für die Wahl des Allianzpartners war, wie bereits angedeutet, die Komplementarität der ATM-Produktpalette. Beide Unternehmen deckten jeweils spezifische Marktsegmente ab. Durch die Kooperation versetzte sich die Allianz in die Lage, im Unterschied zu allen Wettbewerbern vollständige und durchgängige technische Lösungen im ATM-Bereich am Markt anzubieten. Damit war die Hoffnung verbunden, an der von Marktforschungsunternehmen erwarteten dynamischen Marktentwicklung partizipieren zu können.

Marktentwicklung und Technological Trajectories

Für Siemens ÖN-BN wie für Newbridge war treibendes Motiv für die Allianzbildung der erwartete technologische Durchbruch der Breitbandtechnologie und die zu erwartende Nachfrage in den drei wesentlichen Marktsegmenten der Unternehmensnetzwerke, der Service-Provider sowie der großen Telekommunikationsbetreibergesellschaften. ATM als Breitbandvermittlungstechnologie wurde Anfang der neunziger Jahre als die Vermittlungstechnologie der Zukunft angesehen; die Durchsetzung am Markt wurde für Mitte der neunziger Jahre erwartet. Allerdings war die Marktentwicklung faktisch verhaltener, als vermutet worden war: 1994 betrug das Marktvolumen für ATM-Produkte erst 135 Mio. US-Dollar; es stieg dann 1995 auf 444 Mio. US-Dollar. Nur zögerlich stellen die potentiellen Anwender ihre Systeme um bzw. erweitern sie. Neuere Prognosen erwarten den Durchbruch der ATM-Technologie nunmehr erst zum Ende des Jahrzehnts. Von 895 Mio. US-Dollar im Jahr 1996 soll das Marktvolumen auf 3.647 Mio. US-Dollar im Jahr 1999 wachsen.

Zur ATM-Technologie existieren alternative technologische Entwicklungspfade, deren Durchsetzung sich anhand der tatsächlichen Nachfragestruktur (Anwendung von Programmen mit Bedarf an hoher Bandbreite wie z.B. Tele-Learning, Tele-Medizin) entscheiden wird. Seit Mitte der neunziger Jahre werden X-DSL-Technologien (Schmalband), die Weiterentwicklung von Ethernettechnologien oder die weitere Entwicklung der Internettechnologie (TCP/IP) als mögliche Alternativen angesehen und insbesondere von nordamerikanischen Firmen wie Cisco oder Nortel verfolgt.

Diese Technologien zur Steigerung der Leistungsfähigkeit der vorhandenen Netzstruktur entwickeln sich aus den vorhandenen Technologien heraus. Sie migrieren aus dem Schmalbandbereich in den Leistungsbereich der ATM-Technologie, ohne dessen Leistungsfähigkeit jedoch erreichen zu können. Insofern spricht einiges dafür, daß es sich bei diesen Technologieentwicklungen weniger um substitutive Produkte zu ATM, sondern vielmehr um komplementäre Produkte handelt. Die zukünftige Netzstruktur wird ein differenziertes „patchwork" darstellen, das je nach Bedarf Übertragungskapazitäten mit unterschiedlichen Technologien anbieten kann. Die verschiedenen Übergangswege sind nach Richtung und Zeitstruktur jedoch durch hohe Unsicherheit gekennzeichnet.

Mit einem ATM-Komplettangebot zum Weltmarktführer

Die Allianz zwischen Siemens ÖN-BN und Newbridge setzt auch vor dem Hintergrund dieser möglichen technologischen Entwicklungsverläufe auf einen Marktdurchbruch der ATM-Technologie. In einem Interview nennt der Chairman und größte Aktionär von Newbridge die Motive für diese optimistische Haltung:

> "Newbridge is taking this overlay of special services and having them all run on a common technology called ATM. That's what this company's about, whether that's a circuit, like private line; whether it's frame relay; whether it's video services; whether it's LAN bridging; or whether it is routed LAN emulation. ... If I'm right, there is a monster overhaul coming in the public switching infrastructure with all of the business services, and it's all being rolled over into the world of ATM technology." (T. H. Matthews /www.upside.com, Januar 1997)

Ausgangspunkt für beide Allianzpartner war die Suche nach einer Ergänzung der jeweiligen Produktpalette. Newbridge verfügte über eine breite Produktpalette im Marktsegment der Unternehmensnetzwerke und Service-Provider. Es fehlte produktseitig der Zugang zu den großen Telekommunikationsbetreibern. Das ATM-Produkt von Siemens ÖN-BN war demgegenüber auf das Marktsegment der Betreiber ausgerichtet. Die jetzt verfügbare Produktgeneration ist als leistungsfähiges, technikorientiert ausgelegtes Produkt konzipiert und entwickelt worden. Bei ÖN-BN befürchtete man jedoch, von der erkennbar dynamischen Marktentwicklung unterhalb des Segments der öffentlichen Betreiber abgekoppelt zu werden.

Beide Unternehmen bewerteten die Marktentwicklung dahingehend, daß sie mit einer alle Nachfragebereiche abdeckenden, durchgängigen Produkt- und Technologielinie größere Erfolge erzielen könnten, da für die Abnehmer die Erweiterbarkeit ihrer Systeme wichtig sei, ohne immense Anpassungskosten inkompatibler Techniken in Kauf nehmen zu müssen.

Für die Allianzpartner stand damit weniger das Kooperationsmotiv des „burden-sharing" oder die Teilung von finanziellen Risiken – wie etwa durchgängig bei Kooperationen in der Halbleiterindustrie – im Vordergrund. Die Allianz orientierte vielmehr vor allem darauf, gemeinsam Zugang zu allen Marktsegmenten zu erreichen – eine Orientierung, die als typisch für die Telekommunikationsindustrie zu betrachten ist (vgl. Dörrenbächer u.a. 1997).

Das hohe Investitionsvolumen in die Entwicklung ihrer ATM-Produkte verdeutlicht den strategischen Stellenwert, den die Allianzpartner diesem Produktbereich zuweisen; es ist doppelt so hoch wie das des nächstgrößten Wettbewerbers. Als Allianz sind Siemens und Newbridge in diesem Segment des Weltmarktes in führender Position und orientieren sich auf den weiteren Ausbau.

3.4 Struktur und Entwicklungsetappen der Allianz

Die Entwicklung der seit nunmehr anderthalb Jahren bestehenden Allianz kann systematisch in drei Etappen aufgeteilt werden. Der erste Abschnitt der Allianzentwicklung betrifft die Phase bis zur vertraglichen Vereinbarung, die zweite Etappe die Entwicklung in der unmittelbaren postkontraktuellen Folgezeit, geprägt durch die Umsetzung der Abstimmungsstruktur zwischen den Partnern, und die Umsetzung von Entwicklungsprojekten bis zum Jahreswechsel 1996/97. Zu diesem Zeitpunkt gab es angesichts einer nachlassenden Entwicklungsdynamik in der Allianz zwischen den Partnern intensive Diskussionen, die zu einem forcierten Weitertreiben der Allianzaktivitäten – dem „relaunch" der Kooperation als dritter Phase – führten.

Allianzgenese

Die strategische Allianz zwischen Siemens ÖN-BN und Newbridge Networks wurde im Frühjahr 1996 vertraglich vereinbart, nachdem die Gespräche über Kooperationsmöglichkeiten während der Schweizer Telekom-Messe Ende 1995 begonnen hatten. Beide Unternehmen konnten auf Geschäftsbeziehungen in der Vergangenheit (Newbridge war als Original Equipment Manufacturer Zulieferant für Siemens ÖN) und auf einer Vertrauensbasis aufbauen, die das Zustandekommen der Kooperation befördert hat.

Der für derartige Kooperationszusammenhänge ungewöhnlich kurze, nur dreimonatige Verhandlungs- und Vorbereitungszeitraum dürfte zum einen auf die vorherigen Geschäftsbeziehungen zurückzuführen sein. Zum anderen ist festzuhalten, daß die Akteure zügig verhandelten und vor allem schnell entschieden – schneller, als dies im Blick auf die sonst eher bedächtige Siemens-Entscheidungsstruktur zu erwarten gewesen wäre.

Vertraglich vereinbart wurde die Anpassung der Produktpalette beider Unternehmen im ATM-Bereich, die gemeinsame Weiterentwicklung und Ergänzung der Produktpalette sowie die gemeinsame Vermarktung. Der Vertrag wurde zunächst für eine Laufzeit von fünf Jahren abgeschlossen; er soll neuerdings auf einen längeren Zeitraum ausgedehnt werden.

Governance der Allianz

Nach Vertragsabschluß wurde eine institutionalisierte Abstimmungsstruktur für die Belange der Allianz beschlossen, die aus drei hierarchischen Ebenen besteht und jeweils paritätisch besetzt wird.

Abbildung 4: Struktur der Allianz Siemens – Newbridge im ATM-Bereich

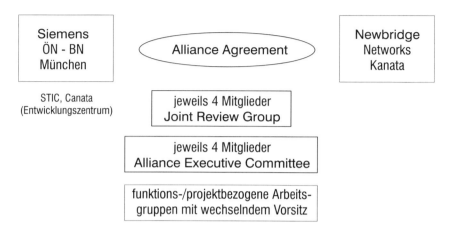

Quelle: FU/WZB-Projekt Globale Entwicklungsverbünde 1997

- Jeweils vier Vertreter beider Vertragspartner bilden zusammen die Joint Review Group als oberste Entscheidungsinstanz. Die Gruppe erhält halbjährlich einen Bericht zur Entwicklung der Allianz und trifft die politischen und strategischen Entscheidungen.
- Die operative Steuerung der Allianz übernimmt das Alliance Executive Committee, das sich ebenfalls aus je vier Vertretern zusammensetzt. Auf dieser Ebene finden wöchentliche Telefonkonferenzen und mindestens alle ein bis zwei Monate Treffen statt.
- In der dritten Stufe sind funktions- oder projektbezogene Arbeitsgruppen unterschiedlicher Größe mit wechselndem Vorsitz vorgesehen.

Diese formal dreistufige Hierarchie reduziert sich in der praktischen Umsetzung auf eine Abstimmungsstufe, da die ersten beiden Hierarchiestufen bzw. Abstimmungsgremien zum Teil personenidentisch besetzt sind und strategische Fragen oft und schnell mit operativen verknüpft werden. Die dritte Stufe repräsentiert eine Arbeitsstruktur mit wechselnder Zusammensetzung und wechselnden Aufgaben, nicht jedoch eine eigenständige Hierarchiestufe.

Die Allianzstruktur ist damit schlank konzipiert und durch einen permanenten Aushandlungsprozeß zwischen den Partnern geprägt. Für beide Unternehmen ist somit – wie in jedem Netzwerk – eine anhaltende Ambivalenz von Firmen- und Allianzinteresse verbunden, die ein zielgerichtetes Agieren und Vorantreiben der Integrationsprozesse erfordert. Diese Governance der Allianz kann als horizontales Verhandlungssystem (Scharpf 1993) beschrieben werden. Es gilt als geeignetes Koordinationssystem, um potentielle Vorteile horizontaler Selbstkoordination in Netzwerkstrukturen zu realisieren: die effiziente Nutzung unterschiedlicher Stärken in Kooperationen und die Nutzung von Flexibilität.

Für Siemens bedeutet dies freilich auch, von bisher festgefügten Entscheidungsstrukturen im Sinne der ethnozentrischen Ausrichtung Abschied zu nehmen und sich auf diese netzwerkförmigen Aushandlungsprozesse einzulassen – es gilt also, einen Kulturwandel zu bewältigen. Ausdruck dieses emergenten Kulturwandels und des starken Interesses von Siemens an der Allianz ist der unmittelbare Einsatz von Siemens-Entwicklern bei Newbridge zur Umsetzung der ersten Entwicklungsprojekte. In kurzer Zeit wurden hier Anpassungsentwicklungen realisiert, die für die weitere Entwicklung der Allianz von erheblicher Bedeutung waren. Sie sind ein Zeichen sowohl für die flexible Handlungsfähigkeit als auch für den Vertrauensvorschuß, den Siemens in die Allianz einbringt.

Zeitlich parallel baute Siemens in Kanata ein Entwicklungszentrum auf, das vorwiegend mit Entwicklungsingenieuren besetzt wurde, die man auf dem regionalen Arbeitsmarkt rekrutierte. Ergänzt wurde der Personalbestand des Zentrums (gegenwärtig 20 Entwicklungsingenieure) auf kritischen Positionen durch einige Entwickler aus dem Stammhaus, die die personelle Schnittstelle zwischen nordamerikanischer Dependance und Heimatstandort bilden.

Critical Events

Im Rahmen der institutionalisierten Abstimmungsstruktur der Allianz blieben in der Anlaufphase der ersten neun Monate die notwendigen operativen Abstimmungsprozesse suboptimal. Das Reaktions- und Umsetzungstempo aus der Phase der Allianzgenese konnte nicht durchgehalten werden, so daß ein deutlicher Verlust an Dynamik eingetreten ist.

Die vorgesehenen funktionalen Arbeitsgruppen waren zu diesem Zeitpunkt noch nicht gebildet, so daß der gesamte Abstimmungsprozeß zu den verschiedenen Belangen der Allianz von der operativen Managementebene bewältigt werden mußte. Entscheidende Aufgaben für die operative Ebene der Entwicklungsprojekte konnten von diesem Abstimmungsgremium nicht umgesetzt werden. Dies betrifft vor allem die Fixierung der Entwicklungsprojekte in entsprechenden Verträgen, in denen für die Projektgruppen Ressourcen, Spezifikationen, Verantwortlichkeiten, Termine und Vergütungen festgelegt werden. Diese „Vakuumsituation" hat bis auf die operative Ebene der einzelnen Entwicklungsprojekte durchgeschlagen. Die Projektgruppen mußten in einem unsicheren Umfeld operieren und die Entwicklungsarbeiten vorvertraglich bearbeiten.

Knapp ein Jahr nach Gründung der Kooperation wurde das Problem der unzureichenden organisatorischen Integration einer Lösung zugeführt. Dabei wurden in mehreren intensiven Diskussionsrunden die unterschiedlich geprägten Unternehmensstrategien der Kooperationspartner deutlich: die eher technikorientierte – vom bisherigen „Hoflieferantenstatus" mitgeformte und immer noch wahrnehmbare – Siemens-Strategie und die markt- bzw. business-orientierte Newbridge-Strategie.

Ein zentraler Punkt der Verhandlungen war die Veränderung der bisherigen Komplementarität der Produktpalette durch die Erhöhung der Leistungsfähigkeit eines Newbridge-Produktes, das damit in den potentiellen Marktbereich des Siemens-Produktes hineinwächst. Dieser Diskussionspunkt spiegelt wie kaum ein anderer die Ambivalenz einer Allianzstrategie wider – die Kooperationspartner reagieren zwar flexibel auf Veränderungen des Marktes, operieren aber immer unter instabilen inneren Verhältnissen, die nur durch einen permanenten Verhandlungsprozeß stabilisierbar sind.

Im Ergebnis wurden das weitere Produktentwicklungsprogramm definiert, funktionsbezogene Arbeitsgruppen mit klar umrissenen Aufgabenstellungen installiert, ein Markenname für die Produktpalette beider Unternehmen festgelegt und schließlich die Laufzeit des Kooperationsvertrags von fünf auf zehn Jahre verlängert. Dieser „relaunch" der Allianz leitete eine neue Phase der Kooperation ein, die sowohl eine deutliche Positionierung auf dem Markt als auch eine ausformulierte Perspektive der weiteren Produktentwicklung beinhaltet.

3.5 Prozeßkettenreengineering

Im ersten Teil dieses Beitrages wurde als eine der herausragenden Anforderungen an die Telekommunikationshersteller das Reengineering der Prozeßketten benannt. Die internen Ressourcen sind vor dem Hintergrund der Markt- und technologischen Veränderungen weltweit neu zu arrangieren. Dabei kommt der Internationalisierung von Produktentwicklungskapazitäten ein zentraler Stellenwert zu. Wie die veränderte Prozeßkette in der Allianz zwischen Siemens und Newbridge gestaltet wurde, ist Gegenstand der folgenden Ausführungen. Dabei wird deutlich werden, wie Siemens einen Teil der Produktentwicklung internationalisiert hat und in Kooperation mit Newbridge an verschiedenen Orten in Kanada gemeinsame Projekte umsetzt.

Projektorganisation und Entwicklungsstandorte

Während des mehr als anderthalbjährigen Bestehens der Allianz sind 13 Entwicklungsprojekte definiert worden. Vier von ihnen sind mittlerweile abgeschlossene Anpassungsentwicklungen mit dem Ziel der Kompatibilität der gemeinsamen Produktpalette, acht Projekte beziehen sich auf Weiterentwicklungen der bestehenden Produkte, ein Projekt beinhaltet die erste Produktneuentwicklung.

Die Umsetzung der Entwicklungsarbeiten ist in Projektteams mit sechs bis zwölf Entwicklern organisiert; die Organisationsstruktur entspricht einem modernen „project-based management" (Wilson 1992). Die gemeinsamen Entwicklungsarbeiten im Rahmen der Allianz finden zur Zeit an den Standorten von Newbridge in Kanata und Vancouver sowie am Standort des Siemens-Entwicklungszentrums in Kanata statt.

Die Projektorganisation ist so angelegt, daß die einzelnen (Teil-)Projekte an jeweils einem Standort – zum Teil in gemischten Teams – umgesetzt werden. Partiell sind jedoch auch mehrere Standorte an einem größeren Projekt beteiligt. In solchen Fällen wurden die Projekte handhabbar in Modulen strukturiert, und die Schnittstellen wurden exakt definiert, so daß auf eine räumlich getrennte, interdependente Entwicklungsstruktur verzichtet wurde. Ausschlaggebend dürfte hier die Notwendigkeit der face-to-face-Kontakte in den Teams sein (siehe hierzu auch Picot et al. 1996), da der Einsatz von modernen Informations- und Kommunikationstechnologien zur Bewältigung von Problemen bei dislozierten Entwicklungsprojekten als unzureichend eingeschätzt wird. Auch für die abschließende Testphase bei einzelnen Produkten ist mittlerweile vereinbart worden, die Stärken von Siemens zu nutzen und Ingenieure bei Newbridge einzusetzen.

Neuaufteilung der Funktionen

Nach wie vor findet ein Großteil der Produktentwicklung beider Unternehmen am jeweiligen Hauptstandort (München bzw. Kanata) statt. Entspre-

Abbildung 5: Schwerpunkte der Veränderung in den Prozeßketten

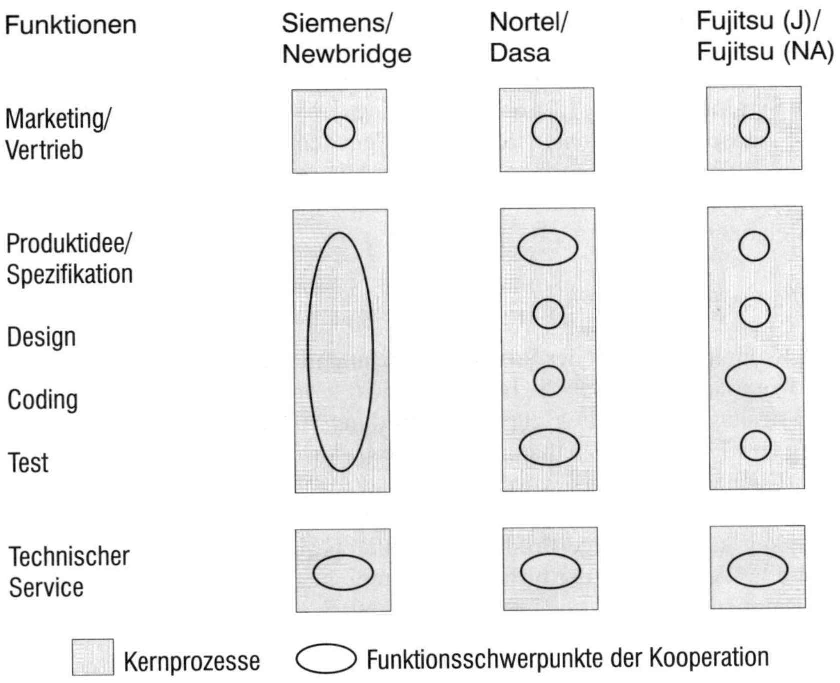

Funktionen	Siemens/ Newbridge	Nortel/ Dasa	Fujitsu (J)/ Fujitsu (NA)
Marketing/ Vertrieb	○	○	○
Produktidee/ Spezifikation	⬭	○	○
Design		○	○
Coding		○	○
Test		○	○
Technischer Service	○	○	○

▢ Kernprozesse   ○ Funktionsschwerpunkte der Kooperation

Quelle: FU/WZB-Projekt Globale Entwicklungsverbünde 1997

chend der Vereinbarung werden jedoch die Allianzprodukte gemeinsam – und mittlerweile unter einem einheitlichen Markennamen – vertrieben. Die Partner stimmen sich darüber ab, wer von beiden welche Kunden oder Regionen vorrangig betreut.

Für die Funktion der Produktentwicklung werden gemeinsam Entwicklungsprojekte definiert und entsprechend Ressourcen zugewiesen. Die ersten Phasen der Produktentwicklung erfolgen in den Abstimmungsstrukturen der Allianz, die restlichen Arbeitsschritte zunächst noch mit gemeinsamen Ressourcen bei Newbridge oder im Siemens-Entwicklungszentrum in Kanata. Erst in der zweiten Phase der Produktentwicklung des neuen Allianzproduktes wird die gemeinsame Entwicklung in München stattfinden.

Die Fertigung der Hardware ist weiterhin an den beiden Produktionsstandorten Bruchsal und Kanata angesiedelt. Siemens orientiert hier auf eine Erhöhung seines Fertigungsanteils im Rahmen der Allianz, da nach eigener Einschätzung die langjährige Produktionserfahrung und die hohe Qualität der Produktionstechnik in Bruchsal nahelegt, zumindest die in Europa vertriebenen Allianzprodukte dort zu produzieren.

3.6 Integrationserfordernisse der Allianz

Internationale Kooperationen stehen regelmäßig vor dem Problem, unterschiedliche Unternehmensorganisationen, Managementpraktiken und Unternehmenskulturen integrieren zu müssen. Die Formen der Integrationspolitik lassen sich analytisch in eine Erhaltungsstrategie (weitgehende Autonomie der Partner), eine Absorptionsstrategie (Unterordnung eines Partners) und eine Symbiosestrategie (Zusammenführung der Stärken) trennen (Hakanson 1995, Haspeslagh/Jemison 1992). Im folgenden werden wir die einzelnen Facetten des Integrationsprozesses in der Allianz beschreiben und zum Abschluß versuchen, zu einer Zuordnung der dominanten Integrationsstrategie zu gelangen.

Strategische Integration

Die Komplementarität der Produktpalette und die spezifischen Stärken beider Unternehmen stellen die Basis für eine interne Stabilität der Allianz dar. Die strategische Planung zur Allianzbildung sowie die operative Umsetzung der festgelegten Allianzziele hat mit der dritten Entwicklungsphase der Allianz an Dynamik gewonnen.

Ein intensiv diskutierter Punkt war die weitere Erhöhung der Leistungsfähigkeit des Newbridge-Produktes im oberen Marktsegment und damit ein partielles Aufbrechen der bisherigen Komplementarität der Produktpalette. Im Rahmen einer kritischen Konsensfindung der Allianz wird diese Weiterentwicklung auf einzelne Entwicklungsprojekte heruntergebrochen werden. Ein wesentlicher Teil dieser Projekte wird mit Entwicklern von Siemens ÖN-BN realisiert werden.

Unterschiedliche Positionen gibt es innerhalb der Allianz noch hinsichtlich der quantitativen Bewertung der Anteile, die diese Projekte am Gesamtprodukt erzielen; strittig sind also noch Fragen in bezug auf das „product ownership" und die „intellectual property rights". Eng damit verbunden ist die Frage, welche „royalties" dem Allianzpartner zustehen. In diesem Zusammenhang wird noch über zwei Lösungsalternativen diskutiert: entweder die Verteilung der Ergebnisse für jedes einzelne Projekt oder über einen festzulegenden Zeitraum.

Personelle Integration

Die Zusammenarbeit auf der operativen Managementebene war in der Anlaufphase intensiver als zunächst geplant; sie konzentrierte sich zudem auf einige wenige Personen. Immer dann, wenn Abstimmungsbedarf auftrat, wurden Probleme pragmatisch gelöst. Dies führte zum Teil zu einer zeitlichen Überforderung der Beteiligten, die nur durch die „Vernachlässigung" des Alltagsgeschäfts außerhalb der Allianz bewältigt werden konnte.

Die bisherige Zusammenarbeit der Softwareentwickler beider Unternehmen verlief erstaunlich reibungslos und in der Zeitdimension insofern sehr effektiv, als der erste Teil der Entwicklungsprojekte vor dem geplanten Zeitpunkt abgeschlossen werden konnte. In diesem Zusammenhang wird auf ein „common engineering environment" verwiesen, das bislang in allen Bereichen die Grundlage für die operative Entwicklungsarbeit war.

Gewisse Spannungen traten zeitweise im Abstimmungsprozeß über die Weiterentwicklung der Produktpalette bzw. über die Festlegung der neuen gemeinsamen Produkte auf – eine Aufgabe, die vom Product Line Management (PLM) wahrgenommen wird. Diese Spannungen, die inzwischen durch Personalwechsel weitgehend abgebaut sind, ergaben sich überwiegend aus den unterschiedlichen Strukturen beider Unternehmen: Während Newbridge diese PLM-Funktion und damit auch das Marketing in die einzelnen Entwicklungsabteilungen integriert hat, wird diese Funktion bei Siemens ÖN-BN aus der Linienorganisation heraus zentral wahrgenommen und ist deutlich technikorientiert.

Ein weiterer Aspekt der personellen Integrationsanforderungen ist die unterschiedliche Vergütungsstruktur des Vertriebs. Der leistungsabhängige Vergütungsanteil ist bei Newbridge-Mitarbeitern etwa doppelt so hoch wie im Siemens-Vertriebsbereich, ein Umstand, der zwischen diesen beiden Organisationen zu Spannungen führen kann. Eine der funktionsbezogenen Arbeitsgruppen entwickelt derzeit eine Systematik, um beide Entgeltstrukturen aneinander anzupassen.

Die divergente Entwicklungsdynamik zwischen den beiden Allianzpartnern ist zweifellos am größten durch den Umstand, daß bei Newbridge praktisch alle Mitarbeiterinnen und Mitarbeiter eine „stock-option" besitzen, wodurch ihre ökonomische Existenz eng mit der Erfolgsdynamik des Gesamtunternehmens verbunden ist. Hierdurch werden zweifellos weitreichende Wirkungen auf die Performanz, Motivation und Anreizsituation der Mitarbeiter ausgelöst.

Prozeßintegration

Die Abstimmung bzw. die Zusammenführung unterschiedlicher Prozesse stellt für Kooperationen zumeist ein größeres Aufgabenfeld dar. Vielfach findet keine Symbiose der Prozesse statt, sondern der als überlegen eingeschätzte Prozeß wird dem Kooperationspartner übergestülpt. Entsprechend der Projektstruktur der Allianz war es bislang nicht notwendig, die zum Teil unterschiedlichen Entwicklungsprozesse der beiden Partner, die sich durch den Grad der Dokumentation als auch den Umfang der internen Testphase unterscheiden, aufeinander abzustimmen.

Während der Umfang der Dokumentation stark von den Zeitbudgets der Entwickler abhängt, unterscheiden sich die Prozesse der Kooperationspartner deutlich in der Testphase. Hier werden unterschiedliche „Philosophien" deutlich. Newbridge reduziert diese Testphase auf ein Minimum, so daß ein großer Abschnitt der Testphase beim Abnehmer des Produktes stattfindet. Dieses Vorgehen hat den Vorteil, daß das Produkt schneller auf dem Markt ist und der Abnehmer frühzeitig mit dem neuen Produkt arbeiten kann, wobei er bewußt in Kauf nimmt, daß häufiger noch nachgebessert werden muß.

Für Siemens ist die umfangreiche Testphase demgegenüber ein integraler Bestandteil des Produktentwicklungsprozesses. Erst nach Abschluß der internen Tests wird das Produkt einem Praxistest beim Kunden unterzogen.

Technologische Integration

Obwohl anfänglich von einzelnen Mitarbeitern befürchtet wurde, daß die Allianzpartner die Quell-Codes der Software dem jeweils anderen nicht zugänglich machen würden, stellt die Bewältigung der technologischen Integration im Sinne der Anpassung der technischen Systeme, des Zugangs zu den Software-Bibliotheken oder der eingesetzten Entwicklungssoftware für die Allianz – im Gegensatz zu anderen Entwicklungskooperationen – kein Problem dar.

Die Entwickler von Siemens hatten von Anfang an Zugang zu diesem Kern-Know-How von Newbridge und waren dadurch in der Lage, die ersten Anpassungsentwicklungen zu realisieren. Vorbehalte oder institutionalisierte Vorsichtsmechanismen wie z.B. die Einrichtung der Funktion eines gate-keepers, wie sie in der Literatur zum Schutz vor Know-How-Abfluß angesprochen werden (vgl. Hamel et al. 1989), spielten zu keinem Zeitpunkt eine Rolle.

Vielfach müssen in Kooperationen die unterschiedlichen technischen Ausstattungen aneinander angepaßt werden, um gemeinsam Projekte entwickeln zu können. Da die laufenden Entwicklungsprojekte der Allianz in Kanada angesiedelt sind, arbeiten die Siemens-Entwickler mit der technischen Infrastruktur von Newbridge, haben die notwendigen Zugänge zu den Bibliotheken oder sind am Siemens-Entwicklungszentrum angesiedelt, das von Beginn an auf die technische Ausstattung von Newbridge hin eingerichtet wurde, um solche Kompatibilitätsprobleme zu vermeiden.

Organisatorische Integration

Die Schnittstellen von Allianzmanagement und jeweiliger interner Organisation wurden von den Allianzpartnern unterschiedlich ausgeformt und dokumentieren ein Stück weit die Weiterführung der bislang dominierenden Organisationsformen in den Unternehmen. Während Siemens ÖN-BN für die Allianzbelange zwar die jeweiligen personellen Ressourcen für die Abstimmungsstruktur bereitstellt und Entwicklungsingenieure für die Projekte einsetzt, sind verschiedene Personen in unterschiedlichen (Linien-)Funktionen für die Anforderungen der Allianz zuständig. Newbridge hat hingegen eine kleine dreiköpfige Task-Force eingerichtet, die als Schnittstelle und Ansprechpartner für Allianzfragen fungiert. Diese Form des „project-based management" ist nach allen internationalen Erfahrungen vorteilhafter, da der Koordinations- und Abstimmungsaufwand deutlich geringer ist.

Bewältigung des Integrationsprozesses

Die verschiedenen Integrationsaspekte der Allianz verdeutlichen, daß diese Form der Kooperation nur bedingt mit anderen Kooperationsformen wie hierarchisch zwischenbetrieblichen Kooperationen oder Joint-Venture-Strukturen vergleichbar ist. Die Reichweite, die Struktur der Projekte und die geographische Verteilung der Entwicklungskooperation läßt manche Integrationsprobleme nicht virulent werden. Die Autonomie der Partner bleibt weitestgehend erhalten, die Abstimmung zwischen den Allianzpartnern erfolgt über einen permanenten Verhandlungsprozeß im Sinne der positiven Verhandlungskoordination, so daß die Integrationsstrategie als Erhaltungsstrategie in Verbindung mit einem Ressourcentransfer an Wissen und Entwicklungpotential charakterisiert werden kann. Integrationsprobleme wurden bislang weitestgehend gelöst – ausgenommen sind davon einige wenige Punkte, die allerdings eine gewisse Sprengkraft entfalten und die bisherige Balance der Allianz tendenziell gefährden könnten.

3.7 Evolutionsperspektiven der Allianz

Die strategische Allianz zwischen Siemens ÖN-BN und Newbridge Networks stellt für Siemens einen Wechsel der bisherigen Internationalisierungsstrategie dar. Die Ziele der Allianz, die Weltmarktführerschaft im Bereich der neuen Breitbandtechnologie ATM weiter auszubauen, gemeinsam die Produktpalette voranzutreiben und die Vermarktung der Produkte im Rahmen der Allianzstrategie umzusetzen, sind ambitioniert. Sie sind nur realisierbar, wenn die Erwartungen der Akteure in bezug auf die weitere Entwicklung des Marktes eintreffen.

Externe, technologiebezogene Gefährdungspotentiale werden dann zum Tragen kommen, wenn die in der Entwicklung befindlichen Technologien Substitutionseffekte zu ATM entfalten. Deutlich entspannter kann eine auf ATM setzende Strategie bewertet werden, wenn diese Technologien ihren komplementären Charakter behalten, wie es bislang erwartet wurde.

Interne, auf die Allianz bezogene Gefährdungspotentiale sind oben angesprochen worden. Sie hängen wesentlich mit der Governance der Allianz sowie dem stabilisierenden Element der Komplementarität der Produktpalette zusammen. Das partielle Aufweichen dieser Komplementarität wie auch die noch nicht gelöste Frage der Aufteilung der „intellectual property rights" und der „royalties" aus den Entwicklungsleistungen erscheinen als die entscheidenden Punkte, die die bisherige Balance der Allianz verändern könnten. Die bislang erfolgreich bewältigte positive Verhandlungskoordination als Steuerungssystem der Allianzbelange ist weiterzuführen über die Ausfüllung des permanenten Verhandlungsprozesses. Hiermit verbunden ist vor allem die Anforderung an den Allianzpartner Siemens, die Implikation seiner eigenen Internationalisierungsstrategie zu realisieren, nämlich den Kulturwandel im internationalen Kontext zu vollenden und die Herausforderungen der fortwährenden Markt- und Technologieunsicherheiten anzunehmen.

Darüber hinaus geht es im Internationalisierungsprozeß und im Zusammenhang mit dem Kulturwandel im Unternehmen aber auch darum, die Erfahrungen, die auf den Auslandsmärkten – und hier vor allem auf dem Lead-Market Nordamerika – gemacht werden, produktiv zu nutzen. Diese Transformationsperspektive wird zur Überlebensnotwendigkeit im Internationalisierungsprozeß. Eine kurzfristige Lernperspektive über Personalrotation oder implizite Lernprozesse reicht nicht aus, den Anforderungen einer globalisierten Ökonomie effizient zu begegnen. Es gilt, einen selbstreflexiven Lernprozeß zu gestalten, der einen bewußten und organisierten Rücktransfer dieser Erfahrungen und damit eine Unternehmenstransformation ermöglicht.

Mit der Internationalisierung von Entwicklungsaktivitäten im Rahmen der Allianz mit Newbridge hat das Business Unit ÖN-BN einen Teil seiner Kernprozesse im nordamerikanischen Markt verankert und darüber hinaus durch den Aufbau des Entwicklungszentrums längerfristig angelegte institutionelle Strukturen etabliert. Es gibt damit ausreichend Ansatzpunkte und Möglichkeiten, die hier gewonnenen Erfahrungen im Sinne eines transformatorischen Lernprozesses nutzbar zu machen.

4. Die Globalisierung der Telekommunikationsindustrie

In den abschließenden Ausführungen wollen wir stichpunktartig auf einige kritische Trends, strategische Knotenpunkte und operative Prozeßprobleme in der Globalisierungsentwicklung der Telekommunikationsindustrie hinweisen. Wir beziehen hier die Befunde unserer bisherigen Analysen mit ein. Insbesondere geht es uns dabei um die Ausdifferenzierung von Technologie- (bzw. Branchen-), Länder- und Firmeneffekten im Globalisierungsgeschehen.

4.1 Technologie-Roadmap ins 21. Jahrhundert: intersektorale Konvergenz, Unsicherheit der Migrationswege und Technologielebenszyklus

Durchgängig verweisen die Technologie-Roadmaps bei den einschlägigen Basistechnologien, wie sie von den Firmen bis ca. ins Jahr 2005 geplant werden, auf drei dominante Trends der Technikentwicklung:

- erstens die säkulare Zunahme der Komplexität der Systeme und die damit einhergehende Kostenexplosion bei der Entwicklung,
- zweitens eine Konvergenz von Basistechnologien und
- drittens eine wachsende Unsicherheit der Produktentwicklung (exemplarisch sei auf die schwer abschätzbaren Entwicklungen in der ATM-Technik sowie im Access-Bereich von Telefonnetzwerken bei alternativen Netzkonfigurationen verwiesen [Elsevier 1994]).

Unsere Befunde bestätigen somit die generellen Aussagen der Literatur: „One of the Steering Committee's conclusions is that timing, as much as direction, is the major uncertainty in the current planning for the NII" (NII 2000 Steering Committee 1996, S. 4). Die Befunde erlauben zugleich, folgende Konsequenzen eines Technologie-Pushs als weitgehend gesichert anzusehen: Wachsende Komplexität, Kosten und Unsicherheit der Technologieentwicklung restringieren den Optionsraum von Einzelunternehmen und begünstigen kooperative Arrangements zwischen den Unternehmen, in der Bündelung ganz unterschiedlicher Kooperationsmotive vom „burden sharing" über den Technologietransfer bis zur Risikoabsorption. Dieselbe technologische Entwicklungsdynamik macht zugleich eine möglichst weitgehende Ausnutzung der ökonomischen Skalenerträge durch eine Globalisierung der Firmenaktivitäten immer dringlicher.

So begründet die Konvergenz der großen Basistechnologien und die Entwicklungsvision einer Breitbandwelt sind, so deutlich wird aber auch die strukturelle Unsicherheit der möglichen Migrationswege.

Lange Zeit war die Vision der Breitbandwelt identisch mit ATM-Technologie, zunächst der Großsysteme, dann eher kleinschrittig im Bereich der „edge switches" und Access-Systeme fokussiert. In jüngster Zeit haben sich jedoch ernstzunehmende, konkurrierende Alternativen eröffnet: das „upgrading" der konventionellen Netze über Softwarelösungen im Zugangsbereich (XDSL-Technologie) und vor allem die neue Welt der Internet-Entwicklung. In der Frage, inwiefern zwischen all diesen Systemvarianten Komplementär- oder Substitutionsbeziehungen bestehen, liegt die strukturelle Unsicherheit für die Produktentwicklung und Investitionsentscheidung der Hersteller- und Betreiberfirmen. So zeichnen sich für die nächste Zeit zwei paradigmatische Wandlungen ab:

Abbildung 6: Alternative Migrationsstrategien

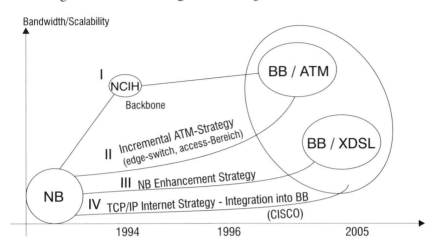

Quelle: FU/WZB-Projekt Globale Entwicklungsverbünde 1997

- von der bisher gültigen Gegenübersetzung von Schmalband (NB) versus Breitband (BB) hin zu einem Netzwerk mit unterschiedlicher und variabel gestalteter Skalierung jenseits dieser klassischen Dichotomie;
- von homogenen Netzstrukturen mit unterschiedlichen Netzwelten (voice, video, data) hin zu Netzen, die die verschiedenen Technologien integrieren und als „Patchwork" bezeichnet werden können.

Für die Telekommunikationsfirmen resultieren daraus zwei zentrale Fragen:

- Welche Art von Migrationsstrategie ist angesichts der Unsicherheit sowohl in der Ausrichtung als auch in der Zeit/Profitabilität und in der jeweiligen Priorisierung des einen gegenüber dem anderen Migrationspfad einzuschlagen?
- Kann diese Strategie autark, in Allianzen oder in Joint-Ventures durchgeführt werden?

Siemens-Newbridge und Fujitsu schlagen beide eine dezidierte ATM-Strategie ein, jedoch – abhängig von der Position der Firmen in den jeweiligen Marktsegmenten – mit unterschiedlicher Konzentration auf die Großsysteme respektive „edge switches" und Access-Bereiche. Bei Nortel hat im Gegensatz dazu mittlerweile eine Umorientierung der Technologiestrategie von der Fokussierung auf große digitale Vermittlungssysteme hin zu einer Internet-basierten Netzentwicklung stattgefunden.

Fujitsu verfolgte dabei lange Zeit eine "stand-alone-Strategie", während Siemens-Newbridge demgegenüber eine ebenso dezidierte Kooperationsstrategie eingeschlagen hat.[22] Die Technologie-Roadmap mit ihren Komponenten der Konvergenz der Großtechnologie und der Unsicherheit der Migrationspfade wirkt also direkt auf den Internationalisierungsmodus der Unternehmen ein.

4.2 Internationalisierung der Wertschöpfung und Governance-Struktur

Ein wesentliches Charakteristikum der jüngsten Phase der Globalisierung der Ökonomie liegt im Übergang von der Dominanz klassischer Exportstrategien zur realwirtschaftlichen Internationalisierung immer größerer Teilprozesse der Wertschöpfungskette. Mit der steigenden Internationalisierung der Wertschöpfungskette wächst jedoch zugleich auch der Veränderungsdruck auf die Binnenstruktur der transnationalen Firmen, insbesondere auf die Ausgestaltung der Firmen-Governance. In Abbildung 7 haben wir des-

Abbildung 7: Internationale Marktpräsenz und Governance in der Produktion von Telekommunikationsgütern

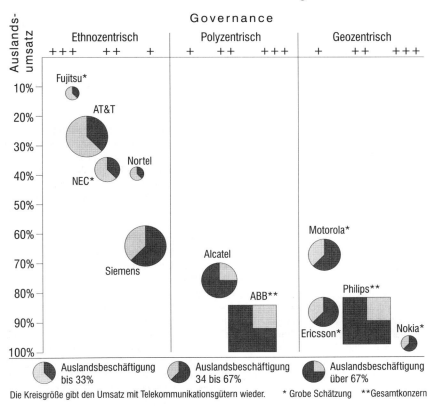

---

[22] Auch Fujitsu sieht sich in jüngster Zeit veranlaßt, inkremental eine horizontale Kooperationsstrategie vor allem im US-Markt einzuschlagen.

halb unsere Befunde zum vergleichenden Globalisierungsgrad wichtiger Telekommunikationsfirmen (und einiger Vergleichsfälle aus anderen Branchen) – gemessen in den drei Kenngrößen des Gesamtumsatzes an Telekommunikationsgütern, des Auslandsumsatzes und des Anteils von Auslandsbeschäftigten – zusammengefaßt und diese Positionierung dann mit der bestehenden Governance-Struktur verglichen.[23]

Anhand der Abbildung 7 wollen wir auf folgende exemplarische Befunde verweisen:

- Bei der Internationalisierung der Wertschöpfung der Telekommunikationsfirmen zeigt sich ein im Hinblick auf die einschlägige Globalisierungs- wie Standortdiskussion überraschender Befund, daß nämlich alle japanischen und die überwiegende Zahl der US-amerikanischen Firmen einen durchweg geringeren Anteil an Auslandsumsatz und eine niedrigere Auslandsbeschäftigungsrate aufweisen als die europäischen Unternehmen. Dabei spielt sicherlich die relativ geringe Größe der relevanten Heimatmärkte eine stimulierende Rolle für eine frühzeitige und erfolgreiche Internationalisierungsstrategie der europäischen Firmen (siehe unten).
- Alle japanischen und – mit Ausnahme von Motorola – alle US-amerikanischen Unternehmen weisen sehr eindeutig eine ethnozentrische Governance-Struktur auf. Bei den europäischen Firmen sind alle drei Formen anzutreffen: Ericsson und Nokia besitzen im wesentlichen geozentrische, Alcatel eine dezentral-polyzentrische und Siemens eine eher ethnozentrische Governance-Struktur.

---

23 In Anlehnung an und in Weiterentwicklung der Arbeiten von H. Perlmutter (1969) unterscheiden wir drei grundlegende Governance-Strukturen transnationaler Unternehmen: ethno-, poly- und geozentrische Unternehmen. Die drei Governance-Regimes differieren in den Dimensionen der Autonomie, in Fragen der Produkt- und Prozeßgestaltung, in der Neigung, sich an die jeweiligen regionalen organisations- und personalwirtschaftlichen Kriterien anzupassen oder ihre eigenen Standards zu übertragen, im Informations- und Kommunikationsfluß des Unternehmens sowie in seiner Personalrekrutierungspolitik von Spitzenmanagern. Ein ethnozentrisches Unternehmen liegt vor, wenn die Performanzkriterien für Produkte und Mitarbeiter im Heimatland definiert werden, wenn der Kommunikationsfluß durch unidirektionale Anweisungen vom Stammsitz der ausländischen Unternehmen geprägt ist, und wenn auch die ausländischen Tochtergesellschaften von Angehörigen des Stammlandes geleitet werden. Unternehmen mit einer geozentrischen Orientierung verbinden Weltprodukte mit weltregionalen Netzwerkstrukturen. Die ausländischen Tochtergesellschaften sind weder unabhängig, noch werden sie kleinteilig gesteuert. Alle Unternehmenseinheiten sind funktionell gleichberechtigt und zugleich auf die Erreichung globaler und lokaler Unternehmensziele ausgerichtet. Die Rekrutierung des oberen Managements ist nicht nationalspezifisch. Ein polyzentrisches Governance-Regime charakterisiert jene aus Föderationen/Verbünden regionaler Schwerpunkte bestehenden Unternehmen, deren Produktstrukturen noch immer an die weltregionalen Anforderungen angepaßt und die einmal mehr dezentral, einmal mehr zentral gesteuert werden. (Wir überarbeiten gegenwärtig die Perlmutter-Typologie, weil sie einige konzeptionelle Inkonsistenzen insbesondere zwischen transnationaler Firmenkultur und der Zentralisation der Entscheidungsstruktur transnationaler Firmen enthält.)

- Zwischen Internationalisierung der Wertschöpfung und Internationalisierung der Governance-Struktur besteht eine unerwartet ausgeprägte Korrelation: Unternehmen mit hohem Internationalisierungsgrad in der Wertschöpfung weisen einen hohen Internationalisierungsgrad in der Governance-Struktur auf, repräsentiert in dem geozentrischen Muster.
- Die Internationalisierung der Governance-Struktur ist jedoch nicht allein abhängig von der Internationalisierung der Wertschöpfung. Die unterschiedlichen Muster der Governance-Struktur der europäischen Firmen – trotz einer relativ ähnlichen Marktstruktur – verweisen auf die Bedeutung firmenspezifischer Entwicklungspfade, die auch durch den Einfluß nationalstaatlicher Institutionengefüge nicht vollständig erklärt werden kann. Marktgröße und nationalstaatliches Regulierungsregime mögen die Entwicklung japanischer und US-amerikanischer, nicht jedoch die Varianz der Governance-Strukturen europäischer Firmen plausibel machen. Unsere Befunde bestätigen somit die jüngsten Ergebnisse aus dem GERPISA-Projekt (1996), die zu Recht die Bedeutung von „firms trajectories" hervorgehoben haben.

4.3 Nationalspezifisches Regulierungssystem und die internationale Kooperation von Telekommunikationsfirmen

Die soweit vorgetragenen Befunde deuten auf einen robusten Einfluß des nationalstaatlichen Institutionengefüges auf den Internationalisierungsprozeß und -modus von Unternehmen hin: Die Internationalisierung der Wertschöpfung ist von den europäischen Firmen frühzeitig und erfolgreicher betrieben worden als von den nordamerikanischen; sie ist in der Regel mit einer Stärkung der geozentrischen Governance-Struktur verbunden. Die Internationalisierung der Wertschöpfung japanischer Firmen vollzieht sich in den USA und Europa ausschließlich intern durch sogenannte Greenfield-Investments, während in den heimatnahen südostasiatischen Ländern durchaus auch Übernahmen zu verzeichnen sind. Ähnliche Tendenzen ergeben sich aus der WZB-Studie zur Automobil-, Computer- und Maschinenbauindustrie (Jürgens et al. 1997). Wir wollen diesem Wirkungszusammenhang anhand unserer Untersuchungen zur Telekommunikationsindustrie etwas weiter nachgehen.

Unsere Analysen führen zu einem klaren Befund und einem deutlichen Erklärungszusammenhang. Im internationalen Vermittlungsstellenmarkt finden sich drei Muster der Internationalisierung von Wertschöpfung (insbesondere durch Entwicklungskooperationen): die vorauslaufende Internationalisierung der skandinavischen Firmen Nokia und Ericsson; die inkrementale Internationalisierung kontinentaleuropäischer Firmen wie Alcatel und Siemens; die nachholende Internationalisierung der nordamerikanischen Firmen AT&T und Nortel sowie der japanischen Firmen Fujitsu und NEC. Vor allem dieses dritte Muster muß angesichts der vorherrschenden Überzeugungen in der internationalen Diskussion als überraschend gelten (vgl. Abbildung 8 auf der nächsten Seite).

Abbildung 8: Nationaler Markt, nationalstaatliches Regulierungssystem und Internationalisierungsmuster der Telekommunikationsindustrie

	nationalstaatlicher Heimatmarkt	
	klein	groß
Monopol	inkrementale Internationalisierung kontinentaleuropäischer Unternehmen (Alcatel, Siemens)	japanische Firmen (Fujitsu, NEC)
Nationalstaatliches Regulierungssystem		nachholende Internationalisierung
Deregulierung	vorauslaufende Internationalisierung skandinavischer Firmen (Ericsson, Nokia)	AT&T, Nortel

Die drei Muster lassen sich auf einen relativ gut belegbaren Wirkungszusammenhang zurückführen:

– Es waren die nationalstaatlichen Regierungen und Verwaltungen, die von Anbeginn an die Telekommunikationsbranche als strategische Industrie in hohem Maße kontrolliert und entwickelt haben. Der jeweilige nationale Entwicklungsstand, das sich ausdifferenzierende System nationalstaatlicher Regulierung sowie die unterschiedlichen Liberalisierungsphasen in allen drei Triaderegionen sind die entscheidenden Faktoren auch und gerade für die Internationalisierungsstrategien der Firmen.
– Bei den Liberalisierungsstrategien des Nationalstaates war in Skandinavien die äußerst begrenzte Größe des Heimatmarktes von erheblicher Bedeutung; der deutlich größere Binnenmarkt in Frankreich und in Deutschland, erst recht jedoch der große Binnenmarkt in Japan war umgekehrt ein wichtiger Bedingungsfaktor für die sehr spät (und in Japan und Frankreich besonders zögerlich) einsetzenden Liberalisierungstendenzen. Für den nordamerikanischen Kontext spielte die außergewöhnliche Größe des Heimatmarktes allenfalls eine indirekte Rolle in den staatlichen Liberalisierungsstrategien.
– Im Wirkungszusammenhang von nationalstaatlichen Regulierungssystemen und Binnenmarkt spielen dann auch die je spezifischen Ausformungen von Firmenstrategien ihre Rolle: die auf extensives externes Wachstum durch Zukauf im Ausland ausgerichtete Internationalisierungsstrategie von Alcatel; die aggressive und vorauseilende Strategie der Markteroberung von Nokia auf den Auslandsmärkten; die dominante Orientierung von AT&T auf Binnenmarkt und Binnenorganisation gegenüber der stärker auf Auslandskunden orientierten Strategie von Nortel.

Die Telekommunikationsindustrie ist also in ihren Internationalisierungs- und Kooperationsstrategien weit stärker vom nationalstaatlichen Regulierungszusammenhang geprägt als fast alle anderen Branchen.

4.4 Bandbreite der firmenspezifischen Internationalisierungspfade

Ein Blick auf die wichtigsten Charakteristika der in unseren Kernfallstudien thematisierten Entwicklungsverbünde zu Profilen internationaler Kooperationspfade erlaubt es, den Wirkungskomplex von Länder-, Technologie- und Firmeneffekten noch klarer durchschaubar zu machen.

Abbildung 9: Bandbreite firmenspezifischer Internationalisierungspfade

Charakteristika der Kooperationsverbünde	Unternehmenskooperationen		
	Siemens/Newbridge	Fujitsu	Nortel/Dasa
1. Technologisches Innovationspotentioal	ATM: vertikale Produktinnovation	ATM: Systeminnovation	Technologiemix: Technologietransfer
2. Technologielebenszylus	Technologieentwicklungs- und Einführungsphase	Technologieentwicklungs- und Einführungsphase	Technologiereifephase
3. Marktpenetration und Internationalisierungsprozeß	Aus monopolistischem Heimatmarkt in liberalisierten Lead-Market der 2. Triaderegion	Aus monopolistischem Heimatmarkt in liberalisierten Lead-Market der 2. Triaderegion	Aus liberalisiertem Lead-Market in aufbrechende Monopolmärkte der 2. Triaderegion
4. Internationalisierungsmodus	Kooperationsstrategie mittels langfristiger strategischer Allianz	Stand-alone-Strategie mittels innerem Wachstum und Diversifikation	Kooperationsstrategie mittels multipler Joint-Venture-Bildung
5. Schwerpunkte der Entwicklung	Gemeinsame Entwicklung von Allianzprodukten	„front end to market"	„front end to market"
6. Governancetruktur	Ethnozentrik und multinationale Unternehmensstruktur bei nationaler Entscheidungszentralisation	Ethnozentrik und multinationale Unternehmensstruktur bei nationaler Entscheidungszentralisation	Ethnozentrik in globale Netzwerkorganisation bei zentraler Entscheidungszentralisation
7. Integrationsstrategie	Erhaltung/Symbiose	Erhaltung/Symbiose	Absorption

Quelle: WZB/FU-Projekt Globale Entwicklungsverbünde 1997

Abbildung 9 zeigt einerseits erstaunliche Homogenitäten, besonders im Technologie- und Marktbereich, zugleich jedoch auch die ganze Bandbreite der distinkten firmenspezifischen Entwicklungspfade auf:

- Im Technologie- und Marktbereich finden wir eine hochgradig ähnliche Konstellation bei Siemens-Newbridge und Fujitsu vor. In beiden Fällen geht es um weitreichende, komplexe Produkt- bzw. Systeminnovationen in der Entwicklungs- und Einführungsphase des Technologielebenszyklus. Der Internationalisierungspfad führt vom ehemals monopolistischen Heimatmarkt in den liberalisierten Lead-Market als zweitem Triadenmarkt. Bei Nortel-Dasa liegt eine gänzlich andere Konstellation vor. Hier geht es eher um den Technologietransfer in der Reifephase einer Produktlinie auf einem entgegengesetzten Internationalisierungspfad, nämlich vom liberalisierten Lead-Market zum ehemaligen Monopolmarkt der zweiten Triadenregion.
- Eine (fast) flächendeckende Heterogenität zwischen allen drei Entwicklungspfaden ist in den „Strategie"-Bereichen der Firmen vorzufinden, also in der Umsetzung von technologischer und ökonomischer Konstellation in firmenspezifische Handlungsketten. Siemens-Newbridge verfolgen eine Kooperationsstrategie mittels langfristiger Allianzbildung; die Schwerpunkte liegen dabei in der Entwicklung und im Vertrieb der gemeinsamen Allianzprodukte mit Hilfe einer Integrationsstrategie, die bis zu einem gewissen Grad auf eine „Symbiose" der beiden Firmen im Allianzbereich ausgerichtet ist. Nortel-Dasas Kooperationsstrategie hingegen – ebenso wie der Fächer der anderen in Europa eingegangenen Joint-Ventures – zielt vor allem auf die „front ends to the market" ab, also auf die Bereiche Marketing und Vertrieb einerseits, die technischen Services andererseits. Technologie und Produkte werden dagegen, bei vergleichsweise geringen Anpassungsanforderungen, vollständig aus dem Heimatmarkt übertragen. In diesem Internationalisierungsmodus läuft die Integration der Kooperationspartner letztlich auf eine „Absorptionsstrategie" hinaus, also eine Art Überstülpung der Nortel-Kultur (Prozesse, Organisation etc.) auf den Kooperationspartner. Für Fujitsu wie für vergleichbare andere japanische Firmen ist zunächst charakteristisch, daß sie eine Stand-alone-Strategie des internen Wachstums und der Diversifizierung verfolgen, die erst in jüngster Zeit etwas eingeschränkt wurde. Die Schwerpunkte der Kooperation liegen zunächst, wie bei Nortel-Dasa, in den „front ends to the market"; hinzu kommt jedoch ein planmäßig ansteigendes Entwicklungsvolumen auf dem amerikanischen Markt. Die Integrationsstrategie bei Fujitsu zielte zuerst auf den Erhalt der Fujitsu-Kultur, in letzter Zeit allerdings auch zunehmend auf inkrementale Adaption der Erfahrungen der US-Niederlassung ab.
- Die Governance-Struktur sich globalisierender Firmen steht unter starkem zentrifugalen Anpassungsdruck. Charakteristisch für alle drei Verbünde ist die stark ethnozentrische Firmenkultur der Kernfirmen. Bezüglich der Organisationsstruktur des Gesamtunternehmens bilden Siemens

und Fujitsu den klassischen Typus multinationaler Firmen mit international ausgelagerten Funktionsbereichen, jedoch klarer nationaler Entscheidungszentralisation. Nortel unterscheidet sich davon in einem wichtigen Merkmal: Dort hat sich in den letzten Jahren ein globalisiertes Funktionsnetzwerk im Sinne von Entwicklungs- und Produktionsverbünden herausgebildet, bei dem allerdings der Schritt zur global verteilten Geschäftsverantwortung im Sinne von „centers of competence" (COC) erst in Ansätzen vollzogen wurde.

Die Bandbreite so unterschiedlicher Internationalisierungsstrategien gerade auch im Falle recht homogener technologischer und marktbezogener Ausgangskonstellationen unterstreicht, wie groß das Maß von Firmenspezifik im Internationalisierungsprozeß ist.

4.5 Kooperationsevolution und Kooperationsperformanz

Die Erfolge bzw. das Scheitern von Allianzen sind mangels eindeutiger Konzepte und Kriterien nur schwer zu erfassen. So kann z.B. der Abbruch einer Kooperation sowohl ein Indikator des Mißlingens als auch ein Hinweis auf eine hohe Zielerreichung sein, die die Partnerschaft überflüssig macht. Denn es gilt gerade als Vorteil von Kooperationen, flexibel zu sein, d.h. die Möglichkeit einer nur vorübergehenden Zusammenarbeit zu bieten (Kogut 1988). Die Schwierigkeit der Erfassung von strategischen Zielen und der Bewertung ihres Zielerreichungsgrades stellt sich in besonders hohem Maße bei internationalen Kooperationsprojekten – dies liegt nicht zuletzt an ihrer hohen Volatilität: Internationale Kooperationsprojekte bilden ein „moving target", dessen Erfolgskriterien und -prämissen sich mit ungewöhnlicher Geschwindigkeit oft grundlegend verändern können.

In unseren drei Kernfallstudien handelt es sich durchweg – zumindest bis zum Zeitpunkt dieser Bestandsaufnahme – um relativ erfolgreiche Kooperationsstrategien. Bei eingehenderer Analyse der Kooperationsentwicklung und der Kooperationsperformanz können wir in allen drei Fällen in prozeßdynamischer Perspektive eine erstaunlich ähnliche Ablaufstruktur von fünf Entwicklungsphasen feststellen, denen jeweils unterschiedliche Wirkungsmechanismen zugrunde liegen. Wir demonstrieren diese einstweilen noch hypothetischen Zusammenhänge an den beiden Fällen der Allianz von Siemens und Newbridge und dem Joint-Venture von Nortel und Dasa.

Die Prinzipskizze der Entwicklungsetappen nach Abbildung 10 (auf der nächsten Seite) verweist auf die folgenden fünf Phasen (vorvertragliche Verhandlungen, erste Umsetzung, „Critical Events", Revitalisierung, Evolution) mit jeweils unterschiedlichen Wirkungsmechanismen:

Die vorvertragliche Phase ist in aller Regel der Zeitraum der „großen strategischen Gespräche". Es geht im Kern um die Identifizierung von „strategic asset complementarities" (Teece 1986) und die elementaren Umsetzungsbedingungen. Im Falle der Siemens-Newbridge-Allianz wurde diese vorvertragliche Verhandlungsphase in ungewöhnlich zügiger Weise durch-

Abbildung 10: Entwicklungsetappen internationaler Produktentwicklungsverbünde

	Vorvertragliche Phase	Nachvertragliche Phase			
Nortel/ Dasa	24 Monate Vorbereitung langwieriger Verhand- lungsprozeß	Umfangreicher kurzfristiger Technologie- transfer / schleppende Integration	Critical Events: Marktzugang Governance Organisation	Relaunch: Veränderung der Governance Veränderung der Markt- perspektive	Unterinstru- mentierung in der Unter- nehmens- transformation
Siemens/ Newbridge	3 Monate Vorbereitung effizientes Han- deln u. schnel- le Entscheidung	Verlust an Dynamik	Critical Events: Governance Organisation	Relaunch: effektivierte Governance	Unterinstru- mentierung in der Unter- nehmens- transformation
		Integrationsphase I - learning by doing - learning by interacting Strategische Integration Personelle Integration Prozeßintegration Technologischer Inte- gration Organisatorische Integration	Re-Evaluation (Aufarbeitung von Critical Events) ↳ Erosion/ Abbruch ↳ Relaunch		Integrationsphase II - learning by using - learning by interacting - institutional learning Unternehmens- Transformation (double loop learning)

Quelle: FU/WZB-Projekt Globale Entwicklungsverbünde 1997

geführt: In knapp drei Monaten wurden die wichtigsten strategischen Komplementaritäten identifiziert, die Interessenlagen beider Unternehmen mittelfristig abgesteckt und die Governance-Struktur sowie die ersten Umsetzungsschritte festgelegt. Bei Nortel-Dasa gestaltete sich dieser Prozeß erheblich schwieriger über einen Zeitraum von rund 24 Monaten.

Hinsichtlich der Interpretation dieses Wahrnehmungs- und Entscheidungsprozesses stehen sich in der wissenschaftlichen Diskussion zwei Theorieansätze gegenüber: Die eher betriebswirtschaftlich ausgerichtete Literatur des strategischen Managements und zu Unternehmensfusionen und -übernahmen betont die Dominanz des rationalen Zweck-Mittel-Kalküls (so z.B. Porter 1989; Contractor/Lorange 1988). Die eher soziologisch ausgerichtete Literatur in Verbindung mit neoinstitutionalistischen Ansätzen betont hingegen die Bedeutung der „social embeddedness" und der „bounded rationality" (March/Simon 1976), wonach vorgängige Interaktionen zwischen den Partnern spätere Kooperationsentscheidungen begünstigen. Sie stellen eher Ex-post-Rationalisierungen als genuin strategiebasierte Wahlhandlungen dar (vgl. Benassi 1993; Kogut et al. 1993).

Unsere empirischen (Zwischen-)Befunde der Gesamtstudie (Dörrenbächer et al. 1997) verweisen auf drei Konstellationen, in denen das jeweilige Gewicht einer systematischen, strategiebasierten Wahl und vorgängiger

Beziehungen in den Wahrnehmungs- und den Entscheidungsprozessen differieren: 1. die Dominanz strategischer Kalküle im vorvertraglichen Kooperationsprozeß; 2. die Mischung aus systematischer, strategiebasierter Wahl und einer beziehungsbasierten Partnerwahl; 3. deutliche „Lock-in"-Effekte aufgrund pfadabhängiger Interdependenzen.

Abweichend von den theoretischen Erwartungen finden wir in allen drei Konstellationen von strategischem Kalkül und Pfadabhängigkeit geglückte wie gescheiterte Fälle. Eine relativ günstige Ausgangslage scheint im Fall einer Symbiose beider Selektionsmodi gegeben zu sein. Eine solche Mischung aus systematischer, strategiebasierter Wahl und einer beziehungsbasierten Partnerwahl finden wir in der Tat auch in den beiden Kooperationsverbünden Siemens-Newbridge und Nortel-Dasa.

Mit dem Abschluß der Kooperationsverträge setzen in der weiteren Kooperationsdynamik parallel verlaufende Entwicklungsprozesse ein: die Aufnahme der Arbeiten an ersten Allianz- bzw. Joint-Venture-Produkten; parallel dazu die konkretisierende Umsetzung der strategischen Beschlüsse und Vertragsbestimmungen und im jeweiligen Mutterkonzern eine zusätzliche, eher inkrementale Anpassung der existierenden Strukturen und Prozesse, insgesamt also eine erste, recht komplexe Integrationsphase partieller oder umfassender Art. Interessen- und machtpolitisch verläuft diese erste Integrationsphase noch im stabilisierenden Schatten der verhandelten strategischen Komplementaritäten.

Nach erstaunlich kurzer Zeit stellten sich jedoch in beiden Fällen erste, durchaus gravierende Entwicklungsprobleme ein; im Falle Nortel-Dasa ein entgegen den Erwartungen langsamer Integrationsprozeß. Integrationsprobleme auf der operativen Ebene wurden verschärft durch unerwartete Differenzen auf Shareholder- wie Geschäftsführerebene. Hinzu kam, daß die Erwartungen sowohl hinsichtlich des Einkaufsverhaltens des dominanten Betreibers als auch – zumindest in der ersten Zeit – der Alternativ-Carrier sich nicht erfüllten. Das Joint-Venture hatte dabei eine schwierige Anfangsphase zu bestehen.

Weniger dramatisch, aber dennoch gravierend verlief diese Phase des „Einbruchs" bei der Siemens-Newbridge-Allianz. Effektivitätsprobleme in der Governance-Struktur und organisatorische Probleme im Integrationsprozeß beider Partner, so beim Management der Produktlinie, der kommerziellen Produktdefinition und der Festlegung der „intellectual property rights", erzeugten einen ganz erheblichen Verlust an Dynamik in der anfänglichen Phase der Entwicklungskooperation. In vielen anderen Fällen führen solche Konstellationen zur grundsätzlichen Erosion der operativen und strategischen Beziehungen oder eben endgültig zum Bruch der Kooperation.

In den hier behandelten beiden Entwicklungskooperationen konnten beide Verbünde erfolgreich einen „relaunch" der Kooperation starten. Zur Revitalisierung der Verbünde bedurfte es dabei jeweils des Zusammenspiels von strategischer Rebalancierung der „asset complementarities" sowie verstärkten und integrierten Bemühungen um eine neue Phase des Integrationsprozesses. In der fünften Phase der Entwicklungsdynamik des Kooperationsverbunds stehen somit Fragen einer vertieften Integration und darüber hinaus Probleme der weitergehenden Unternehmensevolution auf der Tagesordnung.

4.6 Postkontraktuelle Integrationsstrategien

Internationale Kooperationen müssen sich in der Phase nach Vertragsabschluß mit drei aufeinander aufbauenden Problemlagen befassen:

- Erstens mit der Zusammenführung von Funktionen der jeweiligen Prozeßketten, d.h. einer Integrationsproblematik im engeren Sinne;
- zweitens mit dem Managing-diversity-Problem (Parkhe 1991): Die Literatur ist sich darin einig, daß Diversität eine für die Kooperation negative wie positive Seite hat: Zum einen sind Unterschiede zwischen den Partnern ein Hindernis für effiziente Kooperation. Zum anderen stellt aber gerade komplementäre Diversität häufig das Asset dar, das in einer Kooperation genutzt werden soll (Parkhe 1991; Lam 1995);
- drittens mit dem Multi-Akteurs-Problem: Es existiert bei Kooperationen kein hierarchisches Zentrum – es sei denn bei extremen Machtasymmetrien –, das eine vereinheitlichende Integrationsstrategie durchsetzen kann. Daher liegt im Kern ein horizontales Koordinationsproblem vor, das ganz andere Koordinationsmechanismen erfordert als klassische Unternehmensorganisationen (Scharpf 1993).

Für das Gelingen einer solchen komplexen Integrationsaufgabe kommt es entscheidend auf das erfolgreiche Zusammenspiel der strategischen wie der operativen Dimensionen an.

Wir haben oben dargelegt, daß es im Strategiebereich während der vorkontraktuellen Phase insbesondere um die Komplementarität der „strategic assets", um die Rahmenbedingungen der „technological roadmaps" und des Technologielebenszyklus sowie um eine gelungene Mischung aus strategischem Kalkül und interaktionsintensiver Pfadabhängigkeit zwischen den Kooperationsfirmen geht.

Bei der postkontraktuellen Integration wird in Theorie und Praxis zwischen vier zunächst funktional äquivalenten Integrationsstrategien unterschieden: Während beim Erhaltungs- und Holdingansatz keine oder nur eine geringe Integration der Firmen angestrebt wird, sind der Absorptions- und Symbioseansatz auf vollständige oder teilweise Integration gerichtet. Nach unseren Befunden sind Erhaltungs- und Absorptionsstrategien auf eng begrenzte Konstellationen zugeschnitten. Im Falle von Nortel-Dasa macht die beobachtete Absorptionsstrategie von seiten Nortels gegenüber dem Kooperationspartner Dasa in der Tat Sinn: Nortel ist zweifellos die industrielle Führungsfirma, der Kooperationsverbund zielt im wesentlichen auf den Technologietransfer aus dem liberalisierten Lead-Market in einen ehemals monopolistischen Markt ab. Der Symbioseansatz hingegen ist für die meisten komplex und längerfristig angelegten Kooperationen der geeignete, da er auf die synergetische Nutzung komplementärer Ressourcen abzielt; er ist deswegen aber unter Gesichtspunkten der Implementation auch der anspruchsvollste.

Das operative Zentralproblem besteht bei der dominanten (Symbiose-)Strategie darin, einen „Optimalitätsweg" der „partiellen Integration" zu finden – einen Weg zwischen der Überintegration von Absorptionsstrategien einerseits, die die spezifische Kompetenz des anderen Kooperationspartners eliminiert, und der Unterintegration von reinen Erhaltungs- oder Holding-Strategien andererseits, die das jeweils spezifische Kompetenzpotential der beiden Kooperationspartner gar nicht erst zusammenzuführen versucht. Diese Zusammenhänge sind in Abbildung 11 schematisch dargestellt.

Abbildung 11: Alternative Integrationsstrategien

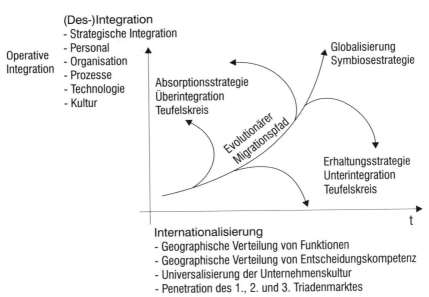

Quelle: FU/WZB-Projekt Globale Entwicklungsverbünde 1997

Die bisherigen Integrationswege von Siemens-Newbridge wie auch von Fujitsu/Japan und Fujitsu/USA, die letztlich doch noch stark auf Erhaltungsstrategien hinauslaufen, weichen vom optimalen Pfad deutlich ab. Wir kommen im abschließenden Teil dieses Beitrags auf den strategischen Zusammenhang von Integration und Evolution in internationalen Kooperationsverbünden noch einmal zurück.

Symbiotische Strategien müssen in praktische Alltagsroutinen umgesetzt werden, und dies in zumindest fünf operativen Bereichen: dem Personal und der Organisation, den Prozessen und Technologien sowie der Unternehmenskultur. Diese Umsetzung von strategischen Integrationsintentionen in funktionsfähige operative Routinen ist das extrem schwierige und allseitig unterschätzte Kernproblem von Kooperationen, eine Problemkomplexität, die sich bei internationalen Kooperationen von im Prinzip kompetitiven Kooperationspartnern ganz erheblich verschärft. Nortel-Dasa, Siemens-Newbridge und alle anderen unserer Untersuchungsfälle illustrieren diese Erfahrung eindrücklich.

Die vorherrschende Diskussion ist fast durchgängig auf die strategische Ebene der internationalen Kooperation fixiert, also auf die Probleme der Konstitution und Reproduktion einer strategischen Interessenbalance der beteiligten Akteure. Weitgehend ausgeblendet, auf jeden Fall entschieden zu gering bewertet wird dabei die reale Bedeutung der „operations" im Integrationszusammenhang und deren Rückwirkung auf die Strategieebene.

Unsere Fallstudien machen deutlich, daß die Unternehmen auf einen Ausgleich zwischen strategischen und operativen Anforderungen in der Integrationsdynamik achten müssen. Fälle des Scheiterns lassen sich bei allen Regulierungsmechanismen und Koordinationsweisen finden. Sie weisen allesamt jedoch entweder gravierende Instabilitäten in der Strategiebildung auf, die auf die Effizienz der „operations" zurückwirkten, oder grundsätzliche Ineffizienzen im „operations"-Bereich, die entwickelte strategische Gleichgewichte erodierten:

— Wo strukturelle strategische Inkongruenzen vorliegen, schlagen sie – verbunden mit dem Fehlen tragfähiger (hierarchischer oder netzförmiger) Governance-Strukturen – relativ rasch und dann meist ungebrochen auf die operative Ebene durch: „Strategie" dominiert „operations".
— Zugleich wird in allen Fällen deutlich: Wo eine Integration nicht gelingt und daher auch die Effizienz der operativen Ebene in der Entwicklungskooperation fehlt, werden die eingegangenen strategischen Zielkompromisse selbst im Falle ihrer Kongruenz untergraben: „operations" ermöglicht „Strategie". Zum Beispiel erwiesen sich in einem Fall deutsch-amerikanischer vertikaler Kooperation die extrem unterschiedlichen Entwicklungsphilosophien und Interaktionsstile der Partner als wesentliches Hindernis im Entwicklungsprozeß.

4.7 Internationale Entwicklungsverbünde, emergente „better practices" und Unternehmensevolution

Wie weit internationale Produktentwicklungskooperationen die Entwicklung von Produktions- und Produktstandards vorantreiben und global vereinheitlichen, ist eine seit langem kontrovers diskutierte Frage (vgl. Jürgens et al. 1989; Flecker/Schienstock 1994). In dieser Debatte stehen sich zwei wesentliche Positionen diametral gegenüber: In der institutionalistisch-kulturalistischen Theorietradition wird die firmen- und vor allem länderspezifische Vielfalt von Industrienormen betont; aus betriebswirtschaftlicher und ingenieurwissenschaftlicher Sicht wird hingegen die Tendenz zur globalen Vereinheitlichung akzentuiert. Im Zuge der wachsenden Globalisierung wird gegenwärtig verstärkt ein Trend zu globalen „best practices" – so exemplarisch die Automobilstudie des MIT (Womack et al. 1991) – konstatiert. Wir wollen diese Kontroverse anhand unserer Fallstudien, anhand von drei Bereichen überprüfen: im Softwareentwicklungsprozeß bei der Produktentwicklung, in der Personalwirtschaft und in der Arbeitsorganisation.

- Die Ausgangslage bei allen Firmen ist in aller Regel nach wie vor durch unterschiedliche Entwicklungsniveaus des Produktentwicklungsprozesses, der Arbeitsorganisation und der Personalwirtschaft gekennzeichnet.
- Internationale Entwicklungskooperationen erzeugen jedoch häufig Impulse zur Vereinheitlichung und zur Weiterentwicklung von Standards. Dies ist fast durchweg bei horizontalen, seltener bei vertikalen Entwicklungskooperationen der Fall. Horizontale Produktentwicklungskooperationen sind also ein wichtiger Faktor bei der Internationalisierung von Industriestandards.
- Dieser Entwicklungstrend verbleibt in der Telekommunikationsindustrie – und auch immer noch in der Halbleiterindustrie – weit unterhalb des Niveaus der globalen „best practices" anderer Branchen, wie beispielsweise die Diskussion um die Gruppenarbeit in der Automobilindustrie zeigt (vgl. Jürgens 1995). Bei der internationalen Telekommunikationsindustrie bestehen regional recht differenzierte Formen der Projektorganisation und der Personalrotation. Das Hauptmerkmal in der gegenwärtigen Entwicklungsphase der Telekommunikationsindustrie sind nicht globale „best practices", sondern die vereinheitlichende Weiterentwicklung bestehender Standards in Richtung auf „better practices".

Die Entwicklung zu vereinheitlichten „better practices" ist also das Resultat teilweise gegenläufiger Kräftekonstellationen: die in den Konkurrenzmechanismus einer internationalisierten Güterproduktion eingebettete Entwicklungslogik globaler Allianzen einerseits und die Persistenz firmenspezifischer trajectories und regionaler Präferenzstrukturen bei Endkunden und Betreibern andererseits.

Internationale Entwicklungskooperationen gehen somit – de facto oder auf der Basis strategischer Intentionen – über die klassischen Kooperationsmotive der Ressourcenzusammenlegung zur Risikominderung, des erleichterten Marktzuganges und der Komplementarität von Kernkompetenzen hinaus und implizieren letztlich transformatorische Entwicklungen. Internationale Kooperation weitet sich über die symbiotische Integration in Unternehmens- und Sektorevolution aus.

Diese Tendenz läßt sich bei rund der Hälfte unserer Fälle beobachten, auch bei den Kooperationen von Siemens und Newbridge sowie Fujitsu/Japan und Fujitsu/USA. Wir wollen abschließend den Problemen der Unternehmensevolution durch internationale Kooperation in ausgewählten Aspekten nachgehen.

Unsere Fallstudien verweisen auf einen überraschenden und weitreichenden Befund: Fast in der Hälfte der Kooperationsfälle liegt eine strukturelle

Inkonsistenz zwischen dominanter Geschäftsfeldstrategie und dominanter Integrations- bzw. Wertschöpfungsstrategie vor.

Abbildung 12: Produktentwicklungsverbünde: Integration und Evolution

Geschäftsfeld-strategien	Festigung	Erweiterung	Erkundung	
Wertschöp-fungsstrategien	Ressourcen-verbund	Transfer funktionaler Fähigkeiten	Transfer allgemeiner Managementfunktionen	
Integrations-strategien	Erhaltung	Absorption	Symbiose	Holding

auf der Basis von Hase 1995; FU/WZB-Projekt Globale Entwicklungsverbünde 1997

Rund 50 Prozent der Verbünde verfolgen eine Geschäftsfeldstrategie der aggressiven Erkundung neuer Markt- und Geschäftsbereiche, beschränken sich jedoch bei der Wahl ihrer Wertschöpfungsstrategie auf den Transfer funktionaler Fähigkeiten. Bei den Integrationsstrategien dominieren der Erhaltungs- und der Absorptionsansatz. Der als besonders relevant angenommene Symbioseansatz ist dagegen unterrepräsentiert. Mit dieser strukturellen Inkonsistenz ist unseres Erachtens der wesentliche Bedingungskomplex für die relativ häufigen Fälle des Scheiterns internationaler Kooperationen benannt: Wer internationale Kooperationen anstrebt, muß auch zur transnationalen Transformation des eigenen Unternehmens bereit sein.

Fujimoto (1996) hat in seiner Analyse der langfristigen Entwicklungstendenz der Firma Toyota eine sinnvolle Unterscheidung von statischen, Verbesserungs- und evolutionären Kompetenzen in die internationale Dis-

Abbildung 13: Internationale Entwicklungskooperationen: Statische, Verbesserungs- und evolutionäre Kompetenzen

	Nortel/ Dasa	Siemens/ Newbridge	Fujitsu (J)/ Fujitsu (NA)
Stragegische Kompetenz	+++	++	+
Verbesserungs-kompetenz	++	++	+++
Evolutionäre Kompetenz	–	–	+

Quelle: FU/WZB-Projekt Globale Entwicklungsverbünde 1997

kussion eingeführt. Statische Kompetenzen beziehen sich vor allem auf die Kompetenz zum produktiven Ressourcenumgang („single loop learning"), Verbesserungskapazität auf die ständige Weiterentwicklung („double loop learning") solcher Kompetenzen, evolutionäre Kompetenzen auf die Transformation („deutero-learning") von Grundparametern der Unternehmensstrukturen und der Unternehmenskultur. Wir illustrieren die Verteilung dieser drei Kompetenzen anhand unserer drei Fallstudien.

Vor allem Nortel, aber auch Siemens zeigen in ihren Operationen im Entwicklungsverbund eine hohe Produktivität transferierter Industrieroutinen; bei Fujitsu wurden, so die interne Firmenkritik, eine ganze Reihe von Schwachstellen im Leistungserstellungsprozeß der Systeminnovation deutlich. Umgekehrt war allerdings der folgende Review- und Verbesserungsprozeß als Grundlage für die nächste kooperative Entwicklungsphase bei Fujitsu hoch elaboriert, er wurde konsequent vollzogen und effektiv umgesetzt.

Hinsichtlich der weitergehenden Unternehmensevolution im Kontext der Entwicklungskooperation liegt in allen drei Verbünden jedoch eine gänzlich andere Konstellation vor. Bei der strategischen Allianz von Siemens-Newbridge finden sich zwar einige implizite Elemente einer evolutionären Vision der Symbiose klassischer Komponenten von Siemens-ÖN mit den Stärken des nordamerikanischen Lead-Market; Instrumente und Routinen evolutionärer Weiterentwicklung werden jedoch nicht generiert und eingesetzt. In den ersten Jahren der internen Wachstumsstrategie läßt sich bei Fujitsu eine ähnliche Konstellation der Nichtbeachtung und Unterinstrumentierung evolutionärer Kompetenzen erkennen. Während der letzten drei Jahre des internen Kooperationsverbundes zwischen Fujitsu/Japan und Fujitsu/ USA sind jedoch erste Anzeichen einer solchen symbiotischen Selbsttransformation erkennbar: in der Umstellung einer Reihe personalwirtschaftlicher Prinzipien und Routinen im japanischen Headquarter auf der Basis der nordamerikanischen Erfahrungen; in der inkrementalen Verlagerung von funktionalen Kernkompetenzen aus Japan in den US-amerikanischen Markt; und in der graduellen Verlagerung auch von Geschäftsverantwortung über funktionale Kompetenzen hin zu mehr Entscheidungskompetenz. Bei Fujitsu sind damit – ungewöhnlich für das Gros der japanischen Firmen – in der Tat Ansätze der evolutionären Selbsttransformation im Kontext internationaler Kooperation zu beobachten.

Die Schlußfolgerung aus unseren Befunden kann nicht lauten, daß jede internationale Entwicklungskooperation auf eine Geschäftsfeldstrategie der Erkundung und auf eine Wertschöpfungsstrategie des Transfers allgemeiner Managementfunktionen und damit zwingend auf eine symbiotische Integrationsstrategie abzuzielen hat. In der Mehrzahl der Fälle, bei denen eine internationale Entwicklungskooperation mit weitreichenden, d.h. Erkundungszielsetzungen angestrebt wird, ist es jedoch zur Verfolgung dieses Ziels unerläßlich, auf der strategischen wie operativen Ebene symbiotische Evolutionsprozesse des eigenen Unternehmens in Bewegung zu setzen. Die allermeisten Unternehmen der Telekommunikationsindustrie stehen hier erst am Anfang einer solchen Strategie.

5. Internationalisierung und Evolution: Die deutsche Telekommunikationsindustrie im Standortwettbewerb

Aus den bisherigen Analyseergebnissen lassen sich einige Schlußfolgerungen für die Entwicklungschancen der deutschen Telekommunikationsindustrie im Zusammenwirken von ökonomischer Leistungsfähigkeit und institutioneller Innovation ziehen.

5.1 Erheblicher Anpassungsdruck für die deutsche Telekommunikationsindustrie

Wir haben zu verdeutlichen versucht, daß die Unternehmen der deutschen Telekommunikationsindustrie zwar über eine historisch günstige Ausgangslage verfügen, zugleich jedoch unter einem erheblichen Anpassungsdruck stehen, der weit stärker ist als in zahlreichen anderen führenden Exportsektoren. Dieser Anpassungsdruck ist gekennzeichnet durch:

– die Umstellung des Heimatmarktes durch Liberalisierungsprozesse von einem monopolistischen auf einen kompetitiven Markt;
– den daraus resultierenden Zwang zur Verteidigung der Position auf dem Heimatmarkt und zur Internationalisierung der Kerngeschäfte, einschließlich des Entwicklungsbereiches, im Sinne einer Verlagerung von Teilbereichen der Wertschöpfungskette;
– die Notwendigkeit, internationale Kooperationen einzugehen und dabei vor allem auch horizontale Formen der Zusammenarbeit bei der Produktentwicklung mit konkurrierenden Firmen zu erproben.

Insbesondere im Vergleich mit Nordamerika zeigt sich, wie stark der „Lock-in"-Effekt (stärkere Konzentration auf den Heimatmarkt und das klassische Kommunikationsgeschäft) für die deutschen Herstellerfirmen im ehemals monopolistischen Binnenmarkt gewesen ist.

Obwohl die deutsche Telekommunikationsindustrie über komparative Wettbewerbsvorteile in zukunftsträchtigen Produktsegmenten (Vermittlungs- und Übertragungstechnik) verfügt, resultiert aus den Internationalisierungsanforderungen und aus den Entwicklungen auf den Märkten für informationstechnologische Produkte (z.B. Internet-Technologien) ein erheblicher Anpassungsbedarf.

5.2 Die weniger radikalen und weniger konsequenten Umstrukturierungsstrategien der deutschen Herstellerindustrie

Insbesondere die Firma Siemens hat in den vergangenen zehn, verstärkt in den letzten vier Jahren erhebliche Anstrengungen der internen Restrukturierung und der Anpassung an die veränderten Umfeldbedingungen unternommen. Der internationale Vergleich zeigt jedoch, daß diese Umstrukturierungsinitiativen gegenüber führenden Wettbewerbern relativ spät einsetzten, die Ziele bisher weniger radikal formuliert wurden und die Umsetzung weniger konsequent vorangetrieben wurde, so daß insgesamt eine „weaker restructuring story" (Financial Times vom 10.7.97, S. 9) resultierte.

5.3 Globalisierung und Evolution

Für die deutsche Herstellerindustrie und insbesondere für die Firma Siemens als „global player" ist ein Gelingen der Globalisierungsstrategie von weitreichender Bedeutung. Ausschlaggebend ist nicht nur der quantitative Nachholbedarf an Internationalisierung auf der Basis des erfolgten Strategiewechsels gegenüber der bisherigen Exportstrategie. Es kommt insbesondere auf die qualitativen Elemente der Globalisierungsstrategie an: die Überwindung des historischen „Lock-in"-Effektes und der immer noch bestehenden ethnozentrischen Orientierung des Unternehmens. Verwiesen sei exemplarisch auf die Routinen des Unternehmens im Bereich des Produktlinienmanagements zwischen Kunden und Entwicklung, auf die Dominanz der Linienorganisation gegenüber dem Projektmanagement, auf die Personalentwicklung im Kontext der „Unternehmens-Governance" und das strategische Management mit der Schnittstelle zum operativen Bereich. Die Entwicklung von evolutionären Kapazitäten, also das erfolgreiche Lernen von den Erfordernissen der Lead-Märkte, wird somit zum entscheidenden Imperativ. Globalisierung muß demnach gleichzeitig mit internem Kulturwandel erfolgen. Noch halten sich die Momente des erfolgreichen Strategiewechsels und gelungener Restrukturierung die Waage mit den schleichenden und leisen Signalen nicht hinreichender Evolutionsfähigkeit in radikal veränderten Umwelten.

Literatur

Badaracco, J. L. (1991): *The Knowledge Link: How Firms Compete through Strategic Alliances.* Boston.
Barkema, H. G./Bell, J. H./Pennings, J. M. (1996): „Foreign Entry, Cultural Barriers, and Learning". In: *Strategic Management Journal* 17, S. 151-166.
Benassi, M. (1993): „Organizational Perspectives of Strategic Alliances: External Growth in the Computer Industry". In: G. Grabher (ed.): *The Embedded Firm.* London/New York, S. 95ff.
Boyer, R./Freyssenet, M. (1995): „The Emergence of New Industrial Models"". In: *Actes du GERPISA reseau international.* Juillet, Paris, S. 77-142.
Cerny, P. G. (1995): „Globalization and the Changing Logic of Collective Action". In: *International Organisation* 49, S. 595-625.
Chandler, A. (1962): *Strategy and Structure. The dynamics of Industrial Capitalism.* Cambridge, Ma./London.
Chandler, A. (1990): *Scale and Scope. Chapters in History of the Industrial Enterprise.* Cambridge, Ma./London.

Contractor, F. J./Lorange, P. (eds.) (1988): *Cooperative Strategies in International Business.* Lexington.

Dörrenbächer, Chr. (1988): „Telecommunications in West Germany. The Transformation of the Technical and Political Framework". In: *Telecommunications Policy,* December, S. 344-352.

Dörrenbächer, Chr./Hirschfeld, K./Meissner, H. R./Naschold, F./Renneke, L. (1997): *Globalisierung von Produktionsstrukturen. Eine arbeits- und industriepolitische Analyse globaler Entwicklungsverbünde.* Discussion paper FS II 97-204, Wissenschaftszentrum Berlin für Sozialforschung. Berlin.

Drüke, H./Naschold, F. (1996): *German Equipment Manufacturer at a Turning Point. New Challenges for Human Resources Policy and Industrial Relations.* Ithaka.

Ekman-Philips, M./Naschold, F. (1997): *Corporate Development and Management of Change.* In Vorbereitung.

Elsevier Publishers (1994): *Telecommunications. A profile of the Worldwide Telecommunications Industry – Market Prospects to 1997.* Oxford.

Faulkner, D. O. (1995): „Strategic Alliance Evolution Through Learning: The Rover/Honda Alliance". In: H. Thomas/D. O'Neill/J. Kelly (eds.): *Strategic Renaissance and Business transformation.* New York, S. 211-235.

Financial Times 1986: „Survey Communications". Beilage zur Financial Times vom 6.1.1986.

Flecker, J./Schienstock, G. (1994): „Globalisierung, Konzernstrukturen und Konvergenz der Arbeitsorganisation". In: N. Beckenbach/W. van Treeck (Hg.): *Umbrüche gesellschaftlicher Arbeit,* Soziale Welt (Sonderband 9), Göttingen, S. 625ff.

Fransman, M. (1995): *Japan's Computer and Communications Industry. The Evolution of Industrial Giants and Global Competitiveness.* Oxford u.a.O.

Fujimoto, P. (1996): *An Evolutionary Process of Toyota's Final Assembly Operations. The Role of Ex-post Dynamic Capabilities.* University of Tokyo: discussion paper series, January 1996. Tokyo.

GERPISA (Groupe d'Etudes et des Recherches Permanent sur l'Industrie et les Salariés de l'Automobile) (1996): *The Global Automotive Industry: Between Homogenization and Hierarchy* (Forth international colloquium). Paris (mimeo).

Gerpott, T. J. (1997): *Wettbewerbsstrategien im Telekommunikationsmarkt.* Stuttgart.

Grande, E. (1989): *Vom Monopol zum Wettbewerb. Die neokonservative Reform der Telekommunikation in Großbritannien und der Bundesrepublik Deutschland.* Wiesbaden.

Granovetter, M. (1985): „Economic Action and Social Structure: The Problem of Embeddedness". In: *American Jounal of Sociology,* 91 (3), S. 481ff.

Hadlund, G./Ridderstrale, J. (1995): „International Development Projects". In: *International Studies of Management and Organisation,* Vol. 25, S. 158-184.

Hakanson, L. (1995): „Learning Through Acquisitions". In: *International Studies of Management and Organisation,* Vol. 25, S. 121-157.

Hamel, G./Doz, Y./Pralahad, C. K. (1989): „Collaborate with Your Competitors – and Win". In: *Harvard Business Review,* January/February, S. 133ff.

Hase, S. (1995): *Integration aquirierter Unternehmen.* Berlin.

Haspeslagh, P./Jemison, D. (1992): *Akquisitionsmanagement.* Frankfurt a.M./New York.

Hofstede, G. (1993): „The Interaction between National and Organisational Value Systems". In: G. Hadlund (ed.): *Organisation of Transnational Corporations.* London, S. 281-291.

Johnson, Ch. (1982): *MITI and the Japanese Miracle.* Stanford.
Junne, G. (1988): *Technologiepolitische Perspektiven einer Deregulierung des Fernmeldewesens. Erfahrungen aus den USA, Japan und Großbritannien.* Amsterdam.
Jürgens, U. (1995): „Lean Production and Co-determination. The German Experience". In: S. Babson (ed.): *Lean Work – Empowerment and Exploitation in the Global Auto Industry.* Detroit, S. 292-308.
Jürgens, U./Lippert, I./Drüke, H. (1997): *New Product Development in Production Networks – Learning from Experiences in Different Industries and Countries.* International Conference. Konferenzbericht. Berlin.
Jürgens, U./Malsch, Th./Dohse, K. (1989): *Moderne Zeiten in der Automobilfabrik.* Berlin/Heidelberg/New York.
Kogut, B. (1988): „A Study of the Lifecycle of Joint Ventures". In: F. J. Contractor/ P. Lorange (eds.): *Cooperative Strategies in International Business.* Lexington.
Kogut, B. /Shan, W. /Walker, G. (1993): „Knowledge in the Network and the Network as Knowledge: The Structuring of New Industries". In: G. Grabher (ed.): *The Embedded Firm.* London/New York, S. 67ff.
Krone, K. (1997): *Wirtschaftliche Lage und Perspektiven der deutschen kommunikationstechnischen Industrie.* Statement anläßlich der gemeinsamen Jahrespressekonferenz der Fachverbände Kommunikationstechnik im ZVEI und Informationstechnik im VDMA und ZVEI zur CeBIT '97, 12.3.1997, Hannover, Manuskript.
Lam, A. (1995): „Building Integrated Workforces Across National Borders: The Case of British and Japanese Engineers". In: *International Journal of Human Resource Management*, Vol. 6, S. 508-527.
Lundvall, B.A. (1992): *National Systems of Innovation.* London.
March, J. G./Simon, H. A. (1976): *Organisation und Individuum.* Wiesbaden.
Morgan, K. (1989): „Telecom Strategies in Britain and France: The Scope and Limits of Neo-Liberalism and Dirigism". In: M. Sharp/P. Holmes (eds.): *Case Studies from Britain and France.* New York usw., S. 19-55.
Naschold, F. (1996a): *Horizontal and Vertical Product Development Networks and Evolutionary Capabilities.* Berlin, Mai 1996, Manuskript.
Naschold, F. (1996b): „Siemens ÖN – am Scheideweg. Eine Fallstudie zur Unternehmenserneuerung und zur organisationalen Transformation". In: *Arbeit*, H. 2, S. 154-180.
Naschold, F. (1997): *Die Siemens AG: Inkrementale Anpassung oder Unternehmenstransformation? Eine Fallstudie über Kontinuität und Wandel eines Konzerns.* Discussion paper FS II 97-201, Wissenschaftszentrum Berlin für Sozialforschung. Berlin.
Nelson, R./Winter, S. (1982): *An Evolutionary Theory of Economic Change.* Cambridge.
Neu, W. (1990): *Forschung und Entwicklung in der Telekommunikationsindustrie der Bundesrepublik Deutschland. Eingesetzte Ressourcen, Ertragsindikatoren und wettbewerbliche Rahmenbedingungen.* WIK-Diskussionsbeiträge Nr. 54, Bad Honnef.
NII Steering Committee (1996): *The Unpredictable Certainty. Information Infrastructure through 2000.* Washington.
Nonaka, I./Takeuchi, H. (1995): *The Knowledge-creating Company. How Japanese Companies Create the Dynamics of Innovation.* New York/Oxford.
OECD (1988): *The Telecommunications Industry. The Challenges of Structural Change.* Paris.

OECD (1991): *Telecommunications Equipment: Changing Markets and Trade Structures*. Paris.
OECD (1997): *Communications Outlook 1997*. Paris.
Parkhe, A. (1991): „Interfirm Diversity, Organizational Learning, and Longeivity in Global Strategic Alliances". In: *Journal of International Business Studies*, 4/ 1991, S. 579ff.
Pauly, Chr. (1991): „Zu klein geschaltet. Telekommunikation: wer überlebt im Spiel der Großen". In: *Wirtschaftswoche* vom 4.1.1991, S. 88-90.
Perlmutter, H.W. (1969): „The Turtuous Evolution of the Multinational Corporation". In: *Columbia Journal of World Business*, January/February, S. 9-18.
Picot, A./Reichwald, R./Wigand, R. (1996): *Die grenzenlose Unternehmung*. Wiesbaden.
Porter, M.E. (Hg.) (1989): *Globaler Wettbewerb*. Wiesbaden.
Powell, W. W. (1990): „Neither Market nor Hierarchy – Network Forms of Organization". In: *Research in Organizational Behavior*, 12, S. 295 ff.
Rose, C. (1995): *Der Staat als Kunde und Förderer. Ein deutsch-französischer Vergleich*. Opladen.
Salvaggio, J. L. (1995): *Inside the Japanese Telecommunications Industry*. Alexandria/Va.
Scharpf, F. W. (1993): „Positive und negative Koordination in Verhandlungssystemen". In: *Politische Vierteljahresschrift*, Sonderheft, S. 57ff.
Schnöring, T. (1989): *Research and Development in Telecommunications – An International Comparison*. WIK-Diskussionsbeiträge Nr. 53, Bad Honnef.
Schwab, R. (1996): *Die deutsche Telekommunikationsgeräteindustrie im internationalen Wettbewerb*. WIK-Diskussionsbeiträge Nr. 160, Bad Honnef.
Teece, D. J. (1986): „Profiting from Technological Innovation: Implications for Integration, Collaboration Licensing and Public Policy". In: *Research Policy*, 15, S. 285ff.
Ungerer, H./Costello, N. (1989): *Telekommunikation in Europa*. Luxemburg.
Vogel, S. (1996): *International Games with National Rules. Competition for Comparative Regulatory Advantage in Telecomunications and Financial services*. BRIE Working Paper 88, Berkeley.
Weinstein, O. (1992): „The Telecommunications Equipment Industry: The Great Transformation". In: Ph. Cooke et al. (eds.): *Towards Global Localization*. London, S. 152-177.
Werle, R. (1990): *Telekommunikation in der Bundesrepublik. Expansion, Differenzierung, Transformation*. Frankfurt a.M./New York.
Wilks, S./Wright, M. (1991): „Japanese Bureaucracy in the Industrial Policy Process". In: dies. (eds.): *The Promotion and Regulation of Industry in Japan*. Houndsmills usw. , S. 32-48.
Wilson, D. (1992): *A Strategy of Change*. London/New York.
Womack, J. P. et al. (1991):*Die zweite Revolution in der Automobilindustrie*. Frankfurt a.M./New York.
Zeidler, G. (1994): „Europäische Telekommunikation – eine Standortbestimmung". In: VDPI (Hg.): *Europäische Telekommunikation – eine Standortbestimmung*. 35. Post- und fernmeldetechnische Fachtagung des Verbandes der Ingenieure der Post und Telekommunikation e.V., Hannover, S. 7.1.-7.18.

Restrukturierung der kommunalen Dienstleistungsproduktion

Innovationsfähigkeit deutscher Kommunen in internationaler Perspektive

Maria Oppen und Alexander Wegener

1. Transnationale Reformerfordernisse

Im öffentlichen Sektor sind seit den achtziger Jahren in fast allen OECD-Staaten umfassende Restrukturierungsmaßnahmen zu beobachten. Ziele der Restrukturierung sind zum einen die Steigerung von Produktivität und Effizienz sowie die Qualitätsverbesserung aus Perspektive von Adressaten und Abnehmern, zum anderen die Stärkung der Anpassungs- und Innovationsfähigkeit öffentlicher Einrichtungen. Unter der Bezeichnung „New Public Management" geht es um die Neuverteilung der Aufgaben zwischen öffentlichen und privaten Leistungsproduzenten, zwischen Staat und Gesellschaft sowie um eine generelle Leistungstiefenreduzierung der öffentlichen Hand. Die Gesamtheit der Organisationsprinzipien und Produktionsstrukturen der öffentlichen Leistungserstellung ist auf den Prüfstand gestellt worden, womit auch die Schnittstelle zwischen Politik und Verwaltung einer Neudefinition unterworfen ist. Der Kerngedanke ist hierbei die Entflechtung und Enthierarchisierung des politisch-administrativen Systems durch die Bildung weitgehend unabhängiger und eigenverantwortlicher Organisationseinheiten auf der operativen Ebene mit einem professionellen Management an der Spitze sowie die Öffnung der Verwaltung gegenüber den Kunden und Nutzern öffentlicher Dienstleistungen. Die Einführung von Leistungsvereinbarungen zwischen Politik und Verwaltungsspitze sowie zwischen Verwaltungsspitze und Produktionseinheiten wird nach diesem Ansatz durch wettbewerbliche Elemente flankiert; die Ausweitung von „make or buy"-Entscheidungen versetzt öffentliche Dienstleistungsproduzenten in Konkurrenz sowohl untereinander als auch mit privaten Leistungsanbietern. Die Einführung wettbewerblicher Elemente und eine explizite Kundenorientierung erzeugen demnach einen Anpassungsdruck, der Prozesse der Organisations- und Personalentwicklung unumgänglich macht. Der Wandel der Arbeitsstrukturen soll zu Kostensenkung und Leistungssteigerung führen.

Die zunehmende Universalisierung des „New Public Management"-Ansatzes einschließlich seiner Begründungszusammenhänge kann wesentlich der Internationalisierung von Wirtschaft und ökonomischen Krisenerscheinungen und den damit verbundenen Herausforderungen für neue Problembewältigungsstrategien zugeschrieben werden. Das funktionale und ökonomische Interdependenzverhältnis zwischen öffentlichem und privatem Sektor erfordert eine Kompatibilisierung der öffentlichen Dienstleistungsproduktion zu den sich zusehends wandelnden Anforderungen von Wirtschaft und Gesellschaft. Ebenfalls transnationale Erscheinungen sind die wachsende Unzufriedenheit der Konsumenten öffentlicher Dienstleistungen mit deren Qualität und Uniformität. Veränderte Werthaltungen, sich ausdifferenzierende Lebensstile und Präferenzstrukturen, die auf Erfahrungen mit der Kundenorientierung privater Dienstleister basieren, charakterisieren diese Entwicklung. Die hohe und steigende Abgabenlast, die die verfügbaren Einkommen der Konsumenten reduziert und die Wettbewerbsposition der Unternehmen tangiert, wird in Anbetracht der nur begrenzt nachzuweisenden Wohlfahrtszuwächse oder gar des Scheiterns staatlicher Programme in der Öffentlichkeit zunehmend kritisch bewertet. Zugleich eröffnet aber auch der technische Fortschritt insbesondere im Bereich der Informations- und Kommunikationstechnologien nicht nur im privaten Sektor neue Möglichkeiten der Arbeitsorganisation, wodurch generell die Vorteile großer bürokratisch strukturierter Organisationen in Frage gestellt werden.

Die Herausforderungen für den öffentlichen Sektor angesichts dieser übergreifenden Trends werden auch hierzulande schon seit Jahren thematisiert. Dennoch ist der internationale Modernisierungstrend in der Bundesrepublik Deutschland erst mit Beginn der neunziger Jahre breiter zur Kenntnis genommen worden. Die Entwicklung und fortschreitende Implementation des sogenannten „Neuen Steuerungsmodells" stellt die deutsche Variante von „New Public Management"-Konzepten dar. Gegenüber den führenden Reformnationen zunächst im angelsächsischen Raum, dann in den Niederlanden und Skandinavien zählt Deutschland mit einem erheblichem Zeitverzug von etwa einer Dekade zu den Nachzüglern.

Als Ursache für den vergleichsweise spät virulent werdenden reformpolitischen Problem- und Handlungsdruck lassen sich mindestens drei Faktoren identifizieren (vgl. Wollmann 1996; Reichard 1994):

– Nach verbreiteter Einschätzung war die deutsche Verwaltung insbesondere hinsichtlich ihrer Leistungsfähigkeit – auch gemessen an ihrem Anteil der Beschäftigten an der Gesamtbeschäftigung – im internationalen Vergleich als verhältnismäßig gut zu bewerten.
– Ein Modernitätsvorsprung wurde auch im basisinstitutionellen Gefüge gesehen, das durch seine – verglichen mit zentralistisch-unitarisch strukturierten Ländern – hohe Dezentralisierung und Dekonzentration und durch die Pluralität von Leistungsproduzenten in der Vergangenheit immer wieder flexible Anpassungen an veränderte Rahmenbedingungen ermöglicht habe.

- Der bereits in den achtziger Jahren auch in Deutschland einsetzende Diskurs über grundlegende Innovationserfordernisse sei darüber hinaus durch den Einigungsprozeß unterbrochen worden; die deutsche Einigung habe im übrigen – wiederum nach weitverbreiteter Einschätzung – die Stärken des deutschen Verwaltungssystems und seiner Akteure unterstrichen, vor allem durch die Geschwindigkeit, mit der der Transfer des gesamten institutionellen Arrangements in die neuen Bundesländer gelungen ist.

Heute, nach kaum fünfjährigen Erfahrungen mit Modernisierungsbemühungen auf der kommunalen Ebene, deren rasche Verbreitung und bereits vorweisbaren Erfolge vielfach herausgestrichen werden (vgl. Reichard 1997b; Pfister 1997), zeigen sich jedoch bereits deutlich einige Problemschwerpunkte und Restriktionen, deren Überwindbarkeit gegenwärtig unterschiedlich beurteilt wird (vgl. Banner 1997). Im Zentrum eher skeptischer Einschätzungen steht zum einen die implementatorische Engführung des breiter angelegten Reformkonzeptes auf binnenorganisationale betriebswirtschaftliche Steuerungselemente mit begrenzter Problemlösungskapazität oder sogar nicht intendierten „Risiken und Nebenwirkungen" (Grunow 1996, S. 69). Zum anderen wird einer Reihe institutioneller Rahmenbedingungen reformhemmende Funktion zugeschrieben (vgl. Wollmann 1996; Banner 1997): etwa der vertikalen Verflechtung und der horizontalen Fragmentierung von Politikarenen und Akteursbeziehungen, dem Berufsbeamtentum, dem hohen Grad der Verrechtlichung und der dementsprechend starken normativen Verankerung bürokratischer Handlungsmuster, Rollenverständnisse und Bearbeitungstraditionen.

Wir wollen in diesem Beitrag dem Einfluß dieser Faktoren auf die Handlungs- und Innovationsfähigkeit deutscher Städte und Gemeinden genauer nachspüren, und zwar bezogen auf zwei ausgewählte Reformelemente: Wettbewerbs- und Kundenorientierung – Elemente, die sich in ihrer wechselseitigen Verschränkung als dynamisierende Triebkräfte des Wandels erwiesen haben. Ausländische Erfahrungen unterstreichen, daß hierdurch Lern- und Innovationsfähigkeit auf Dauer gestärkt werden können.

Vor dem Hintergrund der konzeptionellen Bezüge von „New Public Management" und hieraus abgeleiteter präskriptiver Restrukturierungsstrategien und -instrumente (Abschnitt 2) werden im dritten Abschnitt konvergente und divergente Entwicklungspfade des Reformprozesses in ausländischen Kommunalverwaltungen nachgezeichnet, die, vergleichenden Expertenratings zufolge, als besonders innovativ angesehen werden.[1] Das tradi-

---

1 Empirische Basis bilden die Ergebnisse des von der Hans-Böckler-Stiftung geförderten international vergleichenden Projekts „Neue Städte braucht das Land" (vgl. hierzu u.a. Naschold et al. 1994 sowie Naschold et al. 1997). Auf der Basis von Fallstudien in Kommunalverwaltungen Europas (Großbritannien, Niederlande, Schweden, Dänemark, Finnland und Schweiz), der USA und Neuseelands, die sich im Rahmen der Preisrecherche der Bertelsmann Stiftung 1993 als besonders innovative Kommunalverwaltungen profilieren konnten, wurden das je spezifische Modernisierungs-

tionelle „deutsche Modell" der Produktion öffentlicher Dienstleistungen, die Grenzen seiner Innovationsfähigkeit sowie die Spezifik der hierzulande verfolgten Reformstrategien werden im vierten Abschnitt skizziert, bevor wir im letzten Teil unter Einbeziehung internationaler Erfahrungen einige vorläufige Schlußfolgerungen in bezug auf reformförderliche wie -hemmende Faktoren in Deutschland ziehen und auf die bislang ungenutzten Potentiale für eine grundlegende Restrukturierung der Leistungsprozesse eingehen wollen.

2. Konzeptionelle Bezüge des „New Public Management"

Aus internationaler Perspektive ist eine deutliche Konvergenz in den Argumentationslinien und Maßnahmenbegründungen hinsichtlich der Restrukturierung öffentlicher Verwaltungen zu erkennen, und zwar unabhängig von den politischen Positionen der Regierungen. Diese Entwicklung wurde später als „New Public Management" (NPM) bezeichnet (vgl. Hood 1991; Caiden 1991). NPM bezeichnet einen programmatisch ausgerichteten Ansatz, der seine theoretischen Begründungen im wesentlichen aus der neuen Politischen Ökonomie, insbesondere der Public-Choice-Theorie und managementorientierten Konzepten („Managerialism") bezieht. Den gemeinsamen Kern beider Denkströmungen bildet die Bürokratiekritik. Allerdings stellen beide Ansätze unterschiedliche Diagnosen und empfehlen zum Teil widersprüchliche Therapiemaßnahmen.

Triebfeder des „New Public Management" ist vor allem die Public-Choice-Theorie, die – ausgehend von Problemen der Entscheidungsfindung bei „öffentlichen", also kollektiven Gütern – einige Empfehlungen zur zweckmäßigen Organisation staatlicher Leistungsverwaltung und Aufgabenerfüllung formuliert (vgl. Mueller 1979). Public-Choice-Ansätze zielen auf eine Stärkung der Politik und der gewählten Vertreter gegenüber der Verwaltung; dieser Orientierung liegt eine generell pessimistische Grundhaltung gegenüber der Leistungsfähigkeit öffentlicher Dienstleistungsproduktion zugrunde. Es wird angenommen, daß rational entscheidende Individuen aus Handlungsalternativen immer diejenige wählen, die für sie den größten Nutzen verspricht. Als einzelne und in Koalitionen versuchen sie, diese Nutzenmaximierungsstrategie gegenüber dem und innerhalb des politisch-administrativen Systems durch Einflußnahme auf und Kontrolle über politische Programme durchzusetzen. Die Existenz altruistischer Motive oder einer Gemeinwohlorientierung wird tendenziell zurückgewiesen. Aus diesen Prämissen resultiert die Diagnose eines charakteristischen „Prozeßversagens" im öffentlichen Sektor, sowohl hinsichtlich des Politikdesigns als auch der Implementation. Das Anwachsen öffentlicher Programme und öffentlicher

---

profil, die Prozesse der Restrukturierung sowie die Wirkungen des „change"-Managements im Hinblick auf Effizienz, Qualität und Demokratie untersucht.

Bürokratien, dem empirisch keine adäquate Erreichung der öffentlich artikulierten Anforderungen oder Ziele gegenüberstehe, sei auf das Eigeninteresse der Implementatoren an der Sicherung und Ausdehnung ihrer Programme und Einflußbereiche zurückzuführen. Umgekehrt instrumentalisierten hiernach Individuen und gesellschaftliche Gruppen ihrerseits die Verwaltung zur Erreichung und Sicherung von Eigeninteressen, die unter Bedingungen des Marktwettbewerbs nicht zu realisieren wären. Gut organisierte und homogene Interessen profitierten dabei in Anbetracht z.B. des Informationskostenproblems (Reschenthaler/Thompson 1996) zu Lasten weniger starker Gruppierungen. Die Handlungslogik der individuellen Nutzenmaximierung im Verbund mit Koalitionsbildung führt – so der Public-Choice-Ansatz – quasi automatisch zu ökonomisch ineffizierter Verteilung.

Aus den genannten Gründen präferieren die Public-Choice-Vertreter eindeutig die private Produktion von Leistungen gegenüber der öffentlichen Eigenproduktion (Privatisierung, „contracting out" etc.). Sofern Anbietermärkte nicht entwickelt sind oder die Auslagerung politisch nicht gewünscht ist, sind plurale Anbieterstrukturen innerhalb des öffentlichen Sektors und marktähnliche Produktionsbedingungen der monopolistischen Aufgabenerledigung vorzuziehen. Die Auflösung bürokratischer Großorganisationen zugunsten kleiner, überschaubarer leistungsproduzierender Einheiten – typischerweise verbunden mit der Trennung von Auftraggeber- und Auftragnehmerfunktionen und gesteuert durch Kontrakte –, soll im internen Wettbewerb Effizienz und Qualität steigern.

Die Transformation der Rolle des Bürgers in die eines Konsumenten ist mit Vorschlägen zur Einführung von Gebühren und Entgelten verknüpft, um die Kongruenz zwischen Nutznießern von und Zahlern für öffentliche Leistungen herzustellen; durch solche Anreize für marktadäquates Verhalten soll zugleich dem „Trittbrettfahrerproblem" entgegengewirkt werden. Andererseits erhalten die Konsumenten mit der Pluralisierung von Produzenten im gleichen Dienstleistungssegment Wahlmöglichkeiten („choice") zwischen verschiedenen Anbietern. Zur Stärkung der Konsumentensouveränität („empowerment") werden Informationsrechte für die Leistungsnachfrager und entsprechende Informationsverpflichtungen für die Anbieter sowie Beschwerdeverfahren oder Regreßpflichten vorgeschlagen.

Das Modell der neuen Politischen Ökonomie zielt auf eine klare Rollentrennung zwischen den am Prozeß der Dienstleistungsplanung, -produktion und -konsumtion beteiligten Akteuren – insbesondere auf eine Stärkung der Politik gegenüber den Administratoren und „professionals" – und auf einen wettbewerblichen Steuerungsmodus der Interaktionen und Handlungslogiken. Auch die Stärkung der Konsumentenmacht ist in diesem Zusammenhang weniger Ziel denn Instrument, um dem Marktmodell mehr Geltung zu verschaffen. Wahlentscheidungen auf Basis von Preis-Leistungsvergleichen fordern die Anpassungs- und Innovationsfähigkeit von Leistungsproduzenten insofern heraus, als Marktanteile und letztlich die Überlebensfähigkeit hiervon abhängen.

Kennzeichen des Managerialismus – jenseits der unterschiedlichen unter diesem Begriff zusammengefaßten betriebswirtschaftlichen, personalwirtschaftlichen und „change management"-Konzepte – ist die Kritik am vorherrschenden hierarchischen „Design" (Aucoin 1990) des bürokratischen Organisations- bzw. Produktionsmodells, die Diagnose eines „falschen Paradigmas", eines Sets von „tiefverwurzelten Denkgewohnheiten" (Barzelay/Armajani 1992, S. 5), das unter gegenwärtigen gesellschaftlichen Entwicklungsbedingungen in öffentlichen ebenso wie in privaten Organisationen scheitern müsse. Mit dem Management-Ansatz ist das alternative Paradigma einer in den öffentlichen Sektor übertragbaren „customer driven and service oriented organisation" (ebenda) herausgestellt worden. Das Nachdenken über Kundenbeziehungen und Servicequalität helfe Managern, alternative Lösungen für besonders dringliche Probleme zu finden. Im Unterschied zum Public-Choice-Ansatz wird davon ausgegangen, daß eben jene Triebkräfte, die den Wandel in privatwirtschaftlichen Unternehmen bzw. Branchen beschleunigen, direkt oder indirekt auch die Anforderungen an substantielle Reformen des öffentlichen Sektors aus der Perspektive von Öffentlichkeit und Politik bestimmen.

Mit der These von der Verallgemeinerbarkeit von Managementstrategien über Sektorgrenzen hinweg sind Organisationsprinzipien der „Lean Production" und Steuerungskonzepte wie „Management by Objectives" (mit den Instrumenten der Zielvereinbarung, der Kosten- und Leistungsrechnung und des Controlling) in die Debatten um die Reform des öffentlichen Sektors eingezogen. Die Bemühungen um eine stärker kundenorientierte Qualitätsproduktion orientieren sich auf das „Prozeßreengineering" und den Kulturwandel sowie insbesondere auf ein umfassendes Qualitätsmanagement (vgl. Oppen 1995). Dabei hat die Grundüberlegung hohe Aufmerksamkeit gewonnen, wonach Qualitätsverbesserungen die Verschwendung von Ressourcen einschränken und eine „Kettenreaktion" von geringeren Kosten, besserer Wettbewerbsposition, zufriedeneren Beschäftigten und Arbeitsplatzzuwachs in Gang setzen könnten (Deming 1982, S. 2). In den verschiedenen Managementphasen vom Design eines Produktes über die Gestaltung und Steuerung der Leistungsprozesse bis hin zur Bewertung der Ergebnisse und Wirkungen werden in diesem Konzept eine Reihe bekannter, aber für den öffentlichen Sektor durchaus neue Praktiken miteinander kombiniert: strategische Qualitätsplanung, partizipative Führungsmethoden, qualitätsorientierte Organisations- und Personalentwicklung, verschiedene Verfahren der Qualitätsevaluation und -zertifizierung sowie Instrumente der Markt- und Konsumforschung. Bürger werden in diesem Kontext als faktische oder potentielle Kunden betrachtet; ihre Vorstellungen und Präferenzen sollen durch Befragungen oder die Einrichtung interaktiver Focusgruppen in Verbesserungsprozesse einfließen.

Aus managerialistischer Perspektive geht es darüber hinaus um die Ablösung der traditionellen Personalverwaltung durch ein umfassendes Humanressourcenmanagement. Das Personal wird nicht länger in erster Linie als Kostenfaktor, sondern als strategischer Erfolgsfaktor gewertet; ihn gezielt aufzubauen, einzusetzen und zu pflegen, avanciert zur genuinen Managementaufgabe. Organisationale und personale „Empowerment"-Strategien wie ein umfassender Aufgabenzuschnitt einschließlich der Zuweisung entsprechender Kompetenzen, Beschäftigtenbeteiligung und umfassende Qualifizierung sowie Kommunikations- und Anreizstrukturen, um die Fähigkeiten, die Zufriedenheit und das „Commitment" der Beschäftigten zu fördern, werden als Voraussetzung nicht nur für eine am Kundennutzen orientierte Effizienz- und Qualitätssteigerung, sondern auch für die Sicherung der Anpassungs- und Lernfähigkeit von Organisationen betrachtet (vgl. etwa Kanter 1983; Heskett et al. 1997).

Die Fusionierung der beiden Denkrichtungen von Public-Choice- und Managerialismus-Vertretern samt der mit ihnen assoziierten Grundsätze und Handlungsempfehlungen im „New Public Management" als Rahmenmodell für den grundlegenden Umbau des öffentlichen Sektors hat – jenseits der hohen internationalen Aufmerksamkeit in Wissenschaft und Praxis – eine Reihe ernstzunehmender kritischer Einwände hervorgerufen. So wird etwa auf die Inkonsistenz oder sogar Widersprüchlichkeit der beiden Strömungen verwiesen, die zu analytisch nicht spezifizierten Spannungsverhältnissen führen, etwa zwischen dem „Empowerment" der Politik (Public Choice) und der Stärkung eines professionellen Managements oder zwischen Zentralisierung und Dezentralisierung bzw. zwischen erforderlicher Koordination und Deregulierung (z.B. Aucoin 1990; Ståhlberg 1996). Ein weiterer zentraler Einwand richtet sich gegen den Universalismusanspruch von NPM, den die Promotoren wegen der politischen Neutralität dieses Ansatzes und der entsprechenden Übertragbarkeit auf alle öffentlichen Aufgabenfelder und Dienstleistungssegmente gerade als Vorzug darstellen. Skeptiker wenden demgegenüber ein, daß normative Politikziele wie Verteilungsgerechtigkeit, Chancengleichheit oder sozialer Ausgleich mit NPM-spezifischen Logiken einzelwirtschaftlicher Rationalität konfligieren oder nicht vereinbar sind (Pollitt 1993; Pfeffer/Coote 1991).

Nun ist allerdings davon auszugehen, daß solche Widersprüche und Spannungen auch dem „alten" öffentlichen Management inhärent sind (vgl. auch Aucoin 1990). Dieser Sachverhalt könnte die Attraktivität des aus wissenschaftlicher Perspektive unterspezifizierten und wenig konsistenten NPM-Ansatzes für Praktiker teilweise erklären. Jedenfalls zeigen die Ergebnisse unserer eigenen Untersuchung (vgl. Naschold et al. 1997), daß problemlösungsorientierte und reformfreudige Praktiker sich keineswegs schwer damit tun, quer zu akademisch-disziplinären und normativen Trennlinien Gestaltungselemente aus beiden Denktraditionen miteinander zu kombinieren. Dieses Vorgehen hat in der Praxis den Vorteil, daß die mit den konkurrierenden Handlungsempfehlungen verbundenen Dysfunktionen begrenzt und Schwächen kompensiert werden können (vgl. Oppen 1997a).

3. Phasen und Formen der Restrukturierung im internationalen Umfeld

Insgesamt sind die tradierten Leistungserstellungsprozesse in öffentlichen Verwaltungen mit ihren Basisprinzipien horizontaler und vertikaler Arbeitsteilung und hierarchischer Integration in Bewegung geraten. Die Neuordnung des Steuerungsarrangements und der Organisationsstrukturen der Leistungsproduktion kann in drei Phasen untergliedert werden, die das transnationale Entwicklungsmodell charakterisieren (Abschnitt 3.1). Divergierende Ausprägungen zeigen sich jedoch hinsichtlich der Ausgestaltung einzelner Modernisierungselemente, was am Beispiel von Wettbewerbspolitik und Kundenorientierung illustriert werden soll (Abschnitt 3.2).

3.1 Phasen des Umbaus der Leistungserstellungsprozesse

(1) Restrukturierung der Betriebsorganisation

In der ersten Phase wurden in allen untersuchten Kommunalverwaltungen sowohl die Betriebsorganisation restrukturiert als auch neue Steuerungsprinzipien eingeführt. Die Maßnahmen zielten dabei auf die Entflechtung der tradierten bürokratischen Strukturen, auf eine klarere Trennung zwischen politischen und administrativen Kompetenzen, die Einführung von Kosten- und Leistungsverantwortung auf dezentraler Ebene sowie auf die Reorientierung auf Ergebnisse statt auf Input-Größen. Schwerpunkt dieser Phase war vor allem die Verselbständigung von Verwaltungseinheiten in unterschiedlichen Varianten und Kombinationen: Center-Konzepte, Agency-Bildung in Verbindung mit Auftraggeber-Auftragnehmer-Modellen, deren Beziehungen durch Leistungsvereinbarungen oder Verträge gestaltet werden. Gerade die „Kontraktualisierung" der Kommunalverwaltung (Wegener 1998) markiert den wesentlichen Wandel der dominierenden Steuerungsmechanismen: Der Trend geht von der Regelsteuerung zur Ergebnissteuerung, die über marktliche Steuerungsmechanismen erreicht werden soll. Die Verselbständigung von Verwaltungseinheiten bildete die strukturelle Vorbedingung für eine spätere Veränderung der Leistungsprozesse, denn Leistungsprozesse wurden in dieser ersten Phase unter weitgehender Beibehaltung bisheriger Verfahren und Kooperationsweisen an die neuen Organisationsstrukturen angepaßt, aber nicht grundlegend verändert. Zum ersten wurden zahlreiche fragmentierte Arbeitsschritte und Funktionen zu neu modellierten Aufgaben integriert bzw. zusammengefaßt, zum zweiten haben sich durch Delegation von Verantwortung und durch Hierarchieabbau Entscheidungsspielräume erweitert. In den publikumsintensiven Bereichen läßt sich ein Trend zur kundenbezogenen Komplettbearbeitung erkennen. Im Zusammenhang damit finden sich auch Ansätze zur Überführung umfassender Zuständigkeiten in die Verantwortung von Arbeitsgruppen, die als anzustrebendes Leitbild der Arbeitsorganisation auch im öffentlichen Sektor gelten.

Generell läßt sich jedoch feststellen, daß die Aufgabenerweiterung nur begrenzt mit einer Ausweitung entsprechender Handlungsspielräume verknüpft ist; die Hierarchie ist in der Organisation immer noch ausgeprägt. Vorherrschend ist in dieser Phase die Bildung von restriktiv organisierten Teams in Kombination mit deutlich erhöhten Leistungsvorgaben, die in zwei Varianten eines arbeitsorganisatorischen Konservatismus in Erscheinung treten: die Verhaftung in bürokratietypischen Anforderungsstrukturen und Arbeitsweisen einerseits – vor allem im kontinentaleuropäischen und skandinavischen Bereich –; andererseits neotayloristische Formen der Arbeitsorganisation – in angelsächsischen Ländern und in Linköping (Schweden) – unter den Bedingungen einer weitgehenden Flexibilisierung des Personaleinsatzes und erheblich angehobener Leistungsvorgaben.

(2) Prozeßverbesserung durch Personal- und Organisationsentwicklung

Innerhalb der zweiten Phase, die gegenwärtig das Reformgeschehen dominiert, vollzieht sich der Übergang von der binnenorganisatorischen Logik der Veränderung hin zu einer externen Orientierung des Wandels, bei der der Kunde und die Nutzerin öffentlicher Dienstleistungen wie auch die Interessen der Bürgerschaft in den Mittelpunkt rücken. Daneben gibt es Hinweise und Belege dafür, daß negative Effekte der personalpolitischen Versäumnisse auf der Arbeitsebene zu kumulieren beginnen. Es offenbart sich ein vergleichsweise großes Potential an Arbeitsunzufriedenheit, verbunden mit einer nur bedingten Akzeptanz bzw. Unterstützung des Wandels. Auch eine zu geringe aktive Einbeziehung der Beschäftigten in den Wandlungsprozeß wird hier und dort kritisch registriert.

In dieser zweiten Phase setzen in allen Städten binnen- und außenorientierte Initiativen ein, die – in unterschiedlicher Breite und Tiefe – darauf abzielen, die Leistungsfähigkeit und die Leistungsprozesse im Rahmen der neuen organisatorischen Strukturen auf eine explizite Kundenorientierung hin zu optimieren. Jenseits der damit verbundenen, je spezifischen Schwerpunktsetzungen und Prioritäten geht es in dieser Phase der Kundenorientierung in allen Städten um drei Ziele: die Interessen, Bedürfnisse und Präferenzen der Kunden bzw. Nutzerinnen zu ermitteln (vgl. Oppen 1997a); die Ergebnisse innerhalb der Organisation zu verbreiten; und entsprechende Aktivitäten zu planen und umzusetzen, die geeignet sind, die Leistungsfähigkeit der Gesamtorganisation zu verbessern. In den meisten Städten wird dabei über die externe auch die interne Kundenperspektive („next process is your customer") ins Zentrum gerückt.

Die Gegenstandsbereiche der Entwicklungs- und Verbesserungsinitiativen beziehen sich auf die gesamte Palette von Strukturen, Normen, Verfahren und Ressourcen der Dienstleistungsproduktion, darüber hinaus aber auch auf die Verbesserung der Endprodukte selbst oder die Entwicklung neuer Dienstleistungsangebote. Die vorherrschenden Prinzipien dieser Initiativen basieren auf Qualitätsmanagementansätzen; sie sind partizipativ, bereichsübergreifend und lernorientiert gestaltet.

(3) Radikale Prozeßerneuerung

Vor dem Hintergrund eines radikal veränderten Organisationsumfeldes hat der zunehmende Wettbewerbsdruck, dem nun auch verschiedene öffentliche Leistungsanbieter ausgesetzt sind, in allerjüngster Zeit eine dritte Stufe der Organisationsreform hervorgebracht, die als grundlegende Prozeßerneuerung, als radikaler Bruch mit dem Bisherigen, gekennzeichnet werden kann und deutliche Elemente des Reengineering aufweist (vgl. Kamiske/ Füermann 1995).

Im Kern geht es um die standortgebundene oder standortverteilte Neuzusammensetzung und Optimierung arbeitsteiliger Leistungsprozesse. Ziele sind dabei die weitgehende Reduzierung der Bearbeitungsstationen – wenn möglich auf eine einzige, denn Schnittstellen bringen die Gefahr von Fehlern und Abstimmungsproblemen mit sich – sowie die Verbesserung von Durchlaufzeiten durch Verzicht auf Kontrollen und parallele Bearbeitung.

Obwohl diese Phase der Prozeßerneuerung die Phase der Prozeßverbesserung überlagert, grenzt sie sich deutlich von den beiden anderen Phasen ab. Mit der klaren externen Orientierung wird der Kundennutzen als oberste Maxime der Reorganisation internalisiert. Hierin besteht eine der größten Herausforderungen des Verwaltungsumbaus. In etwa der Hälfte der Städte haben wir einzelne Ansätze eines solchen Prozeßreengineering vorgefunden; typische Merkmale der betreffenden Aufgabenbereiche waren hohe Komplexität der Prozesse, hohe Anforderungen an Flexibilität sowie an zeitliche Zuverlässigkeit. Die Logik der Prozeßerneuerung über Bereichsgrenzen hinweg setzt damit einen dramatischen Kulturwandel und entsprechende Verhaltensänderungen auf seiten der administrativen Entscheidungsträger und der Mitarbeiter voraus, mindestens aber muß sie eine solche Dynamik in Gang setzen, wenn Verbesserungen „um Größenordnungen" erreicht werden sollen.

Die bisherigen Realentwicklungen in internationalen innovativen Kommunen haben tiefgreifende Veränderungen hervorgebracht. Dabei sind zwischen den einzelnen Kommunen Unterschiede in der Reichweite und Tiefe der Veränderung festzustellen. Einige der Städte bewegen sich bereits in der dritten Phase der Prozeßerneuerung und sehen sich mit der großen Aufgabe des Kulturwandels innerhalb der Organisation konfrontiert, während andere Kommunen auf dem erreichten Niveau der Restrukturierung stagnieren. Obgleich in vielen untersuchten Städten ein Rückfall in bürokratische Strukturen und Prozesse unwahrscheinlich erscheint, ist eine nachhaltige Flexibilisierung und Lernfähigkeit noch nicht konsolidiert.

3.2 Varianten von Wettbewerb und Kundenorientierung

Wettbewerb und Kundenorientierung besitzen in der zweiten und dritten Phase der Prozeßneugestaltung in innovativen Kommunen eine herausragende Bedeutung für die Etablierung der Anpassungs- und Lernfähigkeit der Kommunalverwaltung.

(1) Wettbewerbspolitik als Motor der Veränderung

Ziel der Wettbewerbseinführung ist es, die organisatorischen, personalpolitischen und technischen Voraussetzungen zur Verbesserung der Produktivität, zur Qualitätssteigerung, zur Stärkung der Kundenorientierung sowie zur Reduzierung der Produktionszeiten zu schaffen. Wettbewerb ist dabei nicht in erster Linie Ziel der Restrukturierung, sondern Instrument. Wettbewerb hat verschiedene Funktionen, von denen zwei im Prozeß der Leistungsverbesserung besonders relevant sind: Zum einen bewirkt der Wettbewerbsprozeß die laufende flexible Anpassung der Produktion an die Nachfragestruktur und dient somit dem Strukturwandel, zum anderen beschleunigt Wettbewerb die Durchsetzung von Produkt- und Produktionsprozeßinnovationen (vgl. Kantzenbach 1967). Die Orientierung auf Kunden als Konsumenten ist kausal mit Wettbewerb verbunden. In der Kommunalverwaltung haben sich verschiedene Gestaltungsvarianten von Wettbewerb herausgebildet, etwa Leistungsvergleiche, Kontrakte und Markttests. Die Stimulierung von Anpassungsprozessen durch marktliche bzw. marktähnliche Mechanismen erfolgt in allen Dienstleistungsbereichen. Kriterium für die Wahl einer bestimmten Form des Wettbewerbs ist insbesondere die Anbieterstruktur in spezifischen Bereichen. Empirisch wird deutlich, daß marktlicher Wettbewerb vor allem in Tätigkeitsbereichen populär ist – und weiter ausgeweitet wird –, die unmittelbar marktfähig sind, weil hier Produkte bzw. Leistungen erzeugt werden, die in gleicher oder ähnlicher Weise bereits im privaten Sektor produziert werden. So ist ein unmittelbarer Vergleich der Leistungsperformanz mit privaten Produzenten möglich. Dies betrifft vor allem technisch-infrastrukturelle Dienstleistungen, die zudem ohne größere Transaktionskosten für den öffentlichen Auftraggeber auch von kommerziellen Unternehmen übernommen werden könnten. Der vorhandene Markt wird dabei genutzt, um entweder die Eigenproduktion von Leistungen in andere Erstellungsformen zu überführen oder interne Produktivitätssteigerungen im direkten Leistungsvergleich mit privaten Anbietern zu ermöglichen.

Eine der interessantesten Gestaltungsvarianten von Prozessen der Vermarktlichung ist Wettbewerb zwischen öffentlichen und privaten Dienstleistungsproduzenten: In Phoenix (USA) befindet sich die städtische Müllabfuhr in direkter Konkurrenz zu privaten Anbietern. Das städtische Monopol ist durch die Ausschreibungspolitik der Stadt durchbrochen worden. Das gesamte Stadtgebiet ist in sieben Müllbezirke aufgeteilt, von denen maximal vier von privaten Unternehmen betrieben werden, die anderen jedoch von der Stadt. Die Stadt Phoenix argumentiert, daß aus mehreren Gründen öffentliche Dienstleistungsanbieter ernstzunehmende Konkurrenten im Wettbewerb bleiben sollten, da sich sonst aufgrund der Marktstruktur im Bereich der Müllabfuhr ein privates Monopol bilden würde.

Wettbewerber sind in Phoenix lediglich drei Unternehmen. Der öffentliche Leistungsanbieter hat in Phoenix die Funktion, die Marktstruktur zu verbessern, regionale Absprachen zwischen den Unternehmen zu entkräften und die Preise so niedrig wie möglich zu halten. Dabei profitiert die städtische Müllabfuhr intern vom kontinuierlichen Zwang zur Leistungs- und Produktivitätsverbesserung. Die Leistungsverbesserung wird zusätzlich durch Kundenbefragungen und kundendefinierte Leistungsstandards gewährleistet. Konkurrent ist die Müllabfuhr jedoch nur dann, wenn ihre Kostenstruktur der der privaten Unternehmen ähnlich ist, was die ausführende Einheit durch (1) Benchmarking mit anderen öffentlichen Anbietern, (2) Markttests mit privaten Anbietern und (3) schließlich im Wettbewerb durch öffentliche Ausschreibungen beweisen kann. An eine Privatisierung der städtischen Müllabfuhr oder eine vollständige Auslagerung durch Ausschreibungen wird in Phoenix nicht gedacht, da sonst die Kommune als Auftraggeber weniger Wahlmöglichkeit zwischen verschiedenen Anbietern hätte und die Kontrolle des Marktes verlieren würde, die sie stellvertretend für die Bürger der Stadt wahrnimmt (institutioneller Konsumerismus, nach Pfeffer/Coote 1991), da die Bürger bei zahlreichen technisch-infrastrukturellen Leistungen keine Wahlmöglichkeiten haben.

Dieser pragmatischen Nutzung bestehender Anbietermärkte zur binnenorganisatorischen Steigerung von Effizienz und Produktivität stehen jedoch auch Beispiele gegenüber, bei denen der Einsatz wettbewerblicher Instrumente widersprüchliche Ergebnisse erbracht hat. Großbritannien zählt zu diesen Beispielen. Durch die Stoßrichtung der zentralstaatlichen Politik, den öffentlichen Sektor insgesamt zurückzudrängen, war eine angemessene lokale Gestaltung von Wettbewerbsprozessen nicht möglich. Kommunen wurden verpflichtet, vorgegebene Dienstleistungs- und Tätigkeitsbereiche vollständig oder teilweise öffentlich auszuschreiben. Dabei wurden weder die vorhandenen regionalen Anbieterstrukturen berücksichtigt, noch war es den Kommunen aufgrund der detaillierten Vorgaben möglich, strategische Partnerschaften mit einzelnen Produzenten einzugehen – weder mit privaten Anbietern noch mit den eigenen kommunalen Einheiten. Das britische Modell verkannte unterschiedliche Auftraggeber-Auftragnehmer-Beziehungen, wie sie in der privaten Industrie seit Jahrzehnten praktiziert werden. Die Präferenz für materielle Privatisierung ermöglichte keine interne Verbesserung, ebensowenig sind die Kommunen in der Lage, die Preisbildung zu beeinflussen. Vermarktlichung bedeutet in Großbritannien faktisch Privatisierung, nicht Leistungsverbesserung.

Besondere Herausforderungen ergeben sich für die Konzeptionierung wettbewerblicher Mechanismen bei der Erstellung von Dienstleistungen im Sozial-, Gesundheits- und Bildungsbereich. Denn unter Rentabilitätsgesichtspunkten ist die Grundversorgung der Bevölkerung mit personenbezogenen sozialen Dienstleistungen für private Anbieter wenig attraktiv. Allenfalls im Hochleistungssegment haben sich für Selbstzahler private Anbieter etabliert (z.B. Privatschulen). Jenseits der in diesem Sektor länderspezifisch in sehr unterschiedlichem Maße engagierten „Not-for-profit-Organisationen" handelte es sich also wesentlich um öffentliche Monopole. Um auch hier die Leistungsorientierung durch wettbewerbliche Elemente zu stärken, wurden sogenannte Quasi-Märkte in öffentlicher Regie durch Spezifizierung eigener Leistungsprofile der einzelnen Anbieter im gleichen Segment und durch Gewährung oder Erweiterung individueller Wahlmöglichkeiten für die Nutzerinnen und Kunden dieser Leistungen gebildet. Idealtypisch treten nun die – in bezug auf Kosten- und Leistungsverantwortung weitgehend autonomen – Schulen, Kindertagesstätten oder Pflegeeinrichtungen mit ihrem jeweiligen, möglichst attraktiven Leistungsspektrum untereinander in Konkurrenz um (potentielle) Abnehmer. Das Entscheidungsverhalten der Konsumenten wird somit selbst zu einem wichtigen Rückkopplungsmechanismus für den Erfolg oder die Akzeptanz der Leistungsgestaltung. Mit Einführung erfolgsbezogener Bemessungskriterien schlägt sich ein erfolgreiches Operieren „am Markt" entsprechend positiv im Budget des nächsten Jahres nieder.

Die konsequente Umsetzung dieses „Public-Choice"-basierten Modells der Vermarktlichung des sozialen Sektors insbesondere im angelsächsischen Raum[2] hat zu einer Reihe von dysfunktionalen Nebeneffekten geführt. Sehr grundlegende kritische Einwände (vgl. etwa Pollitt 1993; Ryan 1995; Thompson 1995) beziehen sich auf die dem Nutzer oder Klienten zugewiesene Rolle eines souveränen Konsumenten. Aufgrund der Informationsasymmetrie insbesondere bei komplexen professionellen Leistungen zugunsten der Experten ist der Konsument allenfalls bedingt in der Lage, die Qualität unterschiedlicher Angebote zu vergleichen und die seinen Bedarfen – nicht nur seinen wahrgenommenen Bedürfnissen – entsprechenden Leistungen auszuwählen. Darüber hinaus entstünden hohe Informationskosten für die Leistungsadressaten, wobei durch die dafür erforderlichen Ressourcen wie Wissen, Zeit und Geld die sozial und ökonomisch Bessergestellten wiederum im Vorteil seien. Außerdem sei hierin eine Polarisierung der Angebotsstrukturen angelegt: Mit der „Exit"-Option für die Nutzer entwickeln sich Hochleistungsanbieter für die privilegierten Schichten und Segmente minderer Qualität für die sozial Benachteiligten (vgl. Oppen 1997a). Dieses Modell enthält zugleich Anreize zum „Creaming" für die Anbieterseite, also zur besonderen Umwerbung ökonomisch interessanter Kundengruppen (überdurchschnittlich kooperative und risikoarme Klienten) und zur Abwehr möglicher Problemkandidaten.

Um derartige Fehlentwicklungen zu vermeiden, haben vor allem skandinavische Städte einen „vorsichtigen" Einsatz wettbewerblicher Elemente gewählt. Die Stadt Hämeenlinna (Finnland) beispielsweise hat bereits Quasi-Märkte für die Bereiche Schulen, Kindertagesstätten und Pflegeeinrichtungen geschaffen und will diese weiter ausbauen. Grundsätzlich wird dabei das Nebeneinander von mehreren städtischen (und den wenigen privaten) Leistungserbringern weniger als Konkurrenz denn als komplementäres Verhältnis gesehen und entsprechend gestaltet. Als kompetitiver Mechanismus sind regelmäßige Kosten- und Leistungsvergleiche eingeführt worden. Dabei konkurrieren Dienstleistungsproduzenten in erster Linie „mit sich

---

[2] In den angelsächsischen Ländern sind Bildung und Gesundheit zwar nicht Bestandteil des kommunalen Aufgabenspektrums, jedoch sind in diesen Sektoren gleichermaßen NPM-basierte Reformen initiiert worden.

selbst", indem sie die eigene Entwicklung im Zeitverlauf verfolgen. Vergleiche mit anderen Produzenten und dem städtischen Durchschnitt finden ebenfalls statt (intrakommunaler Vergleich). Die Indikatorenentwicklung zu Kosten, Produktivität und Qualität für alle Einrichtungen erfolgte in Zusammenarbeit mit anderen Städten, so daß auch interkommunale Vergleiche möglich sind. Ergänzt werden diese Vergleichsdaten durch Kunden- und Beschäftigtenbefragungen, die es den einzelnen Ergebniszentren erlauben, spezifische Schwachstellen und Rückstände zu ermitteln, um so gezielt in Verbesserungsmaßnahmen investieren zu können. Im „Wettbewerb der Arbeitseinheiten" sollen letztlich ein Klima und ein gewisser sozialer Druck zur gleichmäßigen Verbesserung der Kostenstrukturen, der Produktivität und der Qualität aller Dienstleistungen – auch und gerade bei unterschiedlicher Dienstleistungsprofilgestaltung – geschaffen werden. Es geht nicht darum, „Schlechtleister" durch Wettbewerb zu isolieren oder aus dem Markt zu drängen, sondern gerade die zu leistungsverbessernden Innovationen anzuregen. Dementsprechend wird auch mit erfolgsorientierten Budgetbestandteilen sparsam experimentiert; sie haben eher den Charakter von Anerkennungsprämien.

(2) Kundenorientierung als Motor der Veränderung

Managerialistischen Strategien geht es darum, die Kundenbewertungen und -präferenzen zum zentralen Bezugspunkt einer umfassenden Dienstleistungsorientierung im Restrukturierungsprozeß zu machen. Dies gilt insbesondere für wettbewerblich agierende Dienstleistungsproduzenten, bei denen Kundenorientierung einen zentralen Erfolgsfaktor darstellen kann. Aber auch in monopolistischen Sektoren haben Städte erkannt, daß von der Qualität ihrer Leistungsangebote und ihres Services nicht nur die Wirksamkeit der Implementation politischer Programme abhängt, sondern auch ihre Position im Standortwettbewerb bei der Unternehmensansiedlung und in der Attraktivitätskonkurrenz als Wohnort.

Um die Responsivität der Verwaltung gegenüber ihrer Umwelt zu erhöhen, müssen Bedarfe, Erwartungen und Einschätzungen der Kundinnen und Nutzer zunächst dingfest gemacht werden. Der Einsatz expertenzentrierter und standardisierter Marktforschungsinstrumente zu diesem Zweck dominiert in den untersuchten Städten eindeutig (vgl. Oppen 1997a). Hierzu zählen neben Befragungen von Bürgerinnen und Kunden Beschwerde- und Vorschlagssysteme sowie Inanspruchnahmeanalysen. Die Grenzen dieses Standardsets an Instrumenten insbesondere im Hinblick auf ernsthafte Bemühungen um strukturellen Wandel und grundlegende Qualitätsverbesserungen – jenseits der Behebung einzelner eklatanter Mängel und Fehlleistungen – wurden jedoch bald offensichtlich. Die Kunden werden zu Datenlieferanten, die keinen Einfluß auf die Gestaltung des Instruments und die Nutzung der Ergebnisse haben. Damit wird die Mißbrauchsmöglichkeit eröffnet, Kundenorientierung nur symbolisch zu dokumentieren. Reaktive Verfahren sind überdies weitgehend beschränkt auf beobachtbare Merkmale von Qualität; Elemente von Struktur- und Prozeßqualität bleiben dagegen verborgen, so daß sich nur bedingt gestaltungsrelevante Hinweise für umfassende Verbesserungsprozesse ermitteln lassen. Ebenso ist hierin die Ausblendung spezifischer Bevölkerungsgruppen wie Senioren, Kinder oder Behinderte und deren Interessen und Präferenzen angelegt – Gruppen, die in besonderem Umfang auf öffentliche Leistungen angewiesen sind. Verschiedene Städte haben dementsprechend eine Modernisierung ihres Instrumentariums vorgenommen.

Ein Beispiel aufgeklärter Nutzung quantifizierbarer Bürger- und Nutzerinformationen zur Leistungsverbesserung bietet die neuseeländische Stadt Christchurch: Hier dienen Bürgerbefragungen nicht nur dazu, die Zufriedenheit der Bürger mit öffentlichen Dienstleistungen abzufragen; es sollen auch alternative Produkte und Dienstleistungen vorgeschlagen und bewertet werden. Ein Schwerpunkt liegt nicht zuletzt bei den Nicht-Nutzern und unzufriedenen Bürgern, um Verbesserungen am Produkt – oder sogar die Einstellung der Produktion – und an den internen Leistungsprozessen zu ermöglichen. Im Bereich der Straßenbauverwaltung zum Beispiel, die traditionell ausschließlich technisch-professionelle Qualitätsstandards berücksichtigte, werden seither, vermittelt über Nutzerbefragungen, kundenbezogene Standards und Prioritäten in die Sanierungsplanung von Straßen integriert. Zielgruppen spezifischer Nutzerbefragungen sind Fußgänger, Radfahrer, Omnibusfahrer, Taxifahrer und andere relevante Nutzer. Die spezifischen Nutzerwünsche werden nicht aggregiert, sondern stehen der Verwaltung als Orientierung für zielgruppenorientierte Maßnahmen zur Verfügung. Die Frageformulierung wird durch Fokusgruppen vorgenommen, in denen alle Nutzer vertreten sind. Zusätzlich werden öffentliche und private Unternehmen als potentielle Auftragnehmer in den Planungsprozeß integriert. Die regelmäßig auf verschiedenen Ebenen gesammelten Informationen werden als Quelle kontinuierlicher Prozeß- und Strukturverbesserungen intern bearbeitet und umgesetzt.

Die Grenzen quantitativer Marktforschungsinstrumente werden besonders bei komplexen personenbezogenen Dienstleistungen deutlich, bei denen eine Vielzahl von Qualitätsdimensionen verschiedener Teilleistungen berücksichtigt werden muß, um problemlösungsrelevante Informationen zu erhalten. Einige Städte haben daher vor allem für die sozialen Dienste methodenplurale Sozialforschungsansätze (vgl. Oppen 1997b) entwickelt, die auf einen Mix aus quantifizierenden und qualitativen Instrumenten setzen. Der Einsatz sogenannter „weicher" Verfahren wie offene Interviews, Gruppendiskussionen oder Beobachtung und das Experimentieren mit Visualisierungstechniken – so zeigte sich vielfach – erbringt sowohl eine höhere Detailgenauigkeit für Stärken-Schwächen-Analysen als auch ein Feedback von üblicherweise nicht oder schwach repräsentierten Bevölkerungssegmenten. In Linköping (Schweden) ist zum Beispiel eine Evaluationsstudie zur Reorganisation der häuslichen Betreuungsdienste von Senioren und Behinderten durchgeführt worden. Unter anderem standen die Effekte des Wandels auf soziale Gerechtigkeit und Einflußmöglichkeiten der Nutzer auf die Angebotsstrukturen sowie auf die Rückkopplungs- und Dialogprozesse zwischen den beteiligten Akteursgruppen im Vordergrund des Interesses. Die Erwartungen der Klienten an die und ihre Erfahrungen mit den Veränderungen der häuslichen Versorgung wurden systematisch durch ganztägige Begleitungen von Hausbesuchen sowie Interviews und informelle Gespräche mit den Pflegebedürftigen und ihren Angehörigen erhoben, zusätzlich wurden umfassende Interviews mit den am Leistungsprozeß beteiligten Beschäftigten auf allen Ebenen geführt. Auf diese Weise ließen sich unerwünschte Nebeneffekte des Modernisierungsprozesses ermitteln und Vorschläge zu ihrer Beseitigung entwickeln. Solche Multiakteursansätze scheinen in besonderem Maße geeignet zu sein, Aufschluß über das institutionelle und lebensweltliche Umfeld zu gewinnen und den sozialen Kontext abzubilden, in dessen Rahmen die oftmals verketteten Einzelleistungen koproduziert, genutzt, bewertet und wirksam werden.

Die ehemals überwiegend rechtlich gesteuerte, Input-orientierte, von Professionen dominierte und typischerweise Rückkopplungsprozesse aus der Umwelt kaum berücksichtigende Produktion von Standarddienstleistungen hat durch die Kundenorientierung eine erhebliche Veränderung erfahren. Die Einbeziehung kundenspezifischer Interessen erstreckt sich nicht nur auf Menge und Darbietung spezifischer Dienstleistungen, sondern auch auf Formen und insbesondere auf Prozesse der Leistungserstellung bis hin zur Aufgabenkritik und Prioritätensetzung. Die passive oder reaktive Rolle der Adressaten und Abnehmer öffentlicher Leistungen ist in die Rolle eines mitgestaltenden Kooperationspartners transformiert worden. Auch die in den Kommunen praktizierten Formen der Wettbewerbspolitik dienen vorrangig der Optimierung der Leistungsprozesse, wobei die Wahl der Wettbewerbsformen und -instrumente überwiegend pragmatisch und weniger ideologisch erfolgte.

Eine einheitliche Gestaltung unterschiedlicher Leistungsprozesse nach einem einzigen Leitbild der Wettbewerbs- oder Qualitätsorientierung wird dabei zumeist nicht angestrebt. In den innovativen Kommunen geht es vielmehr darum, jeweils angemessene Formen der Leistungsprozeßgestaltung zu entwickeln. Dabei ist deutlich geworden, daß es keinen Bereich der Kommunalverwaltung gibt, der entsprechenden Maßnahmen zur Restrukturierung der Leistungsprozesse grundsätzlich nicht zugänglich wäre. Unterschiede ergeben sich allenfalls hinsichtlich der wettbewerblichen Mechanismen und Parameter sowie der Kundenrolle, die Bürger (individueller Konsumerismus) und Verwaltung (institutioneller Konsumerismus) bei der kontinuierlichen Verbesserung der Leistungsprozesse einnehmen.

4. Nachholende Modernisierung in Deutschland

4.1 Entwicklungslinien des „deutschen Modells" kommunaler Leistungsprozesse

Der Ausbau des Wohlfahrtsstaates führte in Deutschland ähnlich wie in anderen wohlfahrtsstaatlich orientierten Ländern zu einem erheblichen Anwachsen der Verwaltung und, damit einhergehend, zu einer territorialen Neugliederung und Professionalisierung des Personals. Das deutsche Modell des öffentlichen Sektors ist vor allem durch die föderalstaatliche Struktur geprägt, mit der ein hoher Bedarf an Aushandlungsprozessen zwischen einer vergleichsweise großen Anzahl von Akteuren verbunden ist. Typisch für den öffentlichen Sektor in Deutschland ist die dementsprechend stark ausgeprägte Dezentralität der Dienstleistungsproduktion und der breite Einsatz freigemeinnütziger und privater Produzenten zur Erfüllung öffentlicher Aufgaben. Stärken des deutschen Modells liegen vor allem in der korrekten Rechtsanwendung und der verläßlichen Produktion von Dienstleistungen, insbesondere von Standarddienstleistungen, in einem plural und dezentral angelegten öffentlichen Sektor. Die fachliche Qualifikation des Personals ist vergleichsweise hoch. Eindeutige Schwächen liegen jedoch in den Kostenstrukturen, in der geringen Kundenorientierung, im verkürzten legalistischen Qualitätsverständnis und in der geringen Innovationsdynamik.

Das deutsche Bürokratiemodell war dennoch in den vergangenen Jahrzehnten immer wieder zu Anpassungen in der Lage. Die kommunalen Gebietskörperschaften konnten sich bei relativ hoher institutioneller Stabilität lange Zeit erfolgreich auf die sozio-ökonomischen Entwicklungsprozesse einstellen. Dies ist unter anderem darauf zurückzuführen, daß die Beziehungen zwischen Staat und Kommunen in Deutschland als vergleichsweise flexibel zu charakterisieren sind, was adäquate Veränderungen von Handlungs- und Interaktionsroutinen ermöglichte. Im Politikvollzug wurde die dezentrale Ebene (vor allem die kommunale Ebene) aufgewertet, und ihr Einfluß auf zentralstaatliche Entscheidungsprozesse gewann im Vergleich zu den fünfziger und frühen sechziger Jahren an Bedeutung. Versuche, den Ländern und Kommunen verbindliche Planziele vorzugeben, traten hinter Problemlösungen zurück, die stärker auf Information, Überzeugung und Orientierung setzten (vgl. Hesse/Benz 1990). Die Dezentralisierung der Aufgabenerfüllung in den späten sechziger und in den siebziger Jahren brachte größere Gestaltungsspielräume für die regionale und lokale Ebene, allerdings wurden auch die Kosten der Problemverarbeitung dezentralisiert („kommunalisiert"). Ansätze zu einer „bürgernäheren" Aufgabenerfüllung manifestierten sich in den achtziger Jahren u.a. in Bemühungen um Gesetzes- und Verwaltungsvereinfachung sowie in Reformen der Kommunalverfassungen, auch wenn deren Erfolge letztlich begrenzt blieben. Dabei sind insbesondere auf der kommunalen Ebene interessante Ansätze erweiterter Partizipationsrechte zu finden. Deutschland kann gerade in diesem Bereich auf eine lange Tradition innovativer Vorstöße zurückblicken, die zum Teil auch Eingang in die Verwaltungspraxis gefunden haben; die dominanten Steuerungsmechanismen von Recht und Hierarchie wurden dabei nicht in Frage gestellt.

Die Kommunen konnten lange Zeit auf relativ hohe Einnahmen zurückgreifen, so daß grundlegende Änderungen in Verfahren und Prozessen der Arbeitserledigung nicht zwingend notwendig erschienen. Strukturelle oder regionale Einnahmenkrisen wurden nach dem Prinzip „Rasenmäher" – also pauschale Kürzungen in allen Bereichen – bewältigt. Das Anpassungsmuster bestand darin, neue Aufgabenbereiche – vor allem planerische und später auch präventive Aufgaben – unter Ausweitung des Personalbestands zu institutionalisieren. Stadtentwicklung und Umweltschutz (wie auch die relativ reibungslose Übertragung des Institutionengefüges auf die neuen Bundesländer) zählen hierbei zu den Erfolgsgeschichten inkrementaler Anpassung. Die Neuerungen (vgl. Ellwein 1993) waren eher durch kleinteilige Anpassungen und Rationalisierungsschritte gekennzeichnet, bestehende Strukturen und Verfahren wurden inkrementalistisch fortgeschrieben; die eingeschlagenen Lösungswege gingen meist nicht über Variationen tradierter Muster hinaus. Durch prozessuale Anpassungen, die abweichend von anderen Ländern ohne eine Reform „von oben" auskamen, wurden in Deutschland grundlegende Innovationen und somit auch potentiell konfliktreiche Veränderungsprozesse systematisch verschoben.

Pauschale Kürzungen und tradierte Einnahmenmaximierung können mittlerweile die Finanzdefizite der Städte und Gemeinden nicht mehr ausgleichen. Zudem hat eine rigide Arbeitsteilung und Hierarchisierung im Lauf der Zeit eine „Atomisierung der Verantwortungsstrukturen" bewirkt (Reichard 1994, S. 16). Vor allem die einem tayloristischen Organisationsverständnis folgende Auslagerung von Querschnittsaufgaben aus den Fachbereichen und die Fragmentierung der Zuständigkeiten erschweren zunehmend eine kritische Prüfung kommunaler Aufgaben und eine sinnvolle Ausgabenreduzierung.

So werden seit Anfang der neunziger Jahre erhebliche Modernisierungs- und Leistungslücken konstatiert (vgl. Naschold 1993; Budäus 1994), die durch traditionelle inkrementale Anpassungsprozesse der öffentlichen Verwaltung in Deutschland nicht mehr zu schließen sind. Die Modernisierungslücke (vgl. Budäus 1994; KGSt 1993; Reichard 1994) der deutschen Kommunalverwaltungen kann anhand der folgenden vier Defizite umrissen werden:

– Das tradierte bürokratische Prinzip der Regelsteuerung produziert eklatante Übersteuerungs- wie Untersteuerungseffekte, die mit den Instrumenten Recht, Hierarchie und zentrale Ressourcenbewirtschaftung nicht behoben werden können. Gerade diese Managementlücke bildet einen wesentlichen Ansatzpunkt kommunaler Restrukturierungsmaßnahmen.
– Die zunehmende Regionalisierung im Zuge der europäischen Integration sowie die Internationalisierung der Wirtschaft offenbart deutliche Schwächen im Hinblick auf die Strategiefähigkeit deutscher Kommu-

nalverwaltungen. Perspektivisch zeichnet sich mit der Europäischen Union ab, daß Kommunen nicht nur untereinander im Wettbewerb um Standort- und Leistungsvorteile stehen, sondern gefordert sind, den Wettbewerb der Städte mit dem Wettbewerb der Regionen zu verbinden.
- Die kommunale Selbstverwaltung wird durch die „Kommunalisierung" von Aufgaben und durch die Durchnormierung von Leistungsmerkmalen bedroht. Kommunen sehen sich des weiteren mit einer Legitimitätslücke gegenüber Bürgern und Wirtschaft konfrontiert.
- Das Prinzip des Berufsbeamtentums wirkt in seiner Praxis demotivierend auf Beschäftigte; erhebliche Schwächen sind auch im Führungsbereich festzustellen. Insgesamt verliert der öffentliche Sektor an Attraktivität, weil Arbeitsbedingungen, Hierarchie, Regelungsdichte, Eigenverantwortung, Bezahlung, Ausbildung und Entfaltungsmöglichkeiten von potentiellen Bewerbern kritisch bewertet werden (vgl. Reichard 1994).

Im Interesse von Nutzern und Leistungsabnehmern, Beschäftigten und Steuerzahlern müssen öffentliche Aufgaben kostengünstiger, zugleich aber qualitativ hochwertiger und effektiver ausgeführt werden – so das Ergebnis der Bilanz von Stärken und Schwächen der traditionellen öffentlichen Leistungsproduktion in Deutschland. Inzwischen wird die Modernisierung für den öffentlichen Sektor selbst – und insbesondere für die Kommunen – angesichts der EU-Integration und wirtschaftlichen Globalisierung zunehmend zur Überlebensfrage; mangelhafte Leistungsfähigkeit und geringe Effizienz trotz hoher staatlicher Aufwendungen werden zudem als Standortnachteile für die deutsche Wirtschaft thematisiert (vgl. Bundesminister für Wirtschaft 1993). Der Modernisierungsrückstand hierzulande ist dabei ein doppelter: Zum einen hat der öffentliche Sektor mit den Entwicklungen der privatwirtschaftlichen Dienstleistungsproduktion nicht Schritt halten können, zum anderen ist Deutschland im Vergleich zu anderen OECD-Staaten ein deutlicher Nachzügler bei der Modernisierung des öffentlichen Sektors.

4.2 Umorientierung im gegenwärtigen Reformprozeß

Seit Beginn der neunziger Jahre ist auch in Deutschland eine Reformbewegung zu erkennen, die eine Vielzahl von Städten und Gemeinden erfaßt hat und zunehmend auf die Länderebene übergreift. Die Restrukturierungsansätze basieren dabei auf dem „Neuen Steuerungsmodell", das von der Kommunalen Gemeinschaftsstelle für Verwaltungsvereinfachung (KGSt) maßgeblich entwickelt und verbreitet wurde und den Orientierungsrahmen für alle Reformprogramme deutscher Kommunen darstellt. Vorbild für das Neue Steuerungsmodell war die Praxis der niederländischen Stadt Tilburg mit ihrem „Konzernmodell".

Die Restrukturierung zielt konzeptionell vor allem auf Effizienzsteigerung durch Ablösung tradierter bürokratischer Strukturen und Verfahren. Insbesondere soll die bürokratische Struktur entflochten und dezentralisiert werden, um höhere Transparenz des Verwaltungshandelns zu bewirken. Der bürokratische Steuerungsmechanismus, gekennzeichnet durch Recht, Hierarchie und Input-Orientierung, soll ersetzt werden durch neue Steuerungsprinzipien und -mechanismen wie Ergebnissteuerung, Kunden- und Bürgerorientierung (Qualitätspolitik) und Wettbewerbspolitik. Die deutsche Verwaltungsmodernisierung orientiert sich an einem Set von Restrukturierungselementen und -konzepten vor allem aus dem europäischen Ausland. Anders als viele andere Länder, die eine Reform ihres öffentlichen Sektors unter vergleichsweise günstigen ökonomischen Rahmenbedingungen eingeleitet haben, steht Deutschland nun gerade in einer Zeit erheblich eingeengter Ressourcenspielräume vor einer „nachholenden Modernisierung".

Die deutschen Kommunen haben in der Praxis bislang ein einseitiges Modernisierungsprofil entwickelt. Wesentliche Elemente aus der „New Public Management"-Bewegung – wie auch aus dem Konzept des Neuen Steuerungsmodells – sind (noch) nicht umgesetzt worden. Der eindeutige Schwerpunkt der Modernisierungsaktivitäten in Deutschland liegt in verschiedenen Formen des Finanzmanagements mit folgenden Hauptbestandteilen:

– Einführung von Produktkatalogen als Kernelement des Neuen Steuerungsmodells (NSM) zur Realisierung einer Output-Budgetierung öffentlicher Haushalte;
– Aufbau eines Controllingsystems auf der Basis von Output-Größen kommunaler Dienstleistungsproduktion;
– Entwicklung von interkommunalen Leistungsvergleichen, deren Basis harmonisierte Kennzahlen bilden sollen;
– daneben werden Teile der öffentlichen Verwaltung durch Rechtsformumwandlungen verselbständigt und einige Leistungsbereiche auch privatisiert.

Insgesamt ist in Deutschland eine Modernisierung „von unten nach oben" durch die Kommunen zu beobachten, die sich durch einen eklatanten Mangel an politischer Unterstützung – sowohl von seiten der gewählten politischen Vertreter der Kommunen als auch von seiten intermediärer Organisationen oder anderer Gebietskörperschaften – auszeichnet. Die Reformkonzepte sind deswegen stark binnenorientiert. Das Modernisierungsprofil der deutschen Städte spiegelt derzeit die dramatische finanzielle Situation wider.

Die tatsächliche deutsche Entwicklung bezieht die konzeptionell im NSM vorgesehenen Bereiche des Wettbewerbs und der Kundenorientierung noch nicht ein – von einigen innovativen Beispielen abgesehen (vgl. die Beiträge in Naschold et al. 1997). Diese Elemente sind im deutschen Modernisierungsprofil (noch) schwach ausgeprägt: Gerade hier ist es nicht gelungen, die auf Partizipation zielenden Ansätze der achtziger Jahre in das NSM-Konzept zu integrieren. Allerdings befinden sich die meisten deutschen Kommunen noch in der ersten Phase der Restrukturierung der Leistungsprozesse. Die bisherigen Entwicklungen lassen nicht klar erkennen, inwieweit zukünftig die noch fehlenden dynamisierenden Faktoren wie Wettbewerb und Kundenorientierung in den Modernisierungsprozeß einfließen werden. Sollte eine Einbindung nicht erfolgen, drohen verschiedene Risiken für die Nachhaltigkeit der Restrukturierung, vor allem droht die Rebürokratisierung der Verwaltung auf einem anderen Niveau. Damit würden die strukturellen Probleme der Verwaltung nicht beseitigt werden.

Durch die hohe Geschwindigkeit der Veränderungsprozesse in innovativen Spitzenstädten des Auslandes, die erstens früher begonnen haben und zweitens Wettbewerbspolitik und Kundenorientierung für eine umfassende Prozeßerneuerung nutzen, vergrößert sich tendenziell die „Leistungslücke" deutscher Kommunen.

5. Entwicklungspotentiale des „deutschen Modells"

Im folgenden sollen in Anknüpfung an die Debatte um förderliche und hinderliche Rahmenbedingungen für die Wandlungsfähigkeit des deutschen Modells (vgl. u.a. Wollmann 1996; Reichard 1997b; Banner 1997) einige vorläufige Thesen zu dessen Entwicklungspotentialen präsentiert werden. Wir beschränken uns dabei explizit auf die Möglichkeiten und Grenzen einer stärkeren Inkorporierung wettbewerblicher und kundenbezogener Elemente, die sich vor dem Hintergrund internationaler Entwicklungen der Verwaltungsrestrukturierung in innovativen Kommunen als wirksame dynamisierende Faktoren erwiesen haben.

Die hohe Politikverflechtung überlagert und restringiert die kommunale Gestaltungsmacht

In Deutschland eröffnen das Allzuständigkeitsprinzip und die verfassungsrechtliche Garantie weitreichende Gestaltungsmöglichkeiten für die Kommunen. Diese an sich großen Spielräume zur Gestaltung genuiner lokaler Politik haben jedoch in vergangenen Jahrzehnten erhebliche Einengungen erfahren. Die in der Bundesrepublik gewachsene Politikverflechtung ist heute die „Hauptstütze der staatlichen Dominanz über die Kommunen" (Banner 1997, S. 344). Sie zeigt auf der kommunalen Ebene erhebliche Auswirkungen, insbesondere durch die Kommunalisierung von Aufgaben durch den Bund und die Länder. Damit verbunden ist eine ständige Ausrichtung kommunalen Verwaltungshandelns an Regelwerken anderer Gebietskörperschaften, die zu einer Art „Verstaatlichung des Denkens" (ebenda, S. 345) führt. Gefordert wird ein Umdenken bei Bund und Ländern. „Es zeigt sich, daß der Staat nicht weiterhin den Kommunen Ressourcen entziehen und sie gleichzeitig mit zusätzlichen Aufgaben belasten, andererseits jedoch seine traditionellen Eingriffsrechte behalten kann, die die eigenen Anstrengungen der Kommunen zur Steigerung der Leistungsfähigkeit ... behindern können" (ebenda, S. 348). Die Logik der internen Verwaltungsmodernisierung – Verselbständigung und Autonomisierung von Verwaltungseinheiten – muß auch auf das Verhältnis zwischen Kommunen und Staat ausgedehnt werden.

Weder Bund noch Länder sind Promotoren einer Modernisierung des öffentlichen Sektors – für andere Akteure bestehen Gestaltungspotentiale

In einigen OECD-Ländern ging vom Zentralstaat zumindest eine Initialisierungsfunktion aus; oftmals durch eigene Reformen wie beispielsweise in Neuseeland. In anderen Ländern – wie in Skandinavien – übte der Zentralstaat durch eine Neubestimmung des Verhältnisses zwischen Staat und Gemeinden eine wesentliche Unterstützungsfunktion. Unter diesem Gesichtspunkt lassen sich das Föderalstaatsprinzip und der Grad der kommunalen Selbstverwaltung in Deutschland nicht eindimensional zu den modernitätsfördernden Ausgangspositionen zählen (vgl. z.B. Wollmann 1996). Es läßt sich ebenso die Auffassung vertreten, daß ein föderaler Staatsaufbau innovationshinderlich ist, da keine staatliche Instanz allein Veränderungen radikaler Natur zu initiieren vermag. Die föderale Struktur schafft weder eindeutig förderliche noch behindernde Bedingungen. Damit steigt allerdings der Spielraum für andere Akteure, gestaltend in den Prozeß der Verwaltungsmodernisierung einzugreifen. Von Bedeutung sind hierbei intermediäre Organisationen wie beispielsweise der Deutsche Städtetag und die Kommunale Gemeinschaftsstelle für Verwaltungsvereinfachung – aber auch Gewerkschaften, die Anregungen und Konzepte für Veränderungen anbieten und verbreiten können, wie etwa die ÖTV mit ihrem Programm „Zukunft der öffentlichen Dienste".

5.1 Wettbewerb

In fast allen OECD-Staaten bildete die Ablösung öffentlicher Monopole – in Großbritannien durch die verpflichtende Ausschreibung öffentlicher Leistungen, in Schweden durch binnenorientierte Pluralisierung der Dienstleistungsanbieter – eines der wesentlichen Ziele der Reform des öffentlichen Sektors. Eine plurale Anbieterstruktur mit Wahlrechten für den Konsumenten hatte es zuvor weder in Schweden, noch in Großbritannien gegeben. Die ausgeprägte Dezentralität der Produktion unter Einbeziehung zahlreicher freigemeinnütziger Organisationen und privater kommerzieller Unternehmen in die Erstellung von Teilleistungen ist demgegenüber charakteristisch für das deutsche Modell.[3] Deutschland besitzt damit eine vergleichsweise günstige Ausgangsposition für die Restrukturierung der Leistungsprozesse auf kommunaler Ebene, auch wenn deren Koordination bis-

---

3 Dienstleistungen in den Bereichen Soziales, Gesundheit, Bildung und Kultur werden in Deutschland schon seit Jahrzehnten in enger Kooperation mit freigemeinnützigen Trägern sowie privaten Unternehmen produziert. Auf einigen Sektoren der technisch-infrastrukturellen Dienstleistungen, so insbesondere im Baugewerbe, werden öffentliche Leistungen ebenfalls traditionell durch Unternehmen ausgeführt.

lang auf bürokratischen Instrumenten basiert. Allerdings ist in den vergangenen Jahren zu beobachten, daß Vermarktlichung in Deutschland mit Privatisierung ehemals öffentlicher Aufgaben gleichgesetzt wird. Die Vorzüge wettbewerblicher Arrangements werden bislang nicht erkannt. In der Tendenz wird unter dem Druck der leeren Kassen in tradierter bürokratischer Logik die bestehende Vielfalt konkurrierender Anbieter sogar drastisch reduziert statt genutzt. Damit werden erhebliche Potentiale der Leistungsverbesserung aufgegeben. Es gilt als empirisch abgesichert, daß Privatisierungen nur sehr kurzfristige Einsparungsmöglichkeiten bieten, mittel- und langfristig aber anderen Erstellungsformen unterlegen sind (vgl. Fölster 1997). In Deutschland wird es zukünftig auch darum gehen müssen, Mechanismen zu finden, um die positiven Elemente im dezentralen und pluralen System der Leistungserstellung „wiederzubeleben" und damit zugleich die binnenorientierte Logik der Verwaltungsrestrukturierung aufzubrechen.

Die Nutzung wettbewerblicher Instrumente ist in Deutschland durch die landesstaatlichen Kommunalordnungen zwar deutlich eingeschränkt, aber nicht ausgeschlossen

Durch die landesstaatlichen Landkreis- und Gemeindeordnungen wird die wirtschaftliche Betätigung der Kommunen stark restringiert; in einzelnen Bundesländern ist sie sogar ausgeschlossen. Einerseits ist die Auslagerung öffentlicher Einheiten als selbständige Unternehmen in der Regel nur erschwert möglich. Andererseits kann von einem freien Marktzugang für öffentliche wie für private Dienstleistungsproduzenten zu gleichen Bedingungen keine Rede sein. Häufig wird der Markteintritt öffentlicher Anbieter als verbotene wirtschaftliche Betätigung angesehen, nicht als Beitrag zur Dynamisierung des lokalen Wettbewerbs. Damit wird dem öffentlichen Sektor eine der wesentlichsten Antriebskräfte der Leistungs- und Qualitätsverbesserung genommen, wie wir sie oben für Phoenix exemplarisch angeführt haben, wo eine wesentliche Funktion des öffentlichen Wettbewerbers darin besteht, die Kosten zu minimieren und der Kommune eine gewisse Kontrolle über die Preise von Dienstleistungen zu verschaffen (vgl. Wegener 1997a).

Wo öffentliche Anbieter mit privaten konkurrieren könnten, behindern zahlreiche Vorschriften die Umstellung öffentlicher Dienstleistungsproduktion auf marktliche oder quasi-marktliche Standards. Diese Rahmenbedingungen stellen für die Kommunen eine ständige Versuchung dar, „einer auf Nachhaltigkeit angelegten Politik auszuweichen" (Banner 1997, S. 345) bzw. Leistungsprozesse nicht zu überdenken. In Deutschland ist es aber – trotz rechtlicher Grenzen – bereits heute möglich, die organisatorischen Voraussetzungen für Leistungsvergleiche nicht nur mit anderen kommunalen Einheiten zu schaffen (vgl. Adamaschek 1997), sondern „pro forma" Leistungsvergleiche mit privaten Dienstleistungsanbietern durchzuführen, um Kenntnis über die Schwächen in den eigenen Kostenstrukturen und in der Leistungsqualität zu erhalten. Leistungsvergleiche bieten die Chance, Ideen für Prozeß- und Produktverbesserungen zu generieren und entsprechende Maßnahmen in der eigenen Organisation durchzuführen, sofern ein gewisser Anpassungsdruck durch Politik oder Bürgerschaft vorhanden ist. Hierfür gibt es bereits anregende Beispiele aus deutschen Kommunen.

Die restriktive Handhabung von Experimentierklauseln einiger Bundesländer für die kommunale Ebene behindert die Restrukturierung, statt Experimente zu fördern

In einigen Bundesländern sind zur Überwindung der hohen Durchnormierung sogenannte Experimentierklauseln in Gemeindeordnungen aufgenommen worden. Diese Klauseln sollen es den Kommunen ermöglichen, sich auf Antrag von bestimmten landesstaatlichen Gesetzen und Vorschriften zur Durchführung eines konkreten Reformprojektes befristet befreien zu lassen und damit mittelfristig auch Erfahrungen für die Änderung der entsprechenden Gesetze zu sammeln. Die fachwissenschaftliche Diskussion um Experimentierklauseln für die Kommunalverwaltungen konzentriert sich bislang aber auf die juristische Prüfung verfassungsrechtlicher Zulässigkeit (vgl. z.B. Brüning 1997), und in der Praxis werden Experimentierklauseln nur bedingt und unter Auflagen genehmigt. Sie können dadurch kaum Innovationen fördern; eine Modernisierung wird eher erschwert, und Kommunen sehen sich gezwungen, andere Wege zu gehen (gerade innovative Kommunen in Deutschland nutzen Experimentierklauseln nicht, da sie enge Auflagen befürchten, und experimentieren daher stillschweigend „neben dem Gesetz"; vgl. Banner 1997). Die Möglichkeiten einer gesteuerten Modernisierung werden dadurch eingeschränkt, insbesondere wird der Verkürzung der Reformprogramme auf finanzwirtschaftliche Instrumente und Privatisierung Vorschub geleistet. In dem Maße, in dem sich die Landesverwaltungen selbst am Reformprozeß beteiligen – so ist zu vermuten–, könnte sich ihre Unterstützungsbereitschaft gegenüber den Experimentierwünschen der Kommunen erhöhen. Die sogenannten „frikommuner"-Experimente (vgl. Baldersheim 1993), die in den skandinavischen Ländern in den späten achtziger und frühen neunziger Jahren den Weg für Reformen der Kommunalverfassungen bereitet haben, könnten ein Vorbild für entsprechende deutsche Initiativen sein.

Das bisherige Regelwerk für das öffentliche Vergabewesen fördert keine Leistungsorientierung der Kommunen; das neue Steuerungsinstrumentarium wird hier zukünftig zu einem tiefgreifenden Wandel führen

Öffentliche Verwaltungen verfügen in Deutschland trotz der bestehenden Möglichkeiten zur Vergabe öffentlicher Aufträge über keine großen Erfahrungen mit direktem Wettbewerb – sei es gegenüber privaten, sei es gegenüber öffentlichen Anbietern (vgl. Barlow/Röber 1996, S. 81). Die entsprechenden Regularien fördern die Entwicklung eines solchen Know-hows insofern nicht, als in der Regel keine öffentlichen Ausschreibungen vorgenommen, sondern Aufträge überwiegend „freihändig" vergeben werden – nur ein Bruchteil der kommunalen Aufträge wird im Wettbewerb privater Unternehmen untereinander vergeben (vgl. Hilse 1996, S. 53). Die meisten Kommunen haben bislang keine entsprechende Kompetenz ausgebildet, um als geschickter Einkäufer von Fremdleistungen agieren zu können: Öffentliche Auftraggeber sind keine „smart buyers" (vgl. Naschold 1997). Jedoch sind in diesem Punkt durch die Instrumente des Controlling und der Kosten- und Leistungsrechnung mit Einführung des „Neuen Steuerungsmodells" erhebliche Veränderungen zu erwarten. Insbesondere bieten vergleichende Leistungsinformationen auf der Basis der in Deutschland stark ausgeprägten finanzwirtschaftlichen Modernisierungselemente die Chance, auch im Vergabewesen klarere Kriterien für die Kosten und Leistungen externer wie interner Anbieter zu entwickeln.

Von traditionellen Finanzierungsformen zum Wettbewerb der Konzepte

Die Vorteile wettbewerblicher Gestaltungselemente werden auch im sozialen Bereich mit seiner pluralen Anbieterstruktur überlicherweise kaum genutzt. In der Logik des „Neuen Steuerungsmodells" liegen aber erhebliche Potentiale einer Neugestaltung der Beziehungen zwischen Kommunen und Organisationen des Dritten Sektors. Die traditionelle Form der Finanzierung kann bereits jetzt durch Leistungsvereinbarungen abgelöst werden, die einen „Markt" der Konzepte und Kosten ermöglichen (vgl. Frey/Kleinfeld 1997). Öffentliche und private (freigemeinnützige) Organisationen konkurrieren zwar bisher faktisch um Nutzer bzw. Klienten, aber es besteht in der Regel kein leistungsbezogener Wettbewerb um Ressourcen. Sofern Leistungswettbewerb besteht, konzentriert er sich weniger auf die staatlich normierte Grundleistung, sondern eher auf Nebenleistungen. Ein Wettbewerb der Anbieter auf der Basis lokal definierter politischer Ziele in den spezifischen Politikbereichen könnte darüber hinaus schon gegenwärtig durch eine stärkere Rolle der Kommune bei der Strukturierung von Informationsangeboten zu Leistungsprofilen und Qualitätsstandards sowie durch Evaluierungen und Bürger- und Nutzerbefragungen unterstützt werden (Qualitätswettbewerb).

5.2 Kundenorientierung

Eine klare Ausrichtung der Leistungsprozesse und ihrer Ergebnisse auf die Präferenzen und Bedarfe der Kunden und Nutzerinnen ist ein zentrales Modernisierungsziel im internationalen Kontext. Die Stärkung der Konsumentensouveränität durch Erweiterung von Wahlmöglichkeiten und Verbraucherschutz auf Basis präziser Leistungsinformationen und -verpflichtungen von seiten der Produzenten einerseits sowie die Institutionalisierung von Feedbackmechanismen und von interaktiven Formen der Einbeziehung in binnenorganisationale Verbesserungsprozesse andererseits sind international verbreitete Instrumente zur Erreichung dieses Ziels. In Deutschland dagegen dominiert in der Praxis ein Verständnis von Kundenorientierung, das auf die Durchführung von Bürgerbefragungen und die Einrichtung von Bürgerämtern reduziert ist, soweit diesbezügliche Maßnahmen beim gegenwärtigen Stand des Reformprozesses bislang überhaupt umgesetzt sind (vgl. Pfister 1997). Solche Maßnahmen zielen vorrangig auf die Gewährleistung eines Mindestmaßes an Bürgerzufriedenheit und auf die Beseitigung eklatanter Fehlentwicklungen in der Tradition der Legitimationssicherung, nicht jedoch auf eine Aktivierung zugunsten der Restrukturierung der Leistungsprozesse unter Einbeziehung der Bürgerinnen und Kunden. Dabei zugrunde gelegte Kriterien von Qualität und Kundennutzen werden bislang durch die administrativen Experten quasi unter Ausschluß der Öffentlichkeit definiert. Für eine entsprechende Umorientierung bestehen zwar keine direkten Barrieren, aber auch kaum institutionelle Anreize und begünstigende Bedingungen.

Eine stärkere Kundenorientierung wird durch den fehlenden Wettbewerb behindert

Durch die fehlende Konkurrenz um zufriedene Kunden in der monopolisierten Dienstleistungsproduktion ist die Vernachlässigung einer expliziten Kundenorientierung gleichsam vorprogrammiert. Der Abnehmer oder Adressat muß sich mit der angebotenen Qualität arrangieren, wenn er den Dienstleister nicht wechseln kann. Mit der Verankerung von „Exit"-Optionen für die Kunden erhöht sich auch die Wirksamkeit von Feedbackmechanismen („voice") für Anpassungsleistungen (Pfeffer/Coote 1991). Die Kundenpräferenzen und -kritiken werden ernster genommen, sofern andernfalls Sanktionen drohen. Durch die Bildung interner Quasi-Märkte – Ergebniseinheiten, die im gleichen Leistungssegment operieren – kann ein stärkerer Kundendruck institutionalisiert werden.

Die Nutzung von Wahlmöglichkeiten innerhalb pluraler Anbieterstrukturen wird durch hohe Informationskosten beschränkt

Obgleich ein Vorteil des deutschen Modells in seiner pluralen Anbieterstruktur liegt – insbesondere im sozialen Bereich durch die Beteiligung von Drittsektororganisationen –, kommt die hierin angelegte Konsumentensouveränität nur schwach zum Tragen. Ein unmittelbarer Leistungsvergleich zwischen verschiedenen Angeboten ist nicht direkt zugänglich, sondern kann nur unter erhöhtem Transaktionskostenaufwand individuell vorgenommen werden. Die Kommunen fordern von den durch sie beauftragten und geförderten Leistungsanbietern bislang keine Leistungstransparenz. Gerade in dieser Hinsicht können Kommunen zukünftig eine wesentliche Gestaltungsfunktion übernehmen, um die strukturell angelegten Wahlmöglichkeiten für Bürger auch praktisch nutzbar zu machen.

Auf kommunaler Ebene bestehen keine institutionalisierten Feedbackmechanismen – aber Potentiale für freiwillige Rechenschaft

In deutschen Kommunen fehlt es an institutionalisierten Feedbackmechanismen. Kommunen sind zwar Aufsichtsorganen gegenüber rechenschaftspflichtig, sie haben aber keine entsprechende Verpflichtung gegenüber den Bürgern. Darüber hinaus fehlen diese Mechanismen auch im Steuersystem. Der Zusammenhang zwischen dem Leistungsangebot und seinen Kosten einerseits und dem Steuerniveau andererseits ist nicht nachvollziehbar – ganz anders als beispielsweise in den skandinavischen Staaten, wo sich Ineffizienz und Vergeudung von Ressourcen im kommunalen Steuersatz widerspiegeln. Durch die direkte Zuordnungsmöglichkeit von gezahlten Steuern und angebotenen Dienstleistungen sowie durch die Vergleichbarkeit des „value for money" im „Wettbewerb der Städte" ist dort das Interesse der Bürgerschaft an der Dienstleistungsperformanz wie -qualität höher. In Deutschland hingegen ist seit Jahren ein Trend hin zu indirekten und umverteilten Steuern zu erkennen – direkte, insbesondere kommunale Steuern verlieren zunehmend an Bedeutung. Auch hier existieren erhebliche Potentiale für Innovationen. Mit der Einführung des betriebswirtschaftlichen Instrumentariums entstehen zugleich die Voraussetzungen für freiwillige Berichterstattung und Rechenschaftslegung zu kommunalen Aktivitäten. Kommunen können – wofür es erste positive Beispiele in Deutschland gibt – Jahresberichte erstellen, in denen die einzelnen Leistungen, Ziele und Kosten administrativen Handelns aufgeschlüsselt sind, und darüber in eine Diskussion mit den Bürgern eintreten.

In Deutschland gibt es keine Konsumentenbewegungen zur Unterstützung kommunaler Restrukturierungsprozesse – sie können aber initiiert werden

Deutschland hat eine Verwaltungsgerichtsbarkeit, wie sie etwa die angelsächsischen Länder nicht kennen. In der deutschen Tradition des Legalismus, der die Bürger mit individuellen Klagerechten ausstattet, sind die Möglichkeiten der Bürger, Prozesse der Leistungserstellung bzw. deren Ergebnisse zu hinterfragen, schwach ausgeprägt; entsprechend gering ist der Druck für öffentliche Verwaltungen, darüber Rechenschaft abzulegen (vgl. auch König 1997, S. 248). In deutschen Kommunen gibt es im Unterschied zu manchen anderen OECD-Staaten auch keine starken Konsumenten- oder Bürgergruppen, die auf eine Beteiligung an der Verwaltungsmodernisierung drängen. Mehrheitlich konzentrieren sich Bürgergruppen und -initiativen auf spezifische Politikfelder. Solche seit den siebziger und achtziger Jahren verbreiteten Partizipationserfahrungen und neuen Kooperationsformen zwischen Verwaltung und Bürgern können auch für die Restrukturierung der Leistungsprozesse genutzt werden (vgl. auch Kersting 1997). Beispiele aus dem Ausland und aus einigen deutschen Städten zeigen vielfältige Formen, wie Nutzer und Bürgerinnen mobilisiert werden können, um ihre Interessen und Ideen in Verbesserungsprozesse einzubringen. Diese reichen von ehrenamtlichen Verbraucherschutzkomitees und Nutzerbeiräten über interaktive kommunale Sozialforschung bis hin zur Beteiligung an internen Qualitätszirkeln.

Insgesamt ergeben sich aus den institutionellen Rahmenbedingungen für eine Leistungsverbesserung in der kommunalen Dienstleistungsproduktion sowohl hinderliche Momente als auch erhebliche Potentale, die für Handlungs- und Gestaltungsspielräume genutzt werden können. Die Chancen zur Internalisierung wettbewerblicher sowie kundenorientierter Mechanismen für die Leistungsverbesserung sind bei weitem noch nicht ausgeschöpft. Im Bereich der Wettbewerbspolitik können sowohl für technisch-infrastrukturelle als auch für soziale Dienstleistungen interne Quasi-Märkte geschaffen werden; Auftraggeber-Auftragnehmer-Modelle können etabliert werden, um strukturell angelegte Wettbewerbsarrangements für die betriebliche Optimierung und für erweiterte Wahlmöglichkeiten der Bürger zu nutzen. Im Bereich der Kundenorientierung sind den denkbaren Formen kaum Grenzen gesetzt, jedoch werden sie bislang kaum realisiert. Aus dem breiten Instrumentarienset der Qualitätspolitiken zählen hierzu Elemente wie interaktive Marktforschung oder partizipative Ansätze, in deren Rahmen Bürger auf den Wandlungsprozeß gestaltend und evaluierend Einfluß nehmen können.

Allerdings erfordert die Umorientierung auf Wettbewerb und Kunden nicht nur die Veränderungsbereitschaft der Akteure in der Kommunalverwaltung; sie muß sich auch selbst dem umwelt-induzierten Anpassungsdruck öffnen. Bislang zeichnet sich das deutsche Modernisierungsprofil dadurch aus, daß Verwaltungsakteure den Prozeß der Verwaltungsmodernisierung bestimmen – damit perpetuieren sie zugleich auch den Fortbestand ihrer Dominanz, sofern es nicht gelingt, die politischen Entscheidungsträger auf der kommunalen Ebene in die laufenden Prozesse der Verwaltungsmodernisierung zu integrieren (Reichard 1997a). Aus den internationalen Erfahrungen wird deutlich, daß eine nachhaltige – über die Binnenlogik hinausgehende – Restrukturierung der Leistungsprozesse nur über eine Koalition zwischen Politik und Verwaltungsführung zu erreichen ist, die durch systematische Einbeziehung gesellschaftlicher Gruppen unterstützt werden muß.

Literatur

Adamaschek, B. (1997): „Leistungssteigerung durch Wettbewerb in deutschen Kommunen – der interkommunale Leistungsvergleich". In: Naschold et al. 1997, S. 119-137.

Aucoin, P. (1990): „Administrative Reform in Public Management: Paradigms, Principles, Paradoxes and Pendulums". In: *Governance,* 3, 2, S. 115-137.

Baldersheim, H. (1993): „Die 'Free Commune Experiments' in Skandinavien: Ein vergleichender Überblick". In: G. Banner/C. Reichard (Hg.): *Kommunale Managementkonzepte in Europa.* Köln, S. 27-41.

Banner, G. (1996): „Recht als Leistungsbarriere für die Kommunalverwaltung?" In: H. Hill/H. Klages (Hg.): *Jenseits der Experimentierklausel.* Stuttgart, S. 175-190.
Banner, G. (1997): „Kommunale Verwaltungsmodernisierung, politische Steuerung und der 'Faktor Staat'". In: Naschold et al. 1997, S. 341-350.
Barlow, J./Röber, M. (1996): „Steering not Rowing: Co-ordination and Control in the Management of Public Services in Britain and Germany". In: *The International Journal of Public Sector Management,* 9, 5-6, S. 73-89.
Barzelay, M./Armajani, B. (1992): *Breaking through Bureaucracy: A New Vision for Managing in Government.* Berkeley.
Beyer, L./Brinckmann, H. (1990): *Kommunalverwaltung im Umbruch.* Köln.
Brüning, C. (1997): „Die kommunalrechtlichen Experimentierklauseln. Meilensteine auf dem Weg zur Gemeindeverwaltung als Dienstleistungsunternehmen oder Freibriefe für die öffentliche Verwaltung?" In: *Die öffentliche Verwaltung,* H. 7, S. 278-290.
Budäus, D. (1994): *Public Management. Konzepte und Verfahren zur Modernisierung öffentlicher Verwaltungen.* Berlin.
Bundesminister für Wirtschaft (1993): *Bericht der Bundesregierung zur Zukunftssicherung des Standortes Deutschland.* Bonn.
Caiden, G. (1991): *Administrative Reform Comes of Age.* Berlin.
Deming, W. E. (1982): *Quality, Productivity and Competitive Position.* Cambridge, Ma.
Ellwein, T. (1993): „Erfolgreiche Modernisierungsstrategien in der Bundesrepublik Deutschland". In: Denkfabrik Schleswig-Holstein (Hg.): *Der öffentliche Sektor der Zukunft.* Kiel, S. 77-81.
Fölster, S. (1997): „Auswirkungen kommunaler Privatisierung und Dezentralisierung". In: F. Naschold/C. Riegler (Hg.): *Reformen des öffentlichen Sektors in Skandinavien. Eine Bestandsaufnahme.* Baden-Baden, S. 135-148.
Frey, B./Kleinfeld, R. (1997): „Organisierte Interessen und das Neue Steuerungsmodell". In: J. Bogumil/L. Kißler (Hg.): *Verwaltungsmodernisierung und lokale Demokratie.* Baden-Baden, S. 47-71.
Grunow, D. (1996): „Qualitätsanforderungen für die Verwaltungsmodernisierung: Anspruchsvolle Ziele oder leere Versprechungen?" In: C. Reichard/H. Wollmann (Hg.): *Kommunalverwaltung im Modernisierungsschub?* Basel usw., S. 50-77.
Heskett, J. L./Sasser, W. E./Schlesinger, L. A. (1997): *The Service Profit Chain.* New York.
Hesse, J./Benz, A. (1990): *Modernisierung der Staatsorganisation. Institutionspolitik im internationalen Vergleich: USA, Großbritannien, Frankreich, Bundesrepublik Deutschland.* Baden-Baden.
Hilse, T. (1996): *Der öffentliche Beschaffungsprozeß. Ansätze einer effizienzorientierten Analyse kommunaler Güterbeschaffungen.* Stuttgart.
Hood, C. (1991): „A Public Management for all Seasons". In: *Public Administration,* 69, 1, S. 3-19.
Jaedicke, W. et al. (1990): *„Kommunale Aktionsverwaltung" in Stadterneuerung und Umweltschutz.* Köln.
Kamiske, G. F./Füermann, T. (1995): „Reengineering versus Prozeßmanagement. Der richtige Weg zur prozeßorientierten Organisationsgestaltung". In: *zfo,* H. 3, S. 142-148
Kanter, R. M. (1983): *Change Masters.* London.
Kantzenbach, E. (1967): *Die Funktionsfähigkeit des Wettbewerbs.* Göttingen.

Kersting, N. (1997): „Bürgerinitiativen und Verwaltungsmodernisierung". In: J. Bogumil/L. Kißler (Hg.): *Verwaltungsmodernisierung und lokale Demokratie.* Baden-Baden, S. 73-92.

Kommunale Gemeinschaftsstelle für Verwaltungsvereinfachung (KGSt) (1993):*Das neue Steuerungsmodell. Begründung, Konturen, Umsetzung.* Bericht Nr. 5/1993. Köln.

König, K. (1997): „Markt und Wettbewerb als Staats- und Verwaltungsprinzipien". In: *Deutsches Verwaltungsblatt,* S. 239-248.

Mueller, D. (1979): *Public Choice.* Cambridge.

Naschold, F. (1993): *Modernisierung des Staates. Zur Ordnungs- und Innovationspolitik des öffentlichen Sektors.* Berlin.

Naschold, F. (1997): *The Dialectics of Modernising Local Government. An Assessment for the Mid-90s and an Agenda for the 21st Century.* Discussion paper FS II 97-205, Wissenschaftszentrum Berlin für Sozialforschung. Berlin.

Naschold, F./Oppen, M./Tondorf, K./Wegener, A. (1994):*Public Governance: „Neue Städte braucht das Land". Strukturen, Prozesse und Profile kommunaler Modernisierungsstrategien in Europa. Eine Projektskizze.* Discussion paper FS II 94-206, Wissenschaftszentrum Berlin für Sozialforschung. Berlin.

Naschold, F./Oppen, M./Wegener, A. (1997): *Innovative Kommunen. Internationale Trends und deutsche Erfahrungen.* Stuttgart.

Oppen, M. (1995): *Qualitätsmanagement. Grundverständnisse, Umsetzungsstrategien und ein Erfolgsbericht: Die Krankenkassen.* Berlin.

Oppen, M. (1997a): „Der Bürger und Kunde als ProMotor im Modernisierungsprozeß – kundenorientierte Dienstleistungsgestaltung in internationaler Perspektive". In: Naschold et al. 1997, S. 231-268.

Oppen, M. (1997b): *Hämeenlinna. Über Experimente zum Gesamtmodell? Fallstudie Hämeenlinna, Finnland.* Berlin, Manuskript.

Pfeffer, N./Coote, A. (1991): *Is Quality good for you?* IPPR Welfare Series. London.

Pfister, M. (1997): „Ergebnisse der Regionalkonferenzen. Eine Zusammenschau und Bewertung". In: H. Mai (Hg.): *Dienstleistungen gestalten: Für einen aktiven Wirtschafts- und Sozialstaat.* Stuttgart, S. 93-150.

Pollitt, C. (1993): „The Struggle for Quality: The Case of the National Health Service". In: *Policy and Politics,* 21, 3, S. 161-170.

Reichard, C. (1994): *Umdenken im Rathaus. Neue Steuerungsmodelle in der deutschen Kommunalverwaltung.* Berlin.

Reichard, C. (1997a): „Politikeinbindung als Kernproblem Neuer Steuerungsmodelle". In: J. Bogumil/L. Kißler (Hg.): *Verwaltungsmodernisierung und lokale Demokratie.* Baden-Baden, S. 139-144.

Reichard, C. (1997b): „Deutsche Trends der kommunalen Verwaltungsmodernisierung". In: Naschold et al. 1997, S. 49-74.

Reschenthaler, G. B./Thompson, F. (1996): *Public Administration in a Period of Change: Moving to a Learning Organization Perspective.* Paper presented at the 1996 IPMN workshop, St. Gallen.

Ryan, N. (1995): „The Competitive Delivery of Social Services: Implications for Program Implementation". In: *Australian Journal of Public Administration,* 54, 3, S. 353-363.

Ståhlberg, K. (1996): *Enhancing Citizen and Community Participation.* Paper presented at the meeting of the International Network for Better Local Government, 17.-20. Juni 1996, Gütersloh.

Thompson, A. (1995): „Customizing the Public for Health Care". In: I. Kirkpatrick/ L. Martinez (eds.): *The Politics of Quality in the Public Sector. The Management of Change.* London, S. 65-83

Wegener, A. (1996): *Kommunale Verwaltungsmodernisierung zwischen zentralstaatlicher Regulierung und lokaler Initiative. Fallstudie Braintree District Council.* Discussion paper FS II 96-203, Wissenschaftszentrum Berlin für Sozialforschung. Berlin.

Wegener, A. (1997a): *Dienstleistungsunternehmen Großstadt: „Best run city in the world"? Fallstudie Phoenix, Arizona (USA).* Discussion paper FS II 97-202, Wissenschaftszentrum Berlin für Sozialforschung. Berlin.

Wegener, A. (1997b): „Wettbewerb zwischen öffentlichen und privaten Dienstleistungsanbietern". In: Naschold et al. 1997, S. 77-106.

Wegener, A. (1998): „Management Contracts in International Comparative Perspective". In: Y. Fortin/H. v. Hassel (eds.): *Contracting in the Public Sector since 1980.* Brüssel (in Vorbereitung).

Wollmann, H. (1996): „Verwaltungsmodernisierung: Ausgangsbedingungen, Reformanläufe und aktuelle Modernisierungsdiskurse"". In: C. Reichard/H. Wollmann (Hg.): *Kommunalverwaltung im Modernisierungsschub?* Basel usw., S. 1-49.

Ökologisierung der Arbeit und die Innovationsfähigkeit der industriellen Beziehungen

Eckart Hildebrandt und Eberhard Schmidt*

1. Intermediäre Organisationen der Erwerbsarbeit zwischen Öffnung und Schließung

Im gesellschaftlichen Diskurs der Bundesrepublik Deutschland war lange Zeit anerkannt, daß die Gewerkschaften wesentlich zur ökonomischen Leistungsfähigkeit beigetragen haben. Als wichtige intermediäre Organisationen waren sie stets bereit, die Funktionsimperative des Modells Deutschland zu respektieren. Unter den veränderten Bedingungen des globalen Wettbewerbs, unter denen Umweltstandards eine steigende Bedeutung haben, sind sie einem verstärkten Anpassungsdruck ausgesetzt und müssen ihre Innovationsfähigkeit unter Beweis stellen (Hoffmann 1997).

Am Beispiel der Ökologisierung der Arbeit wird im folgenden mit Hilfe mikropolitischer Prozeßanalysen in einem international komparatistischen Ansatz geprüft, wie die Gewerkschaften auf erhöhte Umweltschutzanforderungen reagieren. Sind sie in der Lage, vorhandene Strukturen innovativ zu nutzen und neue Kapazitäten aufzubauen, oder werden Lernprozesse durch Ausgrenzung und Beharrung blockiert (vgl. Leisink 1994)? Lassen sich mittelfristig ein „management of change" und ein eigenständiger Beitrag der Gewerkschaften zur (ökologischen) Wettbewerbsfähigkeit beobachten, verzichten sie auf eine eigene Position, oder stellen sie sich sogar im Interesse der Besitzstandssicherung einer ökologischen Modernisierung entgegen? Grundsätzlich ist damit die Frage nach der Organisationsentwicklung gestellt, nämlich die Frage, ob eine Öffnung oder Schließung gegenüber neuen Interessenlagen und Themenstellungen erfolgt (vgl. Individualinteressen... 1988, S. 343ff.).

Das *Konzept der „intermediären Organisation"* (Müller-Jentsch 1982; Streeck 1987) charakterisiert in einer organisationssoziologischen Perspektive die Gewerkschaften als Organisationen, die sowohl „Mitglieder haben als auch Mitglieder sind" (Streeck 1987, S. 2). Als Zwischenträger im gesamtgesellschaftlichen Organisationsprozeß stehen sie im Spannungsverhältnis

---

* Professor für Politische Wissenschaften, Carl-von-Ossietzky-Universität, Oldenburg

zwischen Mitgliederlogik (vielfältige und unsichere Individualinteressen der Mitglieder) und Einflußlogik (funktionale Abhängigkeiten und externe Effekte ihrer institutionellen Umgebung). Veränderungen auf beiden Ebenen verursachen eine Gefahr der doppelten Desintegration, auf der Mitgliederebene als Verlust an Sozialintegration durch steigende Vielfalt („das Aussterben des Stammkunden"), auf der gesellschaftlichen Ebene als Schwächung der Systemintegration durch steigende Externalitäten. Zunehmende Vielfalt und Interdependenz verlangen von der Organisation auf der einen Seite Anpassung, um Attraktivität und Einfluß zu erhalten, auf der anderen Seite Abgrenzung, um die „partikulare kollektive Identität" der Organisation (Pizzorno 1978) zu bewahren.

Die stärkste Dynamik der Organisationsentwicklung geht von den Veränderungen der „Umwelt der Organisationen" aus, oder besser: von den „Externalitäten" (im Sinne von Kapp 1979). Diese Interdependenz ist an sich nicht neu, neu sind allerdings die höhere Veränderungsgeschwindigkeit, die Zunahme der Nebenfolgen von Entscheidungen und die Erhöhung des Drucks, der davon auf die Organisationen ausgeht. Die wachsende Bedeutung solcher „Kausalketten" beruht auf der immensen Zunahme des Wissens über intendierte und nicht intendierte Folgen und Nebenwirkungen; der gestiegenen Artikulationsfähigkeit betroffener Dritter; der Unsicherheit der Rahmenbedingungen für die eigene Politik und schließlich der gewachsenen Reich- und Tragweite der Handlungsmöglichkeiten. Diese Entwicklungen führen zu einer „überschaubar gewordenen Unüberschaubarkeit der Folgen gesellschaftlichen Handelns" (Streeck 1987, S. 23); die Theorie der reflexiven Moderne stellt diese wahrgenommene Selbstbedrohung der Gesellschaft mit der Metapher von den „Nebenfolgen der Nebenfolgen" der Wachstumsgesellschaft in den Mittelpunkt ihrer Überlegungen (Beck 1996, S. 55). Die Selbstbedrohung sei *exemplarisch mit der Ökologieproblematik erfahrbar* geworden und nicht weiter externalisierbar. „In dem Maße, in dem die ökologische Frage in einer Gesellschaft durchgesetzt, durchgesickert ist, können sich auch die inneren Zirkel und Kerne der Modernisierungsagenturen in Wirtschaft, Politik und Wissenschaft nicht mehr dagegen abschirmen." (Beck 1996, S. 54) Das zugrunde liegende Problem der Übernutzung der natürlichen Ressourcen (die sogenannte Tragödie der Allmende, vgl. McCay/Jentoft 1996) gilt auch für die Gewerkschaftsmitglieder, die als Teil des produktivistischen Wirtschaftsmodells jene (ökologischen) Nebenfolgen des Wachstums mitproduziert haben, die jetzt wieder Nebenfolgen für ihre Interessenpositionen verursachen.

Intermediären Organisationen, die im doppelten Spannungsverhältnis zwischen ausufernden Externalitäten und gefährdeter Bindungsfähigkeit stehen, eröffnen sich unterschiedliche Möglichkeiten der Umwelt-Problembearbeitung. Zwischen Persistenz und Transformation existieren prinzipiell drei Optionen, die jeweils ihre Vor- und Nachteile haben und die sich gegenseitig nicht vollständig ausschließen (Streeck 1987, S. 24ff.):
 a. Symbolische Politik zur Vortäuschung von nicht wirklich vorhandener Handlungsfähigkeit, d.h. Schließung;

b. Internalisierung möglicher externer Effekte im Sinne einer umfassenderen Organisierung;
c. Aufbau von interorganisatorischen Netzwerken zwischen einander mit ungewissen Folgen bedrohenden kollektiven Akteuren.

Mit dieser Skizze haben wir die Ausgangsfragestellungen dieses Aufsatzes beschrieben: die Frage nach den institutionellen Innovationsprozessen in den Gewerkschaften als Teil des Systems industrieller Beziehungen, die von den neuen Externalitäten der Umweltproblematik ausgelöst wurden, und damit die Frage nach der Rolle der Gewerkschaften im ökologischen Modernisierungsprozeß in Unternehmen und in der Gesellschaft. Das Konzept der intermediären Organisation verweist auf die Ebenen des Governance-Systems, auf denen dieses Spannungsverhältnis und die Lernprozesse zu analysieren sind. Auf der Makroebene geht es um die Veränderung der nationalen Regulierungsprozesse und Akteursstrategien unter Bedingungen des internationalen Wettbewerbs und im Kontext der Europäischen Union. Auf der Mikroebene geht es um die Ansprüche und Verhaltensweisen der Mitglieder und ihre Rolle bei organisatorischen Lernprozessen und sozialen Innovationen im Betrieb. Auf der intermediären Ebene geht es um die Reaktionen im System industrieller Beziehungen, insbesondere um die Veränderung der gewerkschaftlichen Leistungserstellung und den möglichen Beitrag der Gewerkschaften zu ökologischen Wirtschafts- und Unternehmensstrategien.

2. Umweltpolitik als neue Externalität der industriellen Beziehungen: von der Gefahrenabwehr zur ökologischen Modernisierung

Umweltpolitik wurde Anfang der siebziger Jahre in Deutschland unter dem *Paradigma der Gefahrenabwehr* wesentlich von oben aufgebaut (Jänicke/ Weidner 1997). Resultate waren die Etablierung eines staatlichen Regelungssystems und die Entwicklung eines neuen industriellen Sektors für nachsorgenden Umweltschutz. Die Reaktion der Mehrheit der nicht im Umweltmarkt tätigen Unternehmen war defensiv, da die neuen Technologien und Verfahren zusätzliche Kosten und Aufwand verursachten. Die Gewerkschaften beklagten auf der einen Seite die Gefährdungen für Gesundheit und Lebensqualität der Menschen und verwahrten sich dagegen, daß die Arbeitnehmer/innen sowohl die Folgekosten unterlassenen Umweltschutzes wie auch die Kosten zusätzlicher Umweltschutzinvestitionen zahlen sollten. Unter Hinweis auf die steigenden Arbeitslosenzahlen stellten sie kooperative Zukunfts-Investitionsprogramme für ein „qualitatives Wachstum" in den Vordergrund (Schneider 1986; Huter et al. 1988).

Der stattfindende Wertewandel, die erfolgreiche gesellschaftliche Thematisierung ökologischer Fragen und der sukzessive Kapazitätsaufbau unterstützten in der Folgezeit einen „stillen Politikwandel" (nicht nur) in der bundesdeutschen Umweltpolitik, wobei den grünen Organisationen und den Medien ein wachsender Einfluß zufiel (vgl. generell Neidhardt 1994). Eher unauffällig gewann das *Paradigma der „ökologischen Modernisierung"* (z.B. Huber 1993) an Gewicht, das die Unternehmen stärker in den Mittelpunkt rückte: Prävention, Ressourcenschonung, ökologische Prozeß- und Produktgestaltung mit dem Ziel, Kosten zu senken und die Marktakzeptanz zu verbessern. Es bildete sich eine neuartige „Doppelstruktur des Staates heraus als mehrheitslegitimierter, bürokratischer Interventionsmechanismus und als Partner in konsenslegitimierten Verhandlungssystemen" (Jänicke 1993, S. 159f.).

Von den Gewerkschaften war die Verantwortung für die Gefahrenabwehr hauptsächlich dem Staat zugewiesen worden, der einen entsprechenden Druck auf die Wirtschaft ausüben sollte. Innerhalb dieses Regelungstyps gelang es den Gewerkschaften nicht, an der Konstruktion des neuen Politikfeldes maßgeblich beteiligt zu werden und eigene Funktionen zu erhalten – weder in der Umweltgesetzgebung noch bei der Modernisierung der Arbeitsverfassung (vgl. Hildebrandt 1992). Die Paradigmenverschiebung zur ökologischen Modernisierung eröffnete ihnen dann Wege zur Beteiligung an den neuen gesellschaftlichen Regulierungsformen; zum einen als eine der Akteursgruppen in den neu entstehenden Politiknetzwerken im Umweltschutz und zum anderen als Partner im Rahmen betrieblicher Kooperationsbeziehungen.

3. Die Reorganisation intermediärer Politikprozesse: Beteiligung von Beschäftigten und ihrer Interessenvertretungen an gesellschaftlichen Umweltpolitiknetzwerken und an ökologischer Unternehmenspolitik

3.1 Meso-Korporatismus und neue Politiknetzwerke

Zeitgleich mit der Paradigmenverschiebung in der Umweltpolitik verlagerte sich der Schwerpunkt gesellschaftlicher Steuerungsmechanismen von der Regelung gesamtgesellschaftlicher Konflikte (insbesondere zwischen Kapital und Arbeit) auf die Mesoebene wirtschaftlicher Sektoren, Regionen und einzelner Politik-Arenen (Czada 1994). Dieser sogenannte *Meso-Korporatismus* ist unter anderem durch die steigende Bedeutung der Unternehmerseite und die Konzentration auf Branchen und Sektoren charakterisiert (Heinze/Schmid 1994, S. 65). Die Umweltpolitik stellt ein typisches Beispiel für die neuen Politikfelder und Organisationsformen dar, bei denen der Staat seine Regulierungskompetenz vollständig übertragen kann. Diese Dynamik mündet in *Politiknetzwerke,* in denen staatliches Handeln im Rahmen enthierarchisierter Beziehungen stattfindet. Politiknetzwerke werden verstanden als „ein relativ stabiles System von Interaktionen zwischen organisierten Akteuren, die für die Formulierung und Umsetzung einer policy relevant sind und die ein (wenn auch je unterschiedliches) Problemlösungsinteresse haben, wobei das Beziehungsmuster nicht durch Hierarchie, sondern Tausch, Aushandlung ('bargaining'), Kooperation oder Verhandlung charakterisiert ist." (Weidner 1996, S. 45, in Anlehnung an Mayntz 1993). Weidner betont, daß gerade in der Umweltpolitik der Einfluß verbandsmäßig organisierter Interessen zurückgegangen sei und eine große Zahl entscheidungsrelevanter Einzelakteure und locker organisierter Interessengruppen (Bürgerinitiativen) bei der hochgradig dezentralisierten Implementation an Bedeutung gewonnen habe.

Es existiert bisher keine Untersuchung, in welcher Weise die Gewerkschaften in den themenfeldspezifischen Neo-Korporatismus und in die neu entstehenden Netzwerke eingebunden sind. Allein diese Tatsache deutet darauf hin, daß ihre Rolle marginal ist. Ihre Einbeziehung beruht eher auf ihrem Status als gesellschaftlich relevante Gruppe – z.B. bei Stellungnahmen und Anhörungen zu Umweltgesetzen und Verordnungen (vgl. Schneider 1986) – und nicht darauf, daß ihnen in der Umweltpolitik eine aktive Rolle zugewiesen wird (vgl. Bundestags-Drucksache 13/7005). Ein erster Blick vermittelt den Eindruck, daß zum einen die arbeitspolitische und die umweltpolitische Arena fast vollständig getrennt bleiben und daß zum zweiten die Gewerkschaften in der umweltpolitischen Arena nur im Vorfeld der Entscheidungsfindung einbezogen werden – gleichsam im Wege der Übertragung des generellen Korporativismus auf das Umweltthema –, während ihnen von den anderen Akteuren keine eigenständige Rolle bei der Implementation zugemessen wird. Das in der Umweltpolitik von Anfang an verankerte Kooperationsprinzip (Umweltprogramm der Bundesregierung von 1971) bezieht sich vorwiegend auf das Verhältnis zwischen Staat und Unternehmen; an den im Umweltschutz neu entstandenen Politiknetzwerken und Mediationsverfahren sind die Gewerkschaften und Beschäftigten meist nur marginal beteiligt (Dally et al. 1993; Claus/Wiedemann 1994; Holzinger/Weidner 1996).

3.2 Ökologisches Management und Beteiligung

Der Paradigmenwechsel in der gesellschaftlichen Umweltpolitik von der Gefahrenabwehr durch hierarchisch-technischen Umweltschutz hin zu einer ökologischen Modernisierung durch kooperative, dezentrale Lösungen hat die Rahmenbedingungen für Unternehmen entscheidend verändert. Während sie in der ersten Periode wesentlich auf externen Druck zögernd und je nach wirtschaftlichen Möglichkeiten und ökologischer Betroffenheit mit Investitionen in teure additive End-of-pipe-Technologien geantwortet hatten, wird in der zweiten Periode ihr Eigeninteresse an produktions- und produktintegrierten Verfahren in den Vordergrund gerückt. Unabhängig vom Argument der Durchsetzbarkeit und Kontrollierbarkeit gewinnt diese andere Politikform ihre Erfolgspotentiale dadurch, daß die ökologisch begründeten Anforderungen an Unternehmenspolitik die wirtschaftlichen Ziele der Unternehmen treffen. Unter dieser Fragestellung des *Verhältnisses von Öko-*

nomie und Ökologie sind ab Mitte der achtziger Jahre „normativ-strategische Ansätze" der ökologischen Unternehmensführung entstanden (Steinle et al. 1994). Eine Auswertung der wichtigsten Unternehmensbefragungen (Meffert/Kirchgeorg 1989; Raffee et al. 1992; Antes et al. 1992; zusammenfassend Fritz 1995) ergibt, daß während der achtziger Jahre tatsächlich eine Bedeutungszunahme ökologischer Ziele in den bundesdeutschen Unternehmen festzustellen war, ohne daß sie dominant geworden wären. Die bisherige Dominanz des Ökologie-Push durch gesetzliche und gesellschaftliche Umweltanforderungen wird durch einen zunehmenden Ökologie-Pull-Effekt ergänzt, der von einem veränderten Nachfrageverhalten der Kunden und des Handels ausgeht (Kirchgeorg 1995). Der produktive Umgang mit Umweltanforderungen ist nicht mehr Reaktion auf Restriktionen, sondern Indikator für den Modernitätsgrad von Unternehmen (Steger 1995, S. 812); ökologisch ausgelöste Innovationen erzeugen durch „innovation offsets" auch Produktivitätseffekte im internationalen Wettbewerb (Porter/van der Linde 1995).

Eine Zuspitzung erfuhr die Debatte um die wirtschaftliche Effizienz des Umweltschutzes nach 1989, als sich die Auswirkungen der verstärkten Globalisierung des Weltmarktes, der Vollendung des EU-Binnenmarktes und der Transformation der ehemaligen DDR addierten. In volkswirtschaftlicher Perspektive wurde gefragt, ob die internationale Wettbewerbsfähigkeit deutscher Unternehmen nicht durch die überdurchschnittlichen umweltschutzbedingten Kosten eingeschränkt werde und gleichzeitig der Wirtschaftsstandort Deutschland an Attraktivität verliere. Dem wurde entgegengehalten, daß Umweltschutzgüter und -dienstleistungen zu den Wachstumsmärkten der Zukunft gehörten, die Einhaltung von Umweltstandards zu den wichtigsten Marktzugangsbedingungen zähle und Umweltschutz selbst auch zu einem bedeutenden Standortfaktor geworden sei (z.B. Schmidheiny 1992; DIW 1993; von Weizsäcker 1994; Hopfmann/Winter 1997). Neben den sogenannten harten ökonomischen Faktoren wie Angebot an qualifizierten Arbeitskräften, Lohnkosten, Produktivität, Gewerbeflächenangebot und produktionsnahe Infrastruktur wurde auch auf die zunehmende Bedeutung sogenannter weicher Standortfaktoren verwiesen, zu denen auch die Umweltqualität zu zählen sei (Prätorius 1992).

Wenn die Einzelunternehmen stärker in den Mittelpunkt aktiver Umweltpolitik rücken und aus eigenen, marktvermittelten Interessenlagen heraus Umweltpolitik auch ohne Druck durch den geltenden Regelungsrahmen betreiben (sogenanntes proaktives unternehmerisches Handeln, vgl. Führ 1994), stellt sich für die Gewerkschaften als Teil des deutschen Produktionssystems die Frage, welche Rolle darin die *Beteiligung der Mitarbeiter und ihrer betrieblichen Interessenvertretungen* spielen wird (Bleicher 1992; Steger 1994; Antes 1996). Weitgehend unbeeinflußt von Lean-management-Konzepten mit ihrer stärkeren Mitarbeiterorientierung (exemplarisch Warnecke 1995), erweisen sich betriebliche Umweltschutz-Konzepte nach wie vor als techniklastig und auf Gefahrenabwehr konzentriert, so daß personellen Maßnahmen ein niedriger Stellenwert zukommt (Antes et al. 1992);

umweltorientiertes Personalmanagement zielt auf Akzeptanz und Weiterbildung (Staehle 1994, S. 745ff.; Hopfenbeck/Willig 1995). Handlungstheoretische Ansätze des Managements (vgl. z.B. Schienstock 1993) gehen dagegen von Einflußkonstellationen im Betrieb aus: Auch die Implementierung von Umwelttechnik kann als *Mikropolitik-Prozeß* verstanden werden, in dem Macht und Einfluß neu verteilt werden und nicht ausschließlich ökologisch-technische Rationalitäten im Vordergrund stehen (Küpper/Ortmann 1988; Birke/Schwarz 1994; Burschel 1996, S. 77). Für das Management besteht die Notwendigkeit, das Leistungsziel und die Leistungserbringung so anzulegen und immer wieder so zu verändern, daß für die Beschäftigten die Verfolgung des betrieblichen Interesses möglichst weitgehend mit ihrem eigenen zusammenfällt – so auch mit dem wachsenden Interesse an einer umweltverträglichen Wirtschaft (Konzept des „contested exchange" von Bowles und Gintis 1990). Wir finden also im *gesellschaftlichen Umweltbewußtsein* der Beschäftigten einen entscheidenden Faktor, der für die Unternehmen in Form der Kundennachfrage, der Ansprüche der Beschäftigten an Lebensqualität und an Arbeitssinn (vgl. Rosenstiel 1996; Baethge et al. 1995; Heine/Mautz 1995) erfahrbar sowie als innovative Ressource wirksam wird. Diese Ansprüche sind nicht problemlos integrierbar, die Problemlösungskompetenz der Industrie und auch der Gewerkschaften in der Umweltpolitik wird als gering eingeschätzt (UBA 1996, S. 76). In bezug auf die eigene Interessenvertretung scheint bei den Beschäftigten die Neigung zu überwiegen, ein stärkeres Engagement der Gewerkschaften im Umweltschutz einzufordern; dies gilt allerdings nicht für die älteren Arbeitnehmer (Mandl 1992, S. 48).

4. Ausweitung der gewerkschaftlichen Leistungserstellung? Die Herausbildung einer ökologisch erweiterten Arbeitspolitik im System industrieller Beziehungen

Die Einflüsse der Umweltthematik und insbesondere der Konstituierung einer nationalen Umweltpolitik auf die Arbeitspolitik hatten sich auf den ersten Blick als im wesentlichen indirekt, sehr heterogen und ambivalent abgezeichnet. Es lag daher nahe, in einem empirischen Zugang die Interferenzen zwischen diesen Politikfeldern bzw. die Konstituierung eines neuen Politikfeldes zu untersuchen. In Anlehnung an Windhoff-Héritier (1987) definierten wir die „ökologisch erweiterte Arbeitspolitik" als ein neues Politikfeld, auf dem die unterschiedlichsten Institutionen und Akteursgruppen bei der Entstehung und Durchführung einer bestimmten policy zusammenwirken. Die Entstehung von Politikfeldern wird maßgeblich darauf zurückgeführt, daß öffentliche Maßnahmen (z.B. Arbeitsschutz- und Umweltschutzgesetze) aufgrund ihrer antizipierenden Wirkungen bei den Betroffenen Reaktionen und Erwartungen auslösen (insbesondere bezüglich Kosten und Nutzen), die die politische Auseinandersetzung und den Entscheidungsprozeß prägen. Die Politikarena wird durch die beteiligten Akteure, die Institutionen und die Art ihrer formalisierten Beziehungen sowie durch die politischen Reaktionen und Strategien der Akteursgruppen beschrieben.

Den Prozeß der Herausbildung dieses neuen Politikfeldes haben wir durch Unternehmens-Fallstudien untersucht. Der Auswahl der Fälle lagen drei Kriterien zugrunde: weitgehend abgeschlossene, öffentlich bekannte Fälle von Unternehmen außerhalb des Umweltmarktes; eine größere Varianz hinsichtlich des ökologischen Ausgangsproblems, der betroffenen Unternehmen und des Regulierungsprozesses; unterschiedliche arbeitspolitische Themen und Akteure der industriellen Beziehungen. Entsprechend dem Zeitraum der Untersuchung (1990 bis 1992) lag der zeitliche Schwerpunkt der zehn Fälle Mitte der achtziger Jahre, einer Periode, in der sich der Paradigmenwechsel von der Gefahrenabwehr zur ökologischen Modernisierung vollzog.

4.1 Politikzyklus in Unternehmen

Für die Phasen des Politikzyklus ergaben sich folgende Resultate (Hildebrandt et al. 1994; Hildebrandt 1995):

— Die *Thematisierung* wurde durch ordnungspolitische Vorgaben des Staates (Umweltgesetze), durch aktuelle gesellschaftliche Diskurse über ökologische Gefährdungen und durch lokale Skandalisierungen durch Verbraucher, Betroffenengruppen oder Bürgerinitiativen ausgelöst.
— Die *Problemdefinition* erfolgte häufig durch einzelne Personen, die sich umweltpolitisch exponierten und die betrieblichen Akteursgruppen zu einer Reaktion zwangen. Solche Initiatoren können potentiell aus allen inner- und außerbetrieblichen Akteursgruppen stammen; sie sind in der Regel auch in ihrer eigenen Akteursgruppe Außenseiter.
— Zwischen den verschiedenen gesellschaftlichen und betrieblichen Gruppen bildeten sich sehr unterschiedliche und heterogene *Akteurskonstellationen* heraus, in deren Mittelpunkt das Unternehmensmanagement stand. Das Verhalten der anderen Hauptakteursgruppen (kommunale Umweltverwaltung, Parteien, Umweltorganisationen, Gewerkschaften etc.) orientierte sich daran, wie sie institutionell zum Unternehmen standen und wie sie durch die Umweltproblematik selbst betroffen waren.
— Die *Agenda-Gestaltung durch die Unternehmen* richtete sich im wesentlichen danach, 1. wie zentral das kritisierte Produkt bzw. der Prozeß im Leistungsprozeß des Unternehmens war und welche Möglichkeiten der positiven Vermarktung des Umweltschutzes bestanden; 2. inwiefern das Unternehmen bereits negative Vorerfahrungen mit der Verdrängung ökologischer Probleme hatte; 3. inwieweit das Unternehmen gelernt hatte, flexibel auf veränderte externe Anforderungen zu antworten und 4. wie angespannt die aktuelle wirtschaftliche Lage des Unternehmens war.
— Die *Politikformulierung der Unternehmensleitungen* bestand in dem Versuch, die thematisierten Probleme aus der Öffentlichkeit herauszuhalten und bilateral mit den zuständigen Behörden zu regeln. Dem wirkte häufig die öffentliche Politisierung durch andere Akteursgruppen entgegen,

die kleine Netzwerke von engagierten Personen aus verschiedenen Akteursgruppen aufbauten. Diese Netzwerke entwickelten sich teilweise quer zu den formellen Gruppenkonstellationen; ihre Mitglieder gehörten ganz verschiedenen Gruppen mit unterschiedlichen Positionen und Strategien an. Durch solche „Modernisierungskoalitionen", die fallweise auch Angehörige des Managements einbezogen, wurde die positionale Geschlossenheit von Akteursgruppen relativiert. Die Arbeitnehmerseite war nur selten an diesen überbetrieblichen Netzwerken beteiligt (Betriebsgrenze).

– Maßnahmenentscheidungen für die *Politikimplementation* wurden allein von den Unternehmensleitungen getroffen, fallweise nach Absprache mit den Behörden. In der Mehrzahl der Fälle wurden die Konflikterfahrungen auch in Schritte der Organisationsentwicklung umgesetzt, die z.B. aus folgenden Elementen bestanden: Auf- und Ausbau von Umweltabteilungen, Einsetzung von Beauftragten, Formulierung betrieblicher Vorgaben und Prozeduren unter Umweltgesichtspunkten, Verabschiedung von Umwelterklärungen, Fortbildungsmaßnahmen insbesondere für Führungskräfte, Ausarbeitung von Projekten für die langfristige Produkt- und Prozeßentwicklung.

– Die beobachteten einzelbetrieblichen Regulierungsmuster („Ökologisierungspfade") lassen sich in einem *idealtypischen Lernprozeß von Unternehmen* abbilden, der die Stufen passive Opposition, aktive Opposition, Anpassung und Selbstorganisation durchläuft.

Passive Opposition ist durch Abwarten, durch die Nichtbeachtung kritischer Stimmen, durch unauffälliges Hinauszögern, durch die Beschränkung der eigenen Maßnahmen auf das vorgeschriebene Mindestniveau gekennzeichnet.

Aktive Opposition trat häufig dann ein, wenn ein Unternehmen ganz direkt zum Ziel behördlicher Maßnahmen oder öffentlicher Kritik wurde und mit Problemleugnung, Infragestellung von Zuständigkeiten und Problemverlagerung reagierte.

Als Anpassung wird die Phase bzw. der Reaktionstyp bezeichnet, bei dem die Unternehmen reaktiv und eher unauffällig mit der Anhebung von Normen und der Einführung neuer Regularien reagieren, dabei den eigenen Aufwand gering halten und öffentliche Aufmerksamkeit vermeiden.

Mit Selbstorganisation bezeichnen wir schließlich die Übernahme der Initiative durch ein umweltaktives Management, den Aufbau interner Kapazitäten und die Entwicklung eigener Umweltstrategien, die über die bestehenden Gesetze hinausgehen und mit den eigenen Unternehmenszielen – oft in sehr werbewirksamer Weise – verknüpft werden.

Dieser Politikzyklus führt zu einer generellen Niveauanhebung in der Wahrnehmung ökologischer Themen und ihrer proaktiven betrieblichen Bearbeitung. Die Anregungsfunktion von Vorreiterunternehmen wird bedeutsamer, unterstützt durch den Politikwechsel von ordnungspolitischen Vorgaben zu freien Vereinbarungen und Selbstverpflichtungen. Diese Unternehmen verbinden in einem integrativen Umweltschutzansatz Produktentwicklung, Rationalisierung, Kostensenkung, Mitarbeitermotivation und Kundenorientierung. Einige dieser Unternehmen verfolgen eine kooperative und partizipationsorientierte Politik, so daß hier soziale Innovationen im Umweltschutz besonders förderliche Bedingungen vorfinden.

4.2 Beharrung und Öffnung der industriellen Beziehungen

In unseren Fallstudien kam den *Instanzen der industriellen Beziehungen* bei der Thematisierung öfters eine wichtige Rolle zu, bei der Agenda-Gestaltung und Politikformulierung hatten sie formal keine Funktion. Unter bestimmten Bedingungen schrieben sich allerdings lokale oder regionale Gewerkschaftsinstanzen, Betriebsräte oder Beschäftigte selbst eine Zuständigkeit zu und intervenierten in den Regulierungsprozeß.

Als wichtigste Voraussetzungen für eine aktive Beteiligung der Arbeitnehmerseite waren auszumachen:

1. eine Tradition aktiver Interessenvertretungspolitik in anderen Politikfeldern, häufig verbunden mit einer stark kooperativen Tradition im Unternehmen;
2. eine starke Beeinträchtigung zentraler arbeitspolitischer Interessen durch unterlassenen Umweltschutz, insbesondere Arbeitsplatz- und Gesundheitsgefährdungen, die zu einer Mobilisierung der Beschäftigten und ihrer Interessenvertretungen führte;
3. eine parallele öffentliche Thematisierung des betrieblichen Umweltproblems durch die Medien oder Verbände.

Die Grundposition der Arbeitsseite war in der Regel nicht direkt am Umweltschutz orientiert, sondern an der eigenen Interessengewährleistung in Kernbereichen wie Arbeitsplatz- und Gesundheitssicherung. Sie war überwiegend eine abgeleitete Variable der vom Management verfolgten Strategie: Ermöglichte diese positive Nebeneffekte in den Bereichen Beschäftigungssicherung und Gesundheitsschutz, eventuell auch Beteiligung, wurde sie unterstützt – weitgehend unabhängig davon, ob es sich um Maßnahmen handelte, die Umweltschutzanforderungen abwehren sollten, oder um umweltschützende Innovationen.

Die *Lernprozesse auf der Arbeitnehmerseite* fielen vergleichsweise geringer bzw. isolierter aus als auf der Managementseite. Bei den betrieblichen Akteuren, d.h. einzelnen Betriebsräten, Vertrauensleuten, Fachbeauftragten oder Beschäftigten, zerfielen viele der in der Thematisierungsphase aufgebauten Aktivitäten, ein Teil wurde in bestehende Institutionen überführt: informelle Netze, Arbeitskreise, Kommunikationsstrukturen. Am häufigsten zu beobachten waren eine additive thematische Erweiterung bestehender Gremien (insbesondere des Arbeitskreises „Arbeitsschutz, Gesundheit und Umwelt"), die Etablierung der Zuständigkeit einzelner Spezialisten (im Betriebsrat) und eine begrenzte Weiterbildung. Die Bereitschaft zur Öffnung war bei der zentralen Institution der betrieblichen Interessenvertretung, den Betriebsräten, gering ausgeprägt.

Bei den überbetrieblichen Institutionen der Arbeitnehmerseite wurden schwache additive Kompetenzen in einer Phase insgesamt eher verringerter Personalressourcen aufgebaut (Orts- und Bezirksverwaltungen, regionale Arbeitskreise), die zum Teil relativ weitgehende programmatische Entwürfe mit allerdings geringer Realisierungskraft entwickelten. Fortschritte in der ökologischen Erweiterung der industriellen Beziehungen wurden ansonsten hauptsächlich von einzelnen Betriebsräten/Ortsverwaltungen/Einzelgewerkschaften vorangetrieben; sie waren im wesentlichen produkt- und beteiligungsorientiert.

Eine wichtige Innovation bestand im Aufbau außerbetrieblicher wissensorientierter Beratungsstrukturen durch die Gewerkschaften, so daß sich im Thematisierungsfall ein Kooperationsnetz aus Gewerkschaftsbeauftragten, Experten, Betriebsräten und einzelnen engagierten Beschäftigten bildete.

Wenn wir die Resultate dieser Fallstudien aus der Zwischenphase der bundesdeutschen Umweltpolitik auf die Ausgangsfragen beziehen, finden wir eine deutliche *themenbezogene Ausdifferenzierung* auf der Mitgliederebene. Die Thematisierung von Umweltproblemen erfolgt selten durch die etablierten Institutionen des Systems industrieller Beziehungen. Der Prozeß der Öffnung wird weitgehend von einzelnen Personen getragen, die nicht zu den klassischen Trägern gewerkschaftlicher Betriebspolitik gehören: von Umweltaktivisten aus den neuen sozialen Bewegungen, von vereinzelten Arbeits- und Gesundheitsschützern, von naturwissenschaftlichen Spezialisten aus den Forschungs- und Entwicklungsabteilungen. Die Initiatoren sind häufig keine aktiven Gewerkschafter und zuweilen nicht einmal Gewerkschaftsmitglieder. Sie finden sich – oft mit Unterstützung durch den Betriebsrat – zu informellen Gruppen zusammen und schaffen zumindest vorübergehend einen zusätzlichen Fokus in der Betriebspolitik. In der Regel haben Mitglieder dieser Umweltarbeitskreise stärkere informelle Beziehungen zu außerbetrieblichen Umweltnetzen und zu den Medien, die sie allerdings nur sehr kalkuliert nutzen. Sie arbeiten teilweise mit einzelnen Betriebsräten zusammen, die aber selten das Betriebsratsgremium hinter sich haben. In einem Teil der Fälle gelingt eine Überführung der Initiative in die institutionalisierten Strukturen der Interessenvertretung.

Auffällig ist, daß die umweltbezogenen Aktivitäten in den industriellen Beziehungen *auf verschiedenen Ebenen* stattfinden, zwischen denen die Transfers eher gering sind. Auf der Ebene der Einzelarbeitsplätze spielen Konflikte um Umweltstrategien der Unternehmen in der Regel keine Rolle; diese Ebene wird auch von Diskussionen um ein neues Unternehmensleitbild nur selten erreicht. Wichtig sind hier Fragen des Gesundheitsschutzes, der Ressourcenverschwendung und des Umgangs mit Abfällen. Sie haben zur Erweiterung des betrieblichen Vorschlagswesens, zum Aufbau von Initiativgruppen, Schulungsgruppen und Umweltteams geführt. Deren Anstöße werden zum Teil von den Umweltbeauftragten aufgegriffen, zum Teil auch in den Betriebsratsausschüssen sowie in einzelnen bilateralen Gremien wie dem Arbeitssicherheitsausschuß oder dem Wirtschaftsausschuß weiterverfolgt. In einigen Unternehmen mit stark kooperativer Konfliktregulierung werden Teile des Betriebsrates von oben in Informations-, Planungs- und Entscheidungsprozesse einbezogen.

Auf lokaler Ebene werden unternehmensbezogene Umweltkonflikte meist nur publizistisch begleitet und durch die Unternehmensleitung vom Betrieb abgeschirmt. Von seiten der Unternehmensverbände werden nur selten Initiativen zu Umweltschutzthemen ergriffen, die mit einigem programmatischen und personellen Aufwand in die Betriebe hineingetragen werden.

Auf der Branchenebene schließlich spielen solche Umweltthemen keine Rolle, insbesondere nicht in der Tarifpolitik, obwohl es in einigen Branchen allererste Überlegungen gibt, Umweltschutzfragen in Tarifverträgen zu regeln.

Bezogen auf unsere Fragen nach Persistenz und Transformation finden wir einen *Strategiemix zwischen Schließung, Öffnung und Vernetzung:*

– Wir konstatieren eine klare Öffnung auf der gesellschaftspolitischen, programmatischen Ebene. Die Notwendigkeit des Umweltschutzes und die Bereitschaft zu einem gewerkschaftlichen Beitrag sind hier unbestritten. Der gesellschaftliche Umwelt- und Naturschutz ist Voraussetzung und Teil der Arbeits- und Lebensqualität der Gewerkschaftsmitglieder. Diese Perspektive wird als Mitgliederlogik und Organisationsziel in den gesellschaftlichen Diskurs eingebracht, teilweise in Opposition zu den Zuständigkeitsdefinitionen durch den Staat und andere Akteursgruppen.
– Wir finden eine begrenzte Öffnung auf der Mitgliederebene, d.h. auf der betriebspolitischen und – soweit vorhanden – der kommunalen Ebene. Hier trennt der Großteil der Mitglieder zwischen individueller Motivation und betrieblichem Engagement, das zudem in der Regel an den Betriebsrat delegiert wird. Wir haben allerdings Bereiche „lebensweltlichen Umweltschutzes im Betrieb" beobachtet, die breit unterstützt werden, z.B. Ordnung und Sauberkeit am Arbeitsplatz, gesundes Essen in der Kantine, Abfalltrennung, Nahverkehrsinitiativen.
– Auf der Ebene institutionalisierter industrieller Beziehungen sind dagegen eher Schließungen zu beobachten: Die Unternehmensleitungen behandeln Umweltschutz als Chefsache, organisieren zuständige Abteilungen und Beauftragte. Umweltschutz als ein Einfallstor zur Erweiterung der Mitbestimmung wird explizit abgelehnt. Die Betriebsräte beschränken sich gern auf die verbale Unterstützung von ökologischem Management und vermeiden damit Überforderungen und zusätzliche Risiken.

Bedingte Ausnahmen sind in den Unternehmen festzustellen, die Umweltschutz zu einer Herstellungs- und Marktphilosophie machen. Hier werden die Beschäftigten direkt in Prozesse der Information, der Qualifizierung und teilweise der Innovation eingebunden.

Wir finden also auf der Mitglieder-, der Betriebs-, der Gewerkschafts- und der gesellschaftlichen Ebene sehr widersprüchliche Einflüsse, die in Ambivalenzen, einer hohen Labilität und in Glaubwürdigkeitslücken resultieren. Die Tatsache, daß Umweltschutz in der Gewerkschaftspolitik bisher weder substantiell mit den arbeitspolitischen Kernthemen verknüpft noch formell im System der industriellen Beziehungen verankert ist, führt dazu, daß das generelle Interesse der Mitglieder sich nur am Rande und in Abhängigkeit von gesellschaftlichen Thematisierungen und unternehmensstrategischen Anforderungen in den bestehenden arbeitspolitischen Strukturen etabliert. Gleichzeitig entstehen aber ergänzende und wenig formalisierte Kooperationen in ganz unterschiedlichen Themenfeldern, die verallgemeinernd als „Ansätze einer neuen Beteiligungskultur" (Bundesmann-Jansen/ Frerichs 1995) interpretiert werden.

5. Institutionelle Innovationen in den industriellen Arbeitsbeziehungen der EU-Länder – die Entwicklung in den neunziger Jahren

Die Entwicklung von Arbeits- und Umweltpolitik findet zunehmend im Rahmen der Vollendung des europäischen Binnenmarktes statt. Dabei entstehen verstärkte Wechselbeziehungen zwischen den nationalen Governance-Systemen der EU-Mitgliedsländer und Wechselbeziehungen zwischen der europäischen und der nationalen Ebene. Wir haben daher die Frage nach den institutionellen Innovationen im Politikfeld „Ökologisch erweiterte Arbeitspolitik" in ein europäisches Wissenschaftler-Netzwerk eingebracht. Daraus sind nationale Statusberichte zum Zusammenhang von „Industriellen Beziehungen und Umweltschutz" entstanden, die 1996 für eine Prozeßanalyse aktualisiert wurden (Hildebrandt/Schmidt 1994; Oates/Gregory 1993; Hildebrandt/Schmidt 1997).

5.1 Arbeitnehmerbeteiligung an Umweltpolitik in Unternehmen

In den untersuchten Mitgliedstaaten der Europäischen Union läßt sich in den letzten fünf Jahren ein inkrementaler Trend der Erweiterung der industriellen Beziehungen um Umweltschutzbelange nachweisen, von dem lediglich Frankreich ausgenommen scheint, wo die Entwicklung stagniert. Treibender Faktor dieser Entwicklung sind weniger die nationalen Umweltpolitiken als die arbeitspolitischen Innovationen, die vermehrt auf eine Einbeziehung der betrieblichen Interessenvertretungen in die Implementation des Umweltschutzes auf Unternehmensebene hinwirken. Dies geschieht erstens durch die Erweiterung der etablierten Systeme des Arbeits- und Gesundheitsschutzes um Umweltschutzthemen, zweitens durch die direkte Zuweisung von Umweltschutzkompetenzen an Betriebsräte oder gewerkschaftliche Betriebsfunktionäre im Rahmen neuer Managementstrategien und drittens durch Selbstzuschreibungen von Zuständigkeit für den Umweltschutz durch Arbeitnehmervertreter.

Diese Entwicklung bedeutet, daß in einigen Ländern die Beschäftigung mit Umweltschutzthemen im Alltag der betrieblichen Interessenvertretungen deutlich zugenommen hat. In den Niederlanden (durch die Novellierung des Betriebsrätegesetzes 1994) und in Dänemark (durch die neue Umweltpolitik der Regierung seit 1995), in geringerem Maße auch in Deutschland (wo neuerdings das Bundesarbeitsgericht den Betriebsräten eine generelle Kompetenz bei der Wahrnehmung betrieblicher Umweltbelange zugesprochen hat) ist die Bearbeitung von Umweltschutzfragen zur Routineangelegenheit der betrieblichen Interessenvertretungen und zum regelmäßigen Erörterungsgegenstand mit den Unternehmensleitungen oder ihren Beauftragten geworden. Die Qualität der Beteiligung ist allerdings weitgehend auf Informations- und Konsultationsverfahren begrenzt. In den anderen EU-Ländern werden Anstrengungen unternommen, dieses Niveau zu erreichen.

Obwohl sich Unternehmen in vielen Ländern in wachsendem Maße des Instruments des Umweltmanagements bedienen (vgl. ICC 1990), ziehen sie dabei nur in Einzelfällen eine formale Einbeziehung und Beteiligung der betrieblichen Interessenvertretungen in Betracht. Die Gewerkschaften drängen daher in den meisten Ländern und auf europäischer Ebene darauf, die Beteiligung der Arbeitnehmer in Form von Informations-, Konsultations- und geregelten Weiterbildungsvorschriften institutionell und rechtlich zu verankern.

5.2 Impulse der europäischen Gesetzgebung

Die europäische Gesetzgebung hat wesentlich dazu beigetragen, das Thema der Beteiligung der Arbeitnehmervertreter am betrieblichen Umwelt- und Gesundheitsschutz auf die Tagesordnung zu setzen (vgl. Biere/Zimpelmann 1997, Teil C). Wichtige Wegmarken waren die neuen europäischen Richtlinien zum Arbeitsumweltschutz mit ihren präventiven, die Gesundheitsvorsorge für die Arbeitnehmer verbessernden und auf Beteiligung und Kooperation zielenden Vorschriften, die eher indirekten Impulse aus der freiwilligen Öko-Audit-Verordnung des Rates, die zur verbreiteten Einrichtung von Umweltmanagementsystemen führt, und die Richtlinie zur Einrichtung Europäischer Betriebsräte, die den Umweltschutz als mögliches Thema für Information und Konsultation zuläßt. Schließlich haben darüber hinaus die europäischen Vorschriften zum freien Informationszugang und zur Produkthaftung mittelbare Auswirkungen auf das Feld des betrieblichen Umweltschutzes und die Beteiligungschancen der Arbeitnehmer an der Risikovorsorge.

Die *Öko-Audit-Verordnung von 1993* enthält zwar keine unmittelbaren Beteiligungsrechte für die Arbeitnehmerseite bei der Einrichtung von Umweltmanagementsystemen, legt aber einen gewissen Wert auf die Information und Qualifikation der Mitarbeiter, denen dadurch ein verantwortungsbewußtes Umweltverhalten im Betrieb ermöglicht werden soll (Fichter 1995; Klemisch et al. 1994; Klemisch 1997). In der Praxis resultiert daraus die Notwendigkeit, die Arbeitnehmer in die Durchführung der vorgeschriebenen Umweltprüfungen einzubeziehen. Ob dies als Zugriff auf die individuellen Qualifikationen der Mitarbeiter an der betrieblichen Interessenvertretung vorbei oder in Formen eines geregelten Co-Managements geschieht, dürfte in hohem Maße vom umweltpolitischen Engagement der betrieblichen Interessenvertreter und ihrer Stärke im Unternehmen abhängen. In der Bundesrepublik Deutschland haben die Gewerkschaften inzwischen eigene Beteiligungskonzepte und Leitfäden für eine partizipative Gestaltung von Öko-Audit-Verfahren entwickelt und in einigen wenigen Fällen auch umsetzen können (DGB-Bundesvorstand 1995). In den zuständigen Normungsausschüssen und in den Gremien, die die Gutachter selektieren, sind sie vertreten und versuchen, zumeist in Allianz mit den Umweltverbänden, ein Gegengewicht zur industriefreundlichen Mehrheit zu bilden. Weiterentwicklungen im Hinblick auf die Verbesserung der Arbeitnehmerbeteiligung an Umweltmanagementsystemen werden durch die Revision der EMAS-Verordnung im Jahr 1998 angestrebt.

Die vom Rat der Europäischen Union im September 1994 verabschiedete Richtlinie über die Einsetzung eines *"Europäischen Betriebsrats"* (HBS 1995; Keller 1996; Lecher/Platzer 1996), die inzwischen in fast allen Mitgliedstaaten in nationales Recht umgesetzt ist, wird etwa 1300 transnationale Unternehmen erfassen und damit künftig 40.000 bis 50.000 Interessenvertreter mindestens einmal jährlich auf europäischer Ebene zusammenführen. In den bereits freiwillig abgeschlossenen Vereinbarungen (ca. 200 im Herbst 1996) wird das Thema Umweltschutz als möglicher Gegenstandsbereich für Information und Konsultation häufiger genannt (Bonneton et al. 1996, S. 34). Dabei wird es im Kern um eine Harmonisierung von Umweltstandards zwischen den Standorten gehen. Denkbar sind auch Qualifizierungsprozesse für Beschäftigte und Interessenvertreter, um eine Beteiligung an Umweltpolitikinnovationen zu ermöglichen. Gewerkschaften auf nationaler und europäischer Ebene organisieren zur Zeit den Aufbau von Unterstützungs- und Beratungskapazitäten. Ob es in absehbarer Zeit zu europäischen Betriebsvereinbarungen zum Themenkomplex Gesundheits- und Umweltschutz kommt, ist offen.

Beteiligung hat damit zwar noch keinen systematischen Stellenwert in der europäischen Umweltpolitik erreicht, es sind aber ausbaufähige Anknüpfungspunkte entstanden. Dagegen stellt der „Soziale Dialog", der zum Ausbau der industriellen Beziehungen auf europäischer Ebene begründet wurde, ein noch weitgehend ungenutztes Potential für eine Harmonisierung der Beteiligungsstandards dar (Commission 1997, S. 24ff.). Umweltschutz ist dort bislang noch nicht thematisiert worden.

Insgesamt deutet der Bedeutungsgewinn europäischer Regelungen auf eine Tendenz zur Konvergenz der Entwicklung in Richtung auf eine ökologisch erweiterte Arbeitspolitik hin, die auch durch die Internationalisierung der Ökonomie gefördert wird. Auf der anderen Seite ist aber auch eine hohe

Permanenz nationaler Strukturen bei der Erweiterung der industriellen Beziehungen um Umweltschutzbelange zu beobachten. Scheinbar entwickeln sich also die Verhältnisse hier in paralleler Form weiter, wobei vor allem in jenen Ländern eine flexible Integration der europäischen Regelungen in die nationalen Strukturen industrieller Beziehungen festzustellen ist, die bereits auf einem höheren Umweltschutzniveau operieren (vgl. generell Ferner/Hyman 1992).

In etlichen EU-Ländern und auf europäischer Ebene ist der Wechsel in den Formen der Umweltpolitik deutlich zu beobachten. Infolge des erkennbar gewordenen hohen Aufwands und der oft mangelnden Effizienz zentraler ordnungspolitischer Vorgaben, die früher die Entwicklung bestimmten, gewinnt nun die dezentrale Ebene der Unternehmen eine größere Relevanz für die Weiterentwicklung der Arbeitsbeziehungen unter dem Aspekt der Integration des Umweltschutzes. Immer mehr Unternehmen integrieren durch Selbstverpflichtungen (etwa durch die Anwendung der freiwilligen Öko-Audit-Verordnung oder durch die Pflege einer ökologischen Unternehmenskultur) und aufgrund von Absprachen zwischen dem Staat und einzelnen Unternehmerverbänden das Umweltthema in ihre zentralen Entscheidungsprozesse (Beispiel Niederlande) und sorgen für ein regelmäßiges Umwelt-Controlling. Damit öffnen sich auch für die Betriebsräte und Gewerkschaften größere Handlungsspielräume für eine Weiterentwicklung von Interessenpolitik über eine bloße Schutzfunktion hinaus zur Mitgestaltung. Der Abschluß von freiwilligen Vereinbarungen mit den Unternehmensleitungen spielt eine zentrale Rolle bei einer proaktiven Umweltpolitik (in den Niederlanden in bis zu 70 Prozent der Unternehmen, in Deutschland nur in der chemischen Industrie in größerem Ausmaß).

Die Strategie eines kooperativen Umweltmanagements ist bisher auf den Kreis der umweltaktiven Unternehmen beschränkt, d.h. einige multinationale Konzerne und kleinere Unternehmen in einigen Schwerpunktbranchen, die sich inzwischen zu ökologischen Unternehmensverbänden zusammengeschlossen haben.

Der Aufbau von Umweltkapazitäten in den Gewerkschaften erfolgt eher verhalten und vollzieht sich vorwiegend additiv durch die Schaffung neuer, spezialisierter Abteilungen, Gremien und Weiterbildungsinstitutionen. Eine Integration der Thematik in die Kernbereiche des gewerkschaftlichen Willensbildungs- und Entscheidungsprozesses ist noch kaum zu beobachten. Innerorganisatorische Differenzen und Blockierungen sind bislang ursächlich dafür, daß Umweltpolitik bis auf wenige Ausnahmen ein labiles und abhängiges Randthema geblieben ist. Dabei spielen branchenspezifische Unterschiede eine wichtige Rolle. Als Vorreiterbranche fungiert in allen Ländern die aufgrund ihres hohen ökologischen Problemdrucks besonders sensible Chemieindustrie. Hier ist der Aufbau eigener, kompetenter gewerkschaftlicher Umweltkapazitäten am deutlichsten zu beobachten, der auch tarif- und betriebspolitische Initiativen auf nationaler und europäischer Ebene nach sich zieht.

5.3 Nationale Profile und Entwicklungspfade

Ein Vergleich der nationalen Entwicklungspfade bei der Ausgestaltung des betrieblichen Umweltschutzes zeigt unterschiedliche Profile im Hinblick auf eine Erweiterung der industriellen Beziehungen (vgl. ähnlich Crouch 1996). Die Differenzen zwischen den Ländern sind in hohem Maße davon determiniert, wie zentrale Faktoren – zu denen die ökonomische Lage, die traditionelle Ausprägung des Systems der industriellen Beziehungen, der Stand des nationalen Umweltbewußtseins und die politischen Rahmenbedingungen gezählt werden müssen – verteilt und gewichtet sind (vgl. generell Kern/Bratzel 1996).

Eine erste Gruppe bilden die Länder, die bereits 1990 ein vergleichsweise hohes Ausgangsniveau auf diesem Sektor erreicht hatten und mittlerweile weitere Schritte in Richtung einer Ökologisierung der industriellen Beziehungen zurückgelegt haben. Auf der Basis vorwiegend pragmatisch-kooperativer Arbeitsbeziehungen und eines hohen Wohlstandsniveaus (auch wenn gegenwärtig krisenhafte Umbrüche die Lage prägen) hat sich hier eine stetige Erweiterung der industriellen Beziehungen um Umweltschutzbelange vollzogen, vorwiegend durch gesetzliche Absicherungen und tarif- und betriebspolitische Flankierungen. Damit ist ein Zustand der routinemäßigen Zuweisung von Umweltschutzkompetenzen an Träger der betrieblichen Interessenvertretung erreicht, seien es Betriebsräte oder spezielle Repräsentanten des Arbeits- und Gesundheitsschutzes. Den Gewerkschaften kommt in diesen Ländern vor allem die Funktion der Unterstützung, Beratung und politischen Forcierung nationaler Umweltpolitiken und präventiver, integrierter Unternehmenspolitiken zu. Umweltschutzmaßnahmen werden von den Unternehmen grundsätzlich als positiver Impuls für die Weiterentwicklung der Produktion wahrgenommen, die Kooperation mit der Arbeitnehmerseite als produktive Koalition auf der Grundlage einer kooperativen Arbeitsverfassung.

Eine derartige Entwicklung ist – unterschiedlich weit fortgeschritten – in Dänemark, den Niederlanden und in Deutschland zu beobachten. Dabei profitieren Dänemark und die Niederlande von einer in den letzten Jahren vollzogenen, relativ erfolgreichen Anpassung ihrer Industrien an den globalen Wettbewerbsdruck, was bei europaweit vergleichsweise niedrigen Arbeitslosenquoten den Druck seitens interessierter Gruppen verringert, Umweltschutzanstrengungen zu bremsen. In diesen Ländern kommt die fortgeschrittene Verankerung einer grundlegenden Verantwortung für die Umwelt in den öffentlichen Debatten und von zunehmend umweltorientierten Verhaltens- und Denkweisen im Alltag hinzu. Dadurch wird auch den Entscheidungsträgern in Gewerkschaft und Wirtschaft nachdrücklich Verantwortung zugewiesen und die Selbstzuschreibung von umweltverträglicherem Handeln auch in den Vorstandsetagen der Arbeitnehmerorganisationen und der Unternehmen befördert. Gleichzeitig werden dadurch aber auch betriebliche Interessenvertreter motiviert, ihre Anstrengungen zu verstärken und sich auf diesem Gebiet weiterzuqualifizieren.

Tendenziell gehört auch Österreich mit seinen ausgefeilten korporativen Strukturen in diese Gruppe. Wenn die oben konstatierten Tendenzen hier noch schwächer ausgeprägt sind, so liegt dies möglicherweise an dem geringer entwickelten industriellen Niveau, einem nicht so stark ausgeprägten Problemdruck und der mangelnden Fähigkeit der Gewerkschaften, in den korporativen Strukturen einen Ort für die Thematisierung von Umweltbelangen zu finden.

Eine zweite Gruppe bilden die Länder, die erst in den letzten Jahren Anstrengungen unternommen haben, dem Umweltschutzthema im Alltag, in der öffentlichen Debatte und in den industriellen Strukturen höheres Gewicht zu verleihen. Ausgehend von einem geringeren ökonomischen Niveau und dem damit korrespondierenden Wohlstandsniveau haben sie in der zurückliegenden Phase einen deutlichen Sprung bei dem Versuch gemacht, die industriellen Beziehungen um Umweltschutzaspekte zu erweitern. Dies gilt vor allem für das Vereinigte Königreich, Spanien und Italien. Dabei nimmt das Vereinigte Königreich in dieser Gruppe insofern eine Sonderrolle ein, als es zu den Vorreitern bei der Einrichtung von Umweltbetriebsprüfungen (Eco-Audits) gehört. In den letzten Jahren hat sich hier unter dem Einfluß, den die vermehrte Einrichtung von Umweltmanagementsystemen ausübte, aber auch durch den Druck spektakulärer Umweltskandale auf lokaler Ebene und durch eine proaktive Umweltpolitik einzelner Gewerkschaftsorganisationen eine eigene Dynamik entwickelt, die dem Thema Arbeitnehmerbeteiligung am betrieblichen Umweltschutz eine zunehmende Resonanz verschafft. In Italien und Spanien haben sich dagegen, stimuliert vor allem durch die europäische Gesetzgebung und die Versuche der Annäherung an nordeuropäische Standards, die programmatischen und institutionellen Voraussetzungen für die Wahrnehmung eines ökologischen Mandats der Gewerkschaften und ihrer betrieblichen Repräsentanten verbessert. In allen diesen Ländern stellen Beispiele effektiver Beteiligung an Umweltschutzmaßnahmen auf der betrieblichen Ebene aber noch deutliche Ausnahmen dar. Andererseits ist ein Handlungsbedarf auf diesem Feld mittlerweile weitgehend akzeptiert und hat zu eigenständigen Initiativen von Gewerkschaftsseite geführt.

Einen Sonderfall stellt Frankreich dar, wo trotz zunehmender Integration des Umweltschutzes in langfristige Unternehmensstrategien mit wenigen Ausnahmen ein Handlungsbedarf für die betrieblichen Interessenvertretungen geleugnet wird und die Gewerkschaften allenfalls bereit sind, auf der politischen Ebene das Thema aufzugreifen und zu bearbeiten.

Zusammenfassend läßt sich feststellen, daß die umweltpolitische Anpassung der Gewerkschaften am „Standort Deutschland" im Vergleich zu den anderen EU-Mitgliedstaaten charakteristische Stärken und Schwächen aufweist. Die auf Kooperation angelegte Arbeitsverfassung und die prinzipielle Offenheit der Gewerkschaften gegenüber gesellschaftlichen Ansprüchen eröffnen auch in Umweltfragen Spielräume für Innovationen. Beispielhaft hierfür sind die Anstrengungen, die von Gewerkschaftsseite unternommen werden, sich in die Prozesse der Implementation der EU-Öko-Audit-Verordnung einzuschalten und partizipative Strukturen in den Normungsinstitutionen wie auf Unternehmensebene durchzusetzen. Auch hinsichtlich ihrer Umweltprogrammatik gehören die deutschen Gewerkschaften zweifellos zu der Gruppe, die in Europa am weitesten vorangeschritten ist.

Auf der anderen Seite wird die Innovationsfähigkeit der deutschen Gewerkschaften, etwa im Vergleich zu den Verhältnissen in den Niederlanden, eingeschränkt durch die Fixierung auf institutionell-rechtliche Reformen, für die keine politischen Mehrheiten zu finden sind, mit der Folge, daß umweltpolitische Kapazitäten nur in geringem Umfang ausgebildet werden und betriebspolitische Konzepte nicht in ausreichendem Maße zur Verfügung stehen. Diese Beharrungstendenzen in den eigenen Strukturen blockieren, neben anderen Hemmnissen wie eigene Kompetenzdefizite und Ausschließungsstrategien der Unternehmer, die Nutzung durchaus vorhandener Möglichkeiten für ein „management of change" auf diesem Zukunftsfeld.

Vergleicht man die hier dargestellten nationalen Entwicklungspfade bei der Ausgestaltung des betrieblichen Umweltschutzes mit der Typologie industrieller Beziehungen, die Colin Crouch jüngst unter dem Titel „Europe sociale à quatre vitesses" vorgestellt hat (Crouch 1996, S. 377ff.), so lassen sich deutliche Parallelen konstatieren (vgl. Tabelle 1). Lediglich Italien – das Crouch in Nord und Süd aufspaltet, wobei er den Süden und Teile Spaniens sowie ärmere Regionen in allen Ländern in die Gruppe 4 einordnet – wäre unseren Ergebnissen zufolge eher der dritten Gruppe zuzurechnen; und Frankreich, wo aufgrund der engen Verbindung von Staat und Industrie intermediäre Organisationen kaum benötigt werden, fällt etwas aus der Typologie heraus. Die skandinavischen Länder, Irland und die Schweiz wurden von uns nicht untersucht. Bemerkenswert ist, daß der Indikator Arbeitslosigkeit kaum Einfluß auf das Schema hat. Die Beziehungen zwischen Beschäftigung und Umwelt haben sich in vielen europäischen Ländern offenkundig inzwischen weiter entspannt.

6. Zusammenfassung

Unsere Untersuchung des Umgangs der Gewerkschaften mit den neuen ökologischen Anforderungen hat nur relativ schwach ausgeprägte und teilweise widersprüchliche Tendenzen zutage gefördert. Offensichtlich ist, daß die Entwicklungsdynamik im System industrieller Beziehungen in doppelter Weise in grundsätzliche Restrukturierungsprozesse eingebunden ist. Dies betrifft zum einen den Strukturwandel der gesellschaftlichen Regulierungssysteme und zum anderen die Integration von Umweltpolitik in andere Bereichspolitiken.

Bezüglich des Wandels der gesellschaftlichen Regulierungsformen ist unumstritten, daß aus der Weiterentwicklung und Effektivierung staatlicher Ordnungspolitik einerseits und aus dem Hinzutreten dezentraler und multilateraler Verhandlungssysteme und Akteursnetzwerke andererseits eine neue Doppelstruktur entsteht. Ein paralleler Strukturwandel kann auf der Meso-

Tabelle 1: Ökologisch erweiterte Arbeitsbeziehungen im europäischen Vergleich

	Typologie der industriellen Beziehungen (C. Crouch)	Typen ökologisch erweiterter Arbeitsbeziehungen (Hildebrandt/Schmidt)	Sozial-ökonomische Rahmenbedingungen	
DK S N SF	Corpratism, centralized, powerful union movement	vereinzelte Regulierung durch Gesetze, Betriebs- und/oder Tarifvereinbarungen Zuweisung von Kompetenzen an Betriebsräte/ H&S-Beauftragte schwache gewerkschaftliche Kapazitäten	relativ hohes Wohlstandsniveau relativ weit entwickeltes öffentliches und privates Umweltbewußtsein Arbeitslosigkeit: niedrig bis hoch	DK S N SF
NL B D A CH I	Employer-led, relatively decentralized, corporatist	vereinzelte Beteiligung an EMAS Tendenz zur Selbstzuschreibung von Umweltverantwortung Anpassungsdruck durch EU-Direktiven	geringeres Wohlstandsniveau	NL B D A I
UK E IRL F	Loose, decentralized collective bargaining	vereinzelte Beteiligung auf Unternehmensebene sehr schwache gewerkschaftliche Kapazitäten EMAS kaum verbreitet (in UK aber BD 7750)	geringer entwickeltes Umweltbewußtsein Arbeitslosigkeit: niedrig bis hoch gehört vom Wohlstandsniveau in Gruppe I	UK E F
GR P	Rough, unregulated employer-dominated systems	keine gesetzlichen oder betriebs-/tarifpolitischen Initiativen keine gewerkschaftlichen Kapatizitäten EMAS nicht verbreitet	relativ niedriges Wohlstandsniveau sehr geringes Umweltbewußtsein Arbeitslosigkeit: hoch	GR P

und Mikroebene konstatiert werden. Auf der Mesoebene verlieren die Verbände gegenüber den Einzelunternehmen und themenbezogenen Unternehmenskooperationen ebenso an Bedeutung wie die überbetriebliche Tarifpolitik gegenüber der Betriebspolitik. Auf der Mikroebene des einzelnen Betriebs finden wir ebenfalls beide Tendenzen wieder: einerseits eine Verlängerung zentralisierter Unternehmenspolitiken auch in neue Themenfelder hinein, die durch Ansätze von Co-Management seitens der betrieblichen Interessenvertretung ergänzt wird. Daneben finden wir andererseits insbesondere in den größeren Betrieben eine stärkere Dezentralisierung und die Kopplung von Beteiligung an konkrete Arbeitsfunktionen – ergänzend oder auch konkurrierend zum institutionalisierten System der Interessenvertretung.

Auf allen diesen Ebenen hat die Umweltpolitik für den Formwandel von Politik eine wichtige und vorantreibende Rolle gespielt. Dies gilt insbesondere für die Mesoebene, auf der das bereichsübergreifende Umweltthema frühzeitig zu neuen, multilateralen Verhandlungsformen geführt hat, und für den Mikrobereich, wo eine wachsende Zahl von Unternehmen den Umweltschutz zum integrierten Unternehmensziel erklärt und diesen Wandel durch eine Umwelterklärung gegenüber ihren Kunden und ihren Mitarbeitern kundgetan hat. Das Umweltimage eines Unternehmens ist zudem zu einem Faktor der Sozialintegration insbesondere der höher qualifizierten Mitarbeiter geworden. Dies gilt insbesondere in einer ökonomischen Phase, in der materielle Gratifikationen und Sicherheiten eher abnehmen.

Die Öffnung der umweltpolitischen Arena für vielfältige Anspruchsgruppen gibt prinzipiell auch den Gewerkschaften die Gelegenheit, ihre Stimme über die staatlich geregelten Zuständigkeiten hinaus in den Umweltpolitik-Diskurs einzubringen. Diese Möglichkeiten haben sie bisher – mit stark unterschiedlicher Intensität und Schwerpunktsetzung in den EU-Ländern – nur zögernd genutzt. Die Gewerkschaften haben eher auf die Etablierung zusätzlicher Rechte durch staatliche Ordnungspolitik gesetzt; es ist ihnen aber nicht gelungen, diese Position im institutionalisierten System der Interessenvertretung durchzusetzen: Sie sind auf nationaler und europäischer Ebene kein anerkannter Akteur der Umweltpolitik. Die Gewerkschaften bleiben hier weiterhin auf abgeleitete Ansprüche aus generellen Informations-, Beteiligungs- und Schutzrechten angewiesen. Aufgrund der hochgradigen Ambivalenz des Umweltthemas für arbeitspolitische Forderungen hat diese labile Position allerdings auch ihre Vorteile: Sie erlaubt eine offensive Anknüpfung, aber auch stille Zurückhaltung. Indes ist dies keine Position, auf der ein starkes und stabiles Umweltmandat der Gewerkschaften aufbauen könnte.

Auf der gesellschaftlichen Ebene ist zusammenfassend eine weitgehende Persistenz festzustellen; es ist den Gewerkschaften auf der einen Seite nicht gelungen, im korporativen System institutionalisierter Interessenvertretung, in dem sie traditionell verankert sind, Umweltzuständigkeiten anzulagern. Auf der anderen Seite haben sie sich in den neuen Akteursnetzwerken, die in der Umweltpolitik auf nationaler, regionaler und lokaler Ebene entstanden sind, bisher nur wenig exponiert.

Ein konkreter Druck auf die Gewerkschaften, sich im Umweltbereich stärker zu engagieren, geht – vom gesamtgesellschaftlichen Diskurs um eine „ökologische Modernisierung" abgesehen – von den Betrieben und dem kommunalen Umfeld aus. Zwei Einflüsse sind dafür ausschlaggebend: erstens die kooperativen Managementstrategien, die generell mit sogenannten Lean-production-Konzepten verbunden sind, zweitens die eher unternehmenskulturellen Aktivitäten, die umweltaktive Unternehmen zur Einbindung ihrer Mitarbeiter verfolgen. Betriebsräte erhalten hier Möglichkeiten der Einflußnahme, wenn sie sich auf die Beteiligung an der Ausarbeitung von Unternehmensstrategien einlassen und qualifizierte Beiträge liefern. Es gibt bereits eine Reihe von Branchenabkommen und Betriebsvereinbarungen, die diese Beteiligung regeln. Daraus haben sich neue Aufgaben für die Gewerkschaften ergeben: die Betriebsräte ökologisch zu qualifizieren, sie bei der Analyse der Implikationen von Unternehmensentscheidungen zu beraten und Konzepte zu entwickeln, die die überbetrieblichen (Stoff-)Kreisläufe berücksichtigen. Über die Produktivitätsfolge dieser Kooperation für die Unternehmen kann bisher wenig gesagt werden (Frick 1995).

Die Strategien der Mitarbeiterbeteiligung in ökologisch aktiven Unternehmen beschränken sich in der Regel auf Information und einzelne Themenkampagnen. Sie bleiben auf den Bereich des Betriebs begrenzt und beziehen die Gewerkschaften nicht ein. Die Mehrheit der Beschäftigten trägt die unternehmenskulturellen Maßnahmen mit, dehnt deren Reichweite aber nur selten aus eigenem Interesse aus. Es existiert ein eher diffuser Druck durch das Problembewußtsein der Mitarbeiter, der in der generellen Anforderung an eine „ökologische Redlichkeit" der Gewerkschaften resultiert, aber im konkreten betrieblichen Verhalten zurückgedrängt wird und kaum in die Formulierung von Forderungen an außerbetriebliche Gewerkschaftsinstanzen umgemünzt wird.

Eine Ausnahmestellung nehmen Öko-Aktivisten ein, indem sie ein eigenes und außerhalb des Betriebs entwickeltes Umweltengagement in den Betrieb einbringen und weitergehende Ansprüche an beide Parteien der industriellen Beziehungen stellen. Diese Personen erzielen phasenweise größeren Einfluß, können sich teilweise in institutionellen Strukturen etablieren, teilweise bleibt die Aktivität an die Person gebunden. Die inzwischen erhebliche Zahl betrieblicher Umweltgruppen, Teams und Ausschüsse hat zu erheblichen Innovationen im Regulierungssystem geführt, die allerdings betriebsspezifisch und labil sind.

Bezogen auf das Konzept der intermediären Organisation können wir feststellen, daß die Organisation Gewerkschaft von zwei Seiten unter Druck gerät: durch neue Externalitäten und Verhandlungssysteme auf der Makroebene, die sie teilweise in eine sozialpolitische Verteidigungsposition drängen, und durch eher ganzheitliche Ansprüche auf der Meso- und Mikroebene, Umweltaspekte in ihre Betriebs- und Arbeitspolitik zu integrieren.

Gegenüber diesen doppelten Anforderungen erweisen sich die Gewerkschaften als ziemlich immobil; die feststellbaren organisatorischen Lernprozesse sind – im Vergleich zum Anstieg des gesellschaftlichen Problembewußtseins und der Einbeziehung des Umweltthemas in politische Entscheidungsprozesse – begrenzt und ohne starke Dynamik. Sie konzentrieren sich auf eine explizite Programmatik, die inzwischen unter der Überschrift der Nachhaltigkeit eine Synthese von Umwelt- und Sozialverträglichkeit einfordert, auf einen schmalen und additiven Aufbau von Umweltkompetenz im Verband sowie auf punktuelle Kampagnen in Gefährdungsbereichen. Vergleichbar mit anderen gesellschaftlichen Akteursgruppen befinden sich die Gewerkschaften in einem Suchprozeß, in dem herausgefunden werden soll, ob und in welcher Form eine – über labile Addition hinausgehende – Integration ökologischer Aspekte in arbeitspolitische Kernbereiche möglich und tragbar ist bzw. welcher wirtschaftliche Entwicklungspfad gleichzeitig arbeits- und umweltpolitische Synergien verspricht. Wieviel Zeit dieser Prozeß benötigt bzw. wie groß das zu bewältigende Lernpensum ist, wird daran deutlich, daß die Gewerkschaften von einer Haltung der prinzipiellen Skepsis und latenten Bedrohtheit sowie der politischen Nichtzuständigkeit gestartet sind, die nach wie vor in Gewerkschaftskreisen verbreitet ist und die die kurzfristigen Vorteile der „organisierten Unverantwortlichkeit" für sich in Anspruch nehmen kann.

Die europäische Vereinigung profiliert den genannten Politikwandel in mehrfacher Weise. Sie verschärft die Mehrebenenproblematik, indem sie die supranationale Ebene stärkt und dabei die nationale Ebene eher schwächt. Da die Gewerkschaften in nationalen Regelungsstrukturen verankert sind, resultiert daraus für sie eine tendenzielle Schwächung, zumal es bisher kaum gelungen ist, geeignete Interessenvertretungsstrukturen auf europäischer Ebene aufzubauen (vgl. generell Bispinck/Lecher 1993). In bezug auf die ökologische Erweiterung hat die europäische Ebene bisher keinen Fortschritt gebracht, da auch Kommission und Parlament den Gewerkschaften keine Stimme in der Umweltpolitik zusprechen (vgl. 4. Umweltaktionsprogramm der Europäischen Kommission). Eine stimulierende Rolle kommt dagegen der Übertragung fortschrittlicher nationaler Praktiken auf andere Länder zu, wie sie etwa durch die nationenübergreifende Anwendung von Verordnungen (z.B. das Konzept des Arbeitsumweltschutzes), durch internationale Unternehmen, durch Unternehmenskooperationen und durch die Arbeit der europäischen Verbände zustande kommt. Die anstehende Novellierung der EMAS-Verordnung ist ein interessanter Prüfstein dafür, ob weitergehende Beteiligungsvorstellungen, die im nationalen Rahmen entwickelt wurden, auf die europäische Ebene übertragen werden können. Das gewerkschaftliche Beteiligungsinteresse an betrieblichen Öko-Audits ist ein gutes Beispiel für eine integrierte und gestaltungsorientierte Betriebspolitik; an diesem Beispiel lassen sich Effektivität und Effizienz von Arbeitnehmerbeteiligung im Umweltschutz nachweisen.

Literatur

Antes, R. (1996): *Präventiver Umweltschutz und seine Organisation in Unternehmen.* Wiesbaden.

Antes, R./Steger, U./Tiebler, P. (1992): „Umweltorientiertes Unternehmensverhalten - Ergebnisse aus einem Forschungsprojekt". In: U. Steger (Hg.): *Handbuch des Umweltmanagements.* München, S. 375-393.

Baethge, M./Denkinger, J./Kadritzke, U. (1995): *Das Führungskräfte-Dilemma. Manager und industrielle Experten zwischen Unternehmen und Lebenswelt.* Frankfurt a.M.

Beck, U. (1996): „Das Zeitalter der Nebenfolgen und die Politisierung der Moderne". In: U. Beck/A. Giddens/S. Lash: *Reflexive Modernisierung - Eine Kontroverse.* Frankfurt a.M., S. 19-112.

Biere, R./Zimpelmann, B. (1997): *Arbeit - Umwelt - Betrieb.* Handbuch für den betrieblichen Umweltschutz. Köln.

Birke, M./Schwarz, M. (1994): *Umweltschutz im Betriebsalltag.* Opladen.

Bispinck, R./Lecher, W. (Hg.) (1993): *Tarifpolitik und Tarifsysteme in Europa.* Köln

Bleicher, K. (1992): *Das Konzept integriertes Management.* Frankfurt a.M./New York.

Bonneton, P./Carley, M./Hall, M./Krieger, H. (1996): *Überblick über bestehende Vereinbarungen über Unterrichtung und Anhörung in europäischen multinationalen Unternehmen.* European Foundation, Dublin.

Bowles, S./Gintis, H. (1990): „Contested Exchange: New Microfoundation for the Political Economy of Capitalism." In: *Politics and Society,* Vol. 18/1, S. 165ff.

Bundesmann-Jansen, J./Frerichs, J. (1995): *Betriebspolitik und Organisationswandel.* Münster.

Bundestags-Drucksache 13/7005: *Antwort der Bundesregierung auf die Kleine Anfrage zu „ökologische Mitbestimmung in Betrieben".* Bonn.

Bundesumweltministerium (1997): *Bericht des Nationalen Komitees für Nachhaltige Entwicklung.* Bonn.

Burschel, C. (1996): *Umweltschutz als sozialer Prozeß.* Opladen.

Claus, F./Wiedemann, P. M. (Hg.) (1994): *Umweltkonflikte.* Vermittlungsverfahren zu ihrer Lösung. Taunusstein.

Commission (1997): „Commission Sets out Option for the Future of the Social Dialogue". In: *European Industrial Relations Review* 276 (1997), S. 24-29.

Crouch, C. (1996): „Revised Diversity: From the Neo-liberal Decade to Beyond Maastricht". In: J. van Ruysseveldt/J. Visser (eds.): *Industrial Relations in Europe.* Heerlen, S. 358-375.

Czada, R. (1994): „Konjunkturen des Korporatismus: Zur Geschichte eines Paradigmenwechsels in der Verbändeforschung". In: *Politische Vierteljahresschrift,* Sonderheft 25, S. 37-64.

Dally, A./Weidner, H./Fietkau, H.-J. (Hg.) (1993): *Mediation als politischer und sozialer Prozeß.* Loccum.

Deutsches Institut für Wirtschaftsforschung (DIW) (1993): „Umweltschutz und Standortqualität in der Bundesrepublik Deutschland". In: *DIW-Wochenbericht* 16/93, S. 199-206.

DGB-Bundesvorstand (Hg.) (1995): *Orientierungshilfe „Umwelt-Audit und Arbeitnehmerbeteiligung".* Leitfaden. Manuskripte 188 der Hans-Böckler-Stiftung. 2., überarb. Aufl. Düsseldorf.

Dierkes, M./Hähner, K. (1996): „Organisationslernen – eine Gratwanderung". In: *wt-Produktion und Management* 86, S. 132-134.

Ferner, A./Hyman, R. (1992): „Industrial Relations in the New Europe: Seventeen Types of Ambiguity". In: dies. (eds.): *Industrial Relations in the New Europe*. Oxford, S. XVI-XLIX.

Fichter, K. (1995): *Die Öko-Audit-Verordnung*. München/Wien.

Freimann, J./Hildebrandt, E. (Hg.) (1995): *Praxis der betrieblichen Umweltpolitik*. Wiesbaden.

Frick, B. (1995): „Produktivitätsfolgen (über-)betrieblicher Interessenvertretungen". In: *Managementforschung* 5, S. 215-257.

Fritz, W. (1995): „Umweltschutz und Unternehmenserfolg". In: *Die Betriebswirtschaft*, Jg. 55, Heft 3, S. 347-357.

Führ, M. (1994): „Proaktives unternehmerisches Handeln - Unverzichtbarer Beitrag zum präventiven Stoffstrommanagement". In: *Zeitschrift für Umweltpolitik und Umweltrecht* 4/94, S. 445-472.

Hans-Böckler-Stiftung (Hg.) (1995): *Europäische Betriebsräte*. Ein Beitrag zum sozialen Europa. 6., überarb. Aufl. Düsseldorf.

Heine, H./Mautz, R. (1995): *Öffnung der Wagenburg?* Antwort von Chemie-Managern auf ökologische Kritik. Berlin.

Heinze, R. G./Schmid, J. (1994): „Mesokorporatistische Strategien im Vergleich: Industrieller Strukturwandel und die Kontingenz politischer Steuerung in drei Bundesländern". In: *Politische Vierteljahresschrift*, Sonderheft 25, S. 65ff.

Hildebrandt, E. (1992): „Umweltschutz und Mitbestimmung". In: U. Steger (Hg.): *Handbuch des Umweltmanagements*. München, S. 344-377.

Hildebrandt, E. (1995): *Handlungsbedingungen und Handlungsmöglichkeiten einer ökologisch erweiterten Arbeitspolitik im System industrieller Beziehungen - Endbericht*. WZB-papers, FS TAU, Wissenschaftszentrum Berlin für Sozialforschung. Berlin.

Hildebrandt, E./Gerhardt, U./Kühleis, C./Schenk, S./Zimpelmann, B. (1994): „Politisierung und Entgrenzung – am Beispiel ökologisch erweiterter Arbeitspolitik". In: N. Beckenbach/W. van Treek (Hg.): *Umbrüche gesellschaftlicher Arbeit*. Göttingen, S. 429-444.

Hildebrandt, E./Schmidt, E. (1994): *Umweltschutz und Arbeitsbeziehungen in Europa*. Berlin.

Hildebrandt, E./Schmidt, E. (1997): *Umweltschutz und Arbeitsbeziehungen in den Ländern der Europäischen Union – Die Entwicklung der neunziger Jahre*. Unveröff. Ms.

Hoffmann, J. (1997): „Geht das 'Modell Deutschland' an seinem Erfolg zugrunde?" In: *Gewerkschaftliche Monatshefte*, H. 4, S. 217-243.

Holzinger, K./Weidner, H. (Hg.) (1996): *Alternative Konfliktregelungsverfahren bei der Planung und Implementation großtechnischer Anlagen*. Discussion paper FS II 96-301, Wissenschaftszentrum Berlin für Sozialforschung. Berlin

Hopfenbeck, W./Willig, M. (1995): *Umweltorientiertes Personalmanagement*. Landsberg/Lech.

Hopfmann, J./Winter, G. (1997): *Zukunftsstandort Deutschland*. Das Programm der umweltbewußten Unternehmer. München.

Huber, J. (1993): „Ökologische Modernisierung. Bedingungen des Umwelthandelns in den neuen und alten Bundesländern". In: *Kölner Zeitschrift für Soziologie und Sozialpsychologie*, S. 288-304.

Huter, O./Schneider, W./Schütt, B. (Hg.) (1988): *Umweltschutz für uns - Das Handbuch zur ökologischen Erneuerung.* Köln.

Individualinteressen (1988): „Individualinteressen und Organisationsinteresse zusammenführen – Gespräch über die Zukunft der Gewerkschaften". In: *Gewerkschaftliche Monatshefte,* H. 6, S. 343-368.

International Chamber of Commerce (ICC) (1990): *The Greening of Enterprise.* Paris.

Jacobi, O. (1992): „Industrielle Demokratie und intermediäre Organisationen in Europa". In: *WSI-Mitteilungen,* H. 12, S. 773-779.

Jänicke, M. (1993): „Über ökologische und politische Modernisierungen". In: *Zeitschrift für Umweltpolitik und Umweltrecht,* H. 2, S. 159-175.

Jänicke, M./Weidner, H. (1997): „Germany". In: dies. (eds.): *National Environmental Policies.* Heidelberg, S. 133-155.

Kapp, K. W. (1979): *Soziale Kosten der Marktwirtschaft.* Frankfurt a.M.

Keller, B. (1996): „Nach der Verabschiedung der Richtlinie zu den Europäischen Betriebsräten – Von enttäuschten Erwartungen, unerfüllbaren Hoffnungen und realistischen Perspektiven". In: *WSI-Mitteilungen,* H. 8, S. 470-482

Kern, K./Bratzel, S. (1996): „Umweltpolitischer Erfolg im internationalen Vergleich". In: *Zeitschrift für Umweltpolitik und Umweltrecht,* H. 3, S. 277-312.

Kirchgeorg, M. (1995): „Umweltorientierte Unternehmensstrategien im Längsschnittvergleich von 1988 und 1994". In: J. Freimann/E. Hildebrandt (Hg.): *Praxis der betrieblichen Umweltpolitik.* Wiesbaden, S. 57-74.

Klemisch, H. (Hg.) (1997): *Öko-Audit und Partizipation.* Die betriebliche Umsetzung von Umweltinformationssystemen in kleinen und mittelständischen Unternehmen. Köln.

Klemisch H./Hildebrandt, E./Kluge, N. (Hg.) (1994): *Betriebliche Umweltinformationssysteme und gewerkschaftliche Beteiligung.* Düsseldorf.

Küpper, W./Ortmann, G. (1988): *Mikropolitik.* Rationalität, Macht und Spiele in Organisationen. Opladen.

Lecher, W./Platzer, H.-W. (1996): „Europäische Betriebsräte: Fundament und Instrument Europäischer Arbeitsbeziehungen?" In: *WSI-Mitteilungen,* H. 8, S. 503-512.

Leisink, P. (1994): *Back to Core Business or New Items on the Agenda?* IREC-Conference papers. Brussels.

Mandl, H. (1992): „Verschlafen unsere Gewerkschaften die Umweltdebatte?" In: *Natur,* H. 10, S. 44-51.

Mayntz, R. (1993): „Policy-Netzwerke und die Logik von Verhandlungssystemen." In: A. Héritier (Hg.): *Policy-Analyse.* Kritik und Neuorientierung. PVS-Sonderheft 24. Opladen, S. 39-56.

McCay, B./Jentoft, S. (1996): „Unvertrautes Gelände: Gemeineigentum unter der sozialwissenschaftlichen Lupe". In: *Kölner Zeitschrift für Soziologie und Sozialpsychologie,* Sonderheft 26, S. 272-291.

Meffert, H./Kirchgeorg, M. (1989): „Umweltschutz als Unternehmensziel". In: Specht et al.: *Marketing-Schnittstellen.* Stuttgart, S. 179-199.

Meißner, W./Gräber-Seißinger, U. (1992): „Umweltpolitik und internationale Wettbewerbsfähigkeit". In: U. Steger (Hg.): *Handbuch des Umweltmanagements.* München, S. 131-163.

Müller-Jentsch, W. (1982): „Gewerkschaften als intermediäre Organisation". In: *Kölner Zeitschrift für Soziologie und Sozialpsychologie,* Sonderheft 24, S. 408-432.

Müller-Jentsch, W. (1995): „Auf dem Prüfstand: Das deutsche Modell der industriellen Beziehungen". In: *Industrielle Beziehungen,* Vol. 2, S. 11-24.
Neidhardt, F. (1994): *Öffentlichkeit, öffentliche Meinung, soziale Bewegungen.* Sonderheft 34 der Kölner Zeitschrift für Soziologie und Sozialpsychologie.
Oates, A./Gregory, D. (1993): *Industrial Relations and the Environment: Ten Countries under the Microscope.* Luxemburg.
Pizzorno, A. (1978): „Political Exchange und Collective Identity". In: C. Crouch/A. Pizzorno (eds.): *The Resurgence of Class Conflict in Western Europe since 1968.* London, S. 277-298.
Porter, M. E./van der Linde, C. (1995): „Toward a New Conception of the Environment-Competitiveness Relationship". In: *Journal of Economic Perspectives,* Vol. 9, S. 97-118.
Prätorius, G. (1992): „Umweltschutz als Standortfaktor". In: U. Steger (Hg.): *Handbuch des Umweltmanagements.* München, S. 145-164.
Raffee, H./Förster, F./Fritz, W. (1992): „Umweltschutz im Zielsystem von Unternehmen." In: U. Steger (Hg.): *Handbuch des Umweltmanagements.* München, S. 241-256.
Rosenstiel, L. von (1996): *Motivation im Betrieb.* Leonberg.
Schäfer, H./Kropp, D. (1994): *Ökologie ist kein Selbstläufer.* Betriebliche Umweltarbeitskreise - eine erste Bilanz. Bad Kreuznach
Schienstock, G. (1993): „Management als sozialer Prozeß. Theoretische Ansätze zur Institutionalisierung". In: H.-D. Ganter/G. Schienstock (Hg.): *Management aus soziologischer Sicht.* Wiesbaden, S. 8-41.
Schmidheiny, S. (1992): *Kurswechsel.* Globale unternehmerische Perspektiven für Entwicklung und Umwelt. München.
Schneider, W. (1986): „Umweltschutz und qualitatives Wachstum – Umweltprogramm und umweltpolitische Arbeit des Deutschen Gewerkschaftsbundes". In: ders. (Hg.): *Arbeit und Umwelt.* Hamburg.
Staehle, H. (1994): *Management.* Eine verhaltenswissenschaftliche Perspektive. München.
Steger, U. (1994): „Vom Klassenkampf zur ökologischen Speerspitze? Gewerkschaften und Umweltschutz". In: H. W. Meyer (Hg.): *Sozial gerecht teilen - ökologisch umsteuern?* Köln, S. 120-129.
Steger, U. (1995): „Anmerkungen zum Beitrag von Wolfgang Fritz 'Umweltschutz und Unternehmenserfolg'". In: *Die Betriebswirtschaft,* Jg. 55, H. 6, S. 810-813.
Steinle, C./Lawa, D./Schollenberg, A. (1994): „Ökologieorientierte Unternehmensführung – Ansätze, Integrationskonzept und Entwicklungsperspektiven". In: *Zeitschrift für Umweltpolitik und Umweltrecht,* H. 4, S. 409-444.
Streeck, W. (1987): *Vielfalt und Interdependenz: Probleme intermediärer Organisationen in sich ändernden Umwelten.* Discussion paper IIM/LMP 87-3, Wissenschaftszentrum Berlin für Sozialforschung. Berlin.
Streeck, W. (1994): „Staat und Verbände: Neue Fragen – Neue Antworten?" In: *Politische Vierteljahresschrift,* Sonderheft 25, S. 7-34.
Streeck, W./Vitols, S. (1993): *European Works Councils: Between Statutory Enactment and Voluntary Adoption.* Discussion paper FS I 93-312, Wissenschaftszentrum Berlin für Sozialforschung. Berlin.
Umweltbundesamt (UBA) (1996): *Umweltbewußtsein in Deutschland.* Ergebnis einer repräsentativen Bevölkerungsumfrage 1996. Berlin.
Warnecke, J. (1995): „Ist Deutschland innovativ genug?" In: *Gewerkschaftliche Monatshefte,* H. 10, S. 619-623.

Weidner, H. (1996): *Umweltkooperation und alternative Konfliktregelungsverfahren in Deutschland.* Zur Entstehung eines neuen Politiknetzwerkes. Discussion paper FS II 96-302, Wissenschaftszentrum Berlin für Sozialforschung. Berlin.

Weizsäcker, E. U. von (Hg.) (1994): *Umweltstandort Deutschland.* Argumente gegen die ökologische Phantasielosigkeit. Berlin.

Windhoff-Héritier, A. (1987): *Policy-Analyse.* Eine Einführung. Frankfurt a.M./New York.

Windolf, P. (1989): „Vom Korporatismus zur Deregulierung. Thesen zum Strukturwandel der Gewerkschaften". In: *Journal für Sozialforschung,* H. 4, S. 367-396.

III Erosion oder Restrukturierung der Governance-Strukturen auf betrieblicher, zwischen- und überbetrieblicher Ebene

Vorsprung, aber nicht länger (nur) durch Technik

Die schnelle Anpassung der deutschen Automobilindustrie an neue internationale Wettbewerbsbedingungen[1]

Bob Hancké

Seit langem gilt die Automobilindustrie Deutschlands als Paradebeispiel des deutschen Produktionsregimes. Trotz des scharfen globalen Wettbewerbs und zweier Ölkrisen hat diese Branche sich ohne große Schwierigkeiten an neue Wettbewerbsbedingungen angepaßt: Statt sich auf einen Preiswettbewerb einzulassen, ist es den deutschen Automobilunternehmen gelungen, Qualität, Flexibilität und Leistung zu den für sie zentralen Wettbewerbsdimensionen zu machen. Diese Strategie erlaubte es der Industrie gleichzeitig, die Qualifikationen der Arbeitnehmer zu entwickeln und besser zu nutzen und durchschnittlich höhere Löhne für die geleistete Arbeit zu zahlen. Für das Markenzeichen „Made in Germany" nahmen die internationalen Kunden gerne einen höheren Preis in Kauf.

Dieses Produktionsmodell, für das Wolfgang Streeck in einer Reihe einflußreicher Aufsätze den Begriff „Diversifizierte Qualitätsproduktion" (DQP) prägte, erlebte zwischen 1991 und 1994 eine unerwartete, schwere Krise: Fast alle Konzerne kündigten große Verluste und Massenentlassungen an, und spätestens als der Bericht des International Motor Vehicle Program am Massachusetts Institute of Technology (MIT) über die Weltautomobilindustrie veröffentlicht wurde, war nicht mehr von der Hand zu weisen, daß sich die deutsche Automobilindustrie in einer kritischen Situation befand.

---

1 Dieser Beitrag basiert auf Interviews mit Automobilherstellern, Zulieferern, Gewerkschaftlern und Betriebsräten in Stuttgart (Mercedes), Wolfsburg (VW), Eisenach (Opel) und Zwickau (VW). Er stellt einen ersten Versuch dar, den Einzug neuer Produktionsmodelle in der deutschen Automobilindustrie historisch und theoretisch zu deuten. Mein Ziel ist weniger die Bereitstellung neuer Daten (vgl. hierzu die angeführte Literatur) oder die Vollständigkeit der Präsentation, sondern eine systematische Verarbeitung der Daten in einem breiteren Kontext. Ich danke insbesondere Steven Casper, Ulrich Jürgens, David Soskice und John Zysman für vielfältige Anregungen, die ich aus Diskussionen mit ihnen bezogen haben. Wie immer trägt aber keiner dieser Kollegen Mitverantwortung für meine Fehler.

Dieser Beitrag[2] befaßt sich mit einem Ausschnitt dieser Krise: dem Zusammenhang von Produktentwicklung, Produktionsabläufen und Zulieferstrukturen sowie deren Umstrukturierung. Es soll im einzelnen dargelegt werden, daß die großen deutschen Automobilunternehmen bei ihren Anpassungsstrategien Kostensenkung vor allem durch Externalisierungsprozesse angestrebt haben. Ursächlich dafür sind die – auch in der Vergangenheit schon bedeutsamen – Grenzen, die Unternehmensstrategien gesetzt waren: die starke Position von Gewerkschaften und Betriebsräten, durch die Massenentlassungen und Lohnsenkungen eigentlich nicht in Frage kamen. Gerade weil also eine kurzfristige Kostenstrategie durch eine Reduktion der Gesamtlohnsumme für die Unternehmen kaum durchsetzbar war, wählten sie einen anderen Pfad, nämlich den einer weitgehenden Externalisierung.

Dem Anpassungsprozeß, der sich in der deutschen Automobilindustrie vollzog, kommt aus verschiedenen Gründen eine besondere Bedeutung zu. Keine andere Industriebranche steht so paradigmatisch für das „Modell Deutschland" wie dieser Sektor. Darüber hinaus hat sich vermutlich auch kein anderer Sektor so erfolgreich an eine neue Lage angepaßt (vgl. Schumann 1997; Wirtschaftswoche vom 19.6.1997), wobei diese Anpassung zudem auf einer tiefgreifenden Umstrukturierung des bisherigen Modells basiert (im Unterschied beispielsweise zum Maschinenbau, der mit einer „schlankeren" Version des alten Modells aus der Krise gelangen konnte) (vgl. Finegold/Wagner 1997). Auch wenn die deutsche Automobilindustrie nur ein Sektor unter vielen ist und ihre Anpassungsstrategien nicht ohne weiteres verallgemeinerbar sind, so kann sie doch als „Soziallabor" betrachtet werden, in dem mit neuen Produktionsmodellen experimentiert wird. Gerade wegen dieser Vorreiterrolle bietet eine Analyse des Anpassungspfades im Automobilsektor, die das Zusammenspiel von Wettbewerbsfähigkeit, institutionellen Veränderungen und organisatorischer Innovation in den Mittelpunkt rückt, einen instruktiven Einblick in den Wandel des deutschen Produktionsmodells.

Im folgenden Beitrag werden drei Schwerpunkte gesetzt: Der erste Teil konzentriert sich auf die Frage, welche Entwicklungen es waren, die die bis dahin für krisenresistent gehaltene Automobilbranche in eine plötzliche tiefe Kostenkrise stürzten. Dabei wird ein Geflecht makroökonomischer, sektorspezifischer, struktureller und mikro-organisatorischer Bedingungen ausgemacht, die sich gegenseitig verstärkten und die Tiefe dieser Krise erklären. Im zweiten Teil wird an das Modell der „Diversifizierten Qualitätsproduktion" angeknüpft und diskutiert, wie die Bedingungen dieses Produktionsregimes sowohl die Krise als auch Ansätze ihrer Lösung strukturiert

---

2 Die folgenden Ausführungen basieren auf einer ausführlicheren Arbeit des Verfassers, die unter dem Titel „Reconfiguring the German Production System: Crisis and Adjustment in the Automobile Industry" auf dem Workshop „Modell Deutschland in the 1990s: Problems and prospects" (Wissenschaftszentrum Berlin für Sozialforschung, 27.-28. Juni 1997) vorgestellt wurde (unveröff. Ms.).

haben. Im dritten Teil, dem empirischen Kern der Arbeit, werden die Grundzüge der Umstrukturierung in der Automobilindustrie unter dem Vorzeichen der Kostenwettbewerbsfähigkeit beschrieben. Abschließend werden einige Überlegungen zu den Zukunftsperspektiven des deutschen Produktionsmodells angestellt.

1. Die unerwartete Krise der deutschen Automobilindustrie

Keine Statistik gibt so klar das Ausmaß der Krise wieder wie folgende Beispiele: 1989 verkauft sich der nagelneue Lexus GS 400 (das Toyota Luxus-Auto) in den USA besser als die damals vier angebotenen Mercedes-Modelle zusammen. 1990 erscheint das Buch „The Machine that Changed the World", in dem MIT-Forscher über ein europäisches Werk berichten, wo jedes Auto „zweimal" gebaut wird: einmal auf dem Fließband und ein zweites Mal danach, um die vielen kleinen Fehler zu beheben, die auf dem Fließband gemacht wurden. Die Financial Times deckt kurze Zeit später auf, daß es sich hier um das Mercedes-Werk in Sindelfingen bei Stuttgart handelt. Zwischen 1991 und 1993 kündigen VW und Mercedes Massenentlassungen an: In beiden Fällen ist von etwa 40.000 Entlassungen die Rede, die sich über einen Zeitraum von drei Jahren erstrecken sollen.

Wie lassen sich diese Krisenmanifestationen auf dem Hintergrund der bis dahin erfolgreichen und als krisenfest geltenden Qualitätsstrategie der Automobilhersteller interpretieren? Hat sich das Modell der diversifizierten Qualitätsproduktion als unzureichend erwiesen? Im folgenden versuche ich zu zeigen, daß nicht dieses Modell als solches unzureichend war, daß es aber von einer Reihe von Bedingungen abhing, die sich verändert haben. Was die neuen Bedingungen vor allem von den früheren unterscheidet, ist die zunehmende Bedeutung der Produktionskosten.

Grundlegend geändert hat sich erstens die währungspolitische Konstellation. Zwischen 1980 und 1990 unterlag die D-Mark ständig dem US-Dollar. Anfang der neunziger Jahre ging die Bundesbank zu einer langfristig angelegten Aufwertungsstrategie der D-Mark über (zu diesem „Makro"-Argument vgl. Carlin/Soskice 1997; Collignon 1997). Dies führte zu einer deutlichen Schmälerung der Exporterträge der deutschen Automobilindustrie, da die wechselkursbedingten Zusatzrenditen wegfielen, die sie bislang auf dem US-amerikanischen und teilweise auch auf dem britischen Markt erzielt hatte. In dieser Situation mußte das Herstellungskosten-Argument an Bedeutung gewinnen.

Probleme erwuchsen der Automobilindustrie zweitens aus der starken Ausweitung ihrer Produktionskapazitäten während der achtziger Jahre. In der Rezession zu Beginn der neunziger Jahre überschritten dieses Kapazitäten die Nachfrage um mehr als 25 Prozent, und auch in den Folgejahren durften die Automobilhersteller aufgrund der Marktsättigung nur wenig Nachfragewachstum erwarten. Überangebot und sinkende Nachfrage führen nach dem klassischen Modell zu niedrigeren Preisen – die Antwort lautete also Kostenwettbewerb.

Die dritte neue Herausforderung kam aus Übersee: In dem Bericht des MIT über die Weltautomobilindustrie, der in der Branche große Aufregung auslöste, wird hervorgehoben, daß die japanischen und selbst die US-amerikanischen Produzenten den europäischen Herstellern – insbesondere den französischen und deutschen – in puncto Wettbewerbsfähigkeit überlegen seien. Danach wird in den produktivsten Werken Japans zur Herstellung eines Autos nur etwa die Hälfte der Arbeitszeit aufgewendet, die in französischen oder deutschen Werken für vergleichbare Typen benötigt wird. Dies ermöglicht es den japanischen Unternehmen, ihre Autos auf dem europäischen Markt zu Preisen anzubieten, die eine Drittel niedriger sind als die der europäischen Automobilproduzenten (vgl. Womack et al. 1991; Jürgens et al. 1993 und Williams et al. 1992 zur Diskussion über „lean production"). Die Internationalisierung der Automobilmärkte, die sich vermutlich noch verstärken wird, hat somit auch den Kostendruck erhöht.

Wenngleich die drei skizzierten Entwicklungen unterschiedliche Ausgangspunkte haben, so weisen sie doch ein wichtiges gemeinsames Kennzeichen auf: Sie zwangen den Automobilhersteller zur Kostensenkung, indem sie gewissermaßen eine Grenze vorgaben, jenseits derer ein (langfristiges) Überleben nicht möglich war. Zum ersten Mal seit langem sah sich die deutsche Automobilindustrie daher gezwungen, zu einer reinen Kostenstrategie überzugehen. Wie sie diesen Wechsel vollzog und mit welchen Problemen sie bei der Implementation ihrer Anpassungsstrategie konfrontiert war, soll nachfolgend untersucht werden. Die institutionellen Bedingungen, die vordem schon eine zentrale Rolle in der Branche spielten und auf denen auch das DQP-Modell fußte, wirkten ein weiteres Mal rahmensetzend.

2. Die Rolle des „Labour Constraint" im Anpassungsprozeß

Den Kern des DQP-Modells bildet der sogenannte „Labour Constraint": Die Arbeitsbeziehungen in diesem Modell sind so gestaltet, daß für Unternehmen die Verfolgung einer reinen Kostenwettbewerbsstrategie de facto unmöglich ist. Tarifverhandlungen werden überbetrieblich von einer starken Industriegewerkschaft geführt, was für die Unternehmen die Ausübung von Druck in Richtung auf Lohnsenkungen weitgehend unmöglich macht. Innerhalb der Unternehmen behindern Betriebsräte eine schnelle kostenorientierte Lösung. Gleichzeitig ermöglicht aber das gesamte institutionelle Umfeld – vom System des Technologietransfers über die Ausbildung bis zur Arbeitsorganisation und den Arbeitsbeziehungen – den Unternehmen tatsächlich die Verfolgung einer Marktstrategie, die nicht auf Kosten beruht (vgl. Soskice in diesem Band). Kurz gesagt, zwingt der „Labour Constraint" die Unternehmen, sich auf andere als rein kostenorientierte Strategien zu stützen, wobei aber sichergestellt ist, daß auch solche Strategien zu Erfolgen führen können (vgl. Streeck 1992; Thelen 1991; Turner 1991).

In den achtziger Jahren hat sich gerade das auf diesen Zwängen bzw. Möglichkeiten basierende Anpassungsmodell als sehr leistungsfähig erwiesen: Die deutsche Automobilindustrie ist den Problemen während der turbulenten Zeit nach der zweiten Ölkrise nicht mit Kostensenkungen, vor allem nicht mit Kostensenkungen durch Massenentlassungen, begegnet, sondern mit einer auf hochwertigen Produkten basierenden Produkt- und Marktstrategie. Anders als noch in den achtziger Jahren war und ist allerdings, wie oben gezeigt, in den neunziger Jahren der Wechsel hin zu einer Kostenstrategie nicht länger zu vermeiden. Wie stark ist also der traditionelle „Labour Constraint" noch?

In hohem Maße – und dies ist vielleicht in gewisser Hinsicht erstaunlich – haben auch in der veränderten Situation der neunziger Jahre die starke institutionelle Position der Gewerkschaften und das Institutionengefüge der Arbeitsbeziehungen die Entwicklung einer neuen Strategie geprägt.

Da eine Kostensenkung auf dem Wege einer kurzfristigen Reduzierung der Lohnkosten kaum durchsetzbar schien, sahen sich die Automobilhersteller gezwungen, auf andere Kostensenkungsstrategien auszuweichen, bevor sie aufgrund ihrer sich verschlechternden wirtschaftlichen Lage mit den Gewerkschaften nach neuen sozial-organisatorischen Lösungen suchten.[3] Eine auf Lohnkosten abstellende Strategie hätte voraussehbar zu großen sozialen Konflikten geführt und die Einführung neuer Produktionsmodelle – eine Voraussetzung für langfristige Rationalisierungen – erheblich erschwert. Hingegen spielten die Gewerkschaften bei der Suche nach alternativen Kostenstrategien eine sehr „konstruktive" Rolle. Häufig waren es gerade die Betriebsräte und Vertrauensleute, denen die sozialen Kosten einer ungezügelten Strategie deutlicher bewußt waren als dem Management und die daher, ihre Machtposition im Unternehmen nutzend, Diskussionen mit den Vorständen über alternative Anpassungspfade anregten.

---

3 Deutsche Automobilunternehmen haben sich in der zweiten Phase der Krise auch in dieser Hinsicht als innovativ erwiesen, und zwar bei der Verhandlung grundlegend neuer Arbeitszeitmodelle. Die VW-Vereinbarung vom Dezember 1993 über die sogenannte Vier-Tage-Woche ist zweifellos das bekannteste Beispiel, aber auch Opel und Ford haben ähnliche Vereinbarungen mit ihren Betriebsräten getroffen. Aus Sicht dieses Beitrags sind dabei zwei Aspekte von Bedeutung: Erstens der Umstand, daß diese neuen „sozialen" Modelle erst dann Gegenstand von Verhandlungen wurden, als die Verhandlungsmöglichkeiten über andere Kostenstrategien ausgeschöpft waren (vgl. dazu den informativen Überblick bei Hartz 1994). Zweitens – und vielleicht noch wichtiger – ist hervorzuheben, daß sich hinter diesen Modellen im Grunde eine „sozialverträgliche" Strategie des Arbeitsplatzabbaus verbirgt; so gesehen unterscheiden sie sich nicht grundsätzlich von den amerikanischen oder französischen Entwicklungen. Hinsichtlich der Umgestaltung von Arbeitsplätzen zu Beginn der achtziger Jahre finden sich sehr instruktive Übersichten und Diskussionen beispielsweise in Kern/Schumann 1984; Schumann 1997; Streeck 1996; Turner 1991. Da sich diese Arbeiten nicht unmittelbar mit Innovation durch Wandel der Produktionskette befassen, werden sie in diesem Beitrag nicht ausführlich erörtert.

Der Kostenzwang auf der einen Seite und die starke Stellung der Gewerkschaften auf der anderen Seite veranlaßten die Hersteller letztlich zu einer Kostensenkungsstrategie, die hauptsächlich außerhalb der Unternehmen ansetzte. Wie sie realisiert wurde, wird nachfolgend erörtert.

3. Der diskrete Charme der Kostenstrategien

Die verschärften Wettbewerbsbedingungen und die veränderte makroökonomische Situation markierten die „Obergrenze" für Anpassungsstrategien, während der institutionelle Rahmen der Arbeitsbeziehungen deren „Untergrenze" bestimmte. Sahen sich die Automobilhersteller also aufgrund der erstgenannten Umstände der Notwendigkeit von Kostensenkungen gegenüber, waren sie wegen der zweitgenannten Bedingungen nicht imstande, sie gegenüber ihren Belegschaften durchzusetzen. Diese Lage charakterisiert die Situation der Automobilhersteller in den frühen neunziger Jahren.

Welcher Weg aus dem Dilemma faktisch eingeschlagen wurde, ist vielfach beschrieben worden, so daß hier eine stichwortartige Kurzdarstellung ausreicht: Neue Entwicklungen in den Zulieferbeziehungen hatten schon während der achtziger Jahre die Möglichkeit zur Einführung neuer Produktionsmodelle angedeutet. Auf dieser Basis aufbauend, haben die Hersteller auch ihre Produktarchitektur und -entwicklung umgestaltet; im Ergebnis wurden den Zulieferern ein immer höheres Maß an Flexibilität und immer niedrigere Preise abverlangt. Das Resultat war eine zunehmende Produktionsauslagerung an immer größere, häufig internationale Zulieferfirmen, während gleichzeitig die Automobilproduktion mehr und mehr internationalisiert wurde – bis zum aktuellen Stand, da „deutsche" Autos in hohem Maße aus ausländischen Teilen gefertigt und sogar in Werken außerhalb Deutschlands hergestellt werden. Produktstandardisierung einerseits und Internationalisierung andererseits führten also letztlich zu einer völlig neuen Produktionsstruktur und zu einer weitgehenden Internationalisierung auch der deutschen Automobilindustrie.

Es handelt sich hierbei um die ersten Schritte einer grundsätzlichen Umstrukturierung der Wertschöpfungskette. Was sich heute in der deutschen Automobilindustrie vollzieht, ist mit ähnlichen Reorganisationsprozessen in anderen Sektoren vergleichbar, z.B. in der Telekommunikations-, Elektronik-, Computer-, Chemie- und Pharmaindustrie. Als Antwort auf Markt- und Strukturwandel sind in diesen Sektoren zwei Grundtendenzen beobachtbar, die jeweils sektorspezifische und historisch kontingente Formen annehmen können, aber im wesentlichen auf zwei Grundmuster reduzierbar sind (vgl. Borrus/Zysman 1997; Harrison 1994; Piore/Sabel 1984; Soskice, im Erscheinen).

Das erste Muster besteht in der Desintegration vertikal integrierter Konzerne entweder in locker verbundene Business Units oder sogar in vollständig voneinander trennbare, in einem Netzwerk zusammenhängende Prozeßschritte. Diese Desintegration hat natürlich wichtige Folgen. Zumindest aus heutiger Sicht erscheint zentral, daß diese Unternehmen sich nicht mehr auf die Kontrolle der integrierten Produktions- bzw. Montagesysteme beschränken, wie dies im goldenen Zeitalter des Taylorismus der Fall war, sondern sich heute bevorzugt auf die beiden Enden der Wertschöpfungskette konzentrieren: Produktentwicklung und Marken- oder „Brand"-Management.[4]

Das zweite neue Element stellt die fortschreitende Internationalisierung und Integration der Weltwirtschaft dar. In den drei großen Handelsblöcken NAFTA, ASEAN und EFTA/EU hat der Handel, auch mit Komponenten, seit 1972 stark zugenommen. Zugleich – und teilweise als Effekt paralleler Entwicklungen – schreitet auch die Integration der Arbeitsmärkte weiter voran.

Sind diese Veränderungen schon für sich genommen gravierend, so verstärkt sich dieser Effekt noch entscheidend durch ihr Zusammenwirken. Der Druck der Konzerne auf Produktentwicklung und -architektur einerseits und Marketing andererseits sowie die gleichzeitige Aufsplitterung der „eigentlichen" Produktionsprozesse in relativ autonome Einheiten, schafft im Prinzip die Möglichkeit, diese Teilbereiche auszulagern, und zwar ins Ausland – oder genauer: an Standorte mit optimalen Bedingungen, sei es, daß diese eine vorteilhafte Kostenstruktur bieten, sei es, daß das Ausbildungs- bzw. Wissenschaftssystem genau die von den Unternehmen benötigten Qualifikationen und Vorteile liefert.

Was die Automobilindustrie in Deutschland so interessant macht, ist zum einen, daß sie in Europa eine Vorreiterrolle hinsichtlich dieser Umstrukturierungsprozesse spielt, und zum anderen, daß ihre Anpassung ein – allerdings nicht beabsichtigter – Effekt des deutschen Institutionengefüges ist. Ohne den von der Stärke der Gewerkschaften ausgehenden impliziten Zwang wäre die deutsche Automobilindustrie vielleicht auch dem „low-cost"-Pfad der französischen oder US-amerikanischen Automobilindustrie gefolgt.

3.1 Der Ausgangspunkt: Zusammenarbeit zwischen Zulieferern und Herstellern

Der erste Schritt in dem Anpassungsprozeß war nicht sehr spektakulär. In den frühen achtziger Jahren hatten die deutschen Automobilhersteller die Vorteile einer neuen Zulieferstruktur entdeckt (vgl. Casper 1995; Kern/Sabel 1990; Casper in diesem Band). Um schnell auf sich verändernde Kundenwünsche reagieren zu können – ein Grundbestandteil der DQP-Strategie –,

---

4 Borrus/Zysman (1997) nennen dieses neue Modell in der Elektronikindustrie „Wintelism" (abgeleitet aus „Windows" und „Intel") und betonen eher die implizite Normierung, die von Produktarchitektur und Marktmacht ausgeht. Meines Erachtens handelt es hier um einen Sonderfall. Für den Automobilmarkt sind die Vorteile, die von solcher Normierung ausgehen, eher gering, weil er sehr viel stabiler ist. Eine weitaus größere, analoge Bedeutung kommt hier dem „Brand"-Management zu. Harrison (1994) diskutiert diese Fragen am Beispiel des Sportschuhherstellers Nike (S. 206-209) und des italienischen Modefabrikanten Benneton (S. 89-95).

waren sie auf technologisch starke Zulieferer angewiesen, die zur kurzfristigen Lieferung der erforderlichen Teile in der Lage waren.

Dabei stellte sich ein neues Problem: Unter solchen Marktbedingungen liegen das Eintreffen der von den Zulieferern gefertigten Teile einerseits und der Einbau dieser Komponenten in der Fertigung andererseits zeitlich zu nah aneinander, um noch umfangreiche Qualitätsüberprüfungen durchführen zu können. Die Logik der „Just-in-time"-Zulieferung (JIT) hat damit nicht nur die Industrieorganisation verändert, sondern auch den bestehenden rechtlichen Rahmen der Zulieferbeziehungen im Frage gestellt: Denn juristisch gesehen endet die Verantwortlichkeit eines Zulieferers, sobald ein zugeliefertes Teil dem Endhersteller übergeben wird. Praktisch bedeutet dies, daß der Abnehmer, also der Endhersteller, für die Qualitätskontrolle zuständig ist. Dazu ist er allerdings unter den neuen Produktions- und Zulieferstrukturen nicht mehr in der Lage – ein Einwand, dem sich nach längerer Diskussion auch die vertragsrechtliche Fachpresse anschloß (vgl. Casper 1995): Wenn ein Zulieferer vom Endhersteller als sogenannter „Just-in-time"-Zulieferer gekennzeichnet wird, dann ist nunmehr der Zulieferer für die Qualitätskontrolle verantwortlich.

Die Effekte dieser rechtlichen Neuinterpretation waren dramatisch: Weil mit der Kennzeichnung eines Zulieferers als JIT-Zulieferer zugleich die juristische Endverantwortlichkeit vom Endhersteller auf den Zulieferer überging, wandelten die Endhersteller sehr schnell alle Beziehungen mit ihren wichtigen Zulieferern in JIT-Beziehungen um. Dies hatte aber nicht nur zur Folge, daß die Zulieferer ihre interne Organisation so umgestalten mußten, daß sie den damit verbundenen praktischen Anforderungen entsprechen konnten. Es hatte auch zur Folge, daß die mit Lagerung und Verwaltung verbundenen Kosten ebenfalls den Zulieferern aufgebürdet wurden. Beides führte letztlich zu hohen Versicherungsprämien für die Zulieferer, da unter den neuen Bedingungen deren Risiken stark anstiegen und sie nun tatsächlich für die Qualität – das heißt auch: Sicherheit – ihrer Produkte verantwortlich waren.

Die Lösung dieses Problems kam größtenteils durch von Verbänden verhandelte Qualitätssicherungsvereinbarungen zustande, welche in die allgemeine Einführung der ISO-9000-Standards in der Automobilindustrie mündeten (zu Einzelheiten hinsichtlich dieses Angleichungsprozesses vgl. Hancké/Casper 1996). In erstaunlich kurzer Zeit ist es den Automobilherstellern und, ihrem Sog folgend, der ganzen Automobilindustrie gelungen, ihre Produktionsprozesse grundlegend umzustrukturieren: Obwohl anfangs der Eindruck entstanden war, als müßten die Kosten der Umstrukturierung vollständig von den Zulieferern getragen werden, zeigte sich nach einer kurzen Anpassungsperiode, daß durch die Umstrukturierung zwar auf beiden Seiten ein erhöhtes Kostenbewußtsein entstanden, aber auf seiten der Zulieferer keine einseitige Kostenbelastung zu verzeichnen war. Aufgrund ihrer technologischen Kompetenzen verfügen die Zulieferer über eine relativ starke Position und treten ihren Kunden seit jeher autonomer gegenüber als etwa die französischen oder amerikanischen Zulieferfirmen. Die Automobilhersteller ihrerseits konnten, auf diese technologischen Kapazitäten ihrer Zulieferer aufbauend, ihre hochwertige Produktstrategie weiterentwickeln.

3.2 Radikale Kostensenkungen bei den Zulieferern: Das „Lopez"-Modell

Die Krise zu Beginn der neunziger Jahre hat dieses neu entstandene Gleichgewicht zerstört. Die vorherige Episode hatte gezeigt, daß eine tiefgehende Umgestaltung der Produktionsabläufe möglich war, ohne Qualitäts- oder Wertverluste nach sich zu ziehen. Als 1992 die Automobilhersteller nach Lösungen für ihre neu entstandenen Schwierigkeiten suchten, richteten sie wiederum den Blick zuerst auf ihre Zulieferer (vgl. Lehndorff 1995). Je nach Automobilunternehmen bestehen zwischen 50 und 90 Prozent eines Kraftfahrzeugs aus eingekauften Teilen, und da eine Kostenreduktion innerhalb der Belegschaft nicht konfliktlos durchsetzbar war, rückten als logische Alternative schnell die Beziehungen zu den Zulieferern ins Zentrum der Überlegungen.

Insbesondere ein Name ist mit dieser Strategie eng verbunden: Ignacio Lopez, ehemaliger Einkaufsleiter von Opel und GM, der im März 1993 zu VW wechselte und Ende 1996 unter peinlichen Umständen aus dem VW-Vorstand ausschied. Die Lopez-Strategie war einfach. Das Einkaufsteam verhandelte mit den Zulieferern zuerst Preissenkungen von jährlich fünf bis zehn Prozent. Danach wurde den Zulieferern Unterstützung bei der Modernisierung der Fertigungsprozesse angeboten (was häufig zu einer weiteren Auslagerung von Produktionsteilen führte), und schließlich wurde verhandelt, wie die so erzielten Produktivitätsgewinne zwischen Zulieferern und Herstellern aufgeteilt werden sollten.[5]

Nach Auffassung von Beobachtern hatte sich in den Beziehungen zwischen Automobilherstellern und ihren Zulieferern während der letzten Dekaden eine allzu große „Gemütlichkeit" etabliert. Preiswettbewerb spielte schon lange keine zentrale Rolle mehr, und die Zulieferer waren aufgrund der langfristigen Beziehungen, die sie mit den Automobilherstellern verbanden, seit langem nicht mehr auf einem umfassend funktionierenden Markt tätig.

Lopez' Ansatz wurde schnell von anderen Herstellern übernommen: Opel verfügte bereits über ein ähnliches, von Lopez selbst initiiertes Modell, und auch Ford (mit einem Zulieferprogramm namens „ISQ 9000") und Mercedes (mit seinem „Tandem"-Programm) trieben die Umgestaltung ihrer Zulieferbeziehungen voran. In allen Fällen ging es um dieselben Charakteristika: ständige Neuverhandlung von Einkaufspreisen und Unterstützung bei Opti-

---

5 Die Frage der rechtlichen Haltbarkeit einer solchen nachträglichen Preisverhandlung ist allerdings noch nicht abschließend entschieden: Weil offene Preisklauseln nach dem BGB und dem Gesetz zur Regelung der Allgemeinen Geschäftsbedingungen nicht zulässig sind, warten Industrieexperten auf eine diese Situation klärende richterliche Entscheidung.

mierungstechniken. Mit diesen neuen Einkaufssystemen gelang es den meisten Konzernen, innerhalb weniger Jahre bis zu 20 Prozent der Herstellungskosten einzelner Modelle einzusparen.

Obgleich sich dadurch für die Zulieferer der Kostendruck erheblich verschärfte, waren sie infolge ihrer oft sehr starken Abhängigkeit von einzelnen Herstellern – gerade bei langfristig angelegten Kooperationsbeziehungen – daran gehindert, sich gegen diese neuen Konditionen zur Wehr zu setzen. So waren zwischen 1992 und 1995 unter den meisten (relativ kleinen) Zulieferern richtiggehende „Kostenschlachten" zu verzeichnen, womit die Automobilkonzerne ihr Ziel erreicht hatten, ihre schwierige Kostenlage zu externalisieren.

3.3 Umgestaltung der Produktentwicklung: Standardisierung und Modularität

Große Potentiale für eine Senkung der Teilekosten liegen aber nicht nur in einer fortwährenden Verbesserung der Produktionsabläufe bei den Zulieferern, sondern mehr noch in einer Standardisierung der Komponenten. Wenn eine bestimmte Komponente nicht nur in ein einziges Modell, sondern in alle Modelle eingebaut werden kann, dann führen die so ermöglichten Skalenerträge zu einer viel größeren Preisreduktion als die Einführung von „Lean-Production"-Techniken bei den Zulieferern. Der erste Schritt – die enge Einbindung von Zulieferern in die Fertigung bei gleichzeitigen Preissenkungen – beschleunigte folgerichtig einen anderen Prozeß: die Umgestaltung der Produktentwicklung.

Den grundlegenden Wandel markiert ein Umdenken bei der sogenannten Produktarchitektur, bei der Konzeption, wie verschiedene Teile miteinander verbunden sind (Ulrich 1995). Dieses Umdenken war von dem Ziel geleitet, den Prozeß von der Konzeption des Produkts bis zu dessen Markteinführung zu verkürzen (vgl. die Beiträge von Jürgens/Lippert und Dörrenbächer et al. in diesem Band), logisch aus den ersten Modernisierungsschritten folgte: Für einen Hersteller, der die Produktion von Komponenten in großem Umfang auf seine Zulieferer verlagert hat, bedeutet es nur noch einen kleinen Schritt, diese Zulieferer enger in die Produktentwicklung einzubeziehen bzw. ihnen die Verantwortlichkeit für die Entwicklung der Komponenten gänzlich zu übertragen.

Unterscheidbar sind im wesentlichen zwei Modelle, wie die Produktarchitektur konzipiert sein kann (vgl. Casper, im Erscheinen). Das erste Modell stellt darauf ab, alle Zulieferer von Anfang an in die Produktentwicklung einzubeziehen, damit sie bei der Entwicklung ihres spezifischen Teils die Entwicklung anderer relevanter Teile in Betracht ziehen können. Dahinter steht die Überlegung, daß es zwischen den einzelnen Teilen Interaktionen geben und die Leistung der Einzelteile dadurch beeinflußt werden kann. Wegen dieser multilateralen Abhängigkeit zwischen Hersteller und Zulieferern einerseits und zwischen den Zulieferern untereinander andererseits befindet sich im Prinzip keine der Parteien in einer asymmetrischen Machtposition.

Im zweiten Modell wird ein Pkw hingegen als eine Kombination unabhängiger Subsysteme konzipiert, die modular zusammengebaut werden können. Dabei gibt der Hersteller recht genaue Produktspezifizierungen (vor allem Leistungsnormen, Dimensionen und Verbindungspunkte) vor, und die Zulieferer entwickeln und fertigen das Teil nach diesen spezifischen Vorgaben. Das Grundmuster dieser Zulieferbeziehung unterscheidet sich radikal von demjenigen des ersten Modells. Die Zulieferer verfügen in der Regel über keine exklusiven, dem Hersteller unbekannten Kenntnisse, oder aber – sofern dies doch zutrifft – ihre Produkte sind so problemlos auf dem offenen Markt zu finden, daß der Hersteller von ihrem Wissen nicht abhängig ist. Die bestehende Machtasymmetrie reproduziert sich auf diese Weise.[6]

Die Umgestaltung der Produktentwicklung in der deutschen Automobilindustrie erfolgte vor allem entlang des zweiten Weges, indem sie in erster Linie auf eine weitergehende Standardisierung der Teile (mit Blick auf höhere Skalenerträge) und eine zunehmende Reduktion der Fertigungstiefe orientierte. Aus Sicht der Hersteller war entscheidend, daß diese Strategie geringere Ressourcen erforderte und deshalb langfristig Kostenersparnisse versprach. Darüber hinaus erlaubt es eine modulare Produktarchitektur, ein bestimmtes Teil bei mehreren Zulieferern fertigen zu lassen: In der Regel beauftragen alle großen Hersteller für die Zulieferung gleicher Systeme an die verschiedenen Werke unterschiedliche Zulieferfirmen. VW produziert z.B. Sitze im Wolfsburger Werk, während das VW-Werk Mosel von Lear Seating mit Sitzen beliefert wird. Opel hat Zulieferverträge sowohl mit Johnson Controls als auch mit Lear Seating, die an verschiedene Werke liefern, wo oftmals das gleiche Fahrzeugmodell produziert wird.

Diese Standardisierung, die ursprünglich vor allem die Zulieferer betraf, bildete in der Folge auch den Kern der internen Produktentwicklung. Dem lag eine einfache Kalkulation zugrunde. Die Entwicklung eines neuen Autos ist sehr teuer. Bei Modellen mit niedrigem Verkaufspreis stellen vor allem die Plattformen (die Chassis der Fahrzeuge) einen enormen Kostenfaktor dar.[7] Daß sich hier Ansatzpunkte für eine Standardisierung boten, unter-

---

6 Im ersten Modell lassen sich die Beziehungen zwischen Herstellern und Zulieferern – im Rückgriff auf die von Teece (1986) entwickelte Terminologie – als „co-specific assets" beschreiben; im zweiten Modell handelt es sich um „generic assets". Der Unterschied zwischen beiden besteht darin, daß die Zulieferer im einen Fall eine autonome Machtbasis besitzen, im anderen hingegen nicht.

7 Die tatsächliche Höhe dieser Kosten kann nur geschätzt werden, da die Hersteller aus Wettbewerbsgründen solche sensiblen Daten kaum offenlegen. Vertraulichen Gesprächen zufolge kann man aber – sofern auch Logistik und Prozeßengineering einbezogen werden – von einer Größenordnung ausgehen, die sich zwischen einem Drittel und der Hälfte der Endproduktionskosten bewegt. Praktisch bedeutet dies, daß beispielsweise bei einem Pkw-Typ mit einer Modellebensdauer von ungefähr vier Jahren der Verkauf während des ersten Jahres (gegebenenfalls sogar noch länger) allein dazu dient, die Vorlaufkosten zu decken.

streicht das Beispiel von VW: Nach der Übernahme von SEAT und Skoda durch VW wurden in dieser Gruppe 1992 für 27 Automodelle 20 Plattformen verwendet. Die inzwischen erfolgten Rationalisierungen haben zu einer Reduzierung auf nunmehr vier Plattformen geführt, die für 36 verschiedene Modelle der ganzen Gruppe nutzbar sind. So wird die neue Golf-Plattform etwa auch für den Audi A3, den SEAT Toledo und den neuen Skoda Octavia eingesetzt (für einen aktuellen Überblick über den VW-Konzern vgl. Wirtschaftswoche vom 10.4.1997). Daran läßt sich ablesen, daß die auf Standardisierung und Modularität beruhende neue Strategie auch innerhalb der Automobilunternehmen Verbreitung gefunden hat.

3.4 Reorganisation der Zuliefernetze: Internationale Systemzulieferer

Diese auf modular zusammengestellte, standardisierte Teile ausgerichtete neue Produktarchitektur schuf gleichzeitig die Voraussetzungen für die Modernisierung der Zulieferbeziehungen. Auch in der frühen Lopez-Ära waren die Zulieferbeziehungen noch durch eine symmetrische Zusammenarbeit zwischen Zulieferern mit hohen technologischen Fähigkeiten und Endherstellern gekennzeichnet, die auf diese spezifischen Fähigkeiten zurückgriffen (vgl. Sabel et al. 1989; Herrigel 1993). Die neue Produktkonzeption hingegen, auf Standardisierung und Kostensenkung beruhend, hebelte diese „symmetrische" Zulieferstrategie aus.

Wie sich diese Umstrukturierung anbahnte, zeigt ein Blick in die frühe Vergangenheit. Seit Mitte der achtziger Jahre, als GM und Ford ihre Produktionsabläufe umorganisierten, die Fertigungstiefe senkten und ihre US-amerikanischen Zulieferer aufforderten, ihre Aktivitäten auf Europa auszudehnen, operiert auch in Deutschland eine größere Zahl internationaler Systemzulieferer. Darüber hinaus haben sich ebenfalls die Automobilabteilungen deutscher Elektronikunternehmen wie Bosch und Siemens als Systemlieferanten profiliert. Anfang der neunziger Jahre beherrschte also in Deutschland eine Reihe international tätiger großer Systemzulieferer als Partner der Automobilkonzerne die Szenerie (Casper 1997, S. 102-103).

Statt wie bisher technologisch hochentwickelte, lokal in unmittelbarer Nähe des Montagewerks angesiedelte mittelständische Unternehmen als Zulieferer zu rekrutieren, gingen die Automobilhersteller dazu über, multinationale Großunternehmen mit spezialisierten Kenntnissen in ihren jeweiligen Teilbereichen für die JIT-Produktion und -Lieferung einzusetzen.

Wie folgenreich diese Entwicklung zukünftig sein könnte, ist an den neu errichteten Werken in Ostdeutschland abzulesen. In den frühen neunziger Jahren haben sowohl VW als auch Opel im Osten Deutschlands neue Werke eröffnet, und zwar in Regionen, die schon früher Automobilstandorte waren (in Eisenach wurde der Wartburg und in Mosel der Trabant produziert). Dabei haben sie den „greenfield"-Status dieser Werke zur Einführung völlig neuer Fertigungskonzepte genutzt, was aufgrund der starken

Gewerkschaftsposition im Westen bisher weniger erfolgreich verlaufen war.[8] Anstatt eine kooperative Zulieferstrategie zu entwickeln, welche die Einbindung von lokal ansässigen Unternehmen in die Produktion anvisiert und darauf gerichtet ist, in Zusammenarbeit mit lokalen Wirtschaftsförderungsämtern und Technologieinstituten (z.B. Fachhochschulen) die technologische Kompetenz der dortigen Unternehmen zu fördern, organisieren VW und Opel ihre Zuliefernetze auf eine ganz andere Art und Weise. Sie bestehen vorwiegend aus lokalen Niederlassungen der großen Systemzulieferer: Johnson Controls und Lear Seating stellen Sitze in Zwickau bzw. Eisenach her, Hella produziert das komplette Frontend (das u.a. aus Scheinwerfer, Stoßstange, Blinker, Kühlergrill und Kühlersystem bestehende Modul) für das VW-Werk in Mosel, GKN das Gelenkwellensystem. Beide Konzerne verstehen diese neuen Werke explizit als Experimentierfelder, auf denen sie neue Produktionskonzepte und Zulieferstrukturen erproben.

Diese Entwicklungen sind für die gesamte deutsche Automobilindustrie von großer Bedeutung und beginnen auch auf die westdeutschen Standorte auszustrahlen. Anfänglich war beabsichtigt, in den neuen ostdeutschen Werken vor allem die kleineren Wagentypen herzustellen und die Fertigung der komplexeren und teureren Modelle bei den meist größeren Werken im Westen zu belassen. Als 1992 die Produktion in beiden Fabriken aufgenommen wurde, erstreckte sich das Fertigungsprogramm im einen Fall auf den VW Polo, im anderen auf den Opel Corsa. Diese beiden Kleinwagen sind relativ einfach konstruierte Autos, die weder an die Arbeiter noch an die Zulieferer noch an die Produktions- und Prozeßingenieure besondere Anforderungen stellten, zumal die Teile standardisiert waren.

Schon nach kurzer Zeit stellte sich heraus, daß die ostdeutschen Werke hinsichtlich Produktivität, Qualität, Flexibilität und Liefertreue mit ihren westdeutschen Schwesterwerken mithalten konnten, wenn ihnen nicht sogar überlegen waren. Zunehmend wurden sie daher auch innerhalb der eigenen Konzerne als Vorreiterwerke angesehen, und als 1995 bzw. 1996 für die Produktion der neuen Modelle (des neuen VW Passat und des neuen Astra) nach Standorten Ausschau gehalten wurde, standen beide Werke oben auf der Liste. Was ursprünglich als reiner West-Ost-Transfer gedacht war, hat sich mittlerweile in einen Ost-West-Transfer verkehrt. Bei dieser Lernstrategie spielten sowohl die veränderte Arbeitsorganisation als auch die Neuorganisation der Zuliefererkette eine entscheidende Rolle.

3.5 Die Internationalisierung der Zuliefererkette

Deutsche Zulieferer sind aufgrund hoher Lohnkosten und der Art der Zulieferbeziehungen relativ teuer. Traditionell kompensierten sie dies mit ho-

---

8 Diese Diskussion der Zulieferstruktur in den neuen ostdeutschen Automobilwerken stützt sich auf ein gemeinsam mit Steven Casper durchgeführtes Projekt über die Einbettung von Produktions- und Zulieferstrukturen in den neuen Bundesländern (vgl. dazu Casper 1997; Casper/Hancké 1997).

her Qualität, Flexibilität und Liefertreue, was sich vor allem bei den neuen JIT-Zulieferstrukturen als ein kritischer Wettbewerbsvorteil erwies.

Die neue Produktarchitektur schränkt diese Wettbewerbsvorteile in doppelter Weise ein: Die Standardisierung der Teile ermöglicht es den Herstellern, Preisgesichtspunkten ein größeres Gewicht beizumessen und – daraus resultierend – große, technologisch starke Unternehmen den kleineren mittelständischen Zulieferern vorzuziehen. Darüber hinaus führte auch die Einführung und Generalisierung von ISO 9000 (und ähnlichen Qualitätssicherungsnormen) in Deutschland wie im Ausland dazu, daß Hersteller ihre Zulieferer zunehmend auch im Ausland suchen konnten. Bevor sich diese Normen durchsetzten, mußten sich die Hersteller anhand „weicher" (durchweg schwer quantifizierbarer) Informationen zum Beispiel über Ausbildungssystem, Arbeitsorganisation und Kooperationsbeziehungen zwischen Gewerkschaften, Betriebsräten und Management ein Bild über die Arbeitsabläufe bei den Zulieferfirmen verschaffen. Das bestehende Institutionengefüge (Arbeitgeber- und Industrieverbände, Gewerkschaften und Betriebsräte) sorgte für verläßliche Spielregeln, auf die alle Beteiligten vertrauen konnten, so daß Qualitätssicherung nie zu einem großen Problem wurde.[9]

Qualitätssicherungsnormen wie ISO 9000 erfüllen in der Praxis dieselbe Funktion, wenn auch auf einer niedrigeren Ebene: Sie machen für Dritte den Qualitätssicherungsprozeß transparenter (vgl. dazu Hancké/Casper 1996). Mit Hilfe der ISO-Zertifizierung können andere Firmen und Versicherungsgesellschaften die Organisation der Qualitätssicherung nachvollziehen. Ist dieser Prozeß erst einmal weit genug standardisiert, können entsprechende Informationen über die Praxis der Zulieferer für die erste Auswahlrunde herangezogen werden, um dann im weiteren Gang eine Eingrenzung nach anderen entscheidungsrelevanten Kriterien, wie beispielsweise Preisen, vorzunehmen.

ISO-9000-Normen sind per definitionem internationale Normen, die dem Prinzip nach in Deutschland, Frankreich, Portugal und Belgien in gleicher Weise gelten. Da aber die Produktionskosten in den drei anderen genannten Ländern niedriger sind als in Deutschland und da das Autobahn- und Eisenbahnnetz in Europa gut ausgebaut ist, gelang es der deutschen Automobilindustrie, die Vorteile der JIT-Zulieferung[10] mit Preissenkungen zu verbinden. Mit der Einführung der ISO-9000-Normen konnte also das Kostenargument in den Vordergrund treten; infolgedessen griffen die Automobilhersteller zunehmend auf internationale Zulieferer zurück. Ein Beispiel dafür bietet abermals der VW-Konzern, der 1992 noch über 55 Prozent seiner Komponenten bei deutschen Zulieferern bezog. 1995 war dieser Anteil auf 45 Prozent abgesunken.

---

9 Zu den dynamischen Aspekten dieses Institutionengefüges im Hinblick auf die Zulieferbeziehungen vgl. Soskice in diesem Band.
10 Schamp (1991) weist auf eine solche, durch das europäische Autobahnnetz begünstigte Relativierung der mit der JIT-Produktion verbundenen Anforderungen hin. Plehwe (1997) führt die Diskussion über Probleme der Logistik weiter.

3.6 Internationalisierung der Produktion

Der oben skizzierte Aufbau neuer Werke im Osten Deutschlands markierte einerseits das Ende einer Produktionsauslagerungsstrategie und andererseits zugleich den Anfang einer neuen. In den achtziger Jahren hatten die deutschen Automobilhersteller ihre Produktionskapazität vor allem im eigenen Land erhöht. Ihre Investitionen in neue Werke erfolgten oftmals vor dem Hintergrund neuer Produktionskonzepte. Das Gütezeichen „Made in Germany" ließ im Grunde keine andere Strategie zu. Die inländische Kapazität wuchs langsam, und nur die zusätzliche Produktion wurde nach Belgien und Großbritannien ausgelagert, wo sich weitere wichtige Produktionsstandorte von VW, Opel und Ford befinden.

Mitte der achtziger Jahre änderte sich diese Strategie, als VW, Ford und Opel – mit finanzieller Unterstützung aus dem Strukturentwicklungsfonds der Europäischen Kommission – auf der iberischen Halbinsel Werke eröffneten, die hochstandardisierte Modelle in hoher Stückzahl produzierten. Diese Neugründungen waren schlichtweg von dem Kalkül der Automobilhersteller geleitet, sich die Lohnkostenvorteile der neuen EU-Mitgliedsländer zunutze zu machen und Gewinne zu sichern, die ihnen unter den weitaus höheren Lohn- und sonstigen Kosten in Deutschland verwehrt waren.

Sowohl die spanischen und portugiesischen als auch die altansässigen deutschen Werke sahen sich aber in einer neuen Lage, nachdem im Gefolge der deutschen Vereinigung zu Beginn der neunziger Jahre neue Werke in Ostdeutschland aufgebaut worden waren. Während die spanischen und portugiesischen Arbeitnehmer an den Stammsitzen in Rüsselsheim, Köln und Wolfsburg vor allem als niedrig qualifizierte Billiglohnarbeiter angesehen wurden und nicht als wirkliche Konkurrenz für die deutschen Arbeitnehmer galten, wurde schnell deutlich, daß in bezug auf die neuen ostdeutschen Werke eine analoge Einschätzung nicht zutreffend war. Schon nach weniger als vier Jahren stellten sowohl Opel als auch VW ihre Werke in den neuen Bundesländern als „Musterbeispiele" dar, die Wege wiesen, wie Kostenwettbewerb und Fertigungsqualität bei neuen Modellen, hergestellt in neuen „peripheren" Werken, in Einklang zu bringen waren.

Was die ostdeutschen Produktionsstandorte anfänglich so attraktiv machte und ihnen eine sichere Zukunft zu versprechen schien – daß sie nämlich Lohnkostenvorteile wie in Spanien oder Portugal und gleichzeitig technisches Know-how auf westlichem Standard boten –, relativierte sich nach der „Erschließung" der ost- und zentraleuropäischen Länder. Sie eröffneten den westlichen Automobilherstellern Zugang zu einem riesigen Reservoir an hochqualifizierten, wenn auch im Umgang mit modernen westlichen Technologien noch meist ungeübten Arbeitern, die sehr bescheidene Lohnansprüche hatten. Infolgedessen akquirierten die deutschen Hersteller Konzerne und Werke in Tschechien, Polen und Ungarn und begannen, die Produktion ihrer kleineren Autos dorthin zu verlagern.

Ironischerweise stellte sich ausgerechnet VW, eines der „urdeutschen" Unternehmen, an die Spitze dieser Internationalisierungsbewegung. Der

Wolfsburger Konzern hatte in den achtziger Jahren schon das spanische Unternehmen SEAT erworben und dabei seinen italienischen Konkurrenten FIAT als Käufer aus dem Feld geschlagen. Einen ähnlichen Erfolg konnte VW 1992 mit der Übernahme der tschechischen Skoda-Werke verbuchen: Obwohl auch der französische Automobilhersteller Renault eine Option auf Skoda hatte, gelang es VW wiederum, diesen Mitbewerber auszustechen und den Zuschlag zu erhalten. Welch einschneidende Wirkung diese Expansionsstrategie hat, zeigt sich daran, daß VW seit 1992 mehr als die Hälfte seiner Autos außerhalb Deutschlands produziert (vgl. Jürgens 1997).

Wege hin zur Auslagerung und Internationalisierung der Produktion beschritten aber nicht nur die typischen Mittelklassewagen-Produzenten VW und Opel (letzterer plant 1998 die Eröffnung eines Werks in Polen), sondern – was symbolisch weitaus bedeutsamer ist – auch die Luxusmarken-Hersteller BMW und Daimler-Benz, also die Unternehmen, die in der Vergangenheit vermutlich am stärksten von dem Gütezeichen „Made in Germany" profitierten. 1996 bzw. 1997 nahmen beide Hersteller Werke im Ausland in Betrieb. Offiziell begründet wurde dies mit größerer Marktnähe; so will Daimler-Benz in den USA einen Geländewagen für den dortigen Markt produzieren und in seinem geplanten brasilianischen Werk die A-Klasse-Modelle für den lateinamerikanischen Markt herstellen; ähnlich betonte BMW, daß sein Sportwagen Z3 ein Nischenprodukt sei. Dennoch ist nicht von der Hand zu weisen, daß bei den Standortüberlegungen die höheren deutschen Produktions- und vor allem Lohnkosten ein wichtiges Entscheidungskriterium darstellten. Erwägungen dieser Art spielten auch bei der von BMW getätigten Akquisition des britischen Automobilherstellers Rover eine Rolle: Das solchermaßen zusätzlich gewonnene Produktionsvolumen ermöglichte BMW die Abschreibung hoher Entwicklungskosten über doppelt so hohe Stückzahlen wie zuvor, was zur Kostensenkung beitrug.

Das vielleicht interessanteste Beispiel für neue internationale Organisationsformen bietet Daimler-Benz mit seiner Beteiligung am Smart Car, dem sogenannten „Swatch-Auto". Der Stuttgarter Konzern stieg in die Entwicklung dieses kleinen Stadtautos ein, das auf sehr unkonventionelle Weise hergestellt wird. Nach längerer Debatte sowohl über den Produktionsstandort als auch über die Produktionsprinzipien traf das neu gegründete, von Daimler-Benz mitgetragene Herstellerunternehmen die Entscheidung zugunsten eines Standorts im Norden Frankreichs, wo man erwartet, Lohnvorteile und den Rückgriff auf deutsche Arbeiter und Zulieferer miteinander verbinden zu können (zu Einzelheiten über dieses Werk vgl. Financial Times v. 1.7.1997; Usine Nouvelle, Juni 1996).

Die Grundprinzipien des Werkes sind einfach, aber sie bedeuten eine Revolutionierung der Produktion. Statt räumlich entfernte Zulieferer auf JIT-Basis mit der Lieferung von Teilen zu beauftragen, die anschließend von Smart-Arbeitern montiert werden, wurde eine neue Form der Zulieferung etabliert. Nahezu alle Systemzulieferer sind auf dem Werksgelände angesiedelt, wo sie – dem zentralen Takt des Montagewerks folgend – ihre

Teile produzieren. Da das Fließband so konzipiert ist, daß es an allen Zuliefererhallen vorbeiführt, können diese Systemteile größtenteils von den Zulieferern selbst an den vorbeirollenden Rohwagen montiert werden. Ein in diesem Zusammenhang interessantes Detail ist die Tatsache, daß es sich bei sechs der sieben auf dem Gelände ansässigen Zulieferern um deutsche Unternehmen handelt.

Alle diese Entwicklungen zeigen, daß auch die deutschen Automobilunternehmen sich langsam internationalisiert haben – ein Prozeß, der in den achtziger Jahren einsetzte und dann in den neunziger Jahren infolge des zunehmenden Kostendrucks in neue Strategien einmündete. Dieser Internationalisierungsprozeß begann zu einem Zeitpunkt, als der europäische Automobilmarkt expandierte (somit unter Bedingungen, die es erlaubten, die wachsende Nachfrage zu kontrollieren). Aber erst in den neunziger Jahren, als sich die Hersteller ständig wachsenden Überkapazitäten gegenübersahen, wurde auch in Deutschland allen Beteiligten – einschließlich Gewerkschaften und Betriebsräten – klar, daß sich die Automobilindustrie strukturell verändert hatte.

4. Perspektiven für das deutsche Produktionsmodell

In den frühen neunziger Jahren geriet die deutsche Automobilindustrie in ein Tief, das den bisherigen Glauben an ihre Krisenfestigkeit nachhaltig erschütterte. Was noch in den achtziger Jahren wesentlich zu ihrem Erfolg beigetragen hatte – die DQP-Strategie –, wurde ihr in gewisser Weise zur Fessel, als es galt, sich auf grundlegend veränderte Rahmenbedingungen und eine verschärfte Wettbewerbssituation einzustellen. Während der Einigungsboom unmittelbar nach 1990 die Anzeichen der Krise zunächst verdeckte, wurde sie 1992 offenkundig, und viele registrierten sie überrascht.

Um aus der Krise herauszufinden und sich an die neuen Gegebenheiten anzupassen – so die übereinstimmende Einschätzung –, mußten die Automobilhersteller auf eine Strategie der Kostensenkung setzen: Intensiverer Preis- und Kostenwettbewerb, Nachfragerückgang und sektorale Überkapazitäten machten ein Beibehalten der „alten" DQP-Strategie unmöglich. Erschwert wurde ein solcher Weg jedoch, weil Kostensenkungen zu Lasten der Belegschaften auf den Widerstand der Betriebsräte und Gewerkschaften stießen und nicht durchsetzbar waren. Deren starke Stellung im Institutionengefüge gab ihnen die Möglichkeit, allzu radikale Planungen dieser Art zu blockieren.

Dennoch gelang es den deutschen Automobilherstellern in den darauffolgenden Jahren, eine neuartige Kostensenkungsstrategie zu entwickeln. Diese zielte wesentlich darauf ab, Sparmöglichkeiten, für die innerhalb der Unternehmen kein Spielraum gegeben war, außerhalb zu suchen – häufig mit Unterstützung der Betriebsräte –, und zwar durch Externalisierung von Kosten. Entsprechende Ansatzpunkte wurden vor allem in der Rationalisierung der Produktarchitektur und der Umstrukturierung der Zuliefernetze gefunden.

Das Resultat dieses Umstrukturierungsprozesses war mehr als nur eine kosmetische Änderung. Zum einen gingen die Autohersteller dazu über, ihre Produkte zu standardisieren und so zu gestalten, daß Skalenerträge einfacher erreicht werden konnten: Sie reduzierten die Anzahl der Plattformen und Teile, konzipierten Pkws auf der Basis voneinander unabhängiger, auslagerbarer Systemgruppen und akquirierten andere Unternehmen. Zum anderen internationalisierten sie aus Kostengründen einen großen Teil ihrer Produktion, errichteten neue Werke im Ausland und banden internationale Zulieferer in ihre Produktionsabläufe ein.

Mit diesen Anpassungsstrategien gelang es den deutschen Automobilherstellern letztlich, die Krise zu bewältigen. Schon Ende 1996 produzierten sie wieder mit Gewinn und zeigten sich trotz der überbewerteten D-Mark auf den Exportmärkten als wettbewerbsfähig. Dabei konnten sie nicht nur eine verbesserte Produktreihe vorweisen, sondern auch eine stark rationalisierte Produktion – und dies, ohne von den vielgerühmten deutschen Qualitätsstandards abzurücken. Rückblickend betrachtet reagierte kein anderer deutscher Industriesektor so schnell und mit derart weitreichenden Strategieveränderungen auf die neuen internationalen Wettbewerbsbedingungen. Und vermutlich war es gerade der Spagat zwischen Kostenzwang und institutionell gesetzten Grenzen, die sie – als eine der ersten Automobilindustrien Europas – nach grundsätzlich neuen Modellen suchen ließ, statt eine bloß modernisierte Version des alten Modells aufzulegen.

Die Entwicklung eines neuen Produktionsmodells bringt es aber zugleich mit sich, daß wesentliche Elemente des alten Modells unter Druck geraten – so auch im deutschen Fall. Für die Frage, ob das deutsche Modell unter den veränderten Bedingungen noch eine Zukunft hat, sind in diesem Zusammenhang vor allem zwei Aspekte von Bedeutung: erstens die Neugestaltung der Zuliefernetze und zweitens die Folgen für die Beschäftigung.

Bis Ende der achtziger Jahre waren die Automobilzulieferer in dichtgeknüpfte regionale Netze eingebunden, in denen neben den großen Herstellerunternehmen auch eine Reihe öffentlicher und halb-öffentlicher Institutionen eine wichtige Funktion hatten. Diese Institutionen stellten sicher, daß die mittelständischen Zulieferbetriebe den Anschluß an neue Technologien fanden bzw. behielten und mit den technologischen Bedürfnissen der Automobilhersteller Schritt halten konnten (vgl. Herrigel 1993). Vereinfacht ausgedrückt bauten die regionalen Netze auf dem Kaskaden-Prinzip auf: Die Autohersteller erwarteten, daß ihre Zulieferer sich auf neue technologische Anforderungen einstellten und boten Unterstützung bei den notwendigen Anpassungsschritten an. Ergänzend wirkten regionale Institutionen in Gestalt von Fachhochschulen, technologischen Forschungseinrichtungen (z.B. die Fraunhofer-Institute) sowie Industrie- und Handelskammern darauf hin, daß neue Technologien in den Klein- und Mittelunternehmen tatsächlich Einzug hielten (zum deutschen Technologietransfer-System vgl. den Beitrag von Becker/Vitols in diesem Band).

Diese bewährten regionalen Strukturen des Technologietransfers werden durch die neuen Produktionskonzepte der Automobilindustrie zunehmend ausgehöhlt. In dem Maße, in dem die Hersteller auf große internationale Systemzulieferer zurückgreifen – selbst wenn diese in Deutschland ansässig sind (wie etwa Bosch oder VDO) –, wird es für die kleinen und mittleren Unternehmen schwerer, ihre technologischen Kompetenzen in direkter Zusammenarbeit mit den Herstellern weiterzuentwickeln. Oft sind sie erst auf der zweiten oder sogar dritten Ebene in das Produktionsnetz eingebunden und fungieren als Zulieferer für andere, größere Zulieferer. Angesichts dieser neuen Zulieferkonzepte droht die Gefahr, daß den bestehenden Technologietransfer-Systemen der Boden entzogen wird, daß sie verkümmern, weil sie unter den veränderten Bedingungen nicht mehr als effizient eingeschätzt werden. Ebendiese Tendenz ist gegenwärtig schon in der Eisenacher und Zwickauer Region zu beobachten. Obwohl dort ein ausgebautes Netz regionaler Institutionen zur Verfügung steht, das die technologische Anschlußfähigkeit der lokalen Unternehmen gewährleisten könnte, werden diese Strukturen nicht genutzt, da aus Sicht der Hersteller die meisten großen Zulieferer besser entwickelte In-House-Kapazitäten haben. Es ist somit zu befürchten, daß die Automobilkonzerne im Zuge der Anpassung an neue Wettbewerbsbedingungen auch eine der Stärken des deutschen Technologiesystems untergraben. Noch ist unklar, welche Anpassungsleistung das Technologiesystem seinerseits zu erbringen hat und ob es dazu in der Lage ist.

Die zweite wichtige Frage, die sich im Hinblick auf die Zukunft der deutschen Automobilindustrie stellt – die Folgen der neuen Konzepte für die Beschäftigung –, betrifft das Verhalten der Gewerkschaften und Betriebsräte. Wie gezeigt, vollzog sich der Anpassungsprozeß vor dem Hintergrund ständig wachsender Überkapazitäten. Bis vor kurzem verwalteten Betriebsräte und Gewerkschaften noch den Überschuß, indem sie lediglich der Auslagerung von Überkapazitäten zustimmten. Heute halten sich die im Ausland aufgebauten oder durch Firmenübernahmen hinzugewonnenen Produktionskapazitäten der deutschen Automobilhersteller nahezu die Waage mit den inländischen Kapazitäten. Die Produktion von VW, Opel und Ford erfolgt zu fast gleichen Teilen in deutschen und ausländischen Werken, und auch BMW verfügt nach der Übernahme von Rover über Produktionskapazitäten im Ausland, die an die eigenen inländischen fast heranreichen.

Die daraus resultierenden beschäftigungspolitischen Konsequenzen sind äußerst schwerwiegend. Je mehr die Konzerne zum Bau standardisierter Pkw übergehen, desto eher eröffnet sich ihnen im Prinzip die Möglichkeit, immer weitere Teile der Produktion, einschließlich der hochwertigen Modelle, binnen kürzerer Zeit ins Ausland zu verlagern. Das oben angeführte Beispiel der neuen Werke in Ostdeutschland ist ein Vorbote dieser Entwicklung.

Wie reagieren Gewerkschaften und Betriebsräte auf eine solche mögliche Auslagerung? Eingedenk der starken Stellung der Betriebsräte im deutschen Institutionengefüge ist mit harten Verhandlungen zu rechnen – bis hin zur Forderung nach „Einlagerung" der im Ausland angesiedelten Produktion. Nicht vergessen werden darf hierbei, daß das Ziel der Beschäftigungssicherung der eigenen Belegschaften Teil des gesetzlich verankerten Auftrags der Betriebsräte ist. Daß sie eine darauf ausgerichtete Strategie auch gegen den Willen der Gewerkschaften durchsetzen können, zeigen die neuen Arbeitszeitmodelle, die seit 1992 in fast allen deutschen Automobilwerken ausgehandelt wurden: Im Kern laufen sie auf Lohnsenkungen und Arbeitszeitflexibilität hinaus, begründet mit dem Argument der Standortsicherung.

In der Vergangenheit stand das deutsche Produktionsmodell in seiner komplexen Struktur für die Verknüpfung von Effizienz und sozialer Gerechtigkeit durch Vollbeschäftigung (Streeck). Hinsichtlich beider Ziele stellen sich die Zukunftsaussichten gegenwärtig wenig positiv dar. Durch die Veränderungen der letzten Jahre sind sowohl die technologische Basis der Klein- und Mittelunternehmen als auch die Beschäftigung in den großen Exportunternehmen – wo dem Automobilsektor eine paradigmatische Rolle zukommt – zu Problembrennpunkten geworden. Die Frage, ob damit auch das deutsche Modell gefährdet ist, muß einstweilen offenbleiben.

Literatur

Borrus, M./Zysman, J. (1997): „Globalization with Borders: The Rise of Wintelism as the Future of Blobal Competition". In: *Industry and Innovation,* Jg. 4, H. 2 (im Erscheinen).

Carlin, W./Soskice, D. (1997): „Shocks to the System: The German Political Economy under Stress". In: *National Institute Economic Review*, Jg. 159, H. 1, S. 57-76.

Casper, S. (1995): *How Public Law Influences Decentralized Supplier Network Organization in Germany: The Cases of BMW and Audi.* Discussion paper FS I 95-314, Wissenschaftszentrum Berlin für Sozialforschung. Berlin.

Casper, S. (1997): „Automobile Supplier Network Organisation in East Germany: A Challenge to the German Model of Industrial Organisation". In: *Industry and Innovation*, Jg. 4, H. 1, S. 97-113.

Casper, S. (im Erscheinen): „The Governance of Decentralized Supplier Network Organization in Germany: The Cases of BMW and Audi". In: *Industrial and Corporate Change.*

Casper, S./Hancké, B. (1997): „Paradoxes of Transition: Work Organisation, Labour Relations and Regional Supplier Networks in the East-German Car Industry" (im Erscheinen).

Collignon, S. (1997): „Der EURO als Ausweg aus der Krise?" In: *WSI-Mitteilungen*, Jg. 50, H. 5, S. 310-319.

Finegold, D./Wagner, K. (1997): *The Search for Flexibility: Workplace Innovation in the German Pump Industry.* Beitrag für die Konferenz „Modell Deutschland in the 1990s: Problems and Prospects", Wissenschaftszentrum Berlin für Sozialforschung. Berlin.

Hancké, B./Casper, S. (1996): *ISO 9000 in the French and German Car Industry. How International Quality Standards Support Varieties of Capitalism.* Discussion paper FS I 96-313, Wissenschaftszentrum Berlin für Sozialforschung. Berlin.

Harrison, B. (1994): *Lean and Mean. The Changing Landscape of Corporate Power in the Age of Flexibility.* New York.

Hartz, P. (1994): *Jeder Arbeitsplatz hat ein Gesicht. Die Volkswagen-Lösung.* Frankfurt a.M.

Herrigel, G. (1993): „Large Firms, Small Firms and the Governance of Flexible Specialization: The Case of Baden-Württemberg and Socialised Risk". In: B. Kogut (ed.): *Country Competitiveness.* New York, S. 15-35.

Jürgens, U. (1997): „The Development of Volkswagen's Industrial Model, 1967-1995". In: M. Freyssenet et al. (eds.): *One Best Way? Trajectories and Industrial Models of the World's Automobile Producers, 1970-2000.* Oxford (im Erscheinen).

Jürgens, U./Malsch, T. et al. (1993): *Breaking from Taylorism: Changing Forms of Work in the Automobile Industry.* Cambridge.

Kern, H./Sabel, C. F. (1990): „Gewerkschaften in offenen Arbeitsmärkten". In: *Soziale Welt,* Jg. 41, H. 2, S. 144-66.

Kern, H./Schumann, M. (1984): *Das Ende der Arbeitsteilung?* München.

Lehndorff, S. (1995): *Zeitnot und Zeitsouveränität. Arbeit in Automobilzulieferbetrieben unter dem just-in-time-Regime.* Manuskript. Institut für Arbeit und Technik, Gelsenkirchen.

Piore, M. J./Sabel, C. F. (1984): *The Second Industrial Divide. Possibilities for Prosperity.* New York.

Plehwe, D. (1997): „Eurologistik. 'Europäische' Verkehrspolitik und die Entwicklung eines transnationalen (Güter-) Transportsystems". In: *Prokla,* Jg. 27, H. 2, S. 217-243.

Sabel, C. F. et al. (1989): *Collaborative Manufacturing.* Manuskript. MIT.

Schamp, E. (1991): „Towards a Spatial Reorganisation of the German Car Industry? The Implications of New Production Concepts". In: G. Benko/M. Dunford (eds.): *Industrial Change and Regional Development: The Transformation of New Industrial Spaces.* London/New York, S. 159-170.

Schumann, M. (1997): „Die deutsche Automobilindustrie im Umbruch". In: *WSI-Mitteilungen,* Jg. 50, H. 4, S. 217-227.

Soskice, D. (im Erscheinen): „Divergent Production Regimes. Coordinated and Uncoordinated Market Economies in the 1980s and 1990s". In: H. Kitschelt et al. (eds.): *Continuity and Change in Contemporary Capitalism.* New York.

Streeck, W. (1992): *Social Institutions and Economic Performance.* London.

Streeck, W. (1996): "Lean Production in the German Automobile Industry? A Test Case for Convergence Theory". In: S. Berger/R. Dore (eds.): *National Diversity and Global Capitalism.* Ithaca, S, 138-170.

Streeck, W. (1997): „German Capitalism. Does it Exist? Can it Survive?" In: C. Crouch/W. Streeck (eds.): *Political Economy of Modern Capitalism.* Mapping Convergence and Diversity. London (im Erscheinen).

Teece, D. (1986): „Profiting from Technical Innovation: Implications for Integration, Collaboration, Licensing and Public Policy". In: *Research Policy,* Jg. 15, H. 3, S. 285-305.

Thelen, K. (1991): *Union of Parts.* Ithaca.

Turner, L. (1991): *Democracy at Work. Changing World Markets and the Future of Labor Unions.* Ithaca.

Ulrich, K. (1995): „The Role of Product Architecture in the Manufacturing Firm". In: *Research Policy*, Jg. 24, H. 4, S. 419-440.
Williams, K./Haslam, C. et al. (1992): „Against Lean Production". In: *Economy and Society*, Jg. 21, H. 3, S. 321-354.
Womack, J./Roos, D. et al. (1991): *The Machine that Changed the World*. New York.

Nationale Institutionengefüge und innovative Industrieorganisation: Zulieferbeziehungen in Deutschland

Steven Casper

1. Einführung

In diesem Beitrag wird die Beziehung zwischen der generellen institutionellen Struktur der deutschen Volkswirtschaft und der Anpassung von Innovationsmustern der Organisationsökonomie durch die deutschen Unternehmen untersucht. Der Transfer einer bedeutenden neuen Organisationspraxis, der „Just-in-time"-Lieferung (JIT), von Japan nach Deutschland wird analysiert. Mit dem Outsourcing der Produktion von vielen hochentwickelten Einzelteilen durch die Automobilhersteller und andere große Unternehmen ist JIT zu der entscheidenden Komponente einer neuen, dezentralisierten Organisation der Zulieferernetzwerke geworden. Trotz der Internationalisierung der Kapitalmärkte sowie vieler Waren- und Dienstleistungsmärkte existieren noch immer wichtige Unterschiede bei den institutionellen Rahmenbedingungen. Das betrifft besonders das Körperschaftsrecht und die Arbeitsbeziehungen, jene beiden Gebiete, von denen die Einführung der JIT-Zulieferstrategien am stärksten beeinflußt wird. In diesem Beitrag wird dargelegt, daß die Differenzen zwischen den nationalen Institutionenstrukturen trotz des erfolgreichen Transfers der JIT-Zulieferung von Japan nach Deutschland zu erheblichen Unterschieden in den Beziehungen geführt haben, die die Unternehmen zur Unterstützung der JIT-Zulieferung entwickeln. Mit der Untersuchung der Prozesse beim Transfer der JIT-Zulieferung nach Deutschland lassen sich darüber hinaus Erkenntnisse über die Governance der Innovation in Deutschland gewinnen.

Innovative Formen der ökonomischen Organisation, wie die JIT-Zulieferung, benötigen die Unterstützung durch Gesetze und durch informelle Regelungen, die zwischen den Unternehmen ausgehandelt werden. Gemeinsam bilden sie die Governance-Strukturen, die die Flexibilität und Dynamik der neuen Arrangements ermöglichen, zugleich aber auch Wege zur Verteilung wichtiger rechtlicher und Marktrisiken eröffnen. Die JIT-Zulieferung stellt eine besonders schwierig zu organisierende Geschäftsbeziehung dar. Die direkte Lieferung von Teilen an die Montagestraßen ohne vorhergehende Qualitätsprüfung sowie ohne einen großen Ersatzteilbestand führt zu einer Reihe bekannter Probleme. Defekte, vor allem systematische Defekte, können die Produktion aufhalten und, wenn sie vor der Montage nicht entdeckt werden, teure Maschinen und Ausrüstung beschädigen oder erhebliche Umarbeitungskosten verursachen. Da durch solche Betriebsstörungen häufig enorme Kosten entstehen, müssen die Unternehmen sowohl juristische Ansprüche klären, um diese Risiken zu verteilen, als auch Regelungen über die technische Arbeitsteilung zwischen den Unternehmen treffen, insbesondere im Hinblick auf die Verfahren der Qualitätssicherung. Die institutionellen Rahmenbedingungen, in die die Unternehmen eingebettet sind, beeinflussen den Aufbau jener Governance-Strukturen, die sie benötigen, um ihre Beziehungen zu regeln. Nahezu alle Untersuchungen des japanischen Produktionssystems heben hervor, daß die JIT-Zulieferung als Lösung für einen ganz spezifischen Komplex von Problemen und Möglichkeiten entstand, die durch die Struktur der japanischen Märkte und die institutionelle Organisation der japanischen Volkswirtschaft gegeben waren (vgl. Cusamano 1985; Womack et al. 1990).

In Deutschland beruhten die Zulieferbeziehungen bis vor kurzem auf „distanzierten" Beziehungen zwischen den großen, vertikal integrierten Endproduzenten und Tausenden von Zulieferern kleiner Teile. Dagegen erreichten die Endproduzenten in Japan keine so extreme vertikale Integration, sondern das Keiretsu-System der gegenseitigen Beteiligungen innerhalb einzelner Industriegruppen führte zu langfristigen Beziehungen zu Schlüsselzulieferern. Da sie normalerweise der gleichen Keiretsu-Industriegruppe angehören, haben die japanischen Endproduzenten und Zulieferer einen Anreiz, die juristischen und Marktrisiken, die die JIT-Zulieferung birgt, gemeinsam zu tragen. In der Folge entwickelten die japanischen Autohersteller mit ihren Zulieferern Beziehungen, die auf enge Zusammenarbeit ausgerichtet sind. Die meisten Probleme der technischen Kontrolle, die durch JIT entstehen – wie die Entwicklung stabiler Prozeduren für das Qualitätsmanagement in den Zuliefererfirmen –, werden durch diese informellen Beziehungen gelöst (Sabel 1993).

Häufig ist es – zumindest kurzfristig – so, daß die Institutionen Unternehmen daran hindern, sich um innovative Organisationsformen zu bemühen. Wie und wann lassen sich solche institutionellen Hindernisse überwinden oder, besser noch, umstrukturieren, um solchermaßen Firmen bei der Einführung moderner industrieller Verfahrensweisen zu unterstützen? Eine Lösung bietet die Konvergenz. Damit innovative Geschäftspraktiken von einem System auf das andere übertragen werden können, müssen entweder die relevanten, den Markt regulierenden Institutionen geändert werden, oder die Unternehmen, die neue Praktiken realisieren wollen, müssen sich dazu entschließen, die landesüblichen Modelle aufzugeben und ihre eigenen, weitgehend privaten Arrangements zu schaffen. Tatsächlich sind einige Firmen in Deutschland private vertragliche Arrangements eingegangen, mit denen sie Schlüsselaspekte der japanischen Lösung übernahmen. Die meisten deutschen Unternehmen haben jedoch alternative Governance-Strukturen gefunden, die die JIT-Zulieferung unterstützen und mit ihren eigenen institutionellen Umgebungen, die sich erheblich von den japanischen unterscheiden, kompatibel sind. Dies wurde von einer weitgehenden Neustrukturierung des deutschen Vertragsrechts begleitet, das zur Abgrenzung der technischen und der juristischen Arbeitsteilung zwischen den Unternehmen im Zulieferungsnetzwerk dient. Bei diesen Veränderungen handelt es sich um eine teilweise Umstrukturierung, nicht um eine komplette Ablösung des deutschen Modells.

Die deutsche Volkswirtschaft arbeitet mit einem „koordinierten" Wirtschaftssystem. Neben dem Ausbildungssystem und weiteren bekannten Elementen des deutschen Systems der Arbeitsbeziehungen gestattet eine starke Koordination der Wirtschaft die Schaffung eines qualitativ anderen Systems juristischer Regelungen. Wichtige Elemente des juristischen Rahmenwerks werden von verschiedenen Wirtschaftsverbänden ausgehandelt, die unterschiedliche Unternehmensinteressen (Fertigungsfirmen, Banken, Versicherungen) unter Regierungsaufsicht vertreten. Dieses Verfahren ermöglicht die Entwicklung politischer Instrumente, die die Regierung einsetzen kann, um zu regeln, wie die Unternehmen implizit juristische Risiken untereinander aufteilen, wenn sie Verträge mit dem Zulieferernetzwerk schließen.

In Deutschland wird die Einführung der JIT-Produktion – trotz der bestehenden Tradition langfristiger Zulieferbeziehungen und trotz des Qualifikationsniveaus, das das Ausbildungssystem gewährleistet – zumindest auf kurze Sicht durch institutionelle Unbeweglichkeit gehemmt. Das deutsche juristische Institutionengefüge behindert aktiv die Entwicklung von Verträgen, die benötigt werden, um die Risiken der JIT-Zulieferung zu regeln. Die traditionellen Muster der Arbeitsorganisation sind der Einführung von Systemen für das Qualitätsmanagement nicht dienlich. Darüber hinaus wurden die gewöhnlich sehr strengen rechtlichen Regelungen zur Aufteilung von Vertragsrisiken auf die einzelnen Firmen durch Gesetzeslücken aufgeweicht. Aus juristischer Unsicherheit entstand ein Machtkampf zwischen den Endproduzenten und den Zulieferern. Den meisten Endproduzenten gelang es, den Zulieferern eine Reihe neuer juristischer Risiken zuzuschieben, wodurch der ohnehin problematische Übergang zur JIT-Zulieferung weiter erschwert wurde.

Dennoch verfügt das deutsche institutionelle System langfristig über eine Kapazität zur Umstrukturierung, die den „unkoordinierten" Volkswirtschaften z.B. der USA und Großbritanniens fehlt. Bestimmte Elemente der Wirtschaftskoordination – etwa die Praxis, daß die Wirtschaftsverbände unter regulierender Beobachtung des Staates Abkommen treffen – haben zur Modifikation der bestehenden gesetzlichen Regelungen geführt, so daß neue Übereinkünfte zum Abbau von Hindernissen der JIT-Zulieferung getroffen werden konnten. Diese Übereinkünfte wurden kürzlich in ein neues juristisches Rahmenwerk der Wirtschaftsverbände aufgenommen, das in der deutschen Industrie weite Verbreitung findet. Gesetzliche Regelungen können den Unternehmen somit als Modelle für die Entwicklung komplexer industrieller Organisationsstrukturen dienen.

Ich werde im nächsten Abschnitt näher auf die Probleme eingehen, die durch das deutsche juristische Institutionengefüge in Hinsicht auf die Einführung der JIT-Zulieferung entstehen, sowie auf die anfänglichen Versuche der Unternehmen, diese Probleme zu überwinden. Darauf folgt eine Analyse der umfassenderen Prozesse der deutschen Volkswirtschaft, innerhalb derer die gesetzlichen Rahmenwerke zur Regelung der JIT-Zulieferung umstrukturiert wurden. Im Schlußteil fasse ich die Argumente zusammen und stelle die Konsequenzen dar, die sich für die Einführung ausländischer Innovationen in Deutschland ergeben.

2. JIT-Zulieferung in Deutschland: Institutionelle Hindernisse und die Anpassung in den Unternehmen

Während in der Literatur die Struktur der deutschen Wirtschaft in Verbindung mit den einzigartigen Mustern der Beziehungen zwischen den Tarifpartnern vielfach dargestellt worden ist, wurde das deutsche juristische System vergleichsweise wenig untersucht. Obwohl die Muster der Arbeitsorganisation zweifellos wichtig sind, war doch das juristische System das primäre Institutionengefüge, das die Entwicklung von Governance-Strukturen für die JIT-Zulieferung beeinflußt hat.

Im Vergleich zu Ländern mit „klassischen" Rechtssystemen – etwa die USA –, die auf dem Prinzip der „Vertragsfreiheit" beruhen, stellt das deutsche Recht einen grundlegend anderen rechtlichen Kontext dar, innerhalb dessen Firmen in Zulieferbeziehungen ihre Geschäfte regeln müssen. Die deutschen Unternehmen sahen sich mit bedeutenden juristischen Hindernissen konfrontiert, als sie Mitte der achtziger Jahre begannen, JIT-Zulieferbeziehungen zu organisieren. Diese Hindernisse erschwerten es den Unternehmen, die zur Bewältigung der Risiken notwendigen rechtlichen Strukturen zu schaffen. Darüber hinaus wirkten sie gemeinsam mit bestimmten Anreizen, die das deutsche Tarifsystem produziert, der Entwicklung angemessener Einrichtungen zur Qualitätssicherung in den Zulieferfirmen entgegen.

In jüngster Vergangenheit haben einige deutsche Unternehmen die Wirtschaftsverbände und andere quasi öffentlich-rechtliche Institutionen zur partiellen Umstrukturierung dieses Rahmengefüges aufgefordert. Die Fähigkeit der Unternehmen, Teile der juristischen Rahmenbedingungen umzustrukturieren, unterscheidet die deutsche Wirtschaft von „unkoordinierten" Volkswirtschaften wie der US-amerikanischen. Es ist das Ziel dieses Aufsatzes zu erklären, wie und wann die entsprechenden Regelungen entstanden. Zunächst wird dazu der allgemeine Charakter der deutschen gesetzlichen Rahmenbedingungen untersucht, die die Zulieferernetzwerke regeln. Zudem werden deren Auswirkungen auf jene Unternehmen betrachtet, die versucht haben, die für die JIT-Zulieferung benötigten Regelungen zu organisieren; schließlich werden die privaten, kurzfristigen Strategien analysiert, die von Unternehmen entwickelt wurden, um diese Probleme zu lösen.

2.1 Durch JIT-Zulieferung verursachte Probleme

Das koordinierte Wirtschaftssystem in Deutschland ermöglicht die Existenz eines stark regulierenden juristischen Umfeldes. Während das deutsche Wirtschaftsrecht lange Zeit vom Prinzip des Vertrauens dominiert war, führte die weitgehende Neustrukturierung der Wirtschaft nach dem Zweiten Weltkrieg im Sinne der „sozialen Marktwirtschaft" zur Verfestigung ihres protektiven Charakters. Das deutsche Recht gesteht großen Unternehmen zwar weitreichende Freiheiten bei der Gestaltung von Verträgen mit anderen großen Unternehmen zu, greift jedoch bei Verträgen zwischen großen und kleinen Unternehmen stark regulierend ein. Das 1976 verabschiedete Gesetz zur Regelung des Rechts der Allgemeinen Geschäftsbedingungen (AGB-Gesetz) zur Regelung standardisierter Verträge schuf ein wirksames Werkzeug, das die Gerichte zur Kontrolle von Verträgen zwischen großen und kleinen Unternehmen einsetzen konnten. Vor der Einführung des AGB-Gesetzes konnten einflußreiche Unternehmen die standardgemäßen Rechtsansprüche zu ihrem Vorteil verändern und kleine Firmen zur Akzeptanz dieser Bedingungen zwingen. Mit dem AGB-Gesetz wurde den Gerichten ein Mittel zur Verfügung gestellt, mit dem sie die Verteilung der vertraglichen Lasten prüfen können, die auf die Vertragspartner bei vorformulierten Verträgen zukommen. Das allgemeine Prinzip des AGB-Gesetzes besagt, daß ein vorformulierter Vertrag den Paragraphen 9 des Gesetzes verletzt, wenn seine Klauseln die Vertragsrisiken aus ökonomischen Motiven zugunsten der Seite verschieben, die den Vertrag aufsetzt, indem die standardmäßigen Vertragsrechte aus dem Zivil- und Wirtschaftsrecht unangemessen verändert werden. Die hochentwickelten Zuliefererketten der Automobilindustrie bestehen nach wie vor aus Dutzenden, oft Hunderten von Firmen. Daher werden häufig die sehr komplizierten langfristigen Verträge, die die Beziehungen mit JIT-Zulieferern regeln, vom Endproduzenten vorformuliert und fallen somit unter die Geltung des AGB-Gesetzes (Zirkel 1990, S. 345).

Obwohl die technische Organisation der JIT-Zulieferung in Deutschland jener in anderen Ländern wie den USA oder Japan entspricht, können die gleichen JIT-Zulieferbeziehungen, die in den USA geringe rechtliche Probleme verursachen, in Deutschland aufgrund der Unterschiede im rechtlichen Kontext zu erheblichen Schwierigkeiten führen (zum Vergleich mit den USA vgl. Casper 1997). Die Paragraphen 377 und 378 des deutschen Handelsgesetzbuchs (HGB) enthalten eine fast 100 Jahre alte Verpflichtung für den Endproduzenten, alle Waren bei der Anlieferung „schnell und gründlich" zu prüfen. Dieses Gesetz begrenzt die Haftung des Zulieferers, falls die Inspektionen nicht stattfinden. In diesen Fällen verliert der Endproduzent sämtliche Garantierechte und muß zum Teil die Verantwortung für die Produkthaftpflicht übernehmen.[1] Da der Streitwert von Haftpflichtauseinander-

---

[1] Nach einschlägiger Auslegung wird unterstellt, daß künftige Schäden hätten vermieden werden können, wenn der Käufer seiner Pflicht nach Paragraphen 377f. HGB nachgekommen wäre und sichtbare Fehler entdeckt hätte (vgl. Grunewald 1995).

setzungen in der Praxis oft mehrere Millionen Mark beträgt, sind die rechtlichen Ansprüche von großer Bedeutung für die beteiligten Firmen.

Das Problem liegt darin, daß die JIT-Logistik im wesentlichen die Zulieferung direkt an die Montagestraße für die sofortige Verwendung beinhaltet. Die Endproduzenten argumentieren, daß die technische Organisation der JIT-Zulieferung sie daran hindert, ihren Pflichten nach Paragraphen 377f. HGB nachzukommen. Da mit den „Eingangsinspektionen" jedoch wichtige Rechtsansprüche einhergehen, führt ihre Abschaffung zu einem Interessenkonflikt zwischen Endproduzenten und Zulieferern hinsichtlich der Verteilung des Haftungsrisikos bei Defekten.

Aus der Sicht des Endproduzenten würde eine vertragliche Verschiebung der handelsrechtlichen Verantwortung für Inspektionen zu Lasten des Zulieferers auch die Verschiebung erheblicher Haftungsrisiken zum Zulieferer bedeuten. Die Endproduzenten könnten Schadensersatz sowohl für die Teile selbst als auch für die Lohnkosten fordern, die bei der Montage und bei Reparaturen von Produkten anfallen, wenn sie durch fehlerhafte Teile aus einer JIT-Zulieferung verursacht worden sind. Nach alter Rechtslogik sollten solche Fehler bei Eingangsinspektionen entdeckt werden, und die gesetzliche Haftpflicht lag beim Endproduzenten. Die Zulieferer waren nur haftbar, wenn zufällige Defekte an den Teilen den Produktionsprozeß unbemerkt durchliefen und später bei Verbrauchern zu Schäden führten (Westphalen 1988). Die Zuliefererfirmen sehen verständlicherweise keine Veranlassung, sich Haftpflichtrisiken aufbürden zu lassen, weil die Endproduzenten entscheiden, historisch entstandene gesetzliche Pflichten nicht zu erfüllen.[2]

Durch die Muster der Arbeitsorganisation in kleinen deutschen Firmen verschärfen sich die rechtlichen Probleme. Die Qualitätssicherung in den meisten deutschen Fertigungsunternehmen genügt hohen Anforderungen, ist aber von unternehmensindividuellen Eigenheiten geprägt. Anstelle systematisierter, von Spezialisten des Managements entwickelter Routinen haben in deutschen Firmen in der Regel die Facharbeiter selbst Verfahren der Qualitätssicherung entwickelt (vgl. Schmidt-Salzer 1996; zur deutschen Arbeitsorganisation vgl. Thelen 1991; Turner 1991). Die Routinen der Qualitätssicherung wurden selten systematisch zu formalen Abläufen zusammengefaßt oder durch detaillierte Protokollführung ergänzt. Da die gleichen Arbeitsgruppen häufig jahrzehntelang existierten, genügten informelle Routinen: Neu hinzukommende Mitarbeiter konnten die entsprechenden Prozeduren während ihrer Einarbeitung bzw. Ausbildung leicht von den langjährigen Mitarbeitern lernen.

---

2 Manche Rechtsexperten argumentieren, daß die Endproduzenten durch die Integration statistischer Prozeßkontrollen in das Inspektionssystem auch bei JIT-Zulieferung Eingangsinspektionen durchführen können, die den Paragraphen 377f. HGB genügen (Grunewald 1995). Zwar könnten solche Kontrollen die Gesamteffizienz der JIT-Logistik einer Firma reduzieren, doch würden sie gesetzlichen Forderungen entsprechen und die traditionelle Risikoverteilung zwischen Zulieferern und Endproduzenten aufrechterhalten.

Langfristig konnten Zuliefererfirmen nicht auf den relativ starken rechtlichen Schutz vor Schadenshaftpflicht durch die Paragraphen 377f. HGB bauen, denn ihre Kunden konnten die Geschäftsbeziehungen mit einer Firma jederzeit beenden, wenn sie fortgesetzte Probleme mit der Qualitätssicherung hatte. Doch bei der Einführung neuer Produkte oder Arbeitsprozesse bietet das Gesetz einen kurzfristigen Schutz bei Qualitätskontrollproblemen.

In den sechziger und siebziger Jahren glich die deutsche Autoteileindustrie jener in anderen fortgeschrittenen Industrieländern. Die meisten Zuliefererwerke produzierten große Mengen standardisierter Teile, wodurch der Arbeitsprozeß vergleichsweise einfach war. Die meisten Arbeiter in Deutschland waren besser ausgebildet als in anderen Ländern und trugen die Verantwortung für die Einrichtung und die Wartung ihrer Maschinen, bestimmten den Arbeitstakt und führten anhand sehr effizienter, aber meist höchst undurchsichtiger eigener Systeme Qualitätssicherungen durch. Im Zuge der weitgehenden Umstellung auf solche Strategien, wonach die Zulieferer die Verantwortung für ganze Teilsysteme übernehmen müssen, haben viele Unternehmen in der deutschen Automobilindustrie versucht, ihre Fertigungsverfahren zu verbessern, um lukrativere Verträge für komplizierte Komponenten oder in einigen Fällen für größere und komplexere Fertigungsprozesse zu erhalten. Für die meisten Unternehmen bedeutet das eine Umstrukturierung des Arbeitsprozesses in großem Maßstab. Neue Prozeduren machen gewöhnlich mehr Arbeitsschritte erforderlich. Darüber hinaus müssen viele Zulieferer flexible Fertigungsprozesse einrichten, die eine größere Spannbreite unterschiedlicher Spezialanfertigungen abdecken. Dies ist ein wesentlicher Bestandteil der JIT-Strategie.

Die alten informellen Prozeduren der Qualitätssicherung werden den Anforderungen eines komplizierter gewordenen Arbeitsprozesses oftmals nicht mehr gerecht. Die neuen Arbeitsprozesse sind daher viel eher der Gefahr von Problemen bei der Qualitätssicherung ausgesetzt. Zugleich wurde von den meisten dieser Zulieferer verlangt, eine neue Art von Verträgen zu unterzeichnen, mit denen sie ihren traditionellen Schutz vor Haftpflichtrisiken aus dem HGB aufgeben.

2.2 Die Einführung von „Qualitätssicherungsvereinbarungen" durch die deutschen Endproduzenten

Kurzfristig schuf die Unsicherheit über die bestehenden Gesetze eine Lücke, die die Firmen durch eigene Vertragsstrukturen schließen mußten. Dadurch entstand in begrenztem Maße ein Verhandlungsspiel (im Sinne der Spieltheorie), das dem in den USA nicht unähnlich ist. Aufgrund ihrer größeren Verhandlungsmacht gegenüber den Zulieferern können die Endproduzenten der deutschen Automobilindustrie neue Vertragsstrukturen so gestalten, wie sie es für angemessen halten. Sie müssen jedoch auf die juristische Haltbarkeit ihrer Interpretationen im Fall einer rechtlichen Prüfung achten. Da die meisten dieser Unternehmen auf standardisierte Vertragsstrukturen zurückgreifen, fallen die Vereinbarungen in den Geltungsbereich des AGB-Gesetzes.

Die meisten deutschen Automobilhersteller haben Vereinbarungen für die JIT-Zulieferung getroffen, die rechtliche Absprachen mit technischen Absprachen zur Regelung der Qualitätssicherung, die bei JIT-Zulieferung in jedem Fall notwendig sind, *kombinieren.* Größtenteils ähnelt die deutsche Geschäftspraxis jener in anderen Ländern wie in Großbritannien oder den USA darin, daß technische Aspekte der Zuliefererbeziehungen (wie Spezifizierung des Produktes oder Normen der Qualitätssicherung) in der Regel von dem formalen Vertrag getrennt bleiben, der die verschiedenen rechtlichen und Marktrisiken verteilt. Um die Probleme einer komplizierten technischen Arbeitsteilung mit den Zulieferern und der durch JIT-Zulieferung verursachten rechtlichen Unsicherheiten zu lösen, haben die Rechtsabteilungen der meisten deutschen Endproduzenten gemeinsam mit ihren Experten für Qualitätssicherung umfassende „Qualitätssicherungsvereinbarungen" (QSV) getroffen.

Diese Vereinbarungen enthalten gewöhnlich eine formale Aufhebung der im HGB vorgeschriebenen Inspektionen, weitere rechtliche oder quasi-rechtliche Regelungen über Garantien und Produkthaftung sowie Bestimmungen für die Beilegung verschiedener möglicher Konflikte (wie Lieferverzögerungen durch Verkehrsprobleme oder Umarbeitungskosten). Neben den Produktspezifikationen umfassen die technischen Bestimmungen quantitative Maßgaben für akzeptable Fehlerraten und Beschreibungen des Systems der Qualitätssicherung, das vom Zulieferer aufrecht zu erhalten ist. Der Endproduzent ist dafür verantwortlich, die Einhaltung dieser Bestimmungen zu kontrollieren, und er unterstützt unzureichend ausgerüstete Zulieferer bei der Verbesserung ihres Qualitätssicherungssystems. Seit dem Ende der achtziger Jahre verlangen die meisten Endproduzenten von ihren Zulieferern, die ISO 9000-Normen zur Qualitätssicherung umzusetzen.

Die Unternehmen müssen moderne Techniken der Qualitätskontrolle in ihre Fertigungsprozesse integrieren, um verschiedenen Versionen der ISO 9000-Normen gerecht zu werden. Die technischen ISO 9000-Normen sind nicht auf spezielle Industrien oder Technologien zugeschnitten, vielmehr decken sie übergreifend die Organisation der Qualitätssicherungsprozesse bei Design, Fertigung, Verpackung und Auslieferung ab. Dazu gehören statistische Verfahrenskontrollen, die Einführung von Qualitätssicherungsinspektionen, die Protokollierung aller Elemente der Produktion, der Maschinenwartung und -einrichtung sowie die Einführung von Konferenzen zur systematischen Qualitätssicherung und von Vorschlagsverfahren unter Einschluß der Beschäftigten, des Managements und der Mitarbeiter im Design (vgl. Paradis/Small 1996). Abhängig von der Art der Maßnahmen, die eine Firma durchführt, und der Zahl der Normen, die sie erfüllt, gibt es Zertifikate verschiedener Niveaus.

Aus ISO 9000-Zertifikaten lassen sich keine Aussagen über die Qualität der Produkte des jeweiligen Unternehmens entnehmen. Die Einhaltung der Normen besagt lediglich, daß wichtige Prozeßkontrollen durchgeführt werden und dadurch die Wahrscheinlichkeit minimiert wird, daß fehlerhafte Produkte hergestellt und an den Kunden ausgeliefert werden. Für die JIT-Produktion ist von besonderer Bedeutung, daß die systematische Einführung statistischer Prozeßkontrollen fast sicher zur Eliminierung von Seriendefekten führt, die leicht einen Produktionsstillstand beim Endproduzenten verursachen können.

Zwar haben die meisten deutschen Automobilhersteller Qualitätssicherungsvereinbarungen getroffen, die die Abschaffung der Inspektionen gemäß HGB beinhalten, doch werden die tatsächlichen Folgen dieser Vereinbarungen erheblich von den Details ihrer Umsetzung beeinflußt (vgl. die Fallstudien in Casper 1996). So organisiert beispielsweise BMW als spezialisierter Endproduzent Verfahren der gemeinsamen Qualitätssicherung, die denen bei japanischen Herstellern ähneln. BMW entsendet eigene Prüfer zur Abnahme der Qualitätsprüfung bei den Zulieferern und läßt zudem Kontrollen der Produkttechnologie durchführen, die sich je nach Art der Hersteller erheblich unterscheiden (z.B. Textilverarbeitung, Metallbearbeitung oder Elektrotechnik). Die meisten anderen deutschen Autohersteller arbeiten mit formaleren Arrangements der Qualitätssicherung. Die Zulieferer unterzeichnen rechtlich bindende Verträge, die die Bestimmungen der Paragraphen 377f. HGB außer Kraft setzen und (statistisch) „null Fehler" zulassen. Von den Zulieferern wird erwartet, daß sie ein Qualitätsmanagementsystem nach den Spezifikationen der Endproduzenten einführen. Das ISO 9000-System wird von allen Endproduzenten angewendet, da es sich hervorragend zur Überwachung der Qualitätssicherung bei unterschiedlichen Unternehmen eignet.

Für die deutschen Endproduzenten besteht ein starker Anreiz, so viele Firmen wie möglich zu JIT-Zulieferern zu machen und sie zur Unterzeichnung von QSV aufzufordern, da mit diesen Vereinbarungen eine erhebliche Umschichtung rechtlicher Risiken verbunden ist. So hat Volkswagen kürzlich alle Zulieferer, die auf VW zugeschnittene Teile fertigen, zu JIT-Zulieferern erklärt. Beim Aufbau eines neuen Werks in Ostdeutschland hat VW die neue Produktionsanlage nach Prinzipien dezentralisierter Produktion organisiert. In der Umgebung sind vier JIT-Zulieferer angesiedelt, die VW mehrmals täglich mit unterschiedlich spezifizierten Produkten beliefern. Von neun weiteren Zulieferern treffen täglich komplizierte, aber standardisierte Teilsysteme ein. Darüber hinaus gibt es mehr als zwei Dutzend andere Zulieferer vor Ort, von denen die meisten einfache Stanzteile herstellen; ihr Lieferrhythmus variiert zwischen täglich und wöchentlich. Alle diese Firmen sind offiziell JIT-Zulieferer, d.h. sie alle sind mit den neuen rechtlichen Risiken konfrontiert (vgl. Casper 1997).

Qualitätssicherungsvereinbarungen haben eine intensive Rechtsdebatte in Deutschland ausgelöst, da sie eine völlig neue Vertragsart darstellen. Dabei stellt sich die Schlüsselfrage, ob die in diesen Dokumenten enthaltene Aufhebung der HGB-Bestimmungen eine Verletzung des AGB-Gesetzes darstellt. Die Juristen der Endproduzenten argumentieren, daß die Hersteller ihren Verpflichtungen aus dem HGB durch die neuen Vereinbarungen nachkommen, indem sie zum einen die erwünschten Ziele und Praktiken der von den Zulieferern durchzuführenden Qualitätskontrollen vertraglich fixieren und zum anderen deren Umsetzung überprüfen. Da die Qualitätssicherung innerhalb der Zulieferfirmen durch die QSV erheblich verbessert wird (entsprechend dem für JIT-Zulieferung nötigen hohen Niveau), werden – so argumentieren die Endproduzenten – die Eingangskontrollen hinfällig.

Obwohl eine Reihe von Gerichtsverfahren darauf hindeutet, daß einige Qualitätssicherungsvereinbarungen das AGB-Gesetz verletzen, gab es bisher noch keinen spezifischen Präzedenzfall (vgl. Casper 1996). Teilweise ist dies dadurch bedingt, daß den Zulieferern langfristige Beziehungen zu ihren Abnehmern wertvoller sind als der mögliche kurzfristige Gewinn durch einen gewonnenen Rechtsstreit. Allerdings stehen deutschen Zulieferfirmen, die sich miteinander abstimmen, gewisse strategische Instrumente zur Verfügung, die etwa US-amerikanischen Unternehmen fehlen. Wichtige Elemente des industriellen Rahmengefüges, das die JIT-Zulieferung determiniert, werden gegenwärtig umstrukturiert, um einige der Probleme zu lösen.

3. Die Umstrukturierung des deutschen industriellen Rahmengefüges

„Private Gesetzgebung" war lange Zeit ein zentraler Bestandteil des deutschen Verbandsrechts. Ein wesentlicher Unterschied zwischen dem deutschen und dem anglo-amerikanischen Rechtssystem liegt darin, daß das deutsche Recht jeder Form der freiwilligen Vereinigung einen Rechtsstatus zugesteht sowie die Ausbildung starker juristischer Rollen und Verantwortung zuläßt (Hueck 1991). Die deutschen Wirtschaftsverbände bieten Dienstleistungen für die Mitgliedsfirmen an und leisten Lobbyarbeit; verfügen über große und stark spezialisierte Rechtsabteilungen. Von den Juristen der Wirtschaftsverbände wurden auch Musterverträge für Vereinbarungen zwischen Firmen ausgearbeitet. Das industrielle Rahmengefüge dient als rechtlicher „Werkzeugkasten", um die Unternehmen bei der Entwicklung der Vertragsstrukturen zu unterstützen, die sie für innovative Geschäftsbeziehungen benötigen. Bis vor kurzem handelte es sich bei diesen Vertragsmodellen um verhältnismäßig einfache Kauf- oder Verkaufsvereinbarungen (allgemeine Geschäftsbedingungen), die kleine Firmen ohne eigene Rechtsabteilung nutzen konnten, um gesetzlich abgesicherte Geschäfte zu vereinbaren. Doch indem ein Teil der Firmen kompliziertere Geschäftsvorhaben wagte, bemühten sich die Juristen der Wirtschaftsverbände auch, komplexere Modelle für vertragliche Vereinbarungen vorzulegen. Obwohl viele dieser Unternehmungen am mangelnden Konsens zwischen den beteiligten Firmen scheiterten, gab es doch einige erfolgreiche Vereinbarungen.

Das deutsche Kartellamt ist verpflichtet, sämtliche beabsichtigten Industrievereinbarungen zu überprüfen und sicherzustellen, daß die Vereinbarungen nicht gegen das Kartellrecht verstoßen. Durch die Verschärfung des deutschen Kartellrechts nach dem Zweiten Weltkrieg fallen diese Überprüfungen sehr streng aus. Jedwede Vereinbarung eines Wirtschaftsverbandes, deren Umsetzung absehbar zur Beschränkung des Wettbewerbs auf einem Markt führen könnte, kann abgelehnt werden. Im Zentrum dieser Überprüfung steht das Prinzip der Gewährleistung von Freiwilligkeit; jedes Modell einer Vertragsvereinbarung, das zur Annahme verpflichtet, wird für ungültig erklärt. Daher beruhen Verhandlungen innerhalb der Wirtschaftsverbände gewöhnlich auf Konsensbildung. Sind die Interessenkonflikte in einem Wirtschaftsverband zu ausgeprägt, scheitern die Verhandlungen zumeist.

Die institutionellen Kapazitäten, für einige der durch JIT-Zulieferung entstehenden Probleme kollektive Lösungen zu finden, haben sich als instabil erwiesen. Obwohl QSV in größerem Umfang zuerst in der deutschen Automobilindustrie eingesetzt wurden, haben die Interessenkonflikte zwischen den Endproduzenten und den Zulieferern ein Entstehen neuer Industrienormen in diesem Sektor verhindert. Die meisten deutschen Automobilhersteller lehnen die Entwicklung standardisierter QSV im Verband der Automobilindustrie (VDA) ab. Es läßt sich auf die hierarchische Organisation der Automobilindustrie zurückführen, daß es den Autoherstellern gelang, standardisierte QSV zu entwickeln und die Zulieferer vor die Wahl zu stellen, diese Vereinbarungen zu akzeptieren oder das Geschäft platzen zu lassen.

Auf einem anderen Feld ist jedoch eine wichtige Industrievereinbarung zustande gekommen. Obwohl die Qualitätssicherungsvereinbarungen anfänglich am weitestgehenden in der Automobilbranche eingesetzt wurden, haben auch Unternehmen in anderen Industriezweigen mit komplexen Zulieferbeziehungen darauf zurückgegriffen. Das trifft besonders auf andere Sektoren im Bereich hochentwickelter Technologien zu, z.B. die Maschinenbau- und Elektroindustrie. Vom Zentralverband Elektrotechnik- und Elektronikindustrie (ZVEI) wurde jüngst ein wichtiges Rahmenwerk für QSV entwickelt, das die Konturen der Debatte über JIT-Zulieferung in der deutschen Industrie verändert.

In der Elektronikindustrie sind – bedingt durch Merkmale der industriellen Organisation und der involvierten Technologien – die Muster der Wirtschaftskoordination lebendiger und stabiler als in der Automobilindustrie. Erstens existieren viele Firmen von kleiner oder mittlerer Größe. Da sich die Beziehungen zu Zulieferern in der Regel symmetrischer gestalten, können die einzelnen Firmen ihren Partnern nur selten bestimmte Vertragslösungen aufzwingen. Zweitens sind die beiden größten Firmen in diesem Sektor, Bosch und Siemens, ihrerseits gleichzeitig Zulieferer und Endproduzenten. Durch diese Doppelrolle ist ihre Neigung, die Endhersteller allzu sehr begünstigende QSV anzustreben, abgeschwächt. So haben Rechtsanwälte von Siemens tatsächlich eine entscheidende Rolle bei der Entwicklung der ZVEI-Vereinbarungen gespielt.

Auch technologische Faktoren haben die Verhältnisse in dieser Branche beeinflußt. Die Paragraphen 377f. HGB schreiben nur eine „durchführbare" Prüfung auf „sichtbare" Schäden vor. Da die meisten elektronischen Teile mikroskopisch klein sind, gibt es natürliche Grenzen für die Durchführbarkeit von Eingangsinspektionen. Die meisten Firmen stimmen darin überein, daß die Eingangsinspektion sich auf offensichtliche physische Schäden und die Kontrolle der Etikettierung der Produkte konzentrieren solle. Da eine eingehendere Inspektion nicht stattfinden kann, muß der Zulieferer die Haftung für weitergehende Defekte übernehmen. Durch diese klare Verteilung der Haftungsrisiken und Inspektionspflichten ist der Konflikt über HGB-Vorschriften im Elektroniksektor weniger festgefahren.

Die ZVEI-Vereinbarung verpflichtet Endproduzenten, einfache Eingangsinspektionen nach HGB durchzuführen. Dadurch entsteht eine klare Abgrenzung gegenüber den Risiken, die nach diesen Vereinbarungen von den Zulieferern zu tragen sind. Zu den Eingangsinspektionen gehören die Überprüfung auf Transportschäden und begrenzte Produktkontrollen, um sichtbare Schäden festzustellen. Diese modifizierte Version der Eingangsinspektion beruht auf Gesetzesinterpretationen durch Juristen des ZVEI und stützt sich auf Urteile des Bundesgerichtshofs, wonach von Endproduzenten keine Eingangskontrollen erwartet werden können, die spezielle Fachkenntnisse oder entsprechende Mittel voraussetzen (Grunewald 1995). In der Elektronikindustrie lassen sich Fehler in der Mehrzahl der Fälle nur durch detaillierte Tests der integrierten Schaltkreise in den elektronischen Geräten oder Komponenten ausfindig machen. Aus diesem technischen Grund wurden von den meisten Zulieferern umfassende Qualitätskontrollverfahren in den Produktionsprozeß integriert. Einfache Stichprobenkontrollen auf Seiten der Endproduzenten genügen, um den Verpflichtungen nach den Paragraphen 377f. HGB gerecht zu werden. Diese formalen Eingangsinspektionen verhindern, daß die Endproduzenten die Beziehungen zu den Zulieferern als „Just-in-time" bezeichnen, indem sie einseitige rechtliche Strategien der Haftungsbegrenzung durch Aufhebung der HGB-Vorschriften verfolgen.

Die Vereinbarung enthält ergänzende Bestimmungen hinsichtlich des Qualitätssicherungssystems beim Zulieferer. Wie alle Qualitätssicherungsvereinbarungen verpflichtet die ZVEI-Vereinbarung die Zulieferfirmen zur Einrichtung eines Qualitätsmanagementsystems. Die genaue Ausgestaltung dieses Systems wird jedoch von den Verhandlungspartnern selbst bestimmt. Die Repräsentanten des ZVEI gehen davon aus, daß die meisten Firmen die Normenserie nach ISO 9000 wählen werden, die der technischen Spezifik des Produktionsprozesses des Zulieferers am besten entspricht. Die Firmen haben jedoch die Möglichkeit, sehr ausführliche, speziell zugeschnittene Vereinbarungen für außergewöhnliche Fälle zu treffen.

Die wichtigste Eigenschaft dieses industriellen Rahmengefüges ist die Schaffung einer tragfähigen Lösung für Probleme der Risikoverteilung durch die modifizierten Ausgangsinspektionen. Die Unternehmen, die diese Vereinbarungen anwenden, können ihre Kraft auf die Entwicklung spezieller Ergänzungsvereinbarungen richten, ohne befürchten zu müssen, daß diese informellen Anteile ihrer QSV die Vertragsrisiken erheblich verschieben oder Gesetze brechen. Daran zeigt sich, daß es nicht nur möglich ist, im verbandsbestimmten deutschen Governance-System komplexe Vertragsstrukturen zu entwickeln, sondern daß solche Vereinbarungen auch so gestaltet werden können, daß die Probleme der Risikoverteilung, die häufig komplexe Vertragsbeziehungen gefährden, minimiert werden.

Darüber hinaus enthält die ZVEI-Vereinbarung eine funktionsfähige Kombination von standardisierten Vertragsbedingungen und von Vorkehrungen für zusätzliche Vereinbarungen, die der Spezifik der jeweiligen Beziehung Platz einräumen. Die standardisierten Vertragsbedingungen erhalten die üblichen Rechtsansprüche aufrecht. Dadurch wird ausgeschlossen, daß über viele strittige Einzelfragen der Risikoverteilung verhandelt werden muß, und die Übereinstimmung der Vereinbarung mit dem deutschen Recht wird gesichert. Ergänzende, von den Partnern selbst ausgehandelte Vereinbarungen erlauben eine Flexibilität der Vertragsbeziehung, durch die sich innovative und komplexe ökonomische Beziehungen dem jeweiligen Bedarf anpassen lassen.

Die ZVEI-Vereinbarung ist derzeit eines der vielversprechendsten Beispiele für die Entwicklung einer komplexen Vertragsstruktur innerhalb des verbandsbestimmten deutschen Governance-Systems. Obwohl ihre Überprüfung durch andere Wirtschaftsverbände und das Kartellamt erst im Januar 1995 abgeschlossen war, gab es frühe Anzeichen dafür, daß sie als Vorbild für die Praxis in der deutschen Industrie eine weite Verbreitung erfahren könnte. Während der ersten Hälfte des Jahres 1995 erreichten den ZVEI über zehntausend Anfragen von Unternehmen, Wirtschaftsverbänden und Personen, die um den Text der Vereinbarung baten. Obwohl es bisher noch keine Statistik über die tatsächliche Verwendung gibt, läßt sich aus Interviews schließen, daß die Vereinbarung in den Unternehmen weithin bekannt ist, sogar in Sektoren, die nicht mit der Elektroindustrie in Verbindung stehen (vgl. Casper 1996). So gab z.B. der Jurist, der innerhalb des einflußreichen Verbandes Deutscher Maschinen- und Anlagenbau (VDMA) auf Vertragsrecht spezialisiert ist, in einem Interview an, daß die ZVEI-Vereinbarung zu einer Modellösung für das durch die HGB-Bestimmungen entstandene Dilemma im deutschen Recht werden würde und bereits von einigen Maschinenbauunternehmen übernommen worden sei.

Sollte die ZVEI-Vereinbarung in der Elektronik- und Maschinenbauindustrie verbreitet genutzt werden, so könnte sie auch für die Automobilindustrie bedeutsam werden. Dies wird dann eintreten, wenn einflußreiche Zulieferer, die über Monopole bei wichtigen Technologien verfügen, in ihren Geschäftsbeziehungen auf der Anwendung der ZVEI-Vereinbarung bzw. eng an sie angelehnter Qualitätssicherungsvereinbarungen bestehen. Langfristig werden jedoch Gerichtsentscheidungen von zentraler Bedeutung sein. Falls es zutrifft, daß die standardisierten und von den meisten Endproduzenten genutzten QSV das AGB-Gesetz verletzen – wovon viele deutsche Rechtswissenschaftler ausgehen –, dann wird die ZVEI-Vereinbarung zunehmend zu einer attraktiven Alternative werden.

4. Schlußfolgerungen

Innovative Organisationspraktiken lassen sich zwischen Ländern mit unterschiedlichen Institutionengefügen übertragen. Das Beispiel der JIT-Zulieferung zeigt, daß die Unternehmen angesichts massiver internationaler Konkurrenz aus Japan die Strukturen der Unternehmensorganisation verändern und auch allgemeinere institutionelle Instrumente einsetzen können, die in der jeweiligen Volkswirtschaft existieren, um zu neuen Lösungen zu gelangen. Die Unternehmen in Deutschland haben praktikable Governance-Strukturen für die JIT-Zulieferung geschaffen, doch die Organisation dieser Governance-Strukturen und ihre Regulierung innerhalb des landesspezifischen Rechtssystems unterscheiden sich von denen in Japan. In Deutschland brachte das äußerst regulative Rechtssystem wichtige institutionelle Einschränkungen hervor. Diese Einschränkungen wurden zunächst durch die Entwicklung quasi-rechtlicher Qualitätssicherungsvereinbarungen in der Automobilindustrie überwunden. Die Qualitätssicherungsnormen wurden in Deutschland formal mit bestimmten rechtlichen Klauseln verbunden, um es den Endproduzenten zu ermöglichen, wichtige Haftungsrisiken auf die Zulieferfirmen zu übertragen. Dieses Vorgehen wurde durch Gesetzeslücken und die asymmetrische Verteilung von Verhandlungsmacht zwischen den Endproduzenten und den Zulieferern begünstigt. Derzeit werden die industriellen Rahmengefüge von den Wirtschaftsverbänden weiterentwickelt, um die JIT-Zulieferung im Rahmen der traditionellen rechtlichen Einschränkungen bei der Verteilung von Haftungsrisiken neu zu regeln.

Das „koordinierte" Wirtschaftssystem Deutschlands ermöglicht die Aushandlung von Schlüsselaspekten der Governance-Strukturen für neue Organisationsmuster in Form von Vereinbarungen der Wirtschaftsverbände und deren anschließende Integration in das öffentlich-rechtliche Rahmengefüge. Es wurde dargelegt, wie dadurch einige Probleme der Risikoverteilung, mit denen die Unternehmen konfrontiert sind, gelöst werden konnten. Seit langem wird von Beobachtern auf die Bedeutung kleiner Firmen in Deutschland hingewiesen (vgl. Acs/Audretsch 1993; Vitols 1995). Deutschlands regulatives System des Vertragsrechts trägt zum Schutz kleiner Firmen vor Markt- und Rechtsrisiken bei. Darin ist ein wichtiger institutioneller Faktor zu sehen, der die Muster der Industrieanpassung beeinflußt.

Extrem regulative Rechtssysteme neigen jedoch dazu, sich angesichts innovativer Formen der Wirtschaftsorganisation schnell aufzulösen. Genau dies geschah im Fall der JIT-Zulieferung. In diesem Kontext wird die Fähigkeit zur Neustrukturierung, die durch das System der Wirtschaftskoordination ermöglicht wird, zu einem treibenden Element der deutschen Volkswirtschaft. Gerichte und staatliche Akteure können nicht vorhersagen, welche Formen der Industrieorganisation die Unternehmen in Zukunft bevorzugen werden, und sie können nicht die Governance-Strukturen schaffen, die zur Regelung komplexer Beziehungen benötigt werden. Nur große Unternehmen sind dazu in der Lage. Wie gezeigt wurde, verlieren die großen Unternehmen entscheidende Rechte, wenn das Haftungsrecht der Paragraphen

377f. HGB auf die Verträge über die JIT-Zulieferung angewendet wird. Es stellt einen faszinierenden Aspekt des deutschen Gesetzgebungsprozesses dar, daß eben jene großen Unternehmen, die durch das Vertragsgesetz Nachteile erleiden, auch die zentralen Akteure bei der Schaffung und Legalisierung neuer Rahmenbedingungen sind.

Die großen deutschen Unternehmen schaffen industrielle Rahmengefüge, da die in ihnen enthaltenen Governance-Strukturen zur Umverteilung der Kosten des internationalen Wettbewerbs beitragen und zugleich den inländischen Wettbewerb um die Erneuerung der Governance-Strukturen begrenzen. An Stelle des privaten Wettbewerbs um die Schaffung neuer rechtlicher und technischer Arrangements werden die Wirtschaftsverbände von den Unternehmen eingesetzt, die dann gemeinsam neue rechtliche und technische Arrangements vereinbaren und sie in Zusammenarbeit mit dem Staat legalisieren. Solange der Gewinn aus diesen Aktivitäten die Kosten übersteigt, werden die großen deutschen Unternehmen weiterhin die Wirtschaftsverbände einschalten. Allerdings haben die Verteilungsfragen in der Automobilindustrie zu einem Zusammenbruch der Verhandlungen der Wirtschaftsverbände geführt. Nur im Elektroniksektor erzeugten eine anders gestaltete Industrieorganisation und eine andere Technologie eine so günstige Ausgangsposition, daß eine neue Vereinbarung zustande kommen konnte.

Aus dem Englischen übersetzt von Carola Schirmer.

Literatur

Acs, Z./ Audretsch, D. (1993): *Small Firms and Entrepreneurship: An East-West Perspective.* Cambridge.

Casper, S. (1996): *German Industrial Associations and the Diffusion of Innovative Economic Organization: The Case of JIT Contracting.* Discussion paper FS I 96-306, Wissenschaftszentrum Berlin für Sozialforschung. Berlin.

Casper, S. (1997): „Automobile Supplier Network Organization in East Germany: A Challenge to the German Model of Industrial Organization". In: *Industry and Innovation,* 3 (im Erscheinen).

Clark K./Fujimoto, T. (1991): *Product Development Performance: Strategy, Organization and Management of the World Auto Industry.* Boston.

Cusamano, M. (1985): *The Japanese Automobile Industry.* Cambridge.

Grunewald, B. (1995): „Just-in-Time Geschäfte – Qualitätssicherungsvereinbarungen und Rügelast". In: *Neue Juristische Wochenschrift,* 48, S. 1777-1784.

Hueck, G. (1991): *Gesellschaftsrecht.* München.

Katzenstein, P. (1989): „Stability and Change in the Emerging Third Republic". In: ders. (ed.): *Industry and Politics in West Germany.* Ithaca, S. 307-353.

Paradis, G./Small, F. (1996): *Demystifying ISO 9000.* Reading.

Sabel, C. (1993): „Learning by Monitoring". In: N. Smelser/R. Swedberg (eds.): *Handbook of Economic Sociology.* Princeton, S. 137-165

Schmidt, K. (1984): *Verbandszweck und Rechtsfähigkeit im Vereinsrecht.* Heidelberg.

Schmidt-Salzer, J. (1996): „Öko-Audit und sonstige Management-Systeme in organisationsrechtlicher, haftungsrechtlicher und versicherungstechnischer Sicht". In: *Wirtschaftsrechtliche Beratung,* 12, S. 1-10.

Schonberger, R. (1982): *Japanese Manufacturing Techniques.* New York.

Streeck, W. (1984): *Industrial Relations in West Germany: A Case Study of the Car Industry.* New York.

Thelen, K. (1991): *Union of Parts.* Ithaca.

Turner, L. (1991): *Democracy at Work.* Ithaca.

Vitols, S. (1995): *German Banks and the Modernization of the Small Firm Sector: Long-term Finance in Comparative Perspective.* Discussion paper FS I 95-309, Wissenschaftszentrum Berlin für Sozialforschung. Berlin.

Westphalen, F. Graf v. (1988): „Qualitätssicherungsvereinbarungen: Rechtsprobleme des 'Just-in-Time Delivery'". In: *Festschrift: 40 Jahre „Der Betrieb".* Stuttgart, S. 233-240.

Womack, J. P. et al. (1990): *The Machine that Changed the World.* New York.

Zirkel, H. (1990): „Das Verhältnis zwischen Zulieferer und Assembler – eine Vertragsart sui generis?" In: *Neue Juristische Wochenschrift,* 43, S. 345-351.

Innovationskrise der deutschen Industrie?

Das deutsche Innovationssystem der neunziger Jahre

Carsten Becker* und Sigurt Vitols

1. Einführung

Es wird häufig behauptet, die deutsche Wirtschaft erlebe seit Anfang der neunziger Jahre eine schwere Innovationskrise. Als Belege für die angebliche Innovationsschwäche wird nicht nur der Rückstand in hochtechnologischen Industrien, beispielsweise in der Biotechnologie, Informationstechnologie und Luftfahrt angeführt. Genannt werden auch die deutschen „mittel-technologischen" Kernindustrien wie Fahrzeugbau, Chemie, Maschinenbau und Elektronik, die sich offenbar schwertun, neue Produkte schnell auf den Markt zu bringen (vgl. Kern 1996; Herrigel 1996). Die Innovationskrise, so ist zu hören, sei eine der maßgeblichen Ursachen für die seit der Nachkriegszeit höchste Arbeitslosenzahl, die derzeit mehr als vier Millionen beträgt.

In der Frage nach Ansatzpunkten für eine Überwindung der Krise wird in der aktuellen Debatte vielfach auf finanzielle Faktoren hingewiesen. Erstens seien die im Vergleich zu den wichtigsten Konkurrenten Deutschlands hohen Löhne und Steuern für ein Klima verantwortlich, das Innovationen und Investitionen nicht zuträglich ist. Belege für das ungünstige Klima werden u.a. in der wachsenden Lücke zwischen Innen- und Außeninvestitionen und im Rückgang des Anteils der FuE-Aufwendungen am Bruttoinlandsprodukt (BIP) gesehen. Zweitens habe ein Mangel an Risikokapital – besonders für kleinere Unternehmen – die Entwicklung zukunftsorientierter hochtechnologischer Industrien gebremst.[1] In Übereinstimmung mit dieser Ursachenanalyse richten sich die Förderstrategien der Bundesregierung vor-

---

* Carsten Becker ist geschäftsführender Gesellschafter der GIB Gesellschaft für Innovationsforschung und Beratung mbH in Berlin und Berater der Europäischen Kommission sowie verschiedener Bundes- und Landesministerien.

[1] Deutschland wird dabei allerdings mit den USA und Großbritannien verglichen – ein Vergleich, der nicht ohne weiteres zulässig ist, weil diese Länder nicht nur über größere Kapitalmärkte, mehr Risikokapital und größere hochtechnologische Industrien verfügen, sondern auch eine andere Arbeits- und Beschäftigungsverfassung aufweisen.

rangig auf eine Verbesserung der finanziellen Voraussetzungen. Beispielsweise wird gegenüber den Sozialpartnern die Forderung erhoben, sich bei den Löhnen zurückzuhalten. Ebenso werden Vorschläge zur Reduktion der Steuerlast und der Lohnnebenkosten (Große Steuerreform und Rentenreform) unterbreitet und Maßnahmen zur Erhöhung des Angebots an Eigen- und Risikokapital empfohlen (vgl. Finanzmarktförderungsgesetz, Kapitalaufnahmeerleichterungsgesetz).

In diesem Aufsatz wollen wir darlegen, daß zwei wichtige Gesichtspunkte, die für politische Maßnahmen bedeutende Konsequenzen nach sich ziehen, von den Akteuren der öffentlichen Debatte oft außer acht gelassen werden:

– Erstens finden Innovationen im Kontext eines komplexen Systems interdependenter Institutionen statt, den nationalen Innovationssystemen. Es bestehen Komplementaritäten zwischen diesen verschiedenen Institutionen, weshalb Veränderungen einzelner institutioneller Arrangements nicht notwendigerweise zur Steigerung der Gesamtleistung in der erwünschten Richtung führen. Nationale Innovationssysteme weisen unterschiedliche komparative Vorteile auf, und von ihnen kann nicht erwartet werden, daß sie gleichzeitig „alle Dinge gut können" (vgl. Freeman 1987; Nelson 1993).
Der komparative Vorteil des deutschen Innovationssystems liegt im Bereich hochwertiger, inkrementeller Innovationen, d.h. bei kleinen, schrittweisen Verbesserungen hochwertiger Produkte in „mittel-technologischen" Industrien, die häufig enge Verbindungen zu ihren Kunden unterhalten und hochqualifizierte Arbeiter und Techniker beschäftigen (Kern 1996, S. 558; vgl. auch den Beitrag von Soskice in diesem Band). In der öffentlichen Debatte wird die nach wie vor vorhandene Innovationskraft Deutschlands in den „Kernindustrien" häufig unterschätzt. Das betrifft nicht nur die vier oben genannten Kernsektoren, sondern auch spezialisierte, hochtechnologische Sektoren, die als Zulieferer mit diesen Industrien eng verbunden sind, insbesondere Laser-Technologie, Software für Produktionssysteme und Meß- und Regelungstechnik (vgl. DIW 1995). In der öffentlichen Diskussion wird oft auch die Gefahr außer Betracht gelassen, daß Initiativen, die die Potentiale der deutschen Industrie bei „radikalen" Innovationen stärken sollen – durch die Eins-zu-eins-Übernahme von Arbeitsmarkt- und Finanzinstitutionen nach angloamerikanischem Vorbild –, möglicherweise wenig Erfolge zeitigen werden, während zugleich die komparativen Vorteile bei inkrementellen Innovationen erheblich geschwächt werden können. Es könnte daher ratsam sein, durch politische Maßnahmen bestehende komparative Vorteile auszubauen, anstatt völlig neue Kompetenzen aufzubauen.
– Zweitens ist die Krise auf dem Arbeitsmarkt sicherlich ein ernstes Problem für die Politik, dennoch ist der Zusammenhang zwischen Innovation und Beschäftigung weniger direkt, als oft behauptet wird. Zwar könnten die von deutschen Unternehmen eingeleiteten Schritte zur Verbesserung ihrer Wettbewerbsfähigkeit, wie zum Beispiel die teilweise Verla-

gerung ihrer FuE ins Ausland (vgl. DIW 1996, S. 113), langfristig zu Arbeitsplatzverlusten im Inland führen. In der öffentlichen Debatte wird jedoch das Ausmaß verkannt, in dem der gegenwärtig hohe Stand der Arbeitslosigkeit durch die Vereinigungskosten und die deflationären Auswirkungen der Kriterien des Maastrichter Vertrages verursacht sind (vgl. Carlin/Soskice 1997). Wirtschaftspolitische Maßnahmen zur Förderung der innovativen Kapazität sollten konzeptuell getrennt betrachtet werden von Beschäftigungsmaßnahmen wie reflationärer makroökonomischer Politik oder einem neuen „Marshall-Plan" zur Förderung des Wachstums in Mittel- und Osteuropa – und damit der Schaffung von Nachfrage nach deutschen Kapitalexporten (vgl. Schumacher 1996).

Im folgenden Abschnitt wird ein grobes Konzept nationaler Innovationssysteme entworfen, das nicht nur Institutionen umfaßt, die mit FuE im engeren Sinne beschäftigt sind, sondern auch das Ausbildungssystem, die Beziehungen zwischen Arbeitgebern und Arbeitnehmern und das Finanzsystem. Im dritten Abschnitt werden die Merkmale dieser Institutionen im Zusammenhang mit den bestehenden komparativen Vorteilen Deutschlands betrachtet, die eher bei hochwertigen, inkrementellen Innovationen liegen als bei radikalen Innovationen oder bei Innovationen, die vorrangig auf Kostenvorteile bei standardisierten Massengütern abzielen. Im vierten Abschnitt wird der Frage nachgegangen, welche Anpassungen des deutschen Innovationssystems unter den heutigen Bedingungen des internationalen Technologiewettbewerbs sinnvoll erscheinen. Der fünfte Abschnitt faßt unsere Überlegungen zusammen.

2. Nationale Innovationssysteme

Als Rahmen für die Analyse der Innovationskapazität Deutschlands dient das Konzept des „nationalen Innovationssystems", das mehr oder weniger gleichzeitig durch Lundvall, Nelson und Freeman begründet und durch Porter und Soskice weiterentwickelt wurde (vgl. dazu auch McKelvey 1991). Das nationale Innovationssystem ist definiert als „das Netzwerk von Institutionen in den öffentlich-rechtlichen und privaten Sektoren, durch deren Aktivitäten und Interaktionen neue Technologien initiiert, importiert, modifiziert und verbreitet werden" (Freeman 1987, S. 1; unsere Übersetzung). Soskices entscheidender Beitrag besteht in der Ausweitung der Analyse nationaler Innovationssysteme, indem er sich nicht nur auf direkt mit FuE verbundene Organisationen und Regelungen bezieht, sondern auch alle übrigen Institutionen untersucht, die die Innovationsstrategien von Unternehmen beeinflussen – von den Aufstiegssystemen von Beschäftigten bis hin zur Art der Ausgestaltung des Finanzsystems (vgl. Soskice in diesem Band).

Aufbauend auf diesen Arbeiten lassen sich die folgenden zentralen Annahmen nennen, die dem Konzept eines nationalen Innovationssystems zugrunde liegen:

1. Das traditionelle Konzept der Innovation als technisches Wissen, das aus zweckgerichteter Forschung resultiert, ist zu eng gefaßt und beinhaltet lediglich einen kleinen Teil der Veränderungen, die für die innovative Kapazität eines Landes von Bedeutung sind. Eine umfassendere und brauchbarere Definition von Innovation schließt auch soziale, organisatorische und technische Veränderungen ein, die den Prozeß des Designs und die Produktion von Produkten und Dienstleistungen mitbestimmen (vgl. Freeman 1987).
2. Infolge genereller Trends wie der zunehmenden Komplexität der Wissenschaft und der Märkte wird die traditionelle Analyse von Innovation als sequentieller Prozeß – und somit die isolierte Betrachtung einer einzelnen Firma, in der am Ende der Innovationskette die Anwendung stattfindet – problematisch (vgl. Jorde/Teece 1990). Statt dessen gilt es, den Innovationsprozeß und die innovative Firma im Kontext einer komplexen Gruppe von Institutionen zu analysieren, die auf den Prozeß der Innovation einwirken und von denen manche nur indirekt mit der eigentlichen FuE verbunden sind.
3. Diese Institutionen stellen verschiedene für Innovationen notwendige Faktoren bereit. Anders als beim traditionellen „Faktorenmodell" der Produktion können diese Faktoren allerdings nicht einfach gegeneinander ausgetauscht werden. Vielmehr sind diese Faktoren durch „Komplementaritäten" charakterisiert; unter Umständen muß der Input zweier oder mehrerer Faktoren gleichzeitig erhöht werden, um letztlich einen höheren Output erzielen zu können. Es ist eine der wichtigsten Implikationen dieses Analyseansatzes, daß der Input eines Faktors nur im „Glücksfall" zur anvisierten Erhöhung des Output führen wird (Milgrom/Roberts 1990).
4. Wenn sich Wissen und Erfahrungen nur schwer transferieren lassen, ist ein enger Kontakt unter den Forschenden sowie zwischen Forschern und Produzierenden wichtig und geographische Nähe erforderlich; das gilt vor allem im Bereich sich schnell entwickelnder Forschung auf hohem Niveau. Technologieintensive multinationale Unternehmen verlegen ihre Forschungseinrichtungen daher zunehmend in die Nähe von Universitäten, die auf Spitzenniveau forschen (DIW 1996, S. 113).
5. Da im Hinblick auf die Wirkungen, die von Institutionen ausgehen und die bestimmte Verhaltensweisen auslösen, immer „trade-offs" existieren, kann man nicht von dem „einen besten" Innovationssystem sprechen. Vielmehr sind nationale Innovationssysteme durch jeweilige komparative Vorteile gekennzeichnet, die verschiedene Innovationstypen wie „inkrementelle" oder „radikale" Innovationen entweder eher unterstützen oder eher hemmen.

Auf der Basis dieser Vorüberlegungen wollen wir im folgenden einen Analyserahmen für verschiedene nationale Innovationssysteme vorstellen, der eine größere Vielfalt von Akteuren berücksichtigt, als dies bei früheren Arbeiten der Fall ist (vgl. Abbildung 1). Folgende Akteure werden einbezogen:

- die Universitäten und die (quasi-)öffentlichen Forschungseinrichtungen, die (neben den Unternehmen) die wichtigsten Produzenten neuen Wissens und neuer Technologien sind;
- die Technologietransfer-Institutionen, die einen effizienten Wissenstransfer sicherstellen sollen und an der Schnittstelle von Wissenschaft und Wirtschaft arbeiten;
- die Arbeitgeberverbände und Gewerkschaften, denen ebenfalls eine Schlüsselrolle zukommt, da sie in entscheidender Weise auf die Stabilität von Arbeitsverhältnissen und auf die Karrieremuster und Anreizstrukturen einwirken;
- innovationsorientierte Dienstleistungsunternehmen, zu denen so unterschiedliche Sparten wie Finanzgeschäfte, Unternehmensberatungen, Informationsvermittler usw. gehören. Banken und andere Geldinstitute spielen nicht nur bei der Finanzierung von Innovationen eine äußerst wichtige Rolle, sondern sie sind auch in die Prüfung und Bewertung der Rentabilität und der Aktivitäten von Unternehmen involviert;
- der Staat, der sich in den fortgeschrittenen Industrienationen nicht mehr darauf beschränkt, die Marktrahmenbedingungen festzulegen, sondern durch Bildungs-, Technologie- und Innovationspolitik mehr oder weniger direkt in den gesamtwirtschaftlichen Innovationsprozeß eingreift.

Diese Akteure treten häufig auf verschiedenen Inputmärkten gleichzeitig auf. Die Universitäten sind z.B. für die Forschung und teilweise für die

Abbildung 1: Grundkonzept eines nationalen Innovationssystems

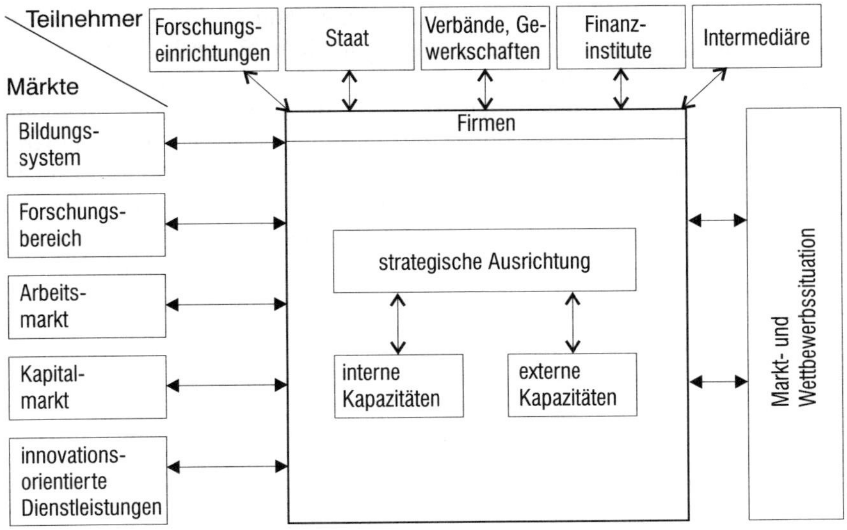

Ausbildung zuständig und bestimmen daher das Angebot auf dem Arbeitsmarkt in qualitativer Hinsicht wesentlich mit (vgl. dazu auch Keck 1993). Darüber hinaus befinden sich auch Dienstleistungsunternehmen auf den Forschungs- und Bildungsmärkten, die besonders auf die Innovationsbedarfe im industriellen Sektor reagieren. Und schließlich wird auch in den Unternehmen Forschung sowie Aus- und Weiterbildung durchgeführt.

Nationale Innovationssysteme weisen im Hinblick auf die Unterstützung verschiedener Innovationstypen unterschiedliche „komparative Vorteile" auf. Eine zentrale Unterscheidung ist zwischen Produktinnovation und Prozeßinnovation zu treffen: Erstere bezeichnen Änderungen an einem auf dem Markt angebotenen Produkt oder an einer Dienstleistung, während letztere Änderungen am Herstellungsverfahren eines Produktes oder einer Dienstleistung betreffen. Ein weiterer zentraler Unterschied besteht zwischen inkrementeller und radikaler Innovation. Eine inkrementelle Innovation geht mit relativ kleinen, schrittweisen Änderungen einher, die sich weitgehend in das bestehende Gefüge von Kundenbeziehungen (inkrementelle Produktinnovation) und der Produktions- und Arbeitsorganisation (inkrementelle Prozeßinnovation) integrieren lassen. Eine inkrementelle Prozeßinnovation kann vorrangig auf Kostenreduktion oder aber auf die Entwicklung höherwertiger Produkte abzielen. Dagegen zeichnen sich radikale Innovationen durch „Quantensprünge" in der Entwicklung vollständig neuer Märkte und Kundenkreise sowie neuer Herstellungsverfahren und neuer Formen der Arbeitsorganisation aus. Die „High-Tech"-Industrie konzentriert sich aufgrund ihrer starken Ausrichtung auf Forschung und Entwicklung häufig (allerdings nicht immer) auf radikale Produktinnovationen.

3. Das deutsche Innovationssystem

Das typische Innovationsmuster der deutschen Industrie ist die hochwertige, inkrementelle Produktverbesserungsstrategie in einem Kontext langfristig bestehender Beziehungen zwischen den Unternehmen und den am Innovationsgeschehen beteiligten Akteuren, insbesondere den Zulieferern und Kunden.[2] Produktinnovationen zeichnen sich vorwiegend durch inkrementelle Verbesserungen bei bestehenden Produkten aus – entweder als maßgeschneiderte Produktion nach den Wünschen eines bestimmten Kunden oder als langfristig orientierte Verbesserung bestehender Produktpaletten

---

2 Obgleich es natürlich keinen Idealtyp geben kann, der alle Firmenstrategien in einer Volkswirtschaft gleichermaßen exakt beschreiben kann, ist es dennoch gerechtfertigt, von einem „typischen" deutschen Innovationsmuster zu sprechen. Wie im nächsten Abschnitt detaillierter dargestellt werden wird, bestätigen neuere Daten auf der Basis internationaler Vergleiche, daß Deutschland sich deutlich auf andere Sektoren spezialisiert hat als andere große Industrieländer wie die USA und Großbritannien. Der komparative Vorteil hochwertiger Nischenstrategien läßt sich bis zur Industrialisierung im späten 19. Jahrhundert zurückverfolgen (vgl. Dornseifer/Kocka 1993).

auf der Grundlage detaillierter Kenntnis der Probleme und Bedürfnisse der Kunden.³

Im Bereich der Prozeßinnovationen setzt sich die Ausrichtung auf inkrementelle Innovation typischerweise fort. Praxisnah ausgebildete (Fach-)Arbeiter, Techniker und Ingenieure spielen eine Schlüsselrolle, wenn es um die auf Kundenwünsche zugeschnittene Produktion oder um hohe Produktqualität geht. Selbstredend sind auch Kostenreduktionen ein Ziel von Prozeßinnovationen, doch sie sind bislang im Vergleich zu Zielen wie Qualität, Leistungsfähigkeit und Kundenzufriedenheit von untergeordneter Bedeutung.⁴

Auch wenn die Institutionen des deutschen Innovationssystems offenbar einen bestimmten Innovationstyp besser unterstützen als andere Typen, sind andere Innovationsstrategien im deutschen System nicht grundsätzlich ausgeschlossen. In der Regel sind die relativen Kosten solcher Strategien jedoch höher als in anderen Systemen. Die durch das deutsche System der Arbeitsbeziehungen (Betriebsräte und gesetzlicher Kündigungsschutz) erzeugte hohe Arbeitsplatzsicherheit und die bei den deutschen Arbeitskräften generell vorhandene Erwartung sicherer, langfristiger Beschäftigung (Abraham/Houseman 1993; Streeck 1996) fördern den Aufbau unternehmens- und technologiespezifischer Fertigkeiten, die für hochwertige, inkrementelle Innovationen benötigt werden. Zugleich sind solche Bindungen aber der hohen Mobilität nicht förderlich, die mit der schnellen Restrukturierung von Arbeitsteams sowie der Gründung und Auflösung von Unternehmen einhergeht – Phänomene, die mit radikalen Innovationen im „High-Tech"-Bereich verbunden sind.

Der langfristig orientierte Aufbau von Humankapital wird durch das Ausbildungs- und Schulsystem erheblich gefördert. Annähernd zwei Drittel aller Jugendlichen absolvieren eine Ausbildung im dualen System, das eine theoretische Ausbildung in einer Berufsschule mit einer praktischen Ausbildung in einem Unternehmen kombiniert (vgl. Wagner 1995). Auszubil-

---

3 Da viele deutsche Unternehmen auf die Herstellung von Zwischenprodukten für bestimmte Industrien spezialisiert sind (Investitionsgüter oder Materialien wie z.B. Industriechemikalien), müssen Innovationen häufig zwangsläufig inkrementell sein, um den Vorgaben zu entsprechen, die aus der Notwendigkeit der „Passung" mit den anderen an der Produktion beteiligten Zwischenprodukten entspringen (vgl. Kalkowski et al. 1995).

4 Das beste Beispiel für dieses Modell ist die mittelstandsdominierte Maschinenbaubranche. Allerdings lassen sich auch die Chemie- und Elektroindustrie mit diesem Modell in vieler Hinsicht besser beschreiben als mit dem Modell der „Massenproduktion". Obgleich bestimmte Segmente der deutschen Industrie (speziell Tochterwerke von US-amerikanischen Unternehmen) während der Nachkriegszeit Elemente der Massenproduktionsweise einführten, wurde das traditionelle Innovationsmodell nur in wenigen Fällen vollständig abgelöst. Die Antwort der deutschen Industrie auf die Herausforderungen der siebziger und achtziger Jahre schloß auch die Wiederbelebung bestimmter Elemente dieses Modells ein, so beispielsweise die Verbesserung der Ausbildungsrichtlinien, die Intensivierung des Kundenkontakts etc.

dende werden von den Unternehmen, in denen sie ihre Ausbildung absolvieren, nach Abschluß der Lehre häufig in ein Arbeitsverhältnis übernommen. Das System der höheren Ausbildung schließt neben den sehr theoretisch ausgerichteten Universitäten auch Fachhochschulen ein, bei denen die Praxisorientierung im Vordergrund steht. Viele technische Fachhochschulen verlangen von ihren Studierenden, ein Praktikum in einem Unternehmen zu absolvieren, und sie fördern Diplomarbeiten, die sich der Lösung konkreter Probleme von Unternehmen widmen. Das deutsche Schul- und Ausbildungssystem eignet sich somit hervorragend für den langfristigen Erwerb von Fertigkeiten und eine potentielle Karriere in Industrieunternehmen.

Nach Beendigung einer Ausbildung und dem Erwerb des Facharbeiterstatus können ambitioniertere Beschäftigte durch Weiterbildung außerhalb ihrer Arbeitszeit Vorarbeiter in ihrer Firma werden. Ebenso haben sie die Möglichkeit, die Fachhochschule zu besuchen und ihr Praktikum bei ihrem früheren Arbeitgeber zu leisten, um anschließend im selben Unternehmen Techniker oder Ingenieur zu werden.

Des weiteren sind auch (halb-)öffentliche Forschungseinrichtungen in hohem Maße auf das „anwendungsbezogene Glied" der Innovationskette ausgerichtet. Die Fraunhofer-Institute und die Arbeitsgemeinschaft industrieller Forschungsvereinigungen (AiF) haben sich auf Auftrags- und marktnahe Forschung konzentriert (vgl. BMBF 1996). Im System der universitären Ausbildung betreiben die Fachhochschulen und in gewissem Umfang auch die Universitäten angewandte Forschung. Es gibt eine starke „vertikale" Spezialisierung der einzelnen Forschungsinstitute, die sich auf die Forschung in bestimmten Sparten und Abschnitten der Innovationskette spezialisiert haben.

Schließlich liegt ein komparativer Vorteil des von Banken dominierten deutschen Finanzsystems darin, langfristiges Kapital zu festen Zinssätzen anzubieten; dagegen ist das Angebot im Bereich Risikokapital eher bescheiden (Vitols 1997a). Darüber hinaus ist das Bankensystem in der Lage, Kapital langfristig und mit verhältnismäßig geringen Zinsanpassungen bereitzustellen. Beide Eigenschaften des deutschen Finanzsystems führen dazu, daß die Banken die Finanzierung fester Vermögenswerte in etablierten Unternehmen mit stabilen Produktmärkten favorisieren. Erstens verlangen sie üblicherweise Bürgschaften in Form fester Anlagen als Kreditsicherheiten. Unternehmen, die einen hohen Anteil kapitalintensiver Investitionen tätigen, erhalten aus diesem Grund leichter Kredit als solche, die überwiegend immaterielle Werte wie Humankapital oder FuE-Potential vorzuweisen haben. Zweitens tendieren die Banken dazu, ihre Krediteinschätzungen mit dem „track record" von Unternehmen zu basieren, wie er sich mittelfristig in ihrer Bilanz zeigt. Diese Neigung wirkt sich zugunsten der Finanzierung etablierter Unternehmen und zuungunsten von Unternehmensgründungen oder der Bereitstellung von Startkapital aus. Drittens sind langfristige Kredite zu festen Zinssätzen am besten geeignet, Unternehmen auf langfristig stabilen Produktmärkten zu finanzieren, da diese Unternehmen besser als andere in der Lage sind, sich auf feste Zinsen einzustellen und langfristige Tilgungsmodalitäten zu akzeptieren. Schließlich können Schwankungen bei der Kreditverfügung eine erhebliche Wirkung auf Unternehmen mit langfristigen Investitionsspannen ausüben, da eine verstärkte finanzielle Unsicherheit Investitionsprojekte mit längerfristig angelegter Rentabilität eventuell hemmt (vgl. Vitols 1997b; Vitols 1995).

4. Weiterentwicklungsbedarf des deutschen Innovationssystems

Insbesondere die zweite Hälfte der achtziger Jahre war für die deutsche Industrie eine Zeit hoher Prosperität. Wenn Jürgens/Naschold (1994, S. 244) dennoch von den „verlorenen 80er Jahren" sprechen und anführen, daß in den achtziger Jahren entscheidende Reorganisationsschritte im deutschen Innovationssystem nicht rechtzeitig eingeleitet wurden, verweisen sie auch auf die Tatsache, daß es für die Innovationsleistung einer Nation bzw. Region nicht allein darauf ankommt, ob die Unternehmen die jeweiligen Herausforderungen meistern, sondern auch darauf, ob das Innovationssystem in seiner Gesamtheit den veränderten Bedingungen des Technologie- und Innovationswettbewerbs entspricht.

Im folgenden werden wir zunächst kurz skizzieren, wie sich die weltweiten Markt- und Konkurrenzbedingungen verändert haben, um dann der Frage nachzugehen, in welcher Richtung das deutsche Innovationsmodell weiterentwickelt werden sollte. Insbesondere soll in diesem Zusammenhang die Frage untersucht werden, ob sich Maßnahmen der Zukunftssicherung im Falle Deutschlands allein darauf beschränken können, die Kostensituation der Unternehmen und das Angebot an Risikokapital zu verbessern.

Veränderte Markt- und Wettbewerbsbedingungen

Generell hat sich der Wettbewerb deutlich verschärft, was vor allem auf zwei Grundentwicklungen zurückzuführen ist:

- Es sind weltweit mehr Konkurrenten aktiv, und moderne Informations- und Kommunikations-Techniken sorgen für eine schnelle Verbreitung von Informationen und Wissen. Der Umstand, daß inzwischen auch Länder mit niedrigen Lohnkosten technologische Fähigkeiten erwerben können, hat zur Intensivierung des Wettbewerbs deutlich beigetragen.
- Parallel dazu ist festzustellen, daß heute mehr Einzel-Technologien und insbesondere mehr Technologie-Kombinationsmöglichkeiten existieren.[5] Letzteres hat dazu geführt, daß die Grenzlinien zwischen Sektoren zu-

---

5 Kodama (1993) spricht in diesem Zusammenhang von Technologiefusion. Ein Beispiel ist die Zusammenführung von Optik und Elektronik zur Optoelektronik.

nehmend durchlässiger werden, weil die Devise „ein Sektor – eine Technologie" im Zuge vielfältiger Prozesse der Technologiefusion mehr und mehr obsolet wird.

Diese Entwicklungen führen dazu, daß Innovationen heute eine dauerhafte Aufgabe darstellen, wobei eine höhere Marktunsicherheit und kürzere Produktlebenszyklen bei gleichzeitigem Kostendruck den Rahmen für unternehmerisches Handeln abstecken. Im einzelnen sind folgende Tendenzen auf der Unternehmensebene zu verzeichnen (vgl. dazu z.B. Gordon 1997):

– Es nimmt nicht nur der Innovationsaufwand zu, sondern Innovationen werden in Anbetracht der hohen Komplexität der Prozesse anspruchsvoller. Immer weniger sind die Unternehmen in der Lage, das gesamte relevante Wissen bzw. die erforderlichen Technologien allein zu beherrschen. Der Zugang zu verschiedensten Informationsnetzwerken wird im Zuge dieser Entwicklung zu einem wichtigen Erfolgsfaktor. Es ist zu beobachten, daß die Unternehmen sich zunehmend auf ihre Kernkompetenzen konzentrieren und wertschöpfungsintensive Leistungen durch Zulieferer und sonstige Kooperationspartner ausführen lassen.
– Der Faktor Zeit gewinnt im Innovationsprozeß enorm an Bedeutung („time-to-market"). Bestrebungen, die Durchlaufzeit zu reduzieren, erstrecken sich mehr und mehr auf die gesamte Wertschöpfungskette. Die Unternehmen schwenken zunehmend auf Strategien des „simultaneous engineering" um, und es wird versucht, die Motivation und Verantwortung der Belegschaft durch Gruppen-/Teamarbeit zu steigern.
– Ein weiteres Merkmal aktueller Innovationsprozesse ist schließlich die höhere Kundenorientierung. Weil die Trends und Kundenwünsche bereits in den frühesten Stadien des Innovationsprozesses antizipiert werden müssen, ist nicht nur die Zusammenarbeit mit Technologiegebern und sonstigen Zulieferern wichtiger geworden, sondern zugleich spielt auch die Kooperation mit Kunden eine größere Rolle.

Es ist deutlich, daß die heutigen Innovationsprozesse vor allem reibungslose Kommunikation und Kooperation zwischen verschiedensten Akteuren erfordern.

Anpassungen des deutschen Innovationsmodells

Anpassungen, die aus den Veränderungen des weltweiten Technologiewettbewerbs speziell für das deutsche Innovationsmodell resultieren, können letztlich nur vor dem Hintergrund der spezifisch deutschen Innovationsstrategie im Rahmen der internationalen Arbeitsteilung beurteilt werden. Nach wie vor liegen die Stärken der deutschen Industrie in den „Medium-Tech"-Bereichen: Chemie, Maschinenbau, Elektronik und Fahrzeugbau, wobei sich die Unternehmen häufig auf die hochqualitativen Produkte in den Hochpreissegmenten spezialisieren. Gleichzeitig ist zu beobachten, daß sich die Industrie im letzten Jahrzehnt kontinuierlich auf die High-Tech-Bereiche zubewegt hat; die Steigerungsraten sind hier regelmäßig höher als in anderen Ländern (vgl. im einzelnen DIW 1995; DIW 1996). Des weiteren wird in der aktuellen Diskussion oft übersehen, daß die deutsche Industrie in erheblichem Umfang High-Tech-Produkte importiert: In den High-Tech-Bereichen, in denen Deutschland nicht führend ist, können Spitzenprodukte offenbar auf den internationalen Märkten günstiger erworben als im Inland produziert werden. Die Kombination eigener Herstellung von höherwertiger Technologie und umfangreichen Importen von Gütern der Spitzentechnologie hat sich dabei als erfolgreich erwiesen (DIW 1996, S. 293).

Vor dem Hintergrund dieser strategischen Ausrichtung der deutschen Industrie kann der umstandslose Import beispielsweise anglo-amerikanischer Innovationssysteme keine empfehlenswerte Strategie sein, weil man Gefahr liefe, die komparativen Vorteile des deutschen Modells zu verspielen, ohne die Stärken der anderen Systeme zu erreichen. Grundsätzlich dürfte es im Fall des deutschen Innovationssystems sinnvoller sein, eine Anpassungsstrategie einzuschlagen, die eine Weiterentwicklung der bereits bestehenden Stärken im Auge hat. Vor dem Hintergrund der aktuellen weltweiten Entwicklungen wird das deutsche Innovationsmodell vor allem mit folgenden Anforderungen konfrontiert werden:

— Da die Wettbewerbsintensität nicht mehr nachlassen wird, dürfte der Kostendruck auch in den Hochpreissegmenten, auf die sich die deutsche Industrie vorwiegend ausgerichtet hat, mehr und mehr zu spüren sein. Die Implementierung von Organisationsstrukturen, die den Faktoren Innovation, Kosten und Zeit gleichzeitig gerecht werden können, wird daher die vordringliche Aufgabe sein, sowohl in den Unternehmen als auch bei allen übrigen Akteuren des nationalen Innovationssystems.
— Besonderes Augenmerk kommt – wiederum bei allen am gesamtwirtschaftlichen Innovationsprozeß Beteiligten – auch dem Technologie- und Innovationsmanagement zu. Angesichts der hohen Technologieintensität und des sehr breit gefächerten Spezialisierungsmusters der deutschen Industrie müssen neue Technologien an den verschiedensten Orten der Welt aufgespürt werden, was schon in quantitativer Hinsicht eine Herausforderung darstellt. Der Trend zur Technologiefusion verschärft die Situation noch erheblich. Neue erfolgversprechende Technologien müssen unter heutigen Bedingungen zudem frühzeitig erkannt werden, weil „time-to-market" den Takt bestimmt. Gerade weil Zeit zum alles entscheidenden Faktor geworden ist, gilt es, bei der Optimierung der Wertschöpfungskette den gesamten Innovationsprozeß von der Entstehung neuer Technologien bis zur erfolgreichen Markteinführung ins Auge zu fassen. An „time-to-market" müssen sich inzwischen auch die Institutionen des Innovationssystems orientieren, die (Grundlagen-)Forschung durchführen oder innovationsorientierte Dienstleistungen bereitstellen. Das Management der Schnittstellen ist dabei von entscheidender Bedeutung.

Wenn man das deutsche Innovationssystem in seiner aktuellen Gestalt dem oben skizzierten Anforderungsprofil gegenüberstellt, dann fällt zunächst auf, daß die Neugestaltung der betrieblichen Organisationsstrukturen und Ablaufprozesse offenbar auf erhebliche Widerstände stößt. Es ist zu beobachten, daß die Kommunikation und Kooperation in deutschen Unternehmen sowohl auf der innerbetrieblichen als auch auf der überbetrieblichen Ebene nur schwer in Gang kommt (vgl. dazu Jürgens/Naschold 1994; Herrigel 1995; Kern 1996).

Besonders die ausgeprägte fachspezifische Ausrichtung der Mitarbeiter und der verschiedenen Abteilungen erweist sich inzwischen als Engpaß, wenn Teamarbeit und „simultaneous engineering" geeignetere Formen der Prozeßorganisation sind, um dem hohen Zeit- und Kostendruck zu begegnen. Die aktuell in den Unternehmen vorherrschenden Organisationsstrukturen bestehen immer noch aus Institutionen, die sich zu Zeiten relativ stabiler Umweltbedingungen formiert und inzwischen verfestigt haben: vertikal ausgerichtete Karrierewege, Berufsstolz und Selbstverständnis einzelner Berufsgruppen (z.B. Facharbeiter), eherne abteilungsinterne Kulturen sowie Macht- und Kompetenzbereiche einzelner, funktional spezialisierter Abteilungen. In der gegenwärtigen Situation, da Abteilungsgrenzen durchlässiger werden müssen, treten die Grenzen und Inflexibilität der gewachsenen betriebsinternen Strukturen zutage. Wichtigste Ursache der mangelnden Kooperationsbereitschaft ist wohl, daß flache Hierarchien bestehende Besitzstände berühren:[6] Die Reorganisationsbestrebungen der Unternehmen werden häufig durch Widerstände und Kompetenzgerangel der verschiedenen Abteilungen behindert (vgl. z.B. Kern 1996).

Ein weiterer Problemkreis eröffnet sich, wenn man die Unternehmensebene verläßt und den Blick auf das nationale Innovationssystem insgesamt richtet. Da Innovationen heutzutage immer häufiger aus der Kombination verschiedener Technologiebereiche (Technologiefusion) hervorgehen, treten zwei Aspekte in den Vordergrund: Erstens müssen Unternehmen zunehmend zusammenarbeiten, die sich „fremd" sind, d.h. verschiedenen Sektoren bzw. Netzwerken angehören. Die Schwierigkeit liegt darin, Transaktionen zu beherrschen, in denen die Verträge unvollständig sind und Opportunismusgefahren den freien Austausch von Informationen und Wissen hemmen (vgl. dazu z.B. Picot 1990). Zweitens müssen sich neben den Unternehmen auch alle übrigen Institutionen des nationalen Innovationssystems auf den sektorübergreifenden Technologieaustausch einstellen, und es müssen friktionsfrei arbeitende Schnittstellen geschaffen werden.

Die beiden skizzierten Herausforderungen, die sich dem deutschen Innovationsmodell in den neunziger Jahren stellen, können nur dann erfolgreich gemeistert werden, wenn die Reorganisation in den Unternehmen von entsprechenden Erneuerungsprozessen in den angegliederten Institutionen des

---

6 Zu vermuten ist, daß diese Probleme vorrangig bei größeren Unternehmen auftauchen. Bei kleineren Unternehmen hingegen überwiegen informelle Beziehungen zwischen Beschäftigten und Funktionsbereichen.

nationalen Innovationssystems begleitet wird. Hier sind – mitunter grundlegende – Veränderungen in nahezu allen Institutionen notwendig:

- Die Träger im Bereich der Aus- und Weiterbildung haben sich in der Vergangenheit häufig zu einseitig auf die Entwicklung technischer Qualifizierungsinhalte konzentriert. Auch in technischen und ingenieurwissenschaftlichen Berufssparten ist es unter heutigen Innovationsbedingungen unerläßlich, daß gleichzeitig das wirtschaftliche Verständnis geschärft und soziale Kompetenzen vermittelt werden.
- Die Sozialpartner, die prinzipiell wichtige Funktionen im Innovationsprozeß innehaben (vgl. zur theoretischen Fundierung Soskice 1996), geraten zunehmend in die Kritik, weil sie an ihren alten Konzepten und Verhandlungsstrategien festhalten (und damit die Anpassungsprozesse in den Unternehmen erschweren), anstatt sich den veränderten Bedingungen zu stellen und neue Systeme der betrieblichen Leistungsdefinition und -regulierung (mit) zu gestalten (vgl. dazu Kern 1996).[7]
- Zunehmend in Frage gestellt werden auch die gegenwärtig an Hochschulen und (halb-) öffentlichen Forschungseinrichtungen dominierenden Strukturen, die noch überwiegend dem Muster der vertikalen Arbeitsteilung folgen (vgl. BMBF 1996). Zudem ist zu beobachten, daß diese Institutionen wenig Anreize für Wissenschaftler bieten, intensiver und systematischer mit der Wirtschaft zusammenzuarbeiten.
- Schließlich entspricht auch das in Deutschland nahezu flächendeckend aufgebaute Netzwerk an Technologietransfer-Institutionen nicht mehr den aktuellen Anforderungen. In Zeiten, in denen Innovationen zunehmend sektorübergreifend entstehen, ist es für einen effizienten Technologietransfer unabdingbar, daß diese Institutionen nicht nur in mehreren Einzel-Technikbereichen „Tiefenwissen" bereithalten, sondern zudem auch über „Querschnittswissen" verfügen (vgl. dazu Reinhold/Schmalholz 1996). Letzteres ist notwendig, um einerseits Technologiepotentiale von Unternehmen bewerten zu können und andererseits Technologien und Kooperationspartner aus unterschiedlichen Branchen zusammenzubringen. Weil die Kosten extrem hoch sind, Tiefen- und Querschnittswissen gleichzeitig vorzuhalten, sollten auch Organisationsformen des direkten Wissenstransfers zwischen Wissenschaft und Wirtschaft intensiviert werden (vgl. ebenda).[8]

Die Rolle, die diese unternehmensexternen Institutionen im Innovationsprozeß spielen, ist bedeutend. Von ihrem Leistungsangebot und ihrer Fähig-

---

[7] Jürgens/Naschold (1994, S. 258) weisen darauf hin, daß die sozialpartnerschaftlichen Institutionen mittlerweile stark bürokratisierte Großapparate darstellen, die zu Inflexibilität neigen.

[8] Es kommen Anreizprobleme im System des indirekten Technologietransfers über Intermediäre hinzu, auf die hier nicht gesondert eingegangen wird (vgl. im einzelnen auch ifo 1995).

keit, sich flexibel an neue Entwicklungen anzupassen, hängt die Effizienz des Innovationsprozesses in Unternehmen ebenfalls ab. Das soll an einigen Beispielen verdeutlicht werden. Wie oben dargelegt wurde, werden neue Organisationsstrukturen und Arbeitsmodelle, die auf abteilungsübergreifende Kooperation und Teamarbeit hinauslaufen, von der Belegschaft häufig nicht voll mitgetragen. Es liegt auf der Hand, daß Art und Inhalte der Aus- und Weiterbildung zwar nicht allein, aber doch zu einem guten Teil die Einstellung und Bereitschaft der Arbeitnehmer zu Innovationen beeinflussen. Mitarbeiter, die während ihrer Ausbildung gelernt haben, z.B. mit komplexen Entscheidungssituationen umzugehen und eigenverantwortlich zu handeln, werden sich später leichter tun, Veränderungen im Unternehmen konstruktiv zu begleiten und durchzusetzen. Eine Voraussetzung, daß sich Reorganisationen in den Unternehmen reibungslos vollziehen können, ist allerdings, daß „vorleistende" Institutionen wie das Bildungssystem Entwicklungen im Unternehmenssektor antizipieren und frühzeitig beginnen, weiterführende Lösungen bzw. Qualifizierungsinhalte zu erarbeiten.[9] Prinzipiell ähnliche Schlußfolgerungen können für den Bereich der (Fach-)Hochschulen und für den Technologietransfer gezogen werden. Für Wissenschaftler sind die Anreize immer noch relativ gering, neuere Forschungsergebnisse in die Wirtschaft zu transferieren (ifo 1995, S. 20); die Anreizsysteme für Wissenschaftler sind vielmehr darauf ausgerichtet, sich in der wissenschaftlichen community durch hochrangige Publikationen zu profilieren. Der indirekte Technologietransfer über Intermediäre wiederum stößt gleichzeitig immer offensichtlicher an seine Grenzen, weil die Technologien komplexer und die Ansprüche an Interdisziplinarität bei Forschung und Entwicklung größer geworden sind. Im Ergebnis beider Entwicklungen tut sich eine Lücke auf, die die Innovationsprozesse auf Unternehmensebene hemmt: Neue Technologien und Erkenntnisse fließen nicht nahtlos vom Wissenschafts- in den Wirtschaftsbereich, um hier sektorübergreifend Produkt- und Prozeßinnovationen anzuregen.

Anpassungs- und Erneuerungsprozesse sind bei beiden Akteursgruppen des (nationalen) Innovationssystems notwendig. Vor dem Hintergrund der großen Innovationspotentiale, die aus Strategien der Technologiefusion resultieren, erscheint es in Anbetracht der überwiegend vertikalen Organisation des deutschen Forschungssystems sinnvoll, die horizontalen und diagonalen Vernetzungen sowohl innerhalb einzelner Institutionen als auch zwischen verschiedenen Forschungseinrichtungen auszubauen. Des weiteren kann der direkte Wissenstransfer zwischen Technologieproduzenten und -anwendern durch eine Reihe von Maßnahmen angeregt werden (ifo 1995, S. 21ff.): Unter anderem wird empfohlen, die Transferverantwortung zu dezentralisieren und neue (finanzielle) Anreizsysteme zu implementieren.[10]

---

9 Die langwierigen Entscheidungsprozesse im Bildungssektor stellen ein weiteres Innovationshemmnis dar (vgl. Baethge et al. 1995)
10 Eine intensive Kommunikation zwischen Wissenschaft und Wirtschaft ist auch notwendig, um die Aktivitäten effektiv koordinieren zu können. Technologieproduzenten

Eine Intensivierung des Technologietransfers aus dem Forschungsbereich kann schließlich auch dadurch erreicht werden, daß Unternehmensgründungen z.b. an Universitäten systematischer unterstützt werden. Beispielsweise kann ein Unternehmensstart durch das Angebot von Gewerbeflächen auf dem Universitätscampus oder durch die Möglichkeit, Forschungslabors mitzunutzen, wesentlich erleichtert werden.

Eine Intensivierung des direkten Wissenstransfers bedeutet nicht, daß der Aufbau der „flächendeckenden" Technologietransfer-Infrastruktur in Deutschland nunmehr obsolet geworden wäre. Allerdings dürfte sich der Aufgabenschwerpunkt spürbar in Richtung auf das Management dezentraler Innovationsnetzwerke verlagern. Im Zentrum steht hier die Aufgabe, die (Opportunismus-)Risiken einer überbetrieblichen, zunehmend auch einer intersektoralen Zusammenarbeit zu beherrschen. Diese Risiken resultieren aus Informationsasymmetrien zwischen potentiellen Kooperationspartnern und aus unvollständig spezifizierten Vertragsbeziehungen. Das Ziel eines dezentralen Netzwerkmanagements ist dabei relativ eindeutig zu fixieren. Es geht darum, durch „neutrale" Koordination und Moderation einen umfassenden und möglichst reibungslosen Wissens- bzw. Informationsfluß zwischen Unternehmen verschiedener Technologie- und Industriebereiche sicherzustellen.

5. Zusammenfassende Schlußbemerkungen

Die in den letzten Jahren immer wieder geäußerte Kritik an der Innovationsleistung der deutschen Industrie ist zurückhaltend zu beurteilen und vor allem differenziert zu betrachten. Die Industrie hat z.B. hohe Anpassungsflexibilität darin bewiesen, daß die Unternehmen die Krise Anfang der neunziger Jahre erfolgreich überwinden konnten. Des weiteren ist zu beobachten, daß die Industrie kontinuierlich auf die High-Tech-Industrien zuschreitet und High-Tech-Produkte importiert, die im Inland nicht zu konkurrenzfähigen Preisen hergestellt werden können.

In der aktuellen Diskussion wird nicht genügend berücksichtigt, daß die nationalen Innovationssysteme in den globalen Wirtschaftsprozeß eingebettet sind und sich strategisch unterschiedlich entwickeln. Ebenso, wie es komparative Vorteile eines Landes im Außenhandel mit Gütern und Dienstleistungen wegen unterschiedlicher Faktorausstattungen gibt, führen auch unterschiedliche institutionelle „Ausstattungen" zu komparativen Vorteilen und damit zu einer weltweiten Arbeitsteilung im Innovationsprozeß (Ewers 1994, S. 1). Die Stärke der deutschen Industrie liegt, wie gesagt, im Bereich der kontinuierlichen Verbesserung qualitativ hochwertiger Produkte.

---

kennen in der Regel die technischen Potentiale neuen Wissens, aber ihnen fehlt das für die Bewertung neuer Technologien notwendige Anwendungswissen. Unternehmen hingegen verfügen über Markt- und Anwendungswissen, die Bewertung neuer Technologien dagegen ist für sie schwieriger.

Bei allen Stärken des deutschen Innovationssystems besteht vor dem Hintergrund weltweit veränderter Rahmenbedingungen zugleich auch ein Anpassungs- bzw. Weiterentwicklungsbedarf. Schwächen des deutschen Innovationsmodells liegen insbesondere im Bereich der unternehmensinternen Organisation, wo durch die fachspezifische Ausrichtung von Berufsgruppen und von unternehmensinternen Abteilungen die Einführung neuer Organisationsformen behindert wird. Überdies bestehen Schwächen der deutschen Industrie bei der branchenübergreifenden Umsetzung neuer Technologien in wettbewerbsfähige Produkt- und Prozeßinnovationen. Ähnlich wie bei der unternehmensinternen Organisation kommt hier zum Tragen, daß die etablierten Forschungs- und Innovationsnetzwerke überwiegend an der etablierten Branchenorganisation, d.h. den deutschen Kernindustrien, orientiert sind. Netzwerke, die zwischen den Sektoren vermitteln, fehlen hingegen noch weitgehend.

In der aktuellen Diskussion um innovationspolitische Strategien und Instrumente wird der Aspekt häufig zu wenig berücksichtigt, daß das deutsche Innovationssystem in Anbetracht seiner spezifischen Ausrichtung auf inkrementelle Innovationen durch finanzielle Faktoren allein nicht erneuert werden kann.[11] Vielmehr hängt der Erfolg davon ab, ob es gelingt, ein Maßnahmenpaket im oben angesprochenen Sinn auf den Weg zu bringen, das die Aktivitäten und Leistungsangebote aller innovationsorientierten Institutionen aufeinander abstimmt und an die bestehenden und zukünftigen Innovationspotentiale im Unternehmenssektor anpaßt.

Teile dieses Beitrags wurden von Carola Schirmer aus dem Englischen übersetzt.

Literatur

Abraham, K. G./Houseman, S. N. (1993): *Job Security in America: Lessons from Germany.* Washington.

Baethge, M./ Baethge-Kinsky, V./ Henrich, V. (1995): *Erosion oder Reform: Kurzgutachten zu aktuellen politischen und wissenschaftlichen Analysen zu Situation und Reformbedarf des dualen Systems.* Studie des Soziologischen Forschungsinstituts. Göttingen.

Bundesministerium für Bildung, Wissenschaft, Forschung und Technologie (BMBF) (1996): *Bundesbericht Forschung.* Bonn.

Carlin, W./Soskice, D. (1997): „Shocks to the System: The German Political Economy under Stress". In: *National Institute Economic Review* , H. 159, S. 57-76.

---

11 Damit soll nicht gesagt sein, daß ein verbessertes Angebot an Risikokapital nicht zusätzlich notwendig wäre, um die deutsche Unternehmensstruktur zu erneuern.

Deutsches Institut für Wirtschaftsforschung (DIW) (1995): „Technologische Leistungsfähigkeit der westdeutschen Wirtschaft trotz einzelner Schwachstellen unterschätzt". In: *DIW-Wochenbericht*, H. 33, S. 571-578.

Deutsches Institut für Wirtschaftsforschung (DIW) (1996): *FuE-Aktivitäten, Außenhandel und Wirtschaftsstrukturen: Die technologische Leistungsfähigkeit der deutschen Wirtschaft im internationalen Vergleich.* Berlin.

Dornseifer, B./Kocka, J. (1993): „The Impact of Preindustrial Heritage. Reconsiderations on the German Pattern of Corporate Development in the Late 19th and Early 20th Centuries". In *Industrial and Corporate Change,* H. 2, S. 233-248.

Ewers, H.-J. (1994): *Kooperation im Forschungs- und Entwicklungsprozeß.* Statement zum Arbeitskreis II: Forschung und Technologie, Bildung und Ausbildung, BMWi-Standortforum.

Freeman, C. (1987): *Technology Policy and Economic Performance. Lessons from Japan.* London/New York.

Gordon, R. (1997): „Wie Globalisierung zu meistern ist". In: W. Fricke (Hg.): *Jahrbuch Arbeit und Technik 1997.* Bonn, S. 58-71.

Herrigel, G. (1996): „Crisis in German Decentralized Production". In: *European Urban and Regional Studies,* H. 1, S. 33-52.

ifo-Institut (1995): „Technologietransfer in Deutschland – Stand und Reformbedarf". In: *ifo-Schnelldienst* 33/95, S. 16-24.

Jorde, T. M./Teece, D. J. (1990): „Innovation and Cooperation: Implications for Competition and Antitrust". In: *Journal of Economic Perspectives,* H. 3, S. 75-96.

Jürgens, U./Naschold, F. (1994): „Arbeits- und industriepolitische Entwicklungsengpässe der deutschen Industrie in den neunziger Jahren". In: W. Zapf/M. Dierkes (Hg.): *Institutionenvergleich und Institutionendynamik. WZB-Jahrbuch 1994.* Berlin, S. 239-270.

Kalkowski, P./Mickler, O./Manske, F. (1995): *Technologiestandort Deutschland. Produktinnovation im Maschinenbau: traditionelle Stärken - neue Herausforderungen.* Berlin.

Keck, O. (1993): „The National System for Technical Innovation in Germany". In: R. R. Nelson (ed.): *National Innovation Systems. A Comparative Analysis.* Oxford.

Kern, H. (1996): *German Capitalism: How Competitive Will it Be in the Future?* Vortrag auf der Konferenz „The Restructuring of the Economic and Political System in Japan and Europe: Past Legacy and Present Issues", Mailand, 15. Mai 1996.

Kodama, F. (1993): „Technologiefusion – der Weg zum Erfolg auf Zukunftsmärkten". In: *Harvard Business Manager,* S. 41ff.

McKelvey, M. (1991): „How Do National Systems of Innovation Differ? A Critical Analysis of Porter, Freeman, Lundvall and Nelson". In: G. M. Hodgson/E. Screpanti (eds.): *Rethinking Economics. Markets, Technology and Economic Evolution.* Aldershot.

Milgrom, P./Roberts, J. (1990): „The Economics of Modern Manufacturing: Technology, Strategy, and Organization". In: *American Economic Review,* H. 3, S. 511-528.

Nelson, R. R. (ed.) (1993): *National Innovation Systems. A Comparative Analysis.* Oxford/New York.

Picot, A. (1990): „Ökonomische Theorien der Organisation". In: D. Ordelheide/B. Rudolph/E. Busselmann (Hg.): *Betriebswirtschaftslehre und ökonomische Theorie,* Stuttgart, S. 143-170.

Reinhard, M./Schmalholz, H. (1995): *Technologietransfer in Deutschland – Stand und Reformbedarf.* Berlin/München.

Schumacher, D. (1996): „Mehr Beschäftigung in der EU durch Außenhandel mit Transformationsländern". In: *DIW-Wochenbericht,* H. 34, S. 557-565.

Soskice, D. (1996): *German Technology Policy, Innovation and National Institutional Frameworks.* Discussion paper FS I 96-319, Wissenschaftszentrum Berlin für Sozialforschung. Berlin.

Streeck, W. (1996): *German Capitalism: Does it Exist? Can it Survive?* Max-Planck-Institut für Gesellschaftsforschung, MPI discussion paper 95-5. Köln.

Vitols, S. (1995): *German Banks and the Modernization of the Small Firm Sector: Long-term Finance in Comparative Perspective.* Discussion paper FS I 95-309, Wissenschaftszentrum Berlin für Sozialforschung. Berlin.

Vitols, S. (1997a): „Are German Banks Different?". Erscheint in: *Small Business Economics* (in Vorbereitung).

Diversifizierte Qualitätsproduktion bei Lufthansa

Ein institutioneller Ansatz zur Unternehmensstrategie

Mark Lehrer

1. Einleitung

Deutsche Firmen in einer Vielzahl von Produktionssektoren neigten in den achtziger Jahren dazu, die Strategie der „diversifizierten Qualitätsproduktion" (DQP) einzuführen (Sorge/Streeck 1988). Dadurch füllten sie eine attraktive Marktnische zwischen den konventionellen Alternativen Handwerk und Massenproduktion, indem sie Ertragsvorteile durch kundenspezifische Qualitätsprodukte mit Kosteneinsparungen durch Serienproduktion verbanden. Die Ausrichtung der deutschen verarbeitenden Industrie auf teure Qualitätserzeugnisse beruhte auf einer Konstellation von Arbeitsbedingungen, Banken, Ausbildungswegen und den für die Implementation der DQP-Strategie günstigen Institutionen des Corporate Governance (Streeck 1995; Vitols 1995).

Der Rückblick auf Lufthansas Anpassungsstrategien der achtziger und neunziger Jahre und auf deren Beeinflussung durch bestimmte deutsche Wirtschaftsinstitutionen wirft empirisches Licht auf aktuelle sozialwirtschaftliche Fragen. Erstens: Wird die traditionelle deutsche Industriestrategie, basierend auf hohen Löhnen, hohen Investitionen (einschließlich Investitionen in Humankapital) und Qualitätserzeugnissen sich in Zukunft als lebensfähig erweisen? Oder riskiert sie, untergraben zu werden, etwa durch neue Techniken und Technologien, die zu einem verschärften internationalen Wettbewerb in Marktsegmenten für Qualitätsprodukte führen, sowie durch die Globalisierung der deutschen Produktionsstätten und durch die finanzielle Last der deutschen Vereinigung? Zweitens: In welchem Umfang kann sich die traditionelle deutsche Industriestrategie in einer Zeit, in der die Beschäftigung in der verarbeitenden Industrie rapide schrumpft und nur noch der Dienstleistungssektor realistische Aussichten auf Beschäftigungswachstum bietet, auf den nichtverarbeitenden Sektor ausdehnen?

Mit über 40.000 Beschäftigten in einem Sektor (seit 1988), der sich in den letzten Jahren durch ein jährliches Wachstum von sieben bis acht Prozent auszeichnet, ist Lufthansa zweifellos ein bedeutender Arbeitgeber. Von den planmäßigen Leistungen (mit Ausnahme der Charterdienste) hat Lufthansa bis in die frühen neunziger Jahre hinein über 99 Prozent der (west-) deutschen Produktion (gemessen in Passagierkilometern) erbracht und kann daher stellvertretend für den gesamten Sektor der Lufttransportleistungen der deutschen Flugunternehmen betrachtet werden.[1]

2. Aufstieg und Fall der „diversifizierten Qualitätsproduktion" bei Lufthansa

An der Relevanz der DQP für die deutsche Luftfahrtindustrie ist kaum zu zweifeln, zumal das Lufthansa-Management selbst seit den achtziger Jahren wiederholt Bekenntnisse zur DQP-Strategie ablegte. Damit Lufthansa in einem deregulierten Markt überleben und prosperieren konnte, war ein wichtiges strategisches Prinzip die Konzentration auf Qualitätsgüter, um dadurch höhere Flugpreise realisieren zu können, die wegen der hohen deutschen Arbeitskosten als notwendig erachtet wurden. Lufthansa betrachtete sich buchstäblich als das Äquivalent zu Porsche, BMW und Mercedes in der Luftfahrt. In den frühen achtziger Jahren hoben sich Lufthansa und Swissair wegen der Qualität ihrer Leistungen deutlich von anderen europäischen Luftverkehrsgesellschaften ab, und man nahm sie als Carriers wahr, die überdurchschnittlichen Bordservice, Sicherheit und Zuverlässigkeit zu überdurchschnittlichen Preisen anboten. Der Umfang des Preis- und Qualitätswettbewerbs war zwar durch bilaterale Restriktionen über Verkehrsrechte und Preisbestimmungen eingeschränkt. Der springende Punkt ist jedoch angesichts der progressiven Liberalisierung des europäischen Marktes seit 1987 die Tatsache, daß Lufthansa fortan „deutsche Qualität" und „deutsche Produktivität" noch stärker in den Mittelpunkt strategischer Überlegungen stellte. Das Unternehmen nahm die Parallelität mit erfolgreichen Automobilherstellern so ernst, daß man im Mai 1989 eine neu geschaffene Vorstandsposition für Produktentwicklung und Marketing mit einer Persönlichkeit aus dem BMW-Marketing besetzte, und nachdem das Vorstandsmitglied für Verkauf Anfang 1990 sein Amt niederlegte, warf Lufthansa ein Auge auf VWs berühmten Marketing-Manager Daniel Goeudevert: „Wir brauchen so einen Mann wie ihn, aber wir können ihn uns nicht leisten" (Manager-Magazin, September 1990).

Lufthansa war auch in anderer Hinsicht ein „typisch deutsches" Unternehmen. Fast bis zur karikaturhaften Übersteigerung reflektierte es die für

---

[1] Neuerdings hat sich die Situation allerdings geändert. Die Europäische Kommission verabschiedete nämlich drei „Pakete" der Marktliberalisierung im Luftverkehr (1987, 1990, 1992), welche die konventionellen Duopol-Privilegien der europäischen nationalen Fluggesellschaften auf Strecken in der EU aufheben und die Unterscheidung zwischen Linienflugverkehr und Charterdiensten beseitigen. Seit dem 1. Januar 1993 haben Luftverkehrsgesellschaften in Deutschlands seit langem liberalisierten Chartersegment das Recht, Linienflugverkehr zwischen Ländern in der EU anzubieten.

die deutsche Unternehmenswelt typische technische Ausrichtung (Lawrence 1980). Unterstützt durch die Abschreibungsbestimmungen des deutschen Steuerrechts, verkaufte Lufthansa Flugzeuge zehn Jahre nach der Anschaffung generell mit Profit und unterhielt somit eine der jüngsten Flotten der Welt, ausgestattet mit der neuesten Luftfahrttechnologie. Das hoch angesehene Technik-Ressort entsandte eine ganze Reihe einflußreicher Top-Manager in den Vorstand, darunter den geachteten Reinhardt Abraham als stellvertretenden Vorstandsvorsitzenden in den achtziger Jahren und den seit 1991 amtierenden Vorstandsvorsitzenden Jürgen Weber. Während die Vorstandsressorts Verkauf und Marketing (wie weiter unten diskutiert werden wird) sich in den achtziger und neunziger Jahren vergeblich bemühten, fähige Vorstandsmitglieder zu finden, stellte das Technik-Ressort in dieser Periode die Kontiunität interner Nachfolger ständig sicher.

Bis in die achtziger Jahre war der Linienflug von und nach Deutschland durch bilaterale Abkommen reguliert. Mit einigen Ausnahmen verliehen diese den jeweiligen nationalen Luftverkehrsgesellschaften exklusive Verkehrsrechte und sorgten für die gemeinschaftliche Billigung der nationalstaatlichen Behörden in bezug auf Strecken, Fahrpläne, Preise und oftmals sogar auf die Kapazitäts- und Gewinnverteilung. Mit der Unvermeidbarkeit der EG-Marktliberalisierung konfrontiert, schlug Lufthansa 1987 eine aggressive Wachstumsstrategie ein und verdoppelte die Größe ihrer Flotte während der folgenden fünf Jahre. Die kommerzielle Stütze war dabei die Reputation für Qualität „Made in Germany". (Die Angst vor der Verwässerung dieses Images ist der Grund dafür, daß Lufthansa Wachstum durch ausländische Akquisition ablehnte.) Die Strategie des damaligen Vorstandsvorsitzenden Heinz Ruhnau (Amtszeit: 1982-91) wurde durch die Überlegung bestimmt, daß Deregulierung in Europa – wie auch Erfahrungen aus den USA bestätigen – zu Marktkonzentration führen würde und daß Lufthansa in der Lage sein müßte, im neuen Wettbewerb zu bestehen.

Im Lufthansa-Jahrbuch 1987 hieß es dazu:

> „Unsere Produktionskosten sind nach unten nur wenig flexibel ... Eine Stückkostendegression ist in erster Linie über Wachstum zu erreichen ... Lufthansa hat in diesem Umfeld steigenden Qualitätsbewußtseins nur eine Chance, Wachstum zu realisieren: Sie muß die Kundenorientierung zur obersten Maxime allen unternehmerischen Handelns machen." (Lufthansa Jahrbuch '87)

Zur Unterstützung dieses Wachstums nahm Lufthansa 1987 eine Organisationsreform in Angriff, die dem Konzept der diversifizierten Qualitätsproduktion entsprach. Mit beträchtlichem finanziellen und internen Aufwand wurden rund 200 Beschäftigte von der Verwaltungszentrale in Köln zur operationellen Basis in Frankfurt am Main versetzt und dem Ressort für Verkauf und Marketing zugewiesen. Grundidee war die Entbürokratisierung und Dezentralisierung der Verantwortlichkeiten für Verkauf und Marketing, um Lufthansas Produkt- und Verkaufsstrategien den verschiedenen

Märkten besser anpassen zu können. Mehrere Netzplaner wurden als „Streckenmanager" für die geeignete Ausstattung der Flugzeuge, die Sitz- und Kabinenanordnung sowie für die Bordserviceleistungen in ihren jeweiligen geographischen Märkten verantwortlich gemacht.

Alle soweit beschriebenen strategischen Initiativen – Engagement eines BMW-Marketingexperten in den Vorstand, aggressives Wachstum und das System des dezentralisierten „Streckenmanagements" – verfehlten ihr Ziel. Der ehemalige BMW-Manager Dr. Falko von Falkenhayn hielt eloquente Reden über Kundendienst, konnte bei seinen Lufthansa-Kollegen aber keine Einsicht in dessen konkrete Implikationen wecken. Er erntete den nicht sehr schmeichelhaften Spitznamen Wirko von Wirrenkopf und wurde schließlich aus dem Vorstand gedrängt (Manager-Magazin, Oktober 1990).

Mit Lufthansas Wachstumsstrategie ging natürlich ein starkes Anwachsen der Schulden einher, und das Unternehmen stand in der folgenden Periode des Golfkriegs mit dem daraus resultierenden Verkehrskollaps einigermaßen labil da. Mit Einführung des dezentralisierten Streckenmanagements wurde Lufthansas Flotte in 38 Konfigurationen unterteilt, um den spezifischen Erfordernissen der jeweiligen Flugstrecken entsprechen zu können. Das senkte wiederum die Flexibilität, da jede Konfiguration spezifische Anforderungen an die Ausstattung von Cockpit, Kabinen, Ausrüstung etc. besaß. Eine effiziente Netzplanung wurde unmöglich, da überspezialisierte Flugzeuge und veraltete Vereinbarungen über die Arbeitsbedingungen der Besatzungen Lufthansa strenge Restriktionen für die optimale Nutzung ihrer Flugzeuge und Besatzungen auferlegten (Lehrer 1995). 1991 wurde das System des Streckenmanagements zugunsten des „Areamanagements" fallen gelassen.

Trotz zunehmender Hinweise, daß etwas an dem Marketingansatz falsch sein mußte, blieb die Analogie zu BMW oder Mercedes im Denken des Top-Managements fest verwurzelt. Sogar der Wechsel im Vorstandsvorsitz (1991) änderte daran nichts. Ende November 1991, nachdem der Golfkrieg also schon seit einiger Zeit beendet war, hob der neue Vorstandsvorsitzende Jürgen Weber Mercedes als ein Modell der produktorientierten Differenzierung hervor, dem Lufthansa nachzueifern habe, wenngleich nun mit der expliziten Notwendigkeit, „die Produktionskosten den verschiedenen Produkten anzupassen" (Airline Business, November 1991). Mit der Vertiefung der Krise in der Luftfahrt und dem Rückgang der Durchschnittserträge bei Lufthansa (1992 um 7 Prozent und um weitere 6 Prozent im Jahr 1993) wurden Lufthansas teure Qualitätsprodukte und die ihnen zugrundeliegende Strategie zunehmend in Frage gestellt. Man kann die Entwicklung von Lufthansas Qualitätsidealen an folgenden Erklärungen ablesen:

Vor der Krise: „Wir müssen unseren Personalaufwand reduzieren. Dabei auf 24 Prozent wie British Airways zu kommen ist aber irreal ... Wir müssen uns daran orientieren, daß deutsche Produkte vor allem wegen ihrer hohen Qualität weltweit Erfolg haben. In Deutschland wird BMW gebaut, weil es in diesem Land einen Markt für diese Autos gibt. Das gleiche gilt für die Lufthansa. Die Kunden hierzulande verlangen Qualität." (Vorstandsvorsitzender Heinz Ruhnau, Interview in: Der Spiegel, 24. Dezember 1990)

In der Krise: „Die jüngste Vertriebsstudie der Lufthansa zeigt, daß bei Kunden und Expedienten unklare Vorstellungen über das Lufthansa-Produkt bestehen. Geringe Produktkenntnis, unzureichendes Verkaufstraining und mangelndes Verständnis für die komplexe Leistungsqualität der Lufthansa führen häufig dazu, daß Expedienten leistungs- und qualitätsbezogene Produkt- und Angebotsmerkmale nicht berücksichtigen und auf die einfache Argumentation über den Preis zurückgreifen." (Vorstandsmitglied für Verkauf und Marketing, Frühjahr 1992, in: Lufthansa Jahrbuch '92)

Nach der Krise: „'Wir müssen uns verstärkt auf die Globalisierung der Weltwirtschaft einstellen', gab er [Vorstandsvorsitzender Jürgen Weber] vor. Dazu gehören seiner Meinung nach nicht nur globale Allianzen wie mit United oder SAS. Globaler Wettbewerb bedinge auch die Internationalisierung der Kosten ... Das Unternehmen werde nicht unbedingt alles in Deutschland produzieren können. 'Aus Made in Germany wird Made by Lufthansa', brachte Weber seine Absicht auf den Punkt." (Handelsblatt, 17. Mai 1995)

Auf diesem Weg mußte Lufthansa alte Fehler gutmachen. Ein charakteristischer Fehler war die Entscheidung aus dem Jahr 1989 hinsichtlich der Beibehaltung einer Erste-Klasse-Kabine für europäische Flüge, was mit Ausnahme von Swissair von allen anderen europäischen Fluggesellschaften als unprofitabel fallen gelassen worden war. In den achtziger Jahren war die Erste Klasse Gegenstand heftiger Diskussionen innerhalb von Lufthansa, und als der Fehler ihrer Beibehaltung offensichtlich wurde, folgte 1992 schließlich ihre Abschaffung auf deutschen und europäischen Strecken.

Aus der Darstellung des Aufstiegs und Falls der DQP-ähnlichen Strategie in der Luftfahrt ergeben sich zwei zentrale Fragen. Erstens: Warum ist diese Strategie fehlgeschlagen? Worin bestanden also die Lücken in der Strategie hinsichtlich der Verhältnisse in der Luftfahrtindustrie? Zweitens: Wie erholte sich Lufthansa, und welche flexiblen Rigiditäten („flexible rigidities", um hier Dores Begriff zu verwenden) erklären, warum Lufthansa im Gegensatz zu so vielen anderen mehrheitlich staatseigenen nationalen Fluggesellschaften in Europa imstande war, 1994 wieder zu Profitabilität zurückzukehren?

Lufthansa war in den neunziger Jahren ein berühmter Fall: 1992 dem finanziellen Desaster gegenüberstehend, mit einem Aktienkurseinbruch von über 35 Prozent allein zwischen April und Juni, gelang der die gesamte Geschäftswelt überraschende Turnaround kaum zwei Jahre später. Die folgenden Kennzahlen vermitteln von dieser Trendwende immerhin einen Eindruck, wenngleich – was hier unberücksichtigt bleiben kann – der Tendenzumschwung in diesen Daten infolge von buchführungstechnischen Veränderungen noch nicht einmal in vollem Ausmaß abgebildet wird.

Tabelle 1: Kennzahlen der Lufthansa AG

		1989	1990	1991	1992	1993	1994
Nettogewinn/ -verlust	in Mio. DM	121,6	6,7	–444	–372,8	–110,8	283,4
Umsatz (gerundet)	in Mio. DM	11.812	12.806	14.318	14.955	14.967	16.001
Beschäftigte		43.169	47.102	50.283	50.759	46.818	44.121
Produktivität pro Beschäftigtem	in Tonnen-Kilometer	256.800	265.700	258.600	277.100	308.200	356.200
Flugzeuge		154	174	219	233	219	220
Nettoverschuldung	in Mio. DM	1.821,1	3.259,8	4.391,3	4.632,1	4.171,2	2.082,3

Quelle: Jahresbericht der Lufthansa AG 1994

Diese Tabelle zeigt zwischen 1992 und 1994 einen signifikanten Anstieg der Produktivität pro Beschäftigtem. Produktivität ist allerdings nur eine Seite der Medaille. Die Schulden der Krise von 1992 zwangen das Unternehmen zur Überarbeitung seiner Verkaufsstrategien und -systeme. Diesem Prozeß ist der nächste Abschnitt gewidmet.

3. Jenseits von Qualität: Lufthansas Wandel in der Produktmarktstrategie

Um nachvollziehen zu können, warum die DQP-Strategie bei Lufthansa versagte, ist es zuvor notwendig, die Dimensionen produktmarktstrategischer Entscheidungen in der Luftfahrtindustrie zu verstehen. Konzentriert man sich auf die Kernaktivität der Luftfahrt, die Personenbeförderung, und läßt beispielsweise Frachtgut, Catering, Wartung etc. beiseite, dann kann man grob zwischen drei wichtigen produktmarktstrategischen Aspekten unterscheiden: 1. Servicequalität, in der Luftfahrtterminologie auch als „Produkt" bezeichnet, 2. Flugplanung und geographische Märkte und 3. Preise und Ertragsmanagement. Die Servicequalität umfaßt zum Beispiel die Anzahl der Sitzklassen (Erste Klasse, Businessklasse, Zweite Klasse), die Anordnung der Sitze und den Bordservice der jeweiligen Klasse, die Lounges und das Check-in-Verfahren. Flugplanung und geographische Märkte betreffen die Wahl der Märkte, d.h. die ausgewählten Bestimmungsflughäfen, und die Anflugfrequenz. Weil europäische Fluggesellschaften durch bilaterale Luftfahrtabkommen eingeengt und durch begrenzte Start- und Landungsslots auf ihren Strecken zusätzlich beschränkt werden, versuchen sie, das bestehende Luftverkehrsrecht und die Start- und Landungsslots zu ihrem maximalen Vorteil zu nutzen. Was die Preisgestaltung und das Ertragsmanagement betrifft, so muß man sich in Erinnerung rufen, daß Sitzplätze in Flugzeugen nicht mit Werkzeugmaschinen oder Autos vergleichbar sind, die man gegebenenfalls eine Zeitlang auf Halde legen kann; Passagierplätze sind hingegen stets zu einem definierten Zeitpunkt in definierter Menge verfügbar, insoweit sind sie den leichtverderblichen Gütern vergleichbar. Fluggesellschaften stellen für die Optimierung ihrer Informationssysteme zur Kapazitätsermittlung und Preisbestimmung beachtliche Ressourcen bereit.

3.1 Servicequalität

Lufthansas besondere Reputation hinsichtlich des Qualitätsniveaus wurde im Lauf der achtziger Jahre durch die erhöhte Wettbewerbsfähigkeit anderer Fluggesellschaften zunehmend in Frage gestellt. Manager-Magazin notierte im Juli 1987: „Viel zu spät erkannte das LH-Management: Von der deutschen Fluglinie okkupierte Qualitätskriterien wie Sicherheit, Zuverlässigkeit und Pünktlichkeit ... gehören längst zum Standard aller großen Linien...". Anstelle dieser technischen Wettbewerbsparameter beeinflußten zunehmend andere Faktoren die Kunden bei der Wahl einer Fluggesellschaft – etwa Hilfsbereitschaft des Personals, Bordservice, Ausstattung der Wartehallen für die Fluggäste. Insbesondere Preise wurden zu einem wichtigen Unterscheidungskriterium.

Das Beispiel British Airways (BA) veranschaulicht die Schwäche von Lufthansas Qualitätsstrategie. British Airways war aufgrund sorgfältiger Untersuchungen der Nachfragestruktur und der Servicedifferenzierung der verschiedenen Kabinenklassen in der Lage, das gesamte Spektrum profitabler Preis-Qualität-Nischen in der Luftfahrt abzudecken. BA konnte sich also sowohl in den höheren Preis- und Qualitätsklassen als eine Luftverkehrsgesellschaft für wohlhabendere und Geschäftsreisende wie auch als Anbieter in der Niedrigpreisklasse positionieren (empirische Nachweise hierfür in Lehrer 1996).

3.2 Flugplanung und geographische Märkte

Ein wichtiges Element in der Produktmarktstrategie einer Fluggesellschaft stellt die Wahl des geographischen Marktes dar, den sie bedient. Die meisten europäischen Fluggesellschaften betrachteten sich als Anbieter von Flügen von und zu ihrem Herkunftsland und spiegelten damit das Erbe des bilateralen Systems wider. Lufthansa bot Flüge von und nach der Bundesrepublik an, British Airways von und nach Großbritannien und Air France von und nach Frankreich. Das Luftverkehrsgeschäft bescherte diesen Gesellschaften ein so gutes Auskommen, daß sie weitgehend Gesellschaften ignorieren konnten, die in Märkte anderer Länder eindrangen, indem sie besseren Service (Swissair) und/oder niedrigere Preise (KLM) anboten und so Passagiere dazu veranlaßten, in Zürich oder Amsterdam umzusteigen. Mit Lockerung der bilateralen Restriktionen entstand für die Flugunternehmen ein unentrinnbarer Druck, den Umfang ihrer Märkte auszubauen. KLM und British Airways konnten immer mehr Passagiere von Lufthansa abwerben, indem sie die Passagiere durch ihre Flughäfen Heathrow oder Schipol schleusten. Ein Blick auf die europäische Landkarte verdeutlicht, daß KLM und BA geographisch günstig positioniert sind, um Passagiere für transatlantische Flüge von kontinentalen Anbietern abzuwerben.

Der Erfolg solcher Abwerbestrategie setzt gleichwohl voraus, daß die betreffende Fluggesellschaft über die entsprechenden finanziellen Kontrollingsysteme, Flughafenanbindungen und Netzplanungen verfügt. Obwohl alle hier untersuchten nationalen europäischen Luftfahrtunternehmen (Lufthansa, British Airways und Air France) theoretisch einen gleichermaßen massiven Anreiz hatten, ihre liberalisierten europäischen Streckennetze als Zubringer für ihre Langstreckenflüge zu nutzen, setzten sie dies mit erstaunlich unterschiedlicher Geschwindigkeit in die Tat um. Die Aufteilung von betriebsinternen Managerverantwortlichkeiten hatte zur Folge, daß die für die verschiedenen Langstreckenoperationen verantwortlichen Manager sich nur mit der Profitabilität auf ihren Strecken beschäftigten, während die Manager für Kurzstreckenflüge das gleiche auf ihren Strecken taten. Zum Teil wird dies durch das bilaterale System erklärt. Die interne Organisation europäischer Fluggesellschaften spiegelte historisch die bilaterale Organisation der zivilen Luftfahrt wider. Der Verkehr zwischen einem jeden Länderpaar war Gegenstand bilateraler Abkommen und stellte daher jeweils einen eigenen Markt dar. Somit waren beispielsweise die Strecken Deutschland – Frankreich, Deutschland – Japan, Deutschland – USA und Deutschland – Griechenland in den Augen der Lufthansa-Manager jeweils separate Märkte. Die Organisationsreform von 1987 verstärkte diese Streckenorientierung zusätzlich, da für mehrere unabhängige Streckenmanager Positionen geschaffen wurden, während gleichzeitig neue finanzielle Kontrollingsysteme entwickelt wurden, um die Profitabilität auf Basis der einzelnen Strecken genauer messen zu können.

Nur ein schneller Wechsel im Produktionsregime und in der Organisationsstruktur konnte diese Luftfahrtgesellschaften in die Lage versetzen, von einem auf Optimierung der geographischen Profitcenter ausgerichteten System zu einem System der Optimierung des Streckennetzes zu wechseln, in dem Entscheidungen über Flugplanung, Flughafenanbindung, Preise und Sitzkapazitäten im Hinblick auf die Steigerung der Profitabilität des Streckennetzes als Ganzes getroffen wurden. Obwohl Europas größte Fluggesellschaften – Lufthansa, British Airways und Air France – sich zu guter Letzt beim Paradigma der Flugnetzoptimierung annäherten, geschah dies überraschenderweise zu sehr unterschiedlichen Zeitpunkten. Bei jeder der Gesellschaften wurde der entscheidende Impuls dadurch ausgelöst, daß man die Suboptimalität des Streckennetzes als Folge des Versuchs identifizierte, die verschiedenen geographischen Märkte als separate Profitcenters zu behandeln. Die Strukturierung der Airline in geographische Profitcenters stellte allerdings einen Fortschritt gegenüber der klassisch funktionalen Organisation dar, wonach die kommerzielle Seite der Airline nur für den Umsatz (und nicht für die Kosten) und die operationelle Seite für Kosten und physische Produktivität (und nicht für den Umsatz) verantwortlich war. Letztlich durchliefen die Fluggesellschaften die drei Entwicklungsstufen funktionale Organisation, geographische Profitcenter und Flugnetzoptimierung, allerdings zu unterschiedlichen Zeitpunkten, wie in Tabelle 2 deutlich wird.

Tabelle 2: Zeitpunkte organisatorischer Reformmaßnahmen bei den Airlines

Airline	British Airways	Lufthansa*	Air France
Einrichtung wichtiger geographischer Märkte als Profitcenters	1983	1987/1991	1994
Erkennung des Bedarfs zur Optimierung des gesamten Streckennetzes	1984	1992	1994
Verwirklichung der entscheidenden Organisationsreformen zur Optimierung des Streckennetzes	1986	1993-95	1994-

* 1991 waren Lufthansas neue Profitcenters (jetzt „Areas" genannt) eher „Umsatzcenters" als wirkliche Profitcenters. Sie verfügten nicht in dem Maße über operationelle Kontrolle und Kostenverantwortung, wie das bei British Airways ab 1983 oder Air France ab 1994 der Fall war. Das Prinzip war jedoch ähnlich.

Der Vergleich zwischen British Airways und Lufthansa ist besonders anschaulich. British Airways dezentralisierte 1983 das Passagiergeschäft in acht geographische Profitcenters. Aber die gegenseitige Abhängigkeit der Märkte offenbarte sich schnell, und 1985 begann BA eine konzertierte Aktion, um Heathrow zum Hubflughafen zu entwickeln: Fluganbindungen, Bodenservice, Buchungssystem und Instrumente zur Preisbestimmung wurden modifiziert, um mehr ausländischen Transitverkehr anzuziehen und durch Londons Zentralflughafen zu leiten. Der Durchbruch kam 1986, als British Airways eine globale Verkaufsorganisation mit dem ausdrücklichen Auftrag aufbaute, den globalen Umsatz über alle geographischen Gebiete hinweg zu maximieren.

Lufthansa schien all diese Entwicklungen nicht zu beachten. Erst 1992 wachte das Unternehmen auf, als ihm nämlich die Notwendigkeit zur Optimierung des Streckennetzes bewußt wurde. Berater von McKinsey wurden zur Entwicklung von Computersystemen engagiert, mit deren Hilfe die Flugpläne und die Rotation von Flugzeugen und Besatzungen optimiert werden sollten (Manager-Magazin, Juli 1992; Lehrer 1995). Zu guter Letzt zentralisierte Lufthansa Ende 1993 Streckennetzfunktionen – wie etwa Flottenplanung, Flugplanung, Preise und Ertragsmanagement – in einer einzigen „Netzabteilung". Im Mai 1995 wurde schließlich eine zentralisierte Struktur für die verschiedenen geographischen Verkaufs- und Marketingoperationen geschaffen.

3.3 Preise und Ertragsmanagement

In der Art und Komplexität der Preiskalkulation unterscheidet sich die kommerzielle Luftfahrt am deutlichsten von der güterproduzierenden Industrie. Heutzutage wählen Flugzeugpassagiere ihre Flugtickets aus einem großen Angebot von Preisen und Konditionen aus. Während in der Vergangenheit die Preise in der Luftfahrt weitestgehend inflexibel waren, ändern Fluggesellschaften in einem deregulierten Umfeld heute ihre Preise fortwährend. Die durch Computerreservierungssysteme (CRS) angezeigten Preise der Flugtickets variieren kontinuierlich. Die starke Ausbreitung der CRS in den achtziger Jahren war sehr bedeutend, weil europäische Fluggesellschaften dadurch die Kontrolle über ihre Absatzwege verloren und einem größeren Preiswettbewerb gegenüberstanden. Für Lufthansa bestand die Herausforderung nicht lediglich darin, mit anderen europäischen Fluggesellschaften zusammen ein eigenes CRS aufbauen zu müssen (Amadeus), um eine Abhängigkeit vom CRS der amerikanischen Linien zu vermeiden. Sie bestand überdies auch darin, Software für das „Ertragsmanagement" (auch „Yield Management" genannt) zu entwickeln, um optimale Flugpreise bestimmen und verbuchen zu können.

Schon 1989 bemängelte Lufthansas Regionalmanager für die Britischen Inseln, daß das Fehlen eines funktionierenden Ertragsmanagements die Lufthansa täglich eine halbe Million DM Umsatz koste (Der Lufthanseat, 9. Februar 1989). Mehr als dreieinhalb Jahre später war das Problem immer noch nicht gelöst, und als der Vorstandsvorsitzende Weber bei einem Lufthansa-„Town Meeting" in Frankfurt gefragt wurde: „Was macht British Airways anders als wir, daß sie im Gegensatz zu uns Gewinne verbuchen können?", nannte er drei Gründe: Erstens besitze BA schon seit längerem ein ausgeklügeltes Yield-Management mit 20 Buchungsklassen; zweitens verfüge BA über ein zentralisiertes Streckennetz mit nur einem Hub in London, während die dezentralen Dienste (wie bei Lufthansa) zunehmend unrentabel würden; von Bedeutung sei drittens der Nordatlantikverkehr und das für BA günstigere Luftverkehrsabkommen zwischen Großbritannien und den USA (Der Lufthanseat, 16. Oktober 1992).

Im Sommer 1992 verabschiedeten Lufthansa-Unternehmensleitung und Gewerkschaften unter dem Titel „Programm '93" ein gemeinsames Notprogramm, das eine schnelle Verbesserung der Ergebnisse um 10 Prozent, sprich: um 1,5 Mrd. DM, erbringen sollte, resultierend aus einer Kostenreduktion von 800 Mio. DM (500 Mio. DM Personalkosten und 300 Mio. DM Sachkosten) und einer Umsatzsteigerung von 700 Mio. DM durch Verbesserungen in der Planung, im Verkauf etc. Bezüglich der Umsatzsteigerung erwartete Lufthansa allein von der in Entwicklung befindlichen neuen Informationstechnologie zur Verbesserung der Netzplanung ein Ergebnis von mindestens 300 Mio. DM (Lehrer 1995). Demnach sollten vermutlich also etwa 400 Mio. DM aus Verbesserungen im Ertragsmanagementsystem entspringen. Diese Erwartung in der Größenordnung von rund 2,5 Umsatzprozenten lag spürbar unter jener Marge möglicher Umsatzverbesserungen, die Air France aufgrund einer Studie mit 6-8 Prozent angegeben hatte (Bordes-Pagès 1994, S. 57).

Während bei Lufthansa die Anzahl der Buchungsklassen im internen Reservierungssystem 1989 von drei auf fünf, 1991 von fünf auf acht und 1993 von acht auf 15 anstieg, führte British Airways 1985 ein modernes Reservierungssystem ein, das bis zu 26 verschiedene Buchungsklassen für einen Flug ermöglichte (vgl. Lehrer 1996 mit weiteren Quellennachweisen). Warum fiel Lufthansa – ein für moderne Flugzeuge berühmtes und immer an neuester Technologie orientiertes Unternehmen – bei der Einführung neuer Techniken des Ertragsmanagement hinter die Konkurrenz zurück? Die Gründe hierfür sind in technologischen und institutionellen Faktoren zu suchen. Während Lufthansa auf der einen Seite hinsichtlich der Unternehmensausrichtung mit Sicherheit technologisch orientiert war, lagen ihr Schwerpunkt und ihr Stolz eindeutig in der Luftfahrttechnologie. So war Lufthansa mit zuständig für den Entwurf von Airbus-Modellen und gleichzeitig Pilotkunde. Auf der anderen Seite rührten Lufthansas Schwierigkeiten, mit den Entwicklungen im Ertragsmanagement Schritt zu halten, daher, daß das Unternehmen einem beweglichen Ziel nachjagte. Um Fluggesellschaften eine Maximierung ihres potentiellen Umsatzes zu ermöglichen, wurden während der letzten 15 Jahre nicht weniger als vier System-Generationen des Ertragsmanagements entwickelt (Lehrer 1996).

4. Corporate Governance und Managementhierarchien bei Lufthansa

Nur in einem stabilen industriellen Umfeld sind die Entscheidungsparameter für Firmen hinreichend einfach, um Entscheidungen auf der höchsten Hierarchieebene zu fällen. In einem turbulenten Umfeld sind Unternehmen auf Mechanismen des Information-Sharing angewiesen, die ihnen die Integration von Wissen und Perspektiven von funktional unterschiedlichen Spezialisten ermöglichen. In der deregulierten Luftfahrtindustrie besitzt beispielsweise keine einzelne Person das notwendige Wissen, um informierte unilaterale Entscheidungen über Produktmarktstrategien oder die Reorganisation von Produktionsaufgaben zu treffen. Wenn komplexe strategische Entscheidungen zu fällen sind, stehen Großunternehmen meistens in dem Dilemma, daß Mitglieder des Vorstandes in der Regel keinen Kontakt mehr zu den täglichen Entwicklungen haben, während Manager der Operationsebene sich nur in ihrem eigenen Arbeitsbereich gut auskennen und Entwicklungen in anderen Bereichen und Verbindungen zwischen verschiedenen Bereichen des Unternehmens nicht überblicken. In einer turbulenten Industrie wie der europäischen Luftfahrtindustrie seit Mitte der achtziger Jahre ist die Qualität der Anpassungsstrategie einer Fluggesellschaft abhängig vom Ausmaß, in dem die entscheidenden Informationen über die Entwicklung der Industrie aus dem komplexen Dschungel der täglichen Informationen herausgefiltert und in konkrete Aktionspläne umgewandelt werden können.

Institutionelle Unterschiede zwischen den Unternehmen verschiedener Länder determinieren unter anderem die Art und Weise, wie jeweils die Ressourcen der Entscheidungsträger bei der Segmentation, der Integration und der Reorganisation der geschäftlichen Aktivitäten eingesetzt werden und folglich auch wie das Management des Unternehmens auf Änderungen des wettbewerblichen Umfeldes zu reagieren pflegt. Ich konzentriere mich im folgenden auf zwei institutionelle Faktoren, und zwar auf das deutsche System des sogenannten Corporate Governance und auf das Wesen interner Arbeitsmärkte für Manager in deutschen Unternehmen. Meine These lautet, daß das Unternehmen Lufthansa, sofern es nationalen industriellen Anpassungsmustern gefolgt ist, in seiner Fähigkeit beeinträchtigt wurde, mit industriespezifischen Veränderungen in der Luftfahrt in den achtziger Jahren Schritt zu halten. Es wird damit nicht unterstellt, daß deutsche Wirtschaftsinstitutionen eine generelle Beeinträchtigung für deutsche Unternehmen darstellen. Die These schließt vielmehr an den Forschungsstandpunkt von Zysman (1977), Kitschelt (1991) und Soskice (1994) an, wonach nationale wirtschaftliche Institutionengefüge eine Reihe von Wettbewerbsvor- und -nachteilen für Unternehmen eines Landes erzeugen, indem bestimmte Anpassungsstrategien an den technologischen und marktstrukturellen Wandel erleichtert und andere erschwert werden.

Im Fall der Bundesrepublik Deutschland herrscht im allgemeinen Übereinstimmung darüber, daß deutsche Firmen bei der Einführung radikaler Innovationen in der Regel eher benachteiligt sind, während sie durch die in die deutsche Wirtschaft und Gesellschaft eingebetteten institutionellen Rahmenbedingungen bei inkrementalen Innovationen Vorteile genießen (Soskice 1994). Ich argumentiere hier analog, daß Lufthansa bis in die achtziger Jahre hinein florieren konnte, weil der technologische Wandel in der Luftfahrtindustrie (etwa in der Entwicklung neuer Generationen von Flugzeugen) im wesentlichen kontinuierlich verlief. Als sich aber plötzlich die entscheidende Technologiedimension weg von den Flugzeugen und vom Fliegen und hin zu Informationssystemen, zum Marketing und zur Preiskalkulation verlagerte, befand sich das Unternehmen in den achtziger Jahren in einem institutionellen Nachteil.

Deutlich wird dies, zum ersten, an der Rolle des Aufsichtsrats. Die Arbeitnehmerseite pflegte die Vorsitzenden der wichtigsten Betriebsräte und Vertreter der wichtigsten Beschäftigtengruppen (Piloten, Bodenservice, Techniker etc.) in den Aufsichtsrat zu entsenden, während über lange Zeit die Repräsentanten der Anteilseigner durch das Bundesverkehrsministerium aus der Geschäfts-, Finanz- und Politikwelt ausgewählt wurden. Sie agierten im Namen des Bundes, der bis 1994 Hauptaktionär von Lufthansa war. Neben der gesetzlich vorgeschriebenen Kompetenz, Quartalsabrechnungen, Dividendenausschüttungen und wichtigen Ausgaben oder Ankäufe zu genehmigen, besteht die primäre Funktion eines Aufsichtsrates in Deutschland in der Gewährleistung der Kompetenz des Vorstandes. Nach dem Gesetz von 1976 erfordert eine Berufung in den Vorstand normalerweise eine Zweidrittelmehrheit im Aufsichtsrat. Darüber hinaus berät der Aufsichtsrat in der Regel über die Kandidaten für jede einzelne Vorstandsposition. Der Vorstandsvorsitzende eines deutschen Unternehmens ist demnach gewöhnlich bei der Auswahl eines eigenen Teams nicht frei. Bei Lufthansa war es immer der Aufsichtsratsvorsitzende, der die Suche nach fähigen Managern für Vorstandspositionen als seine Aufgabe betrachtete.

In Verbindung mit dem Prinzip 'Eine Person, eine Stimme' hatte dies zur Folge, daß neu ernannte Vorstandsvorsitzende kaum unilaterale Entscheidungsmacht besaßen; verglichen mit ihren amerikanischen und britischen Pendants muß man in den Fällen der letzten zwei Vorstandsvorsitzenden Heinz Ruhnau (1982 bis1991) und Jürgen Weber (1991 bis heute) sogar davon sprechen, daß sie über ausgesprochen wenig unilaterale Macht verfügten. Die Ernennung des SPD-Loyalisten Ruhnau war damals nichts anderes als eine cause célèbre. Ruhnau erhielt im Aufsichtsrat die Mindestanzahl von 14 Stimmen von einer Koalition aus Vertretern der Anteilseigner und ÖTV-nahen Vertretern des Arbeitnehmerflügels. Im Ergebnis saß er einem Gremium vor, in dem er keine Freunde hatte. Vielleicht um (unter anderem) die CDU zu beschwichtigen, berief Lufthansa noch im selben Jahr (1982) eine CDU-nahe Persönlichkeit auf die neu geschaffene Vorstandsposition für Finanzen. Ein ehemaliger Vertreter der Leitenden Angestellten im Aufsichtsrat sagte in einem persönlichen Interview: „Ruhnau kam ganz alleine, ohne seine eigenen Manager mitzubringen. Das war mutig."

Auch Ruhnaus einstimmig gewählter und aus dem eigenen Haus kommender Nachfolger Jürgen Weber genoß keine unilaterale Entscheidungsmacht. Ein Blick in die Handelspresse dieser Zeit läßt vermuten, daß die Hälfte des Vorstandes zu dieser Zeit die Präferenzen des Arbeitnehmerflügels im Aufsichtsrat reflektierte. Aus der Presseberichterstattung ergibt sich der Eindruck, daß die für Personal und Flugbetrieb verantwortlichen Vorstandsmitglieder den Gewerkschaften bzw. den Piloten sehr nahe standen. Die Suche nach einem geeigneten Kandidaten zur Besetzung der überaus wichtigen Vorstandsposition für Verkauf und Marketing erstreckte sich über den größten Teil des Jahres. Weil es unter den Bewerbern keinen Favoriten gab oder über das ideale Profil des Wunschkandidaten kein Konsens erzielt werden konnte, wurde die Position dem Strategischen Planer übertragen, einer von den Vertretern der Arbeitnehmerseite bevorzugten Person. Hiermit soll nicht der Schluß nahegelegt werden, Mitbestimmung hätte bei Lufthansa zur Vernachlässigung der Aufgaben der Führungskräfte geführt. Vielmehr veranschaulicht der Vorgang, daß das Muster des deutschen Corporate Governance mit seinen Auswahlprozeduren für die Vorstandsmitglieder zur Folge hatte, daß der Lufthansa-Vorstandsvorsitzende nicht auf ein geeintes Top-Management mit einer gemeinsamen Vorgehensweise zurückgreifen konnte.

Ein anderes dem deutschen Governance-Modell geschuldetes Charakteristikum der Lufthansa ist die Beschäftigungssicherheit für Manager. Während British Airways das angelsächsische Prinzip 'Hire and Fire' praktizierte, war Lufthansa ein recht sicherer Hafen für Manager unterhalb der Vorstandsebene. Rekrutiert wurde meistens intern. Unternehmensspezifische Vereinbarungen machten es praktisch unmöglich, ein Beschäftigungsverhältnis zu beenden, wenn es mindestens 15 Jahre bestanden hatte. Bis 1994 konnten sogar die betrieblichen Pensionsansprüche der Beschäftigten, die in dem staatlich geförderten Fonds VBL angesammelt wurden, nicht transferiert werden, wenn ein Beschäftigter den öffentlichen Sektor verließ, wodurch die Beschäftigungsflexibilität deutlich eingeschränkt wurde. Solche Faktoren untermauern jedoch lediglich ein generelles Muster deutscher Unternehmen im Hinblick auf signifikant höhere Stellenentfristungen, verglichen mit Unternehmen der USA oder Großbritanniens (wie es Statistiken der OECD belegen; vgl. Streeck 1995, S. 10). Diese deutsche Besonderheit kann nicht allein Ergebnis der industriellen Spezialisierung Deutschlands sein, denn Vergleichsstichproben von Firmen in den gleichen Industrien in Deutschland und Großbritannien zeigen, daß deutsche Manager aus den mittleren Leitungsebenen viel länger in ihrem aktuellen Job verbracht haben als die entsprechenden Positionsinhaber in Großbritannien (Stewart et al. 1994).

Die Tabelle 3 zeigt einen Vergleich des Corporate Governance und der Beschäftigungssicherheit für Manager in den drei Fluggesellschaften.

Tabelle 3: Macht und Karrieresicherheit des Managements

	Lufthansa	British Airways	Air France
Unilaterale Macht des Vorstandsvorsitzenden	niedrig	hoch	hoch (Unterstützung durch die Regierung vorausgesetzt)
Karrieresicherheit für Manager	hoch	niedrig	hoch

Während Colin Marshall als neuer CEO der British Airways 1983 innerhalb von Monaten nach seinem Antritt gleich 60 Top-Manager des Unternehmens feuerte und diese Spitzenpositionen mit jungen Leuten im Alter zwischen 30 und 45 Jahren besetzte, hat Lufthansas Vorstandsvorsitzender solche Macht nicht. Er kann außer in dem ihm direkt unterstehenden Ressort noch nicht einmal Einstellungen vornehmen. Der Großteil der Beschäftigten ist von dem Vorstandsmitglied abhängig, das für das jeweilige operationelle oder kommerzielle Ressort zuständig ist. Der Vorstandsvorsitzende kann überdies keine Entscheidung ohne die Zustimmung der Mehrheit des Vorstandes und (für wichtige Entscheidungen) des Aufsichtsrates treffen. Obwohl einige Vorstandsvorsitzende unter bestimmten Umständen ihre Vorstände und Aufsichtsräte dominieren können (Lawrence 1980, S. 41), war dies bei Lufthansa sicherlich nicht der Fall. Lufthansa gab eher ein Paradebeispiel deutscher Unternehmensdemokratie ab, wo der Vorstandsvorsitzende für die Durchsetzung von Reformen Koalitionen in Vorstand und Aufsichtsrat aufbauen mußte.

Lufthansas Vorstandsvorsitzender von 1982 bis 1991, Heinz Ruhnau, stand vor allem wegen seiner Herkunft aus der Politik einer skeptischen Öffentlichkeit und einer nicht eben wohlwollenden Presse gegenüber. Er stand unter dem Druck zu beweisen, daß er kein Bürokrat war – und er tat dies mit Erfolg. Er ergriff Mitte der achtziger Jahre die Initiative gegen die übermäßige Zentralisierung der Entscheidungsprozesse, indem er ein Gutachten bei einem Unternehmensberater in Auftrag gab, das im Ergebnis die Beamtenmentalität und rigide Organisation von Lufthansa kritisierte (Wirtschaftswoche, 29. August 1986). Ein wichtiges Ziel der von Ruhnau in Angriff genommenen Reform von 1987 war die Übertragung der Strecken- und Produktplanungsfunktionen auf den kommerziellen Bereich, wodurch die Kompetenz hierfür dem Vorstandsmitglied für Finanzen entzogen und dem Vorstandsmitglied für Verkauf und Marketing übertragen wurde.

Ruhnau konnte dies nicht im Alleingang beschließen, denn die Exekutive wurde durch einen kollegialen Vorstand ausgeübt, der aus sechs bis sieben Mitgliedern bestand und dem in der Regel der Vorsitzende und die Mitglieder für Finanzen, Personal, Flugoperationen, Technik sowie Verkauf und Marketing angehörten. Die Entscheidung von 1987, eine Organisationsreform anzuordnen (Dezentralisierung von Streckenmanagement und Verkauf), fiel mit einer Mehrheit von fünf zu zwei Stimmen (Manager-Magazin, Juli 1987). Die Verlierer der Abstimmung im Vorstand gaben ihren Rücktritt zum Ende des Jahres bekannt. Aus heutiger Warte betrachtet war diese Reorganisation nur ein erster Schritt in einer Reihe von Bemühungen, die Entscheidungsfindung insbesondere im Bereich Verkauf und Marketing auf niedrigere Ebenen zu delegieren, auch wenn dies für die Vorstandsebene bedeutete, Entscheidungskompetenz abzugeben. Das Handelsblatt schrieb damals: „Was hier im Direktions- bzw. im Vorstandsbereich Beckmann [Vorstandsmitglied für Verkauf und Marketing; M.L.] entschieden werden kann, gehört eigentlich in den Verantwortungsbereich des Gesamtvorstands" (12. September 1986).

Die Auseinandersetzung um das richtige Marketing begann allerdings viel früher. Spätestens seit 1984 wußte Lufthansa, daß das Marketingimage verbessert werden mußte, was institutionell jedoch schwer zu bewerkstelligen war. Wie schon erwähnt, genossen die technischen Ressorts bei Lufthansa viel Prestige und Einfluß, verkörpert nicht zuletzt durch den einflußreichen Stellvertretenden Vorstandsvorsitzenden Reinhardt Abraham, einen anerkannten Experten für Flugzeugdesign, der im Vorstand das Ressort Technik vertrat. 1984 wurden die neuen Berufungen für die Vorstandspositionen Verkauf und Marketing sowie Flugbetrieb von der Wirtschaftspresse warnend kommentiert: „Schon bald nachdem die beiden Ressorts von Unerfahrenen geführt sind, wird deutlich werden, wo die starken Männer im Vorstand sitzen: in den technischen und finanztechnischen Ressorts, wo Autorität eher durch Systematik und Detailkenntnis zu gedeihen pflegt" (Der Spiegel, 3. Dezember 1984). Günther Becher (Finanzen) und Reinhardt Abraham (Technik) bildeten im Vorstand angeblich ein „Technokraten-Kartell", das gegenüber neuen Vorstandsmitgliedern – also auch gegenüber Ruhnau – hermetisch sei. „Zwei Jahre dauert es mindestens für einen Neuling, sich gegenüber der Vorstandsroutine der anderen durchzusetzen, und da kann man am Anfang aus reiner Unerfahrenheit erhebliche Fehler machen." (ebd.) Eine solche Corporate Culture stand sicher im Gegensatz zur schnellen Implementation einer Marketingkultur, die nachdrücklich auf etwas anderes setzt als auf rein technische Kriterien.

Ruhnau wußte, daß er etwas zur Aufwertung des Marketings unternehmen mußte. Doch die deutschen Institutionen des Corporate Governance gaben ihm kaum mehr Spielraum, als neue Köpfe für den Vorstandsposten Verkauf und Marketing vorzuschlagen. In dieser Situation wurde die Vorstandsposition für Marketing zwangsläufig ein „Schleudersitz" (Frankfurter Allgemeine Zeitung, 19. März 1993). Es folgte eine zehn Jahre andauernde Reihe unglücklicher Berufungen. Der Kandidat von 1984 stellte sich als ein eher administrativer Manager heraus und wurde Anfang 1990 zum Rücktritt veranlaßt. Er war zur Vitalisierung von Lufthansas Marketingstrategie nicht in der Lage. 1989 wurde sein Vorstandsressort in die zwei separaten Ressorts Verkauf und Marketing geteilt. Der schon erwähnte Falko von Falkenhayn („Wirko von Wirrenkopf") von BMW übernahm den Vorstandssitz für das Marketingressort. Die Suche nach einem neuen Vorstandsmitglied für das Verkaufsressort dauerte bis September 1990 an, da sich im Aufsichtsrat kein Konsens über einen idealen Kandidaten erzielen ließ. Zu guter Letzt entschied sich der Aufsichtsrat, wie bereits erwähnt, für den Strategischen Planer, schloß sich also zuungunsten Ruhnaus den Präferenzen der Arbeitnehmervertretung an (Quelle: persönl. Interview; vgl. auch Wirtschaftswoche, 27. September 1990). Aber auch er erfüllte nicht die in ihn gesetzten Erwartungen, und bis 1993 konnte Lufthansa keinen Kandidaten für die effektive Leitung des (später wieder vereinten) Ressorts Verkauf und Marketing finden.

Obwohl das deutsche Corporate-Governance-System und Lufthansas technische Orientierung nicht zur Erneuerung des Marketing beigetragen hat, blieb das Unternehmen dank der gegebenen Institutionen von anderen Problemen weitgehend verschont. Streiks gab es nur sehr selten. Solange der Bund die Aktienmehrheit hielt, verbündeten sich Management und Arbeitnehmer wirkungsvoll gegen die Interessen der Anteilseigner, indem sie die Dividende niedrig hielten und beachtliche Kassenreserven durch die beschleunigte Abschreibung neuer Betriebs- und Geschäftsausstattung aufbauten.[2] Die harmonischen Beziehungen zwischen Management und Belegschaft ermöglichten die schnelle Entscheidung über die Einführung des Zwei-Mann-Cockpits und die Kompensation der durch neue Technologien überflüssig gewordenen Flugingenieure. Diese heikle Frage wurde bei Lufthansa bereits Anfang 1983 entschieden, wohingegen auf der anderen Seite des Rheins bei Air France und Air Inter um die Einführung des Zwei-Mann-Cockpits bis ungefähr 1989 gestritten wurde. Relativ wirksam war m.E. schließlich Lufthansas System des Corporate Governance auch bei der Überwachung der Effektivität der Vorstandsmitglieder. Weniger effektive Mitglieder konnten zum Rücktritt gezwungen und die Macht des Vorstandsvorsitzenden konnte bei Bedarf zur Debatte gestellt werden. Anlaß hierfür ergab sich in den späten achtziger Jahren, als klar wurde, daß Ruhnaus Wachstumsstrategie und seine übermäßig ehrgeizigen Projekte (Übernahme von Interflug, übertrieben häufige Flüge nach Berlin etc.) eher von einer patriotischen Vision als von rationalen Geschäftsüberlegungen motiviert waren. Spätestens 1989, während die Luftfahrt immer noch Hochkonjunktur hatte, formierte sich im Aufsichtsrat deutlicher Widerstand.

5. Nach der Krise von 1992: Wende und neue Unternehmensstruktur bei Lufthansa

Der Wettbewerbsdruck zwang den Lufthansa-Vorstand, nach alternativen Wegen der Unternehmenssteuerung zu suchen, zugespitzt formuliert: nach Lösungen für Fehlfunktionen zu suchen, die mit dem deutschen System des Corporate Governance zusammenhingen. Als die monatlichen Bilanzen in der ersten Hälfte des Jahres 1992 kontinuierliche Verluste anzeigten, wußten Weber und der Vorstand, daß drastische Maßnahmen ergriffen werden mußten – insbesondere nach einer für den Vorstand ernüchternden Präsentation durch den Unternehmensstrategen im März 1992. Er extrapolierte gegenwärtige Trends und antizipierte Annahmen über die Effekte der Liberalisierung des europäischen Marktes entsprechend den Erfahrungen in den USA (Interviews; Manager-Magazin, Juli 1992). Doch was konnte der Vorstand durch hierarchische Kontrolle erreichen? Die Vorstandsmitglieder waren technische Spezialisten in äußerst heterogener Zusammensetzung, die nicht durch den Vorstandsvorsitzenden, sondern durch den Aufsichtsrat

---

2 „In keiner Hauptversammlungen wurden Vorstand und Aufsichtsrat durch die privaten Aktionäre ... so heftig angegriffen." (Handelsblatt, 18. Juli 1984)

als Experten in ihren jeweiligen Gebieten berufen worden waren. Im deutschen System des Corporate Governance hat der Vorstandsvorsitzende (Weber) außerdem nur eine von sechs Stimmen. Die Vorstände konnten sachkundig die Bilanzen ihrer jeweiligen operationellen oder funktionalen Bereiche überwachen, waren aber weit davon entfernt, die Auswirkungen von ressortübergreifenden Sparplänen und Reformen adäquat einschätzen zu können. Selbst mit einer kompetenten und kooperativen Leitungsebene war Koordination auf der Ebene des Vorstandes bei den Anstrengungen zur Restrukturierung praktisch undurchführbar. Presseberichten zufolge war Weber sehr von der Tatsache frustriert, daß die Probleme von Lufthansa endlos diskutiert wurden, ohne daß etwas getan wurde (Manager-Magazin, Juli 1992).

Zwei Fallstudien über Lufthansa (Mölleney/von Arx 1995; Lehrer 1995) dokumentieren, wie im Juni 1992 Lufthansas Top-Manager zu Krisenworkshops einberufen wurden. Die Gruppe hatte die nötige Autorität und das Wissen über interne Operationen, um einen Rettungsplan mit der Zielvorgabe ausarbeiten zu können, das Geschäftsergebnis durch eine Kombination von Personal- und Sachkostenreduktion und durch Umsatzsteigerungen um 1,5 Mrd. DM jährlich zu verbessern. Die Beteiligung der Belegschafts- und Gewerkschaftsvertreter an der Überwachung der Ergebnisse und Managementpraktiken war sehr hoch. Dies erklärt, warum das Rettungsprogramm, nachdem es mehr oder weniger fertig war, fast nahtlos in die laufenden Lohnverhandlungen eingeführt werden konnte. Der Tarifvertrag lief zum 31. August aus. Ein neuer Vertrag mit dem Zugeständnis der Arbeitnehmer, Einsparungen von 500 Mio. DM bei den Personalkosten hinzunehmen, wurde am 31. August ohne Streiks unterschrieben; die Gewerkschaften stimmten dem Einfrieren der Löhne (einer „Null-Runde") und größerer Flexibilität bei der Arbeitszuweisung zu.

Die Krisenworkshops vertieften auch die Einsicht in die Notwendigkeit einer zentralen Netzorganisation zur Optimierung des Streckennetzes. Manager der verschiedenen geographischen Regionen („Areas") stimmten überein, dem Vorstand eine Empfehlung für den Aufbau informeller horizontaler Bindeglieder über die Organisation zu präsentieren, um die formale Aufteilung in „Areas" zu ergänzen und deren Nachteile auszugleichen. Nachdem ihre Aufmerksamkeit von McKinsey-Beratern auf diesen Sachverhalt gelenkt worden war, konzentrierte sich das Top-Management nun deutlich auf „Netzoptimierung". Dies war eines der grundlegenden konzeptuellen Ergebnisse des „Mental Change" im Jahre 1992.

Die Implementation des Rettungsprogramms verdeutlicht einmal mehr, wie sehr das deutsche Governance-System die Macht des Vorstandsvorsitzenden beschränkt. Die Bereitschaft, sich verbal etwa zur Kostenreduktion zu verpflichten, war keineswegs gleichbedeutend mit der Bereitschaft, diese Verpflichtungen auch in die Tat umzusetzen und dabei unter Umständen schmerzhafte Einschnitte in Kauf zu nehmen. Der Vorstand berief zwölf wichtige Manager, die überwiegend aus der Workshop-Gruppe kamen, in ein spezielles Sanierungsteam, um die Implementation der verhandelten

Maßnahmen (mit Hilfe der Controller) zu überwachen. Das Sanierungsteam traf sich während des Sommers dreimal; es erwies sich aber schon bald als zu groß und zu heterogen, um wirkungsvoll funktionieren zu können. Die Teilnahme sank merklich, da die Mitglieder vom regulären Geschäft zu sehr in Anspruch genommen waren, um langwierigen Diskussionen über detaillierte Sachverhalte beizuwohnen, die mit ihrem eigenen Bereich nichts zu tun hatten. Die Implementation des Rettungsprogramms wurde so zur Aufgabe eines kleinen Teams, des sogenannten „Operationsteams" oder kurz Ops-Teams, im wesentlichen bestehend aus drei von Weber bestimmten Managern und einem externen Berater.

Das Ops-Team ließ sich im Nebenbüro von Webers Büro in Frankfurt nieder, also symbolisch in der Nähe des „Zentrums der Macht", obwohl es selbst niemals mit viel offizieller Macht ausgestattet war. Das Ops-Team setzte, bis zu dessen Auflösung, die Tagesordnungspunkte des Sanierungsteams fest, schrieb Protokolle, Analysen und Positionspapiere, koordinierte, was immer zu koordinieren war, und sprach mit vielen Managern über die Bedeutung des Rettungsprogramms. Controller und Ops-Team maßen die erreichten Fortschritte an den gesetzten Zielen. Umfassende Bemühungen um individuelle Lösungen waren in den verschiedenen Teilen des Unternehmens nötig, da jede Abteilung bei der Kostenreduzierung einen funktionsspezifischen Weg ging. Mit zunehmendem Wissen über die Organisation begannen die Mitglieder des Ops-Teams von sich aus, Veränderungen vorzuschlagen, vor allem in bezug auf die hochkomplexe Passageabteilung, deren Chef mit Projekten zur Umsatz- und Gewinnsteigerung völlig ausgelastet war. Wie kritisch das Ops-Team tatsächlich war – und worin seine Beziehung zum deutschen System des Corporate Governance deutlich wird –, läßt sich aus Webers Beurteilung des Ops-Teams herauslesen:

> „Ich suchte die Mitglieder des Ops-Teams auf der Basis von Vertrauen aus, sowohl hinsichtlich ihrer Kompetenz als auch ihrer Loyalität. Ich mußte einen sehr engen Pfad einschlagen zwischen der Aufrechterhaltung der Arbeitsatmosphäre im Vorstand einerseits und der Erledigung schwieriger und notwendiger Dinge, für die ein schneller Konsens im Vorstand nicht möglich war, andererseits. Das Sanierungs- und Ops-Team haben viel dazu beigetragen. Die frühen regelmäßigen Treffen des Sanierungsteams ermöglichten mir, den persönlichen Druck auf eine ganze Reihe von operationellen Managern zu vergrößern. Das Ops-Team führte uns zum richtigen Weg, markierte diesen Weg, und obwohl es manchmal übertrieben war, so war es doch niemals die falsche Richtung." (zit. n. Lehrer 1995)

Wenn es zutrifft, daß der Prozeß, durch den das Top-Management die Restrukturierung des Unternehmens Lufthansa implementierte und überwachte, zum Teil durch das Wesen des deutschen Corporate Governance bestimmt ist, so ist damit nicht ausgeschlossen, daß sich ein ähnlicher Prozeß auch in einer angelsächsischen Fluggesellschaft abspielen könnte oder daß in einem deutschen Großunternehmen eine Top-Down-Implementation und

Überwachung möglich wäre. Es gibt zweifellos britische Unternehmen, deren Zusammensetzung in der Leitungsebene die persönliche Macht des Chief Executive Officers bedeutend einschränken; und es gibt auch Vorstandsvorsitzende in einigen deutschen Unternehmen, die unerschütterliche Unterstützung von Vorstand und Aufsichtsrat genießen, was ihnen weitgehend die Möglichkeit zur unilateralen Durchsetzung ihres Willens gibt. Das hier vorgetragene Argument besagt lediglich, daß die Regeln des deutschen Corporate Governance es viel unwahrscheinlicher machen, daß ein Vorstandsvorsitzender die gleiche uneingeschränkte Macht hat wie ein CEO eines britischen oder amerikanischen Unternehmens, und daß ein deutscher Vorstandsvorsitzender daher bei der Entwicklung und Überwachung einer fundamentalen Restrukturierung des Unternehmens in der Regel auf andere Mittel als jene der direkten hierarchischen Kontrolle zurückgreift.

6. Ausblick: Lufthansas neue Unternehmensstruktur

Weber und seine Kollegen wußten, daß auf lange Sicht die Erträge weiterhin fallen würden, während die Erwartung eines höheren Profits mit der Privatisierung steigen würde. Ein immer größerer Anteil des Umsatzes von Lufthansa wurde außerhalb Deutschlands erzielt, wohingegen die Kosten immer noch zum größten Teil im teuren Standort Deutschland anfielen. Da weitere Zugeständnisse bei Löhnen und Gehältern nicht erwartet werden konnten[3], setzte Weber seine Hoffnungen in eine neue Unternehmensstruktur der internen Märkte, die zur Herstellung einer größeren Kostentransparenz und zur Stärkung der Initiative auf niedrigeren Ebenen beitragen sollte. Der konkrete Plan bestand darin, Lufthansa in zahlreiche rechtlich separate Unternehmen aufzuteilen; Fracht, Technik und EDV-Systeme sollten alle vom Mutterunternehmen Lufthansa AG getrennt werden. Der Aufsichtsrat billigte die Geschäftspläne für drei Einheiten, die am 1. Januar 1995 selbständige Unternehmen wurden: Lufthansa Cargo AG, die Lufthansa Technik AG und die Lufthansa Systems GmbH (EDV-Systeme, mit einem 25prozentigen Aktienverkauf an EDS).

Die neue Unternehmensstruktur erforderte einen grundlegenden Wandel der Funktionsweise des Vorstandes. Bis dahin bestand er noch aus einem Vorsitzenden und fünf funktionellen Positionen (Finanzen, Personal, Technik, Flugbetrieb, Verkauf und Marketing), die auf kollegialer Basis durch Mehrheitsentscheidung den Kurs bestimmten.[4] In der neuen Unternehmensstruktur verblieb dem Mutterunternehmen Deutsche Lufthansa AG nur noch

---

3 Bis 1994 wurde die Stellung der Stewards und Stewardessen mehr oder weniger entprofessionalisiert. Die Flugzeugbesatzungen bei Lufthansa bestehen überwiegend aus jungen Mitarbeitern, die bescheidene Löhne und Gehälter erhalten und eine dauerhafte Stellung im Bordservice nicht erwarten und auch nicht erwarten können.

4 Wichtige Entscheidungen erforderten auch die Billigung durch den Aufsichtsrat mit seinen zehn Repräsentanten der Aktionäre und den zehn Arbeitnehmervertretern.

die Passage (d.h. der Personenverkehr) und die Konzernfunktionen: Die formalen Vorstandsfunktionen Finanzen und Personal wie auch etwa Controlling, Konzernstrategie und Verkehrspolitik unterstehen alle einem Vorstandsmitglied. Obwohl ein kollegiales Entscheidungsgremium bestehen blieb, sind im Vorstand nunmehr zwei unterschiedliche Rollen vertreten: Drei Vorstandsmitglieder (Vorsitzender, Finanzen, Personal) tragen konzernweite Verantwortung, während zwei andere (Marketing, Flugbetrieb) funktionale Verantwortung für die Kernaktivitäten der Lufthansa, nämlich die Passage, tragen. Während die Passage ihre Beziehungen zu den neuen Tochterunternehmen zunehmend marktgerecht gestalten soll, ist vereinbart, daß der Vorstand den gesamten Prozeß überwacht. Darüber hinaus ist die Reform sogar so konzipiert, daß innerhalb der Passage marktähnliche Beziehungen zwischen Marketing und dem Flugbetrieb geschaffen werden sollen (Lehrer 1995).

Das Ergebnis dieser Unternehmensreform ist die Reduzierung der Kernfragen, die Gegenstand konsensualer Entscheidungsfindung im Vorstand sind. Man hat den Eindruck, daß Lufthansa sich im zunehmend scharfen Wettbewerb von den institutionellen Fesseln der konsensualen Steuerung durch den Vorstand ein wenig befreien, also sich vom deutschen Corporate Governance-System distanzieren wollte. Deutlich wird auch, daß sich Lufthansa mit seiner Unternehmensstruktur und den langfristigen Arbeitsverträgen realistischerweise nicht viel mehr erhoffen konnte, als Kostenreduktionen und Profitsteigerungen durch eine rechtliche Unabhängigkeit der einzelnen Einheiten zu erreichen, damit diese direkt dem Wettbewerbsdruck ausgesetzt werden.

Literatur

Bordes-Pagès, G. (1994): *De l'usage du yield dans la gestion globale d'un réseau.* Interner Bericht, Air France.

Kitschelt, H. (1991): „Industrial Governance, Innovation Strategies, and the Case of Japan: Sectoral or Cross-national Analysis?" In: *International Organization,* Jg. 45, H. 4, S. 453-493.

Lawrence, P. (1980): *Managers and Management in West Germany.* London.

Lehrer, M. (1995): *Lufthansa: The Turnaround.* Fallstudie, INSEAD.

Lehrer, M. (1996): *The German Model of Industrial Strategy in Turbulence: Corporate Governance and Managerial Hierarchies in Lufthansa.* Discussion paper FS I 96-307, Wissenschaftszentrum Berlin für Sozialforschung. Berlin.

Mölleney, M./von Arx, S. (1995): „'Management of change' bei Lufthansa – durch teamorientierte interne Sanierungsgruppen". In: R. Wunderer/T. Kuhn (Hg.): *Innovatives Personalmanagement: Theorie und Praxis unternehmerischer Personalarbeit.* Neuwied, S. 527-554.

Sorge, A./Streeck, W. (1988): „Industrial Relations and Technical Change: The Case for an Extended Perspective". In: R. Hyman/W. Streeck (eds.): *New Technology and Industrial Relations.* Oxford, S. 19-47.

Soskice, D. (1994): „Innovation Strategies of Companies: A Comparative Institutional Approach of Some Cross-country Differences." In: W. Zapf/M. Dierkes (Hg.): *Institutionenvergleich und Institutionendynamik. WZB-Jahrbuch 1994.* Berlin, S. 271-289.

Stewart, R. et al. (1994): *Managing in Britain and Germany.* London.

Streeck, W. (1995): *German Capitalism: Does it Exist? Can it Survive?* Diskussionspapier, Max-Planck-Institut für Gesellschaftsforschung. Köln.

Vitols, S. (1995): *The German Industrial Strategy: An Overview.* Unveröff. Workshoppapier.

Zysman, J. (1977): *Political Strategies for Industrial Order: State, Market, and Industry in France.* Berkeley.

IV Divergenz und Konvergenz von Regimen

The Political Economy of Adjustment in Germany

Peter A. Hall*

From the perspective of political economy, the years since 1945 can be divided into four periods, each characterized by a distinctive set of economic challenges. For roughly ten years after the Second World War, the energies of Western Europe were concentrated on economic reconstruction. The principal challenges involved the accumulation and allocation of capital with which to rebuild industry and the development of institutions for economic coordination both within and across nations (cf. Shonfield 1969; Eichengreen 1995). There followed twenty five years of rapid economic growth when the principal challenges seemed to be how to stabilize the business cycle and allocate the fruits of that growth between profits, wages and social benefits (Boltho 1982; Marglin/Schor 1990). During the 1970s, however, a variety of developments, including rising commodity prices and the exhaustion of Fordist models of production, brought sharply lower rates of growth combined with higher levels of inflation and unemployment (Piore/Sabel 1984; Boyer 1990). In this period, inflation appeared to be the main challenge facing the industrialized democracies and the decade saw a variety of experiments with incomes policies, ending in a more general movement toward stricter monetary control and fixed exchange-rate regimes (Salant 1977; Hirsch/Goldthorpe 1978; Berger 1982).

Since 1980, however, the general complexion of the economic challenges facing the industrialized nations seems again to have changed. Three developments have set the stage for those challenges. The first is a technological revolution, centering initially around telecommunications and microprocessors but now extending to biological science, which has created whole new industries and changed the methods that many established industries employ for production and distribution (Ziegler 1997; Lane 1995). The second, closely allied to the first, has been a managerial revolution, initially

---

* Peter Hall is Professor of Government, Associate Dean of the Faculty of Arts and Sciences, and member of the Center for European Studies at Harvard University. In 1996 he held, together with Bruce Kogut, the Karl W. Deutsch-Visiting Professorship, created by the Wissenschaftszentrum Berlin für Sozialforschung in honour of its former Director Karl W. Deutsch.

associated with the diffusion of Japanese techniques for quality control, team production, and supplier relations but extending now to many innovative forms of standard-setting, subcontracting, and production employed around the world (Womack et al. 1990; Streeck 1992; Sabel 1993a). The third important development, reinforcing the first two, is the substantial growth in international trade and finance that has taken place in recent years, facilitated by negotiated reductions in trade barriers, falling transportation and communication costs, financial deregulation and the growth of international markets in financial instruments (cf. Keohane/Milner 1996; Berger/Dore 1996).

Although each of these movements has been growing for many years, they have combined during the last two decades of the century to inspire a crescendo in what Schumpeter (1950) once described as the "cycles of creative destruction" that characterize modern capitalism. Each interacts with the others to put business enterprises under unusually intense competitive pressure, not only to survive but also to alter their ways of operating in order to keep pace with what are now often international competitors. That, in turn, has led firms to put pressure on their suppliers and their workforce to find new and more "flexible" ways of doing things. It has put pressure on governments to alter their regulatory structures in order to accommodate these drives for new forms of production, distribution, and innovation. And the higher levels of unemployment, especially among the less-skilled, that such "creative destruction" often entails have put pressure on many of the institutions that traditionally secure social order (cf. Wood 1994; OECD 1994).

In such a context, it is no wonder that many firms, trade unions, and governments feel beleaguered by international forces beyond their control. The principal economic challenge of the late twentieth century seems to be a challenge of adjustment, namely, how to adjust corporate strategy, industrial relations, and public policy so as to secure prosperity in a rapidly changing environment.

Many of the articles in this volume examine the way in which German firms are addressing these kind of adjustment problems. The purpose of this essay is to look at the German case from a slightly broader perspective – and an explicitly comparative one – with a view to reassessing the adjustment challenges that Germany faces and the capabilities it has for meeting them. As such, the essay is deliberately exploratory, designed to stimulate and provoke rather than to be the last word on the subject. In it, I will develop a distinctive perspective on these issues, strongly influenced by the research undertaken at the Social Science Research Center Berlin (WZB) and somewhat different from the conventional view of the "Standortproblem."

1. The Globalization Problem

The Standortproblem is closely connected to a set of processes that are often now summed up by the term "globalization." Although its meaning is usually vague, I use the term here to refer to growth in the numbers of goods, capital and people across national borders, made possible by falling trade barriers, lower communication costs, financial deregulation, and shifts in political regimes. From it, two problems of central importance to Germany and the other industrialized nations have followed. First, globalization raises the prospect that many firms may take advantage of greater economic openness to shift some or all of their production to foreign nations. Second, in light of this, it has put pressure on governments to alter their regulatory frameworks in order to keep such firms at home and to attract others from abroad.

For several reasons, these problems are more intense for Germany than for many nations. First, the collapse of Communism in Eastern Europe meant the collapse of what once had been, in effect, substantial trade barriers. German firms now sit closer than those of many other western nations to large, low-cost labor markets which, in some cases, provide alternative sites for production that are highly attractive. Second, thanks to high levels of productivity, German labor costs are now among the highest in the world, thereby intensifying fears that German products may be undercut by foreign competition. Third, the effort to construct a unified Germany, closely followed by one to create a European Monetary Union, has contributed to high levels of unemployment that call into question Germany's framework for social and economic regulation (cf. Carlin/Soskice 1997).

In this context, it is inevitable that some German firms will decide to move parts of their production abroad and that others will face more intense competition from foreign firms.[1] However, in the long run, the growth of foreign economies, especially in East Central Europe, should provide new markets for German goods. This is the kind of adjustment process that has long been associated with the opening of borders. The central questions are: how much production should we expect to see shift abroad and how much do German institutions have to change in order to remain competitive in the new context?

To these questions, the perspective on globalization most commonly found in the literature gives a rather frightening answer. There are several components to this conventional view. First, it sees firms as essentially similar across nations, at least in terms of basic structure and strategy. Second, it associates firm competitiveness almost exclusively with labor costs. From this, it follows that many firms will find it tempting to move their production off-shore if they can find cheaper labor there.

---

[1] Current surveys suggest that almost a third of all German firms plan to make some investments abroad in the next three years, cf. *The Financial Times,* 24 July 1997, p. vi.

The conventional view goes on to suggest that, in the face of threats from firms to exit the national economy, governments will come under increasing, and potentially irresistable, pressure from business to alter their regulatory frameworks in such a way as to lower domestic labor costs, reduce rates of taxation, and expand internal markets via deregulation. What resistance there is to such steps will come from trade unions seeking to protect the wages of their members and social democratic parties seeking to preserve social programs. On the basis of this model, the precise effects that each nation suffers in the face of globalization will be determined largely by the amount of political resistance that labor and the left can mount against such proposals for change.

By and large, this is a model that predicts substantial convergence in economic institutions and public policy across nations (Ohmae 1991; Reich 1992; cf. Berger/Dore 1996). In short, contemporary views of globalization contain a "convergence hypothesis" analogous in force, but considerably less sanguine in social implications, to the one generated forty years ago by theories of industrial society (Kerr 1973; Graubard 1964).

To date, those who have sought to challenge this model of the effects of globalization have generally done so by trying to show that the internationalization of trade and finance has not proceeded nearly as far as the model suggests or by arguing that national governments have connived in, rather than resisted, the changes in public policy associated with globalization and so cannot be said to be threatened by it (cf. Wade 1996; Boyer 1996; Cohen 1996). There is some validity in both arguments. However, there are even stronger grounds for rejecting the conventional view of globalization, and it is to these that I now turn. I begin by developing an argument in favor of comparative institutional advantage.

2. Comparative Institutional Advantage

At the heart of all theories of international trade, since their initial development, is the doctrine of comparative economic advantage. This doctrine suggests that particular nations or groups of nations enjoy advantages in the production of certain kinds of commodities, whether agricultural or industrial, by virtue of endowments specific to those nations. Where this is true, expanding trade will not impoverish a country by sending all its production abroad, but enhance its prosperity, because that nation will be able to specialize in the goods for which its endowments suit it, thereby producing them more efficiently and then exchanging them for even more goods of other sorts from other nations.

In its initial versions, the theory was applied to agricultural commodities where one could readily see that both Portugal and Britain would prosper by trading if one specialized in port and the other in grain. Here, the emphasis was on the physical endowments of a nation that suited it more for some kinds of agricultural production than for others. In later versions, the theory emphasized the relative abundance of labor and capital across nations, suggesting that nations with abundant and lower-cost labor could specialize in labor-intensive industries, while those with more capital pursued capital-intensive endeavors (Stolper/Samuelson 1941). With some modifications to allow for differences between skilled and unskilled labor, relative factor mobility, and the like, theories emphasizing relative factor endowments have remained the dominant approach to comparative economic advantage.

However, a number of analysts have recently begun to suggest that relative physical and factor endowments may not be the only sources of national economic advantage (Zysman 1994; Nelson 1993). One of the strongest indicators pointing in this direction has been the discovery that the total productivity gains of an economic unit cannot be explained fully by reference to the additional amounts of capital or labor that it utilizes. Like firms, many nations seem to experience increases in productivity beyond those that could be expected to derive from additions to their base of capital or labor. This has given rise to a set of "endogenous growth theories" that seek to explain how other factors, intrinsic to the character of an economy, may allow it to secure additional productivity or growth (cf. Romer 1986; 1994; Grossman/Helpman 1994). To date, these theories remain vague about what such factors might be and usually emphasize returns to the scale or scope of production. However, they strongly suggest that there may be other factors that can confer comparative economic advantage on a nation. The question is what these factors might be.

We can find the answer to this question – or at least one good answer – in recent work on the role of non-market coordination in the political economy (cf. Soskice 1991; 1994b; forthcoming). The central premise of this work is that many of the tasks that a typical firm must perform require coordination, either within the firm between various groups of employees or outside it with suppliers, other firms, and providers of finance. There are a variety of ways in which the performance of these tasks can be coordinated, each involving different kinds of firm behavior and producing a different equilibrium outcome. In general, however, we can distinguish between "market coordination," which relies heavily on the kind of market institutions that neo-classical economics commonly assumes to be important, and "non-market coordination," which utilizes a greater range of institutional arrangements. In general, the latter depends upon the presence of institutions that provide the relevant actors with capacities for negotiating, monitoring and enforcing agreements among each other.[2]

A variety of institutions can provide such capacities, including employer associations, networks of cross-shareholders, various frameworks for stand-

---

[2] It should be noted that, while the presence of such institutions is often a necessary condition for effective non-market coordination, it is not always a sufficient condition. In particular, when multiple equilibria are possible, given a specific set of institutional arrangements, coordination on one of them may depend upon the firm practices that have evolved over time and/or something equivalent to a corporate culture at the inter-firm level (cf. Kreps 1990).

ard-setting and the like; and effective non-market coordination often depends upon particular combinations of institutions, such as those that superintend wage bargaining in many nations. As Soskice (forthcoming) argues, such institutions and the coordination they support tend to be of special importance in five arenas external to the firm, namely those concerned with: the negotiation of wages and working conditions, vocational training, corporate governance and finance, and supplier relations. However, we also find such coordination among firms in an increasing range of spheres that include research, product development, marketing, and joint production arrangements.

In addition, of course, non-market coordination is important inside firms; and there tend to be systematic differences across nations in forms of internal coordination corresponding to differences in the kinds of coordination present in the environment external to the firm. The presence of such institutional "complementarities" is a key component of the coordination situation: effective coordination in any of the spheres outlined above often requires the presence of multiple institutions interacting in such a way as to reinforce the advantages that the other institutions offer to firms (cf. Milgrom/ Roberts 1995).

It should be apparent that effective non-market coordination is not easy to construct. Since the institutions that facilitate it normally provide collective (or club) goods, individual firms rarely have the incentive or means to erect them. The state is better placed to do so. However, since effective cooperation generally requires a substantial sharing of information and high levels of trust among firms, the presence of a supporting institutional framework alone is rarely enough to persuade firms to coordinate with each other. Rather, common experience of successful coordination in at least some spheres can be a prerequisite for further coordination in others; and that can be difficult to obtain. Moreover, the natural tendency of firms to distrust the state or its agencies (notably, with privileged information) renders it especially difficult for public authorities to construct such arrangements.

In effect, this means that particular forms of coordination among and within firms tend to develop over long periods of time as firms gradually adjust their behavior in correspondence with them. Since the nation-state has been the unit providing the legal regulation on which many forms of coordination depend and within which the institutions supporting coordination have developed, systematic differences in forms of coordination and firm behavior tend to be found across nations.

It should be apparent that this theoretical approach provides us with a powerful theory of institutionally-created comparative advantage. It suggests that the capacities of firms in a particular nation to pursue various kinds of endeavors will be conditioned by the kinds of inter- and intra-firm coordination that are available there which, in turn, depends on the presence of institutions supporting such coordination. This means that the firms located in a specific nation will benefit from certain advantages when pursuing some kinds of endeavors and disadvantages for pursuing others, which aggregate into a form of national comparative advantage.

The implications of this approach can be seen by comparing what Soskice (1991; forthcoming) terms "liberal market economies" (of which Britain and the United States are good examples) and "coordinated market economies" (of which Germany and Japan are examples). Each contains a distinctive set of institutional arrangements which conduce toward different kinds of inter- and intra-firm coordination. In general, liberal market economies (LMEs) tend to use particular kinds of market mechanisms for resolving these problems, while coordinated market economies (CMEs) make more extensive use of various forms of non-market coordination.

Liberal market economies are generally characterized by a system of corporate governance in which owners or providers of finance remain distant from the development of corporate strategy and use fluctuations in the share price of the firm on equity markets as the principal basis for their investment decisions. This is a system that confers great discretionary power on chief executives but often orients those chief executive officers (CEOs) toward concerns about short-term profitability (cf. Lehrer 1997b; Hall 1986). In keeping with this, firms in such settings tend to want to preserve the capacity to lay-off employees to preserve profitability when corporate revenues decline, which militates against arrangements that provide for long-term employment, powerful works councils, or the strong trade unions that tend to accompany highly-coordinated wage bargaining. Since market signals provide the basis for corporate finance, institutional arrangements of this sort also provide few incentives for firms to develop extensive institutions for sharing information and cooperating with each other, whether to secure finance, to provide vocational training, or to coordinate other kinds of endeavors.

As Soskice (1994a) argues, such settings confer distinctive advantages on firms that pursue certain kinds of activities. Open financial markets provide substantial amounts of venture capital and incentives for entrepreneurs seeking to establish new companies, which tends to facilitate the kind of radical innovation in new products that can be found in the United States. Such innovation is also encouraged by the ease with which companies can recruit employees with new kinds of technical expertise and release them if the research does not prove fruitful. As Lehrer (1997b) shows, this setting also encourages radical innovation in many dimensions of corporate strategy in response to changing market conditions, since employees can readily be moved around the firm and many are oriented toward more general, rather than task-specific, objectives. In general, this kind of system also offers advantages for pursuing production strategies based on low-cost and low-skilled labor, since the weakness of trade unions and ease of hiring and firing makes it possible for firms to secure labor at relatively low cost.

However, given the institutional setting, firms in liberal market economies are at a disadvantage when pursuing other kinds of endeavors. The difficulties of coordinating training with other firms and the high risks of losing employees that they train militate, to some extent, against production or distribution strategies that depend on a highly-skilled workforce. High personnel turnover and forms of coordination within firms that emphasize managerial prerogative work against competitive strategies that turn on employee-led process innovation.

Coordinated market economies, by contrast, tend to be marked by institutions for corporate governance that facilitate the exchange of information among firms, via relatively powerful supervisory boards, cross-shareholding, or the extensive involvement of suppliers of finance in corporate governance. That, in turn, tends to restrict the discretion of CEOs but provides sources of finance that do not turn on share-price. This reduces the extent to which firms must remain oriented toward short-term profitability but it puts a premium on securing agreement to corporate strategies from a variety of corporate actors. These conditions, in turn, make long-term employment relations more feasible, which puts a premium on securing labor peace. Accordingly, firms in such settings are more likely to accept works councils and powerful trade unions, provided forms of effective coordination with them can be established. The latter are more feasible in such settings because close relations with other firms make it possible to develop sectoral or national arrangements for wage coordination, which can, in turn, be extended to such spheres as vocational training.

This kind of institutional setting provides the firms in a coordinated market economy with advantages for pursuing certain kinds of endeavors. Long-term employment and closer relations with the workforce make it easier for them to pursue strategies based on incremental process or product innovation of the sort that builds on the knowledge embodied in the workforce. The presence of institutions capable of coordinating vocational training and pressure from powerful trade unions privileges forms of production based on high-cost and highly-skilled labor focusing on high value-added product lines (cf. Soskice, forthcoming).

Conversely, such settings tend to militate against radical innovation in new product lines, since it can be difficult to recruit expertise from outside the firm and to change the skill categories of the workforce. Because the discretion of CEOs is limited by more influential supervisory boards and/or works councils, radical changes in corporate strategy that entail reorganization or reorientation of the workforce can also be more difficult (Lehrer 1997b). Similarly, production strategies based on low-cost labor may also be difficult to pursue in systems where trade unions have become entrenched and long-term employment is the norm.

It should be apparent that the portrait drawn here is a highly-stylized one. There are some significant differences among nations that might be described as coordinated or liberal market economies; and, within any one of them, some firms will find ways of pursuing corporate strategies that the overall institutional structure does not seem to encourage (cf. Soskice 1994b). In some cases, sectoral or firm-specific institutions will make such strategies viable; in other cases, firms will find it possible to remain profitable even if they are not exploiting all of their nation's comparative institutional advantages. Nations have long supported a wide range of endeavors beyond those in which they have the greatest comparative advantage.

However, even this brief outline should suffice to establish that the presence of systematic differences across nations in the character of coordination, made possible by distinctive institutional arrangements, tends to confer on the firms of each nation distinct advantages, relative to those of firms in other nations, for pursuing certain kinds of activities. In short, within this approach to comparative capitalism, we can find a strong basis for positing the existence of what might be termed "comparative institutional advantage" across nations.

3. An Alternative View of Globalization

This theory of comparative institutional advantage, in turn, provides strong grounds for criticizing the conventional view of the dynamics behind globalization, which I have outlined above. It calls into question each of the key tenets of that view.

First, this theory suggests that the conventional assumption that firm strategy is largely similar across nations is probably wrong. The presence of different kinds of coordination across nations, supported by different institutions, tends to conduce toward quite different firm strategies in those nations. Again, wide variation in corporate strategy can be found within any one country, but there is evidence that a substantial number of firms tend to adapt their strategies to the forms of coordination available in their country. Soskice (1994a) has found indications that the forms of innovation firms pursue varies systematically across nations in line with the expectations that this sort of coordination model generates. At a slightly different level, Knetter (1989) and others find that the behavior of firms in the face of an exchange-rate appreciation varies systematically, such that those in nations that could be deemed LMEs adapt by preserving profitability at the expense of market share, while those in CMEs do just the reverse (cf. Burgess/Knetter 1996; Schettkat 1992). These observations indicate that, even when faced with the same international pressures, we should not expect firms located in different nations to behave in entirely the same ways.

Second, this perspective suggests that, when faced with an opening of borders that offers new access to low-cost labor abroad, firms will not automatically be tempted to exit. Lower cost labor is always attractive to firms provided it comes with commensurate skill levels, but I have argued that many firms also tend to benefit from the specific forms of inter-firm coordination available in their home country; and many may be reluctant to give up the advantages that these forms of coordination offer simply to reduce their wage costs. The presence of institutional comparative advantage tends to render firms less mobile than theories that do not recognize such advantages suggest.

Indeed, one of the implications of this analysis is that firms in liberal market economies, whose institutional arrangements tend to privilege corporate strategies oriented toward low-cost labor, may be more inclined to move some of their production abroad when lower-cost labor becomes available there than will firms in coordinated market economies. The competitive strategies of the latter tend to be more dependent on systems of inter-firm coordination that may not be available in the countries where cheap labor can be secured, and so their cost-benefit calculation about moving may produce quite different results.

Third, this approach suggests that the dynamics driving the movement of firms in the context of greater economic openness will be different from those postulated by the conventional theory. Instead of roaming the world for cheap labor, as the latter implies, firms may exploit the possibilities for movement that greater openness provides in quite different ways. In particular, they may choose to locate some of their activities abroad in order to benefit from the comparative advantages that divergent national institutional frameworks (supporting different forms of coordination) present. In some cases, that may entail movement toward less regulated economies where it is easier to pursue certain kinds of innovation strategies. But, in others, it may entail movement toward more coordinated economies that provide access to highly-skilled labor and other sorts of institutional advantages.

We can already see some of this "institutional arbitrage" taking place. One prominent example is Deutsche Bank, which acquired the British investment bank Morgan Grenfell, in large measure to secure access to the kind of radical innovation in financial dealing that Britain's institutional setting supports. Another case is that of Mazda, the Japanese automaker, which has located significant design functions in California, at least in part, in order to benefit from the design capabilities that the institutional setting in the United States provides.

In other words, the expectation that economic openness should increase the rate at which firms move parts of their activities abroad remains correct, but we need to shift our expectations concerning the direction of this movement. It will not entail movement exclusively, or even predominantly, toward low-wage and low-regulation environments but also some toward high-wage and highly-regulated economies as well. In this context, it is not surprising that American firms invested over $ 44 billion in Germany during 1996.[3]

Finally, the view presented here also calls into question the conventional presumption that, faced with the pressures of globalization, the business community of each nation will press its government toward greater deregulation. Instead, we may find such a response in liberal market economies, where many of the activities of firms are already coordinated through market mechanisms whose effectiveness can sometimes be sharpened by selec-

---

[3] This figure comes from the Invest in Britain Bureau as reported in the *Financial Times,* 24 July 1997, p. vi.

tive deregulation, but this response is likely to be far less intense in coordinated market economies, where many firms benefit from the regulatory structures that underpin complex forms of non-market coordination. In the latter, while pressures for deregulation may come from some quarters, there is likely to be substantial resistance to it from large segments of the business community. Many of its members will be concerned to preserve the regulations that confer various kinds of comparative institutional advantage.

There is good evidence for this in the case of Germany. Wood (1997) shows that German employers mounted significant resistance to the efforts of the newly-elected Kohl government to weaken the trade unions by altering the legal basis for strike payments, to reform works councils, and to introduce fixed-term employment contracts. In the first two cases, many firms were reluctant to disrupt the balance of power that had ensured relatively-peaceful and stable labor relations and, in the latter case, long-term employment relations had become a component of corporate strategy. Similarly, while firms in liberal market economies have been willing to tolerate bitter industrial conflict in order to weaken the trade union movement or secure deregulation, many German employers have preferred to avoid such conflict in order to preserve the cooperative relations with trade unions on which their corporate strategies depend (cf. Thelen, forthcoming).

In short, because of comparative institutional advantage, the pressures for institutional convergence stemming from globalization may be far less powerful than is conventionally thought. Although the likelihood that firms will shift some of their activities abroad has increased, that movement is likely to be multi-directional, and many firms may not be as inclined to move as many think. Thus the pressures facing governments to deregulate may be lower, especially in coordinated economies where many parts of the business community will support the maintenance of regulatory arrangements that form important components of their competitive advantage.

4. The Challenges Facing Germany and Its Capacities for Adjustment

Such an analysis provides a new perspective on the adjustment challenges facing Germany. It suggests that the first challenge is not "how to deregulate" but "how to preserve Germany's institutional comparative advantage," the second is not "how to prevent German firms from moving abroad" but "how to secure their continuing competitiveness in more open markets for goods."

Even redefined in these terms, these are significant challenges, which are likely to demand some adjustment in firm strategies, trade union behavior, and public policy. In short, it will require action in both the economic and political arenas.

Much the same could be said of the other industrialized democracies. But to such adjustment challenges, each nation brings a different set of capabilities, stemming from organizational differences in its institutions for economic and political decision-making. Based on the character of these institutions, what conclusions might we draw about the likely character of adjustment in Germany? The remainder of the article takes up this issue from a broad, comparative perspective.

In comparison to other countries, two overarching features of Germany's institutions for economic and political decision-making stand out. First, Germany's institutional setting is one in which multiple interests generally have entrenched power over decision-making. More groups are in a position to veto key decisions than is the case in many other nations. Second, the German setting contains a substantial number of institutions designed to facilitate consultation and collective deliberation among these interests. Although these two institutional features often accompany each other, they do not always do so.

This broad institutional pattern is visible in both the political and economic arenas. In the political arena, Germany's system of government divides power between the Federal government and the Länder, and in the former between the Bundestag and a Bundesrat, which are often controlled by opposing political parties. Within the Bundestag itself, the power to govern is often shared among a coalition of parties. In short, this institutional pattern normally confers a share of power on the representatives of many diverse interests from whom some agreement must be sought if decisive action is to be taken. For such reasons, Katzenstein (1987) has characterized the German political system as a "semi-sovereign state."

In the economic arena, power within firms is not as concentrated as in many nations. Although top management retains the largest share of power over decision-making, it must often secure consent for the moves that it makes from works councils, where the trade unions are strongly, if informally, represented and from supervisory boards that give associated firms and providers of finance a significant voice in corporate strategy (cf. Lehrer 1997a; Soskice, forthcoming; Thelen 1991; Turner 1991). Similarly, many kinds of decisions about vocational training, standard setting and the like are taken by groups of firms and workers in consultation with each other (cf. Finegold/Soskice 1988; Casper 1997; Hancké/Casper 1996).

As a result, both the economic and political systems of Germany are marked by a style of decision-making that attaches great importance to consultation among the affected interests and, in many cases, to securing consensus from them on the course of action to be taken (cf. Richardson/Jordan 1978). To support this, both systems have developed a large number of institutional arrangements, both formal and informal, for conducting such consultation and securing consensus.

These features are not unique to Germany. A number of other nations, with political and economic systems often described as consociational or corporatist, have similar institutions (cf. Katzenstein 1985; Lijphart 1975). However, they stand in contrast to the institutional features of other nations, such as Britain, where decision-making in both the economic and political arenas is organized on a more hierarchical basis that concentrates power in the hands of a few actors. In British firms, for instance, top managers generally have more discretionary authority over the direction of the firm than their German counterparts; and the British system of Cabinet government tends to concentrate power in the hands of the Prime Minister and his colleagues.

In the most general terms, the institutional features of German decision-making seem to confer three distinctive advantages.

First, they provide decision-makers in both the economic and political arenas with what might be termed "strategic capacity."[4] By this, I mean that such institutions tend to encourage the actors in a particular setting, whether economic or political, to agree on a diagnosis of the overall problems they confront and possible strategies for tackling those problems. Germany is replete with institutions designed to diagnose problems as they emerge, ranging from influential economic institutes whose pronouncements receive considerable publicity to trade associations ever-watchful for problems developing in their sectors.

Second, German institutions provide formidable mechanisms for what might be termed the "mobilization of consent." Here, I refer to the ability of such institutions to mobilize agreement among a wide range of groups on the course of action that should be taken. This entails compromises, but the resulting agreement is often more extensive than that found in other nations facing similar problems. The system is not entirely non-conflictual: from time to time, open conflict breaks out among political parties or between employers and trade unions. But much of that conflict seems to entail the testing of resolve and of relative strength or periodic efforts to remobilize and reassure the rank and file. It rarely results in breakdown of the system for reaching agreement itself (cf. Streeck, fortchcoming). Moreover, a surprising range of issues can be resolved without such open conflict. The capacity of German institutions to mobilize consent has been reflected most strongly in recent years in the agreements devised to share the costs of reunification.

Finally, German institutions are also especially effective at extracting information relevant to problem-solving from those affected by a decision, extending a substantial distance down traditional hierarchies such as those found in firms or other large organizations. This "capacity to mobilize information" is of great value to German firms seeking to improve their production processes, but it is also of value in many other decision-making settings, such as those involving coordination between the Federal government and the Länder or between the Länder and firms (cf. Herrigel 1996; Sabel 1993b; Berg 1997).

These are considerable strengths. Against them, however, must be set the limitations that tend to flow from the kind of institutional arrangements found in the economic and political arenas in Germany. Of these, two seem most important.

---

4 I owe this term to David Soskice.

First, in an institutional setting such as this, it can be difficult to implement measures that impose significant costs on specific groups unless these costs are relatively evenly distributed across all those represented in decision-making. From the point of view of distributive justice, this may be an advantage. From the point of view of efficient adjustment, however, it can be a disadvantage. Under the Thatcher governments of the 1980s, for instance, Britain was able to render many of its economic operations more efficient relatively quickly by imposing the costs of those efficiency gains on those employed in marginal firms and those who suffered from high levels of unemployment during the transition.

Second, the German institutional setting tends to privilege the interests of those groups represented in the decision-making process at the cost of some bias against groups not well-represented in those processes. This is a natural concomitant of such decision-making systems. The German system of industrial relations, for instance, may serve the interests of skilled workers relatively well because they are strongly represented on works councils but be somewhat biased against the interests of unskilled workers who are rarely well-represented there. Similarly, a comparison of telecommunications reform in Germany and the United States indicates that while a wide range of firms and workers in the sector were well-served by recent German reforms, consumer interests were not served as well as they were by the equivalent reforms in the United States. Built around powerful trade unions and business associations, the German systems of economic and political decision-making are organized in such a way as to give more attention to producer than to consumer interests.

5. The German Adjustment Path

Taken together, these features of the political economy contain formidable capacities for adjustment, but they will tend to push Germany along a particular adjustment path by making some kinds of adjustment more feasible than others. Although any such analysis must be somewhat speculative, it is possible to identify some of the directions that adjustment is likely to take in Germany. To do so, I focus on five of the most important adjustment challenges facing all the industrialized nations in the current conjuncture.

The first of these challenges entails maintaining competitive unit labor costs in the face of increasing foreign competition. In Germany, where average hourly labor costs, at $ 32 versus $ 18 in the United States, are among the highest in the world, the problem is especially acute. In other nations, it has often been addressed by currency devaluation or large-scale lay-offs among firms. However, neither of these solutions is highly feasible in Germany, where the Bundesbank tends to resist devaluation and lay-offs are discouraged by the unions and social regulation. Instead, many German firms are likely to concentrate their efforts to remain competitive on securing improvements in productivity of the sort associated with the reorganization of production.

In the past, German firms have been highly successful at this.[5] However, one of the current obstacles they face is the relatively rigid set of skill categories maintained by the vocational training system. These limit the capacity of firms to employ workers in tasks that cut across skill categories or to shift workers from one task to another. As a result, pressure is growing for change, and one of the features of adjustment in Germany is likely to be some reform of the skill categories underlying the vocational training system (cf. Herrigel 1996). While it will take time to negotiate such changes, the institutional machinery for doing so is in place, and one can expect slow progress here.

The second challenge facing the industrialized nations is to secure footholds in those sectors that are emerging as future centers of growth, including those based on advances in technology. The latter include the goods associated with microprocessing, telecommunications, and bioengineering. For reasons noted above, German firms have generally not been well-equipped to move into new sectors where they have no past experience. Such radical innovation is more likely to be found in nations like the United States. Thus, Germany may well continue to be underrepresented in some areas, such as semi-conductors.

However, by virtue of the kinds of coordination available to them, German firms have historically been good at improving their existing product lines and building incremental innovations into their products, and Germany is well represented in pharmaceuticals and telecommunications.[6] Accordingly, we can expect German industry to take advantage of technological advance in these sectors. In general, product-based adjustment in Germany is likely to take the form of improvements to existing product lines of the sort that Mercedes and Volkswagen have recently undertaken with their entry into the markets for mini-automobiles and family vans. In the coming years, rising rates of growth in East Central Europe should provide new markets for such products and many of the capital goods in which Germany specializes.[7]

The third challenge facing nations like Germany is to adjust their managerial strategies and forms of corporate governance to cope more effectively with the shifting character of international markets, including the market for corporate finance (cf. Lehrer 1997a). This is likely to entail some change in Germany, where financial markets have been dominated by cross-shareholding and large investment banks which have sometimes been slow

---

5 Productivity in the automobile industry, for instance, grew by 6 percent in 1996 without substantial reductions in employment.
6 For instance, the only two European software firms in the world's top twenty are German, SAP and Software AG.
7 Among the western nations, Germany is currently the largest trading partner with East Central Europe.

to develop new financial services. Many of the large German banks are already seeking to extend their foreign portfolios.[8] Some deregulation of financial markets to provide enhanced funding to small or medium-sized enterprises and to enhance the access of German firms to international sources of finance can be expected. Following the lead of Daimler, some German firms are also likely to provide more financial transparency in order to attract foreign investors.

However, these changes need not take Germany all the way toward British or American forms of corporate governance. The widely-heralded moves of Daimler in this direction stop well short of that end and seem to be designed primarily to improve the fiscal responsibility of its operating units rather than to sever the enterprise from the close relationships it has hitherto had with its suppliers of finance. The intricate relationships among industrial firms and financial enterprises, which provide potential suppliers of finance in Germany with access to crucial information about firms, remain relatively intact to date; and many business interests are likely to resist efforts to disrupt them. As a result, we can expect some reorganization of financial markets in Germany but one that proceeds in relatively incremental steps.

Turning to the macro-level, the fourth problem that Germany faces, in common with many other European nations, is how to cope with high levels of unemployment. Although, at 12 percent, unemployment has reached alarming proportions in Germany, it should be remembered that a significant portion of it arises, not from fundamental problems of competitiveness, but from the after-effects of unification and the relatively contractionary macroeconomic policies that efforts to meet the convergence criteria for European Monetary Union have inspired across Europe (cf. Carlin/Soskice 1997). However, jobs lost are not easily recreated, and Germany now faces the particularly difficult problem of how to raise levels of employment.

Here, too, adjustment in Germany is likely to take a particular path. We can expect widespread, and successful, resistance to calls for Germany to pursue an American strategy based on the deregulation of labor markets. Instead, the problem will almost certainly be tackled via intensive negotiations at the firm, sectoral and peak levels between employers and trade unions. As noted above, given the institutional setting for such negotiations, the solutions on which they settle are likely to distribute the costs of unemployment and reemployment relatively evenly among a wide range of groups. Accordingly, work-sharing schemes that involve the reduction of worktime in return for greater labor flexibility of the sort pioneered by Volkswagen are likely to be adopted in sites where they are feasible.[9] In other cases, such as that of the chemical industry and parts of the automobile sector, the trade

---

8   At least one senior official of Deutsche Bank has suggested that it might aim at holding 50 percent of its portfolio abroad after the year 2000.

9   In return for job guarantees to 1999 and more generous provision for early retirement, the workers at Volkswagen have agreed to a Saturday shift.

unions have shown themselves willing to concede wage increases for guarantees of employment; and firms in all sectors are making extensive use of early retirement schemes (cf. Mares 1997).

In most nations, the service sector has become the engine for employment growth in recent years; and, because that sector is still relatively small in Germany, there may be more potential for employment growth here than there is in many nations (cf. Iversen/Wren 1996). Since 1981, employment in the service sector has grown by 1.2 percent a year on average, while it has fallen in industry by 3 percent a year. However, more rapid growth is likely to demand some deregulation in the distribution and consumer services sectors, greater tolerance for part-time employment, and perhaps higher wage differentials. With the expansion of shop hours and the growth of part-time employment (now at roughly 16 percent of the labor force), there are some signs that German producers are willing to countenance such changes; but substantial progress is likely to depend on the attitude of unions and employers to such issues, which is yet to be fully determined.

Finally, like its neighbors, Germany faces the problem of controlling the social costs of an extensive welfare state. There is no evidence that these costs in themselves pose an economic problem. However, they have become especially burdensome in an era of high unemployment and, to the extent that they are financed by charges that employers must add to the wage bill, they tend to depress levels of employment. Moreover, in Germany as elsewhere, generous healthcare and pension provisions, rising rates of life expectancy, and falling birth rates combine to raise the spectre that those in work may soon be devoting a vast share of their income to support for the retired. In these respects, the problem of containing social costs forms a major component of the overall adjustment problem that all the European nations confront.

Germany's record of coping with such problems is not altogether auspicious. A series of attempts to reduce the costs of early retirement schemes, for instance, produced few real economies, and recent years have seen constant bickering within the governing coalition about whether fiscal balance is to be secured through spending cuts or tax increases (Mares 1997). In other respects, however, German institutions have an enviable record for being able to regulate such matters. Significant efforts to control healthcare costs have been made in recent years; and most of the distributive issues associated with reunification, which entailed massive transfers from west to east, were resolved with relatively little open conflict.

Again, this is a sphere in which Germany's extensive systems for consultation and negotiation can generate solutions, provided agreement can be reached on a diagnosis of the problem. To the extent that predictions can be made, we can expect various forms of work-sharing to take some of the pressure off the unemployment benefit system; and, in the long run like many European nations, Germany is likely to allow the expansion of various kinds of private pension arrangements, which will not resolve the underlying fiscal problems but will transfer some of the fiscal pressure away from the state.

In sum, although the adjustment challenges it faces are broadly similar to those confronting many other industrialized nations, Germany is likely to take an approach to their resolution that reflects the distinctive capabilities and limitations implicit in the way its decision-making systems are organized.

6. The Challenge to German Institutions

The second-order problem is whether the institutions that currently regulate the German political economy can survive the pressures that the challenges of globalization are placing on them. I will conclude with some brief reflections on this matter.

Once again, some institutional change must be expected. The survival of the German model cannot depend on the complete absence of institutional change; some degree of adaptation is always essential to the survival of an institutional model. The real issue is whether such adaptation can take the form of changes that sustain the complementarities of the model, i.e. the capacity of particular institutions to reinforce the benefits that others provide. Only time will tell. However, we can identify some of the principal spheres in which this sort of issue is likely to arise.

Prominent among these is the industrial relations system. Assuming European Monetary Union takes place as planned, the replacement of the Bundesbank with a European Central Bank (ECB) is likely to inspire at least some reorganization within German industrial relations. At the moment, wage coordination in Germany is enhanced by the close attention that the Bundesbank pays to its progress and the capacity of the bank to threaten the trade unions with retaliatory monetary policies if it deems their wage settlements excessive (cf. Streeck, forthcoming; Hall/Franzese 1997). Although the ECB will watch German wage settlements, several factors are likely to distance it from their negotiation. The new bank will have to target the level of inflation among all the member-nations of the EMU, which will limit its capacity to respond directly to German settlements; and pressure from nations like France and Spain, that seek more expansionary monetary policy, may limit the bank's ability to retaliate against excessive wage settlements in Germany or elsewhere.

As a result, the establishment of EMU is likely to provoke some shift in the balance of power within German industrial relations away from employers towards the trade unions (cf. Soskice 1997). Should high levels of unemployment, which tend to weaken the position of the unions, continue, some rough balance will remain; and the efforts of a new European central bank to establish its credibility may keep levels of unemployment high in Europe for some years. However, should growth accelerate and unemployment fall again, some institutional adjustment may be required if successful wage coordination is to be sustained in Germany. What form such adjustment might take is still uncertain. It may entail more intense coordination on the part of employers, but it is also likely to require new strategies on the part of the state, which negotiates wages with a large portion of the non-traded sector, i.e. with workers in the public sector, who face fewer incentives to restrain wages than do their counterparts in the traded sector (cf. Franzese 1996).

There is some indication that the German state can respond to this challenge. However, elected governments have found it difficult to enforce such restraint on public sector employees; and as several Nordic cases demonstrate, in its absence, there is a danger that employers and workers in the traded sector will sever their bargaining from that of the non-traded sector, thereby undercutting wage coordination (cf. Pontusson/Swenson 1996; Iversen 1997). The outcomes are likely to be affected by the degree to which membership in a new monetary union intensifies the sense, already evident to some extent in Germany, that the nation faces a collective challenge, in this case to ensure that real wages remain competitive within the union as a whole. German institutions are well-suited to the formation of such a sense of collective challenge and a coordinated response to it. Hence, there are some grounds for optimism, even though the situation remains open.

Changes in the sphere of international finance pose another challenge to German institutions. As German firms become more international in order to compete on a worldwide basis and seek international sources of finance, some disruption to the traditionally close patterns of bank-firm relations in Germany can be expected. The large universal banks are already divesting themselves of shares in German firms; and it is conceivable that such pressures could force German firms toward the kind of arm's length relations with suppliers of capital that one finds in many liberal market economies (cf. Streeck, forthcoming).

However, substantial levels of cross-shareholding among firms in Germany continue to limit the extent of hostile take-overs there and provide many firms with access to the kind of long-term capital that depends on the sharing of strategic information between suppliers and consumers of corporate finance. Since access to such capital can be a distinct comparative advantage in globalized markets, there are good reasons to think that German firms will seek to preserve the institutional relations that make it possible and few reasons to think that the latter will automatically disappear. Accordingly, here too, there are some grounds for cautious optimism.

Finally, high levels of unemployment, if they persist, may put German institutions under severe strain. As Streeck (forthcoming) has astutely observed, the German model is one designed to work best under conditions of full employment. In such circumstances, employers concentrating on high value-added products can agree with powerful trade unions on wage-rates that preserve broad equalities across the workforce, while intensive training is used to bring skill levels up to the point that all can be employed at relatively high wages. There is no doubt that full employment is highly desirable and that the German trade unions find it difficult to tolerate the widening of wage differentials in order to create low-wage jobs for the unemployed, as the stiff resistance they mounted toward this in the east demonstrated.

However, it does not necessarily follow from this that German institutions could not survive a prolonged period of high unemployment. The burden of providing unemployment benefits in such a context need not inspire a crisis of public finance, as the fiscal capacities of the German economy remain prodigious. If unemployment remains high, we are more likely to see efforts to reduce Germany's large net contributions to the EU in order to generate resources for the unemployed at home. That will produce strain within the EU but some potential relief for Germany.

Similarly, notwithstanding the resistance of the trade unions, some informal wage flexibility can already be observed in the Germany economy, notably in the east where many firms pay lower wages than their counterparts in the west. This interferes with the smooth operation of sectoral institutions for employers and workers but, to date, those have survived such strain. The greater threat is to the vocational training system, where low levels of demand and high levels of unemployment may inhibit employers from taking on apprentices, thereby weakening the skill-base of the workforce (cf. Culpepper 1997; Berg 1997; Locke/Jacoby 1995). That could, in turn, intensify pressure for low-wage jobs and impose considerable suffering on the young, but it need not lead to widespread institutional collapse.

However, effects such as this raise the possibility that a prolonged period of high unemployment may undermine the social consensus that underpins the German model. In some respects, this is Streeck's (forthcoming) most basic point. If it fails to provide economic well-being for 10 to 15 percent of the workforce, the model is bound to come under severe criticism. However, criticism is still some distance from collapse. As I have noted above, there are grounds for believing that the German system of decision-making can respond with some effectiveness to perceptions of a common problem. The question here must be whether a system that provides disproportionate recognition to the interests of employers and skilled workers can respond to problems that will be experienced most intensely by the young and less skilled. However, we can expect the Federal and Länder governments to be sensitive to such problems, by virtue of the weight such voices carry in the electoral arena, and so the coming years are likely to see more intense government involvement in the problems of the economy.

7. Conclusion

In sum, in the terms of the ancient Chinese curse, the coming years are likely to be interesting ones for the German political economy. It confronts a variety of challenges associated with globalization. However, I have argued in favor of a particular interpretation of these challenges. In particular,

I have suggested that the presence of comparative institutional advantage across nations calls into question the conventional view of how globalization will affect nations like Germany.

First, I have argued that, while we should expect German firms to increase their investments abroad, there are good reasons why many will want to locate activities in Germany and why other firms should also want to invest in Germany. The structure of the German political economy provides a set of comparative institutional advantages that remain attractive even in a world of cheaper labor.

Second, I have suggested that fears that Germany will be forced to adopt an Anglo-Saxon economic model are greatly exaggerated. Although some forms of deregulation can be expected, there are good reasons for German firms and the German government to resist wholesale movement down that path.

Third, I have argued that the structure of decision-making in the German system makes it likely that Germany will follow a distinctive adjustment path; and I have tried to outline some of the likely features of that path. These include: intensified forms of work-sharing and efforts at real wage restraint, modifications to the system of corporate governance that maintain at least some of the characteristics of cross-shareholding and close corporate connections traditional to the German model, and forms of innovation that build on Germany's longstanding capacities for incremental innovation in products and processes.

Finally, I have identified several respects in which the institutional structures of the German political economy will come under strain, but I have suggested that there is reason to believe these structures can accommodate some change without losing all of their distinctive strengths.

Those who argue that the German system is currently experiencing its greatest crisis since the war are probably correct. In order to compete on a global scale, German industrial firms are likely to develop an increasing number of operations abroad and the internationalization of capital markets may initiate some change in relations between firms and suppliers of finance in Germany. To meet more intense foreign competition, many German firms will need to develop more flexible working arrangements. These developments will inevitably put pressure on traditional ways of doing business in Germany.

In addition, once levels of unemployment reach double digits, they can be lowered again only with difficulty, and the advent of a European Monetary System will make this more, rather than less, difficult. The new European central bank is likely to want to pursue stringent monetary policies in order to establish its credibility, the fiscal deficits with which the member nations will enter it will make immediate fiscal expansion very difficult. Thus, unless there is a spontaneous expansion in the European economy, we can expect some years of continuing social and political tension in Germany.

However, the general thrust of this analysis suggests that, while German institutions have weaknesses that render them vulnerable to such challenges, they also have distinctive strengths. In particular, the character of collective decision-making in Germany allows for the possibility of a concerted response to such challenges, at both the national and more local levels, and we will see in the coming years whether such a response is forthcoming.

References

Berg, P. (1997): *Fostering High Performance Work Systems in Germany and the United States.* Paper presented to the EMOT conference, Berlin, January.
Berger, S. (ed.) (1982): *Interest Politics in Western Europe.* New York.
Berger, S./Dore, R. (eds.) (1996): *National Diversity and Global Capitalism.* Ithaca.
Boltho, A. (ed.) (1982): *The European Economy.* Oxford.
Boyer, R. (1990): *The Regulation School: A Critical Introduction.* New York.
Boyer, R. (1996): "The Convergence Hypothesis Revisisted: Globalization but Still the Century of Nations?" In: Berger/Dore 1996, pp. 29-59.
Burgess, S./Knetter, M. M. (1996): *An International Comparison of Employment Adjustment to Exchange Rate Fluctuations.* Working Paper 5861 of the National Bureau of Economic Research. Cambridge, Ma.
Carlin, W./Soskice, D. (1997): Shocks to the System: the German Political Economy under Stress. In: *National Institute Economic Review,* 159, January, pp. 57-76.
Casper, S. (1997): *The Legal Framework for Corporate Governance: Explaining the Development of Contract Law in Germany and the United States.* Paper presented to a workshop on Varieties of Capitalism, Wissenschaftszentrum Berlin für Sozialforschung. Berlin, June.
Cohen, E. (1996): *La Tentation Hexagonale.* Paris.
Culpepper, P. (1997): *The Misunderstood Role of Employer Coordination in Vocational Training Reform.* Paper presented to a workshop on Varieties of Capitalism, Wissenschaftszentrum Berlin für Sozialforschung. Berlin, June.
Eichengreen, B. (1995): *Institutions and Economic Growth: Europe After World War II.* Paper presented to a conference on Comparative Experience of Economic Growth in Postwar Europe, Oxford.
Finegold, D./Soskice, D. (1988): "Britain's Failure to Train: Explanations and Some Possible Strategies." In: *Oxford Review of Economic Policy,* 4, November, pp. 21-53.
Franzese, R. (1996): *The Political Economy of Over-Commitment.* Ph. D. Thesis, Harvard University.
Graubard, S. (ed.) (1964): *A New Europe?* Boston.
Grossman, G./Helpman, E. (1994): "Endogenous Innovation in the Theory of Growth." In: *Journal of Economic Perspectives,* 8, 1, Winter, pp. 23-44.
Hall, P. A. (1986): *Governing the Economy.* New York.
Hall, P. A. (fortchcoming): "The Political Economy of Europe in an Era of Interdependence." In: H. Kitschelt et al. (eds.): *Continuity and Change in Contemporary Capitalism.* New York.
Hall, P. A./Franzese, R. (1997): *Mixed Blessings: Central Bank Independence, Coordinated Wage Bargaining and European Monetary Union.* Discussion paper FS I 97-306, Wissenschaftszentrum Berlin für Sozialforschung. Berlin.

Hancké, B./Casper, S. (1996): *ISO 9000 in the French and German Car Industry.* Discussion paper FS I 96-313, Wissenschaftszentrum Berlin für Sozialforschung, Berlin.

Herrigel, G. (1993): "Large Firms, Small Firms and the Governance of Flexible Specialization: The Case of Baden-Wuerttemberg and Socialized Risk." In: B. Kogut (ed.): *Country Competitiveness.* New York, pp. 15-35.

Herrigel, G. (1996): "Crisis in German Decentralized Production." In: *European Urban and Regional Studies,* 3, 1, pp. 33-52.

Hirsch, F./Goldthorpe, J. (eds.) (1978): *The Political Economy of Inflation.* London.

Iversen, T. (1997): *Wage Bargaining and Macroeconomics in Organized Market Economies: One Logic or Two?* Paper presented to a workshop on Varieties of Capitalism, Wissenschaftszentrum Berlin für Sozialforschung. Berlin. June.

Iversen, T./Wren, A. (1996): *Equality, Employment and Fiscal Discipline: The Trilemma of the Service Economy.* Paper presented to the American Political Science Association, San Francisco, September.

Katzenstein, P. (1985): *Small States in World Markets.* Ithaca.

Katzenstein, P. (1987): *Policy and Politics in West Germany.* Philadelphia.

Keohane, R./Milner, H. (eds.) (1996): *Internationalization and Domestic Politics.* New York.

Kerr, C. (1973): *Industrialism and Industrial Man.* 2nd Ed. Cambridge, Ma.

Knetter, M. (1989): "Price Discrimination by U.S. and German Exporters." In: *American Economic Review,* 79, March, pp. 198-210.

Kreps, D. (1990): "Corporate Culture and Economic Theory." In: J. Alt/K. Shepsle (eds.): *Perspectives on Positive Political Economy.* New York, pp. 90-143.

Lane, C. (1995): *Industry and Society in Europe.* Aldershot.

Lehrer, M. (1997a): "The German Model of Industrial Strategy in Turbulence: Corporate Governance and Managerial Hierarchies in Lufthansa." In: *Industry and Innovation,* 4, 1, pp. 97-114.

Lehrer, M. (1997b): *Comparative Institutional Advantage in Corporate Governance and Managerial Hierarchies: The Case of European Airlines.* Ph.D. Thesis, INSEAD, Fontainebleau.

Lijphart, A. (1975): *The Politics of Accomodation.* 2nd Ed. Berkeley.

Locke, R./Jacoby,W. (1995): *The Dilemmas of Diffusion: Social Embeddedness and the Problems of Institutional Change in East Germany.* Manuscript, MIT.

Mares, I. (1997): *Business Coordination and Social Policy Development: The Case of Early Retirement.* Paper presented to a workshop on Varieties of Capitalism, Wissenschaftszentrum Berlin für Sozialforschung. Berlin, June.

Marglin, S./Schor, J. (eds.) (1990): *The Golden Age of Capitalism.* Oxford.

Milgrom, P./Roberts, J. (1995): "Complementarities and Fit: Strategy, Structure and Organizational Change in Manufacturing." In: *Journal of Accounting and Economics,* 2, pp. 179-208.

Nelson, R. (ed.) (1993): *National Innovation Systems.* New York.

Ohmae, K. (1991): *The Borderless World.* New York.

Organization for Economic Cooperation and Development (OECD) (1994): *The OECD Jobs Study.* Paris.

Piore, M./Sabel, C. (1984): *The Second Industrial Divide.* New York.

Pontusson, J./Swenson, P. (1996): "Labor Markets, Production Strategies and Wage-Bargaining Institutions." In: *Comparative Political Studies,* 29, pp. 223-250.

Reich, R. (1992): *The Work of Nations.* New York.

Richardson, J./Jordan, W. (eds.) (1978): *Policy Styles in Western Europe.* London.

Romer, P. (1986): "Increasing Returns and Long-Run Growth." In: *Journal of Political Economy,* 94, pp. 1002-1037.
Romer, P. (1994): "The Origins of Endogenous Growth." In: *Journal of Economic Perspectives,* 8, 1, Winter, pp. 3-22.
Sabel, C. (1993a): "Studied Trust: Building New Forms of Cooperation in a Volatile Economy." In: F. Pyke/W. Sengenberger (eds.): *Industrial Districts and Local Economic Reorganization.* Geneva, pp. 332-352.
Sabel, C. (1993b): "Learning by Monitoring: The Institutions of Economic Development." In: N. Smelser/R. Swedberg (eds.): *Handbook of Economic Sociology.* Princeton, pp. 137-165.
Salant, W. (1977): *Worldwide Inflation.* Washington.
Schettkat, R. (1992): *The Labor Market Dynamics of Economic Restructuring.* New York.
Schumpeter, J. (1950): *Capitalism, Socialism and Democracy.* 3rd Ed. New York.
Shonfield, A. (1969): *Modern Capitalism.* New York.
Soskice, D. (1991): "The Institutional Infrastructure for International Competitiveness: A Comparative Analysis of the U.K. and Germany." In: A. B. Atkinson/R. Brunetta (eds.): *The Economies of the New Europe.* London, pp. 45-66.
Soskice, D. (1994a): "Innovation Strategies of Companies: A Comparative Institutional Approach of Some Cross-Country Differences." In: W. Zapf/M. Dierkes (eds.): *Institutionenvergleich und Institutionendynamik. WZB-Jahrbuch 1994.* Berlin, pp. 271-289.
Soskice, D. (1994b): *Finer Varieties of Advanced Capitalism: Industry Versus Group Based Coordination in Germany and Japan.* Paper presented to the Varieties of Capitalism Conference, Poitiers, September.
Soskice, D. (1997): "Die zukünftige politische Ökonomie der Europäischen Währungsunion." In: W. Fricke (Hg.): *Jahrbuch Arbeit und Technik.* Bonn, pp. 341-352.
Soskice, D. (forthcoming): "Divergent Production Regimes: Coordinated and Uncoordinated Market Economies in the 1980s and 1990s." In: H. Kitschelt et al. (eds.): *Continuity and Change in Contemporary Capitalism.* New York.
Stolper, W. F./Samuelson, P. A. (1941): "Protection and Real Wages." In: *Review of Economic Studies,* 9, pp. 58-73.
Streeck, W. (1992): *Social Institutions and Economic Performance.* Beverly Hills.
Streeck, W. (1994): "Pay Restraint without Incomes Policy: Institutionalized Monetarism and Industrial Unionism in Germany." In: R. Dore/R. Boyer/ Z. Marn (eds.): *The Return of Incomes Policy.* London, pp. 118-140.
Streeck, W. (forthcoming): "German Capitalism: Does it Exist? Can it Survive?" In: C. Crouch/W. Streeck (eds.): *Modern Capitalism. Mapping Convergence and Diversity.* London.
Thelen, K. (1991): *Union of Parts.* Ithaca.
Thelen, K. (forthcoming): "Why German Employers Cannot Bring Themselves to Abandon the German Model." In: T. Iversen/J: Pontusson/D. Soskice (eds.): *Unions, Employers and Central Banks.* Cambridge.
Turner, L. (1991): *Democracy at Work.* Ithaca.
Vitols, S. (1995): *Financial Systems and Industrial Policy in Germany and Great Britain: The Limits of Convergence.* Discussion paper FS I 95-311, Wissenschaftszentrum Berlin für Sozialforschung. Berlin.
Wade, R. (1996): "Globalization and its Limits: Reports of the Death of the National Economy are Greatly Exaggerated." In: Berger/Dore 1996, pp. 60-88.

Womack, J. P./Jones, D. T./Roos, D. (1990): *The Machine that Changed the World.* New York.
Wood, A. (1994): *North-South Trade, Employment and Inequality.* Oxford.
Wood, S. (1997): *Varieties of Capitalism, Varieties of Change: Employer Organisation and Labour Market Policy in Great Britain and West Germany in the 1980s.* Paper presented to a workshop on Varieties of Capitalism, Wissenschaftszentrum Berlin für Sozialforschung. Berlin, June.
Ziegler, N. (1997): *Governing Ideas: Strategies for Innovation in France and Germany.* Ithaca.
Zysman, J. (1994): "How Institutions Create Historicaly Rooted Trajectories of Growth." In: *Industrial and Corporate Change,* 3, 1, pp. 243-283.

Technologiepolitik, Innovation und nationale Institutionengefüge in Deutschland

David Soskice

1. Einleitung

Das Muster von Innovationen in Deutschland unterscheidet sich erheblich von den Innovationsmustern, die in den USA und in Großbritannien zu finden sind. In diesem Beitrag wird dargelegt, daß die in Deutschland vorherrschende Form der Innovation – schrittweise Innovation vor allem bei hochwertigen technischen und chemischen Produkten (im folgenden kurz als „hochwertige, inkrementelle Innovationsstrategien" bezeichnet[1]) – langfristiges Kapital, sehr kooperative Gewerkschaften und starke Arbeitgeberverbände erfordert, außerdem ein erfolgreiches Ausbildungssystem und enge langfristige Zusammenarbeit zwischen den Unternehmen wie auch mit Forschungsinstituten und den Abteilungen der Universitäten. Diese Voraussetzungen sind durch die Anreize und Zwänge des Institutionengefüges gegeben, in das die Unternehmen in Deutschland eingebunden sind. Des weiteren wird dargestellt, daß die Technologiepolitik in Deutschland für diese Form der hochwertigen, inkrementellen Innovation bedeutsam und ihr angemessen ist. Darüber hinaus ist das institutionelle Gefüge – besonders die Rolle der starken Unternehmerverbände darin – in der Lage, die Probleme kollektiven Handelns zu lösen, denen eine Technologiepolitik wie die deutsche normalerweise ausgesetzt ist.[2]

Trotz der Attraktivität des deutschen Systems ist es nicht die Absicht dieses Aufsatzes, für dessen Übertragung auf die angelsächsischen Volkswirtschaften zu plädieren.[3] Der Grund dafür liegt in den dort grundlegend anderen institutionellen Rahmenbedingungen; ich habe an anderer Stelle dargelegt, daß die deutlich anderen Innovationsmuster – siehe unten – durch

---

[1] Anmerkung der Übersetzerin: im englischen Original „High-Quality, Incremental Innovation Strategies" – HQII.
[2] Dieser Beitrag beschäftigt sich überwiegend mit der Innovation in Deutschland. Die Innovationsmuster in Schweden und in der Schweiz sowie ihr institutioneller Rahmen gleichen jenen in Deutschland.
[3] Abgesehen von einem weniger stark deregulierten Arbeitsmarkt ähnelt die Situation in Australien in Hinsicht auf die wichtigen institutionellen Eigenschaften den USA oder Großbritannien.

die relativ deregulierten angelsächsischen Institutionengefüge begünstigt werden (Soskice 1994b). In diesem Beitrag geht es mir darum zu zeigen, daß die unterschiedlichen institutionellen Rahmenbedingungen den fortgeschrittenen Ökonomien *komparative institutionelle Vorteile* bei den Innovationstätigkeiten bieten.

Die nationalen Innovationsmuster der späten achtziger Jahre

Sieht man sich nach empirischen Grundlagen für nationale Innovationsmuster um, erscheint Michael Porters „The Competitive Advantage of Nations" (Porter 1990) als die vielleicht nützlichste quantitative und qualitative Untersuchung in verschiedenen fortgeschrittenen Volkswirtschaften. Dort werden einerseits Großbritannien und die USA betrachtet, für uns die paradigmatischen angelsächsischen Ökonomien, andererseits Deutschland, Schweden und die Schweiz, die für uns zur Kategorie Nordeuropa gehören.

Porter kommt – in Übereinstimmung mit anderen Quellen – zu dem Hauptergebnis, daß die Stärken der USA und Großbritanniens erstens bei der radikalen Innovation im Bereich neuer Technologien wie z.B. Biotechnologie und Mikroprozessoren sowie zweitens im Bereich hochentwickelter, international wettbewerbsfähiger Dienstleistungen liegen – z.B. bei der Unternehmensberatung, der Werbung und den damit verbundenen Mediendienstleistungen, den internationalen Bankgeschäften einschließlich des Investitionsgeschäfts und des Derivate-Handels, der Steuerberatung, der Beratung im Bau- und Ingenieurwesen und im Auktionswesen.[4] Drittens gehört die Innovation im Bereich großer, komplexer Systeme dazu, besonders bei sich schnell verändernden Technologien wie Einrichtungen der Telekommunikation, großen Systemen der Unterhaltungsindustrie, Verteidigungssystemen, großen Softwaresystemen, Systemen für Fluggesellschaften und umfangreicher Flugzeugproduktion.

Dagegen liegen die Stärken Deutschlands, Schwedens und der Schweiz bei der inkrementellen Produkt- und Verfahrensinnovation – häufig auf höchstem wissenschaftlichen Niveau – im Bereich etablierter Technologien, besonders des Maschinenbaus und der Chemie. Hier handelt es sich um relativ hochwertige Produkte mit komplexen Produktionsprozessen, Kundenservice und vielfach engen, langfristigen Verbindungen zu den Kunden.[5]

---

4 Nach meinen Berechnungen auf der Grundlage von Porters länderübergreifender Klassifikation der international konkurrierenden Industrien ergeben sich die folgenden Zahlen für „international konkurrierende" Dienstleistungsunternehmen: Deutschland 7, Schweden 9, Schweiz 14, Großbritannien 27, USA 44. (Anmerkung: Diese Zahlen sind mit einer gewissen Vorsicht zu behandeln, da sich die Klassifikation der Daten für Großbritannien als problematisch erwies).

5 Diese sind nach Matraves' Terminologie typische 2r-Industrien (Industrien mit hohen Forschungsaufwendungen). Die Ergebnisse ihrer empirischen Untersuchung über die Struktur der Industrie in Deutschland entsprechen den hier dargestellten (Matraves 1996). – Meine Berechnungen nach Porters Daten ergeben folgende Zahlen international konkurrierender Maschinenbauindustrien: Deutschland 46, Schweden 28,

Die Volkswirtschaften Deutschlands, Schwedens und der Schweiz lassen eine Entwicklung neuer Industrien nicht so leicht zu wie jene der USA und Großbritanniens (vgl. Porter 1990, S. 351, 353 [Schweden]; 325, 327 [Schweiz]). Michael Porter vergleicht Deutschland mit den USA:

> "As strong as Germany is overall in research, it cannot match the US in inventiveness in new industries... Germany is the undisputed leader in improving and upgrading technology in fields in which its industry is established, but there are weaknesses in newer fields such as electronics, biotechnology and new materials." (ebd., S. 377)

Diese Unterschiede spiegeln sich in fehlenden Unternehmensgründungen in Deutschland, Schweden und der Schweiz, abermals im Gegensatz zu den USA und Großbritannien (ebd., S. 377 [Deutschland]; 351 [Schweden]; 327 [Schweiz]; 507 [Großbritannien]; 527, 530 [USA]).

Die folgende Analyse konzentriert sich auf das Verhältnis zwischen Innovationsmustern und der Organisation der Unternehmen. Verschiedene Strategien der Innovation, so wird dargelegt, verursachen unterschiedliche potentielle Motivationsprobleme bei Forschern und anderen wichtigen Angestellten. Ebenso verursachen sie unterschiedliche Probleme im Hinblick auf die Beziehungen zwischen dem innovierenden Unternehmen und anderen Unternehmen, mit denen es kooperiert. Darüber hinaus muß die Unternehmensführung die Banken überzeugen, das Projekt in einer Form zu finanzieren, die weiterhin tragfähige Beziehungen zu den Beschäftigten und den kooperierenden Unternehmen ermöglicht, was zu weiteren Schwierigkeiten führen kann.

Diese Probleme zwischen der Leitung des innovativen Unternehmens und jenen anderen, zu denen entsprechende Beziehungen aufgebaut werden müssen (Angestellte, „kooperierende" Unternehmen, Eigentümer), entstehen durch die Schwierigkeit, vollständige Verträge aufzusetzen, während zugleich eine Informationsasymmetrie herrscht. Auf der Grundlage einer solchen organisationszentrierten Analyse der verschiedenen Probleme, die sich innovativen Unternehmen mit verschiedenen Innovationsstrategien stellen, werden die Verbindungen zwischen einzelnen Innovationsstrategien und den institutionellen Rahmenbedingungen deutlich. So bieten unterschiedliche institutionelle Rahmenbedingungen komparative Vorteile bei der Lösung der organisatorischen Probleme, die verschiedene Innovationsstrategien mit sich bringen.

Der Schwerpunkt dieses Beitrags liegt auf der Beziehung zwischen den typischen deutschen Innovationsmustern, den für sie nötigen „relationalen" Anforderungen und dem deutschen Institutionengefüge. Im Sinne der „new institutional economics" bezieht sich der Begriff „relational" nicht nur auf die Sphäre der vertraglich geregelten Beziehungen von Unternehmen, son-

---

Schweiz 35, Großbritannien 17, USA 44. (Auch hier gilt die Einschränkung aus Fußnote 4).

dern auch auf jene allgemein gehaltenen Rahmenvereinbarungen, die gleichwohl durch „ungeschriebene Gesetze", „gute Sitten", „allgemeine Standards" eine wechselseitige Bindewirkung entfalten.

In Abschnitt 2 werden die Beziehungen betrachtet, die die Unternehmen zu ihren Angestellten eingehen müssen, während Abschnitt 3 die Beziehungen zu kooperierenden Unternehmen, überwiegend den Zulieferern, analysiert. Diese Beziehungen werden als die *primären relationalen Anforderungen* der Innovationsstrategie bezeichnet. Die primären relationalen Anforderungen verweisen auf die Notwendigkeit spezifischer Beziehungen zwischen dem Unternehmen und seinen Eigentümern (z.B. langfristige Finanzierung). Diese Beziehung zu den Eigentümern, die *sekundäre relationale Anforderung* der Innovationsstrategie, wird in Abschnitt 4 behandelt.

Abschnitt 5 zeigt auf, wie das deutsche Institutionengefüge im Gegensatz zum US-amerikanischen oder britischen Institutionengefüge jenen Problemen begegnet, die mit den relationalen Anforderungen der Strategien hochwertiger, inkrementeller Innovation einhergehen. Abschnitt 6 bildet den Abschluß mit einer genaueren Untersuchung der Technologiepolitik in Deutschland.

Methodisch baut dieser Beitrag auf drei wichtigen wissenschaftlichen Entwicklungen der letzten zehn Jahre auf. Grundlegend sind hier zunächst die Arbeiten der „institutionellen" politischen Ökonomen, allen voran Hall (1986), Katzenstein (1985) und Zysman (1983), die gezeigt haben, wie sich die Beziehungen zwischen Politik und Institutionen auf Makro- wie Mikroebene beschreiben lassen. Eine weitere Grundlage stellt jene Schule der Industriesoziologie dar, die besonders mit Sorge (Sorge/Warner 1987), Streeck (1991) und der Gruppe „Soziale Effekte" am Laboratoire d'Economie et de Sociologie du Travail (LEST) in Aix-en-Provence (Maurice et al. 1986) verbunden ist. Diese Renaissance innerhalb der Industriesoziologie hat gezeigt, wie externe institutionelle Faktoren sich mit internen organisatorischen Praxen verschränken. Schließlich ist die neue Organisationsökonomie zu nennen, die Organisationsformen als Reaktionen auf die Unmöglichkeit analysiert, vollständige Verträge aufzusetzen (vgl. Milgrom/Roberts 1992). Zwei wichtige Arbeiten (Kitschelt 1991; Aoki 1994), an die hier angeknüpft wird, haben Wege aufgezeigt, wie die genannten unterschiedlichen Ansätze integriert werden könnten.

2. Relationale Anforderungen der hochwertigen, inkrementellen Innovationsstrategien und damit verbundene Probleme: Die primären Beziehungen zu den Beschäftigten

Im folgenden werden die erforderlichen Beziehungen zu den Beschäftigten betrachtet. Es bietet sich an, diese Anforderungen hochwertiger, inkrementeller Innovationsstrategien anhand zweier Dimensionen zu strukturieren:

zum einen anhand der Arbeitsorganisation und zum anderen anhand der benötigten Fertigkeiten.

2.1 Die Arbeitsorganisation

Die *erste* Dimension ist der Industriesoziologie entlehnt[6] und bezieht sich auf die *Arbeitsorganisation*; hier geht es darum, in welcher Weise Unternehmen die Arbeit ihrer Beschäftigten koordinieren und ihnen Autonomie gewähren sollten, damit diese einen effektiven Beitrag zu Innovationen leisten (der Faktor der Aneignung der Fertigkeiten – die zweite Dimension – wird konstant gehalten). Die Dimension der Arbeitsorganisation setzt sich damit eigentlich aus zwei verschiedenen Dimensionen zusammen: nämlich erstens, wieviel Koordination zwischen den Mitarbeitern nötig ist, zweitens, wieviel Autonomie den Beschäftigten eingeräumt werden sollte. Beide bergen ein Risiko für die Unternehmensleitung. Das Risiko, das die Notwendigkeit zur Koordination in sich trägt, ist ein kollektives „Hold-Up", das von einem „Dienst nach Vorschrift" bis zu bewußt herbeigeführten Stokkungen des Produktionsprozesses reichen kann.

Das Risiko, das mit der Notwendigkeit einhergeht, den Angestellten Autonomie zuzugestehen, liegt in der geringeren Überschaubarkeit und Kontrolle ihrer Arbeit. (Wie schwerwiegend diese Risiken sind und wie das Management darauf reagieren kann, hängt natürlich auch von der zweiten, der fertigkeitsbezogenen Dimension ab).

Voraussetzung für hochwertige, inkrementelle Innovation ist das, was häufig als „lose gekoppelte" Arbeitsorganisation bezeichnet wird. Einerseits ist die Art der von Ingenieuren, Technikern und Facharbeitern in großen Teilen der chemischen Industrie und des Maschinenbaus in Deutschland verrichteten Arbeit, bei der sie sich am Prozeß der schrittweisen Organisation beteiligen, für die Unternehmensleitung nur sehr schwer und mit hohem Kostenaufwand zu kontrollieren. Es würde lange Erklärungen nach sich ziehen, warum ein bestimmtes Vorgehen gewählt wurde, warum besondere Vorsichtsmaßnahmen getroffen wurden usw. Andererseits ist ein hohes Maß an Kooperation zwischen den Beschäftigten unabdingbar: Viele Vorgänge sind mit anderen verkoppelt. Wo einzelne Mitarbeiter oder Gruppen auf bestimmten Gebieten erfahren sind und wo ihre Problemlösungen kleine Veränderungen in zusammenhängenden Bereichen erforderlich machen (z.B. eine Maschine an den speziellen Bedarf anzupassen), besteht der effizienteste Weg der Arbeitsorganisation darin, eine dezentralisierte Problem-

---

6 Der wichtigste analytische Beitrag stammt von Perrow (1984; 1986), der die Konzepte der eng bzw. lose gekoppelten (tightly- and loosely-coupled) Technologien entwickelt hat. Auch Kitschelt (1991) hat an diesen Konzepten gearbeitet; eine praxisorientierte Diskussion darüber findet sich bei Sorge und Warner (1987). Bei Kitschelt werden diese Konzepte aus einem organisationsökonomischen Blickwinkel betrachtet. Eine nützliche Einführung bieten Milgrom und Roberts (1992) und Williamson (1985).

lösung zuzulassen. Dies kann innerhalb eines Unternehmens zu beträchtlichem Feed-Back hinsichtlich der Organisationsweise führen. Dadurch finden Koordination und Diskussion wie auch echte Zusammenarbeit in großem Umfang statt. Folglich impliziert eine lose gekoppelte Arbeitsorganisation die Notwendigkeit weitgehender Autonomie der Arbeitnehmer und eines hohen Koordinationsgrades.[7]

Diese Form der Arbeitsorganisation ist für Unternehmen wegen der hohen Kontrollkosten schwierig zu handhaben; sie setzen sich stets der Gefahr eines kollektiven „Hold-Up" wie auch des „Moral Hazard" aus, d.h. sie riskieren, daß die Mitarbeiter bei der Angabe von arbeitsbezogenen Kennziffern „mogeln". Eine lose gekoppelte Arbeitsorganisation erlaubt allerdings die gegenseitige Kontrolle der Mitarbeiter, da der hohe Grad der Zusammenarbeit impliziert, daß Kollegen untereinander überblicken können, wie eine Arbeit auszuführen ist, und sich gegenseitig bei der Arbeit beobachten können. Sicher bedeutet die schlichte Tatsache, daß gegenseitige Kontrolle möglich ist, nicht, daß sie auch wirklich stattfindet – dafür müssen von Seite des Unternehmens entsprechende Anreize geschaffen werden. Dies wird im Anschluß an die Darstellung der von den Mitarbeitern benötigten Fertigkeiten genauer untersucht.

2.2 Erwerb von Fertigkeiten

Die *zweite* Dimension bezieht sich auf den Erwerb von Fertigkeiten. Er findet in einer Welt statt, in der die für eine erfolgreiche Innovation benötigten Fertigkeiten und Kompetenzen sich schnell verändern, und zwar in einer Weise, die das Unternehmen nicht leicht vorhersehen und für die es nicht leicht vorausplanen kann. Ein Unternehmen, das Innovationen einführen möchte, muß entscheiden, ob es sich auf die Fertigkeiten seiner Mitarbeiter stützen und diese ausreichend weiterentwickeln kann, um den Anforderungen einer erfolgreichen Innovation zu entsprechen, oder ob es sinnvoll ist, die benötigten neuen Fertigkeiten von außen ins Unternehmen zu holen. Im ersten Fall sprechen wir von „inkrementellen Fertigkeiten", im zweiten Fall von „radikalen Fertigkeiten". Diese Begrifflichkeit beruht auf Teeces kenntnisreicher Definition einer radikalen Innovation: Eine Innovation ist für ein Unternehmen „radikal", wenn es Mitarbeiter mit neuen Fertigkeiten, neuem Know-How u.ä. einstellen muß, um die Innovation herbeizuführen.[8]

---

7 Weitgehend ähnliche Überlegungen treffen auf die Arbeitsorganisation bei schrittweiser Innovation zu, wenn bei Massenprodukten gleichzeitig eine Typenvielfalt (mass customization) produziert werden soll, wie dies für Japan gilt.

8 Teece (1986) legt dar, daß unabhängig von der Organisation, in der eine Innovation stattfindet, jede Innovation zwangsläufig inkrementell sei – in dem Sinne, daß die „Entdecker" nahezu mit Sicherheit im voraus über alle möglichen Fertigkeiten und jedwedes Vorwissen verfügen, an denen gemessen die Innovation inkrementell ist. Daher sei die einzig sinnvolle Möglichkeit, eine radikale Innovation zu definieren, sie in Bezug zu einer bestimmten Organisation zu setzen.

Mit der Charakterisierung der deutschen Innovationsmuster als „hochwertige, inkrementelle Innovation" deutete sich bereits an, daß die von den Beschäftigten verlangten Fertigkeiten eher „inkrementell" als radikal angepaßt werden (ebenso wie die Fertigkeiten, die bei den Verbindungen zwischen dem innovativen Unternehmen und den kooperierenden Unternehmen von Belang sind). Die Anforderungen an die Mitarbeiter, die an hochwertigen, inkrementellen Innovationen bei schon etablierten Technologien beteiligt sind, beinhalten eine Kombination verschiedener Fertigkeiten. Zum einen handelt es sich um unternehmensspezifische Fertigkeiten, besonders die Kenntnis des unternehmenseigenen Produkts und der Verfahrenstechnologie, zum anderen um marktfähige Fertigkeiten der Industrietechnologie. Da unternehmensspezifische Fertigkeiten einen wichtigen Rang einnehmen und da die Industrietechnologie fest etabliert ist und sich daher in vorhersehbarer Weise verändert, neigen die Unternehmen dazu, ihre Mitarbeiter für neue Industrietechnologien weiterzubilden, wenn es nötig wird. Die erforderlichen Fertigkeiten sind somit „inkrementell".

Darüber hinaus sind zumindest einige der Fertigkeiten marktfähig. Die Tatsache, daß die erforderlichen Fertigkeiten sowohl „inkrementell" sind (was bedeutet, daß es für ein Unternehmen kostspielig ist, Fachkräfte zu verlieren) als auch marktfähig (was bedeutet, daß es für die Arbeitskräfte nicht allzu kostspielig ist, andernorts qualifizierte Arbeit zu finden), verschärft das Problem des kollektiven „Hold-Up", das bei lose gekoppelter Arbeitsorganisation droht.

Die Entwicklung von Ausbildungssystemen für marktfähige Fertigkeiten schließlich macht eine enge Zusammenarbeit zwischen den Unternehmen eines Industriezweiges erforderlich.

2.3 Implikationen

Dieser Abschnitt wendet sich schließlich den Implikationen der beschriebenen Strukturen der Arbeitsorganisation und der Fertigkeiten für die Beziehungen zwischen den Beschäftigten und der Geschäftsleitung zu. Dabei geht es um drei Punkte: erstens darum, welche Arbeitsmarktumgebung den Beziehungen förderlich ist (Regelungen für Einstellungen und Kündigungen sowie für Tarifverhandlungen); zweitens – und eng damit verbunden – um die unternehmensinternen Entscheidungsprozesse, die für die Beziehungen notwendig sind und die sich auf die Bereitschaft der Banken, eine Innovationsstrategie zu finanzieren, auswirken könnten; drittens um die Probleme, die mit dem Erwerb von Fertigkeiten für das Unternehmen und für die einzelnen einhergehen.

Entscheidungsfindung im Unternehmen

Zunächst soll ein einfaches Modell der Entscheidungsfindung in Unternehmen entwickelt werden. Wie Aghion und Tirole (1994) aufgezeigt haben, muß zwischen der formalen und der tatsächlichen Entscheidungsmacht innerhalb eines Unternehmens unterschieden werden. Formal liegt die Macht beim Vorstand eines Unternehmens, doch wo die Macht tatsächlich ausgeübt wird, hängt davon ab, wie die Entscheidungsfindung verläuft. Zwei Modelle der Entscheidungsfindung stehen einander gegenüber: einerseits die *unilaterale Kontrolle*, bei der die Entscheidung über wichtige Fragen wie Einstellungen und Kündigungen in letzter Instanz beim Vorstandsvorsitzenden liegt, und andererseits die *konsensuelle Entscheidungsfindung*, bei der formell oder informell vereinbart ist, daß sowohl der Vorstandsvorsitzende als auch wichtige Angestellte bei Grundsatzentscheidungen ihr Veto einlegen können, letztlich also ein Konsens erzielt werden muß.

Unterstellen wir einmal, der Vorstandsvorsitzende könne zwischen den beiden Verfahren der Entscheidungsfindung wählen – unter welchen Umständen wird er sich für die konsensuelle Variante entscheiden? Zunächst würde diese Situation eintreten, wenn der Vorstandsvorsitzende gar keine echte Wahlmöglichkeit hätte, weil die Mitarbeiter gegen jede Entscheidung ein Veto einlegen können. Die Beschäftigten haben diese Möglichkeit, wenn sie (a) in der Lage sind, koordiniert zu handeln oder wenn die Handlungen bereits einer kleinen Gruppe das Unternehmen empfindlich stören können, oder wenn sie (b) nicht schnell zu ersetzen sind, da sie in einem hohen Maß über unternehmensspezifische Fertigkeiten verfügen, oder wenn (c) der Vorstandschef keine wirksame individuelle Anreizstruktur schaffen kann, um bei unilateraler Kontrolle ein Veto zu verhindern. Alle drei Bedingungen treffen auf Unternehmen zu, die hochwertige, inkrementelle Innovationsstrategien verfolgen.

Dieses Ergebnis wird durch eine zweite Überlegung untermauert. Der Vorstandsvorsitzende könnte an einer konsensuellen Entscheidungsfindung interessiert sein, um die Informationskosten zu reduzieren.[9] Auch in diesem Fall, so werden wir sehen, wird das Unternehmen bei hochwertigen, inkrementellen Innovationsstrategien eine konsensuelle Entscheidungsfindung vorziehen. Das erklärt sich folgendermaßen: Bei der Auswahlentscheidung aus einer Reihe möglicher Handlungen haben sowohl der Vorstand als auch ein Angestellter A wichtige Informationen, über die die jeweils andere Seite nicht verfügt. Das Management könnte nun in großem Umfang Ressourcen einsetzen, um an die Informationen von A zu gelangen, und anschließend unilateral die vom Vorstand bevorzugte Entscheidung treffen.

Eine andere Möglichkeit besteht darin, daß der Vorstand und A die relevanten Informationen austauschen und sich dann auf eine Entscheidung einigen (d.h. die Differenz miteinander teilen). Falls beide Seiten wahrheitsgemäß vorgehen, wäre dies eine gute Alternative zur konsensuellen Entscheidung. Falls es jedoch einen Anreiz zum Mogeln gibt, würden beide Seiten befürchten, daß jeweils die andere mogeln könnte, so daß dieses Vorgehen nicht praktikabel wäre.

Eine Möglichkeit, dieses Problem zu umgehen, kann darin bestehen, daß beide Seiten ihre *Anreize in Übereinstimmung bringen*. Bei inkrementeller

---

9   So argumentieren Aghion/Tirole (1994).

Innovation bedeutet dies, daß der Vorstand mit einer wenig leistungsabhängigen Anreizstruktur arbeitet, d.h. nicht mit Anreizen, die vom Ergebnis abhängig sind, denn das wäre für die Angestellten mit Nachteilen behaftet und nicht kontrollierbar.

Sowohl im Hinblick auf die Machtposition der Angestellten als auch auf Informationsersparnisse sollten Unternehmensleitungen mit einer hochwertigen, inkrementellen Innovationsstrategie daher eine konsensuelle Entscheidungsfindung wählen. Zudem muß die Anreizstruktur des Vorstands wenig leistungsabhängig sein, damit die konsensuelle Entscheidungsfindung praktikabel ist.

Die Probleme des Vorstands und ihre möglichen Lösungen

Es existieren zwei miteinander verbundene Problemkomplexe: zum einen Probleme, die im Zusammenhang mit der Arbeitsorganisation des Unternehmens stehen, zum anderen solche, die die Entwicklung und den Erwerb der industrietechnologischen Fertigkeiten betreffen. Was erstere betrifft, so ist der Vorstand nicht in der Lage, alle Details zu überblicken, er muß sich gegebenenfalls auf die gegenseitige Kontrolle der Mitarbeiter verlassen. Darüber hinaus verfügen die Beschäftigten (Ingenieure, Techniker, Facharbeiter) durch ihre individuelle Autonomie, durch die Notwendigkeit, selbständig zusammenzuarbeiten, und durch die Bedeutung der unternehmensspezifischen Fertigkeiten über das Potential für ein kollektives „Hold-Up".[10] Das Problem des Vorstands stellt sich folgendermaßen dar: Wie kann er die Beschäftigten angesichts der mangelnden Kontrollmöglichkeiten einerseits und ihrer Macht andererseits zu kooperativer Arbeit bei angemessenen Löhnen bewegen? Das Problem der Beschäftigten lautet: Angenommen, wir arbeiten kooperativ und investieren in unternehmensspezifische, vergleichsweise eng definierte industrietechnologische Fertigkeiten – wie können wir sicherstellen, daß sich der Vorstand an Absprachen und Übereinkünfte (zur Arbeitssicherheit, Entlohnungsstruktur usw.) hält?

Noch einmal ist zu betonen, daß es nicht möglich ist, Verträge im vorhinein so abzufassen, daß sie jede derartige Übereinkunft in einer juristisch einklagbaren Form beinhalten. Dies ist auf die große Spannbreite an Eventualitäten zurückzuführen, die eintreten und das Ergebnis beeinflussen können. Zwei unterschiedliche Schwierigkeiten sind zu erwähnen: Zunächst die bekannten Williamson'schen Transaktionskosten, die das Aufsetzen eines solchen Vertrages und ein Nachweis von Vertragsverletzungen, der einer Überprüfung vor Gericht standhalten würde, mit sich bringen. Zweitens existiert das Problem der Informationsasymmetrie dergestalt, daß der Vorstand gegebenenfalls nicht kontrollieren kann, wie die Beschäftigten arbeiten, und daß die Beschäftigten Angaben des Vorstandes – z.B. über Ent-

---

10 Dies wird durch den Besitz marktfähiger Fertigkeiten und Kenntnisse noch verstärkt, die es den Beschäftigten ermöglichen, im Fall einer Kündigung zu einem anderen Arbeitgeber zu wechseln.

wicklungen auf den Produktmärkten – nicht überprüfen können. (Das ist ebenso ein Problem für die meisten Ingenieure des Unternehmens wie für Facharbeiter; zu berücksichtigen ist dabei ferner, daß Facharbeiter und Techniker einerseits und Ingenieure andererseits einander ergänzende Faktoren sind, wenn es um die Einführung inkrementeller Innovationen geht).

Der erste Teil einer Lösung für diese Probleme liegt, wie bereits geschildert, in konsensuellen Entscheidungsstrukturen innerhalb des Unternehmens. Die übergreifenden Rahmenvereinbarungen, innerhalb derer eine konsensuelle Entscheidungsstruktur funktioniert, beinhalten auf der einen Seite, daß der Vorstand Strategien für eine Sicherung der Arbeitsplätze verfolgt (Produktmarktstrategien, für die die vorhandenen Fertigkeiten benötigt werden, und generell eher die Weiterbildung der bereits Beschäftigten als die Einstellung von Mitarbeitern mit neuen, marktfähigen Fertigkeiten) und daß er die betriebliche Lohnentwicklung an diejenige im gesamten Industriezweig koppelt sowie zusätzlich eine unternehmensinterne Gewinnbeteiligung anbietet. Zum Funktionieren konsensueller Entscheidungsstrukturen gehören auf der anderen Seite Beschäftigte, die kooperatives Arbeiten und gegenseitige Arbeitskontrolle akzeptieren.

Soll die konsensuelle Entscheidungsfindung reibungslos funktionieren, dürfen die beteiligten Seiten nicht fortwährend versuchen, hinter die internen Informationen der jeweils anderen Seite zu kommen. Daraus ergeben sich zwei weitere Bedingungen für das Funktionieren konsensueller Entscheidungsfindung. Wie oben erwähnt, müssen die Anreize der Entscheidungsträger auf beiden Seiten übereinstimmen. So darf das Anreizsystem für den Vorstand nicht sehr stark von der Unternehmensleistung abhängen – beispielsweise von den laufenden Gewinnen oder dem Aktienpreis –, da dies fortwährend den Verdacht hervorrufen würde, daß vom Vorstand empfohlene Kündigungen vermeidbar wären oder daß hinter Vorschlägen für Strategieänderungen verborgene Interessen stecken könnten. Zudem müssen die Beschäftigten oder ihre Vertreter über ausreichend Macht verfügen, um sämtliche relevanten Daten prüfen zu können, mit denen der Vorstand seine Vorschläge – z.B. für Entlassungen – begründet.

Hier stellt sich jedoch für beide Seiten ein Problem. Für den Vorstand besteht es darin, daß das Unternehmen mit der Beteiligung von Arbeitnehmervertretern an Unternehmensentscheidungen jederzeit erpreßbar wird (denn um überprüfbare Zusagen zur Arbeitsplatzsicherheit mit dem Ziel machen zu können, daß ein „Hold-Up" vermieden wird, muß der Vorstand den Vertretern der Beschäftigten eine Verhandlungsposition einräumen, in der ein „Hold-Up" gleichwohl noch immer möglich bleibt). Daher braucht der Vorstand die Garantie durch eine externe Institution, daß die Arbeitnehmervertreter diese Möglichkeit nicht ergreifen werden. Für die Arbeitnehmer stellt sich dagegen das Problem der Unsicherheit darüber, ob das Unternehmen ihre Vertreter tatsächlich in eine solch vorteilhafte Position gebracht hat. Die Regeln des externen Systems der Tarifverhandlungen für Facharbeiter, Techniker und Ingenieure müssen diese gegenseitigen Zweifel ausräumen.

Zudem müssen die Ausbildungssysteme von Facharbeitern und Technikern sowie die Hochschulausbildung von Ingenieuren die Unternehmen befähigen, ihren industrietechnologischen Kenntnisstand in die Weiterentwicklung der Fertigkeiten von Facharbeitern und Ingenieuren einzubringen. Und schließlich müssen die Auszubildenden dem Anspruch des Ausbildungssystems vertrauen können, daß die von ihnen erworbenen, relativ eng begrenzten Fertigkeiten (sogar bei Ingenieuren) einen Wechsel des Arbeitsplatzes in der Zukunft ermöglichen, falls das nötig werden sollte.

3. Relationale Anforderungen hinsichtlich anderer Unternehmen

In diesem Abschnitt werden die Anforderungen an die Beziehungen (relationale Anforderungen) in der Zusammenarbeit zwischen Unternehmen und die damit verbundenen Probleme untersucht. Bei der Zusammenarbeit von Unternehmen lassen sich drei verschiedene Typen der Beziehungen mit kooperierenden Unternehmen ausmachen. In jedem dieser Fälle gehen wir davon aus, daß das kooperierende Unternehmen über technische Kompetenzen verfügt, sie unterscheiden sich jedoch nach der Art der benötigten Kompetenzen.

(1) Viele Beziehungen sind formal bestimmt und lassen sich durch einen weitgehend zufriedenstellenden Vertrag regeln. Dieser Typus „kooperativer" Beziehungen verursacht, obwohl quantitativ bedeutsam, keine Organisationsprobleme für eine bestimmte Innovationsstrategie.[11]

(2) Der zentrale Typus von Beziehung, auf den Unternehmen angewiesen sind, die inkrementelle Innovationen innerhalb einer Industrietechnologie vornehmen, ist die Kooperation mit Unternehmen, die über Kompetenzen auf dem Gebiet der gängigen, allgemein als Standard betrachteten Industrietechnologie verfügen. Derartige Innovationsstrategien im Bereich hochwertiger Produkte erfordern üblicherweise die Konzentration auf eine begrenzte Zahl von Produkten innerhalb des Unternehmens und schließen detailliertes Wissen über diese Produkte und die Produktionsprozesse ein. Normalerweise sind bei solchen Innovationen Beziehungen zu anderen Unternehmen notwendig, die bestimmte Komponenten oder Ausrüstungen liefern, und/oder zu Unternehmen desselben Industriezweiges mit ähnlicher Produktion, die über die Erfahrung verfügen, wie bestimmte Probleme zu lösen sind. Diese Beziehungen führen häufig zu einer engen Zusammenarbeit unter anderem beim Produktdesign. Die Voraussetzung für diese Art der Beziehungen ist daher ein weitgehend allgemeines Verständnis über den üblichen industrietechnologischen Standard bei den Unternehmen eines Industriezweiges.

---

11 Schon im institutionellen Rahmengefüge, das einfache Verträge regelt, gibt es einige Unterschiede zwischen Deutschland einerseits und den USA und Großbritannien andererseits; sie bleiben hier jedoch unberücksichtigt.

Damit steht dieser Typus von Beziehung vor zwei zentralen Problemen. Erstens: Wie lassen sich innerhalb des Industriezweigs oder der Branche Vereinbarungen über Standards treffen? Und zweitens: Wie lassen sich die relationalen Probleme möglichst klein halten, wenn statt ausformulierter Verträge wechselseitig bindende Vereinbarungen getroffen werden?

Beide Probleme werden durch die Notwendigkeit verschärft, daß die Unternehmen eines Industriezweigs einander sowohl für die konsensuelle Festlegung der Standards als auch für relationale Absprachen interne Informationen weitergeben müssen. Wenn die Unternehmen also dafür sorgen, daß interne Informationen über Produktionstechnik, Produktentwicklungsstrategien und ähnliches an potentielle Konkurrenten gelangen können – denn letztlich verwenden sie alle die gleiche Industrietechnologie –, wie können sie dann verhindern, daß andere Unternehmen sich die Ergebnisse ihrer Forschung aneignen?

Erforderlich sind Institutionen, die sicherstellen, daß sich die Unternehmen an der Konsensbildung beteiligen und daß sie die internen Informationen aus anderen Unternehmen nicht mißbrauchen. Im deutschen Institutionengefüge sind solche Institutionen in Gestalt der einflußreichen Industrieverbände vorhanden. Sie fungieren darüber hinaus allgemein als Wächter über den guten Ruf von Unternehmen, so daß die Beteiligung an relationalen Verträgen weniger riskant ist, als man anzunehmen geneigt ist. Diese Rahmenbedingungen unterstützen den Aufbau einer Reputation gegenseitiger Vertrauenswürdigkeit zwischen den Unternehmen als Ergebnis kontinuierlicher Zusammenarbeit.

(3) Der dritte Typus von Kooperationsbeziehungen zu anderen Unternehmen sind Beziehungen zu solchen Unternehmen, die hier als Unternehmen mit *radikalen Kompetenzen* bezeichnet werden sollen. Die radikalen Kompetenzen einer Zulieferfirma X definieren sich im Verhältnis zum innovativen Unternehmen Y: Das Produkt oder das Verfahren (oder ähnliches), das von X an Y geliefert wird oder an dem X mit Y zusammenarbeitet, kann (a) nicht explizit einem Vertrag unterworfen werden, d.h. der Vertrag ist in hohem Maße unvollständig, und macht (b) eine erhebliche Anpassung der Standards durch Y erforderlich. Analog zu den radikalen Fertigkeiten, die im vorigen Abschnitt beschrieben wurden, ist es bei manchen Innovationen notwendig, daß Y die Kompetenzen von einem anderen Unternehmen kauft, weil eine Technologie sich zu schnell verändert, als daß Y die Kompetenzen selbst entwickeln könnte, und weil für Y schwierig vorhersagbar ist, wie die benötigten Kompetenzen aussehen werden. Sollte das Unternehmen zu einer Unternehmensgruppe gehören, die einen auf Konsens beruhenden Standard festlegt, so liegen radikale Kompetenzen zudem außerhalb dieses Standards. Für eine solche Gruppe lohnt es sich daher nicht, jene Kompetenzen zu entwickeln, ebensowenig lohnt es sich für ein einzelnes Unternehmen. Außerdem unterscheiden sich radikale Kompetenzen von solchen, die für formale Geschäftsbeziehungen notwendig sind, da sie nicht einfach in das Unternehmen inkorporiert werden können (sondern beispielsweise die Zusammenarbeit zwischen zwei Unternehmen erforderlich ma-

chen). Kurz gesagt: Ein innovatives Unternehmen findet die radikalen Kompetenzen, die es benötigt, möglicherweise nur außerhalb des etablierten Netzwerkes von Unternehmen, mit denen es zusammenarbeitet.

Unternehmen, die inkrementelle Innovationsstrategien verfolgen, benötigen zwar kooperative Beziehungen zu Unternehmen mit radikalen Kompetenzen, tun sich zugleich aber schwer damit. Sie benötigen radikale Kompetenzen, um im Wettbewerb auf dem Weltmarkt eine Spitzenposition halten zu können. Und doch fällt es diesen Unternehmen unter Umständen schwer, eine Kooperation mit Unternehmen, die über die radikalen Kompetenzen verfügen, organisch in die eigene Strategie einzubauen. Zum einen beruht die interne Organisation des Unternehmens auf den Standards der bestehenden Industrietechnologie, und die Entscheidungen werden intern auf der Basis eines Konsenses gefällt. Die Einführung verschiedener Standards ist per se problematisch, da sie womöglich die Änderung vieler verschiedener Vorgänge in einem Unternehmen notwendig macht.

Zum anderen ist es schwierig, die Reputation von Unternehmen mit radikalen Kompetenzen zu klären – einerseits, weil diese Unternehmen definitionsgemäß noch nicht mit dem innovativen Unternehmen zusammengearbeitet haben und somit keine Basis für den Aufbau gegenseitiger Reputation gegeben ist. Andererseits gibt es keine Grundlage für eine Reputation des Unternehmens innerhalb der Branche, da seine Kompetenz außerhalb der bestehenden Industrietechnologie angesiedelt ist.[12] Auch ein Eigentümerwechsel stellt im Fall inkrementeller Innovationen keine Lösung dar, denn die Anreizstruktur für die Angestellten einer Tochterfirma, die die radikalen Kompetenzen liefert, müßte sich von der des Unternehmens, das inkrementelle Innovationen durchführt, unterscheiden. Die konsensuelle Entscheidungsfindung in dem neuen Unternehmen würde von daher auf die gleichen Schwierigkeiten stoßen wie zuvor.

In dieser Situation ist es erforderlich, die radikalen Kompetenzen mit Hilfe der einschlägigen Mechanismen industrieller Standardisierung in solche zu überführen, die auf den hergebrachten Industriestandards beruhen. Der Typ von Technologiepolitik, den die deutsche Regierung in den achtziger und neunziger Jahren verfolgte, hat sich, grob gesprochen, genau diesem Ziel verschrieben.

4. Relationale Anforderungen in bezug auf Eigentümer

Die primären relationalen Anforderungen für eine Innovationsstrategie spielen eine wichtige Rolle bei der Gestaltung der Beziehung zwischen dem Unternehmen und seinen Eigentümern. Die Eigentümer wünschen ein möglichst klares Bild von den Risiken, die sie mit der Finanzierung der vom

---

12 Für diese Überlegungen bin ich Horst Kern zu Dank verpflichtet.

Unternehmen ausgewählten Innovationsstrategie eingehen.[13] Beispielsweise möchten sie sicherstellen, daß das Management des Unternehmens starke Anreize hat, im Interesse der Eigentümer zu handeln, auch wenn die Eigentümer die Tätigkeit der Manager nicht vollständig beobachten können, oder aber sie möchten sich des Kapitalwertes sicher sein, der in den Fertigkeiten der Beschäftigten gebunden ist. Wie wichtig diese Belange sind und wie ihnen mit entsprechenden Kontroll- und Anreizstrukturen begegnet werden kann, hängt in weiten Teilen von den primären Beziehungen ab. Wenn etwa die primären Beziehungen eine konsensuelle Entscheidungsfindung erfordern, so wäre es für die Eigentümer nicht effizient, stark leistungsabhängige Anreize einzusetzen, um die Interessen des Managements mit ihren eigenen in Übereinstimmung zu bringen. Im folgenden werden diese Überlegungen systematisch entfaltet.

Die Anliegen der Eigentümer lassen sich in drei Gruppen einteilen:

(a) Die Eigentümer wollen wissen, ob der Vorstand die aus ihrer Sicht optimale Strategie verfolgt. Wie können die Eigentümer das herausfinden und mögliche alternative Strategien bewerten?
(b) Wie können die Eigentümer, im Fall einer gegebenen Strategie, den Wert der Aktiva abschätzen? Diese Frage stellt sich auch für jene Aktiva, die in den primären Beziehungen zu den Beschäftigten und zu kooperierenden Unternehmen verkörpert und womöglich nicht unmittelbar marktfähig sind. Die Informationen über diese Aktiva sind dem Vorstand möglicherweise nicht vollständig zugänglich, wenn sie sich im Besitz der Angestellten und/oder von anderen Unternehmen befinden.
(c) Die Trennung zwischen Eigentum und Kontrolle bedeutet, daß der Vorstandschef und das Top-Management den Eigentümern Informationen über ihre Aktivitäten vorenthalten können. Falls die Ziele des Vorstands andere sind als die der Eigentümer, wie können die Eigentümer dann sicherstellen, daß der Vorstand ihre Interessen wahren wird? (Dies ist das übliche „Moral Hazard"-Problem für Eigentümer.)

Die Art und Weise, wie die Eigentümer diese Einschätzungen vornehmen, differiert in Abhängigkeit von ihrer Kooperationsfähigkeit, die zwei Formen annehmen kann. Bei der ersten sind die Eigentümer nicht in der Lage, koordiniert zu handeln – das ist gewöhnlich bei einer großen Zahl von Eigentümern der Fall (wenngleich dieses Kriterium weder notwendig noch hinreichend ist), also normalerweise bei *breit gestreuten Beteiligungen*, der typischen Aktionärsstruktur von Aktiengesellschaften in den USA und Großbritannien. Bei der zweiten Form gibt es eine Gruppe von Eigentümern, die genug Anteile auf sich vereinigen, um die Kontrollgremien zu beherrschen, und die stabile Absprachen miteinander treffen können, wobei oftmals eine

---

13 Der Einfachheit halber wird angenommen, daß jedes Unternehmen nur eine Innovationsstrategie verfolgt, daß diese von den Eigentümern und nicht durch Kreditaufnahme finanziert wird und daß der Vorstand nicht mit den Eigentümern identisch ist.

Bank als Mittlerin fungiert. Es handelt sich hier um *stabile Beteiligungen*, die häufig mit Überkreuzbeteiligungen einhergehen und die typische Aktionärsstruktur von Aktiengesellschaften in Nordeuropa, Frankreich und Japan darstellen. (In beiden Fällen besteht eine Trennung zwischen dem Top-Management und den Eigentümern.)

Die Unfähigkeit zur Kooperation bei gestreuter Beteiligung birgt zweierlei Konsequenzen. Zum einen besteht für die Eigentümer die Schwierigkeit, eine kostenintensive Kontrolle und die Kontrolle von internen Informationen auszuüben. Dies ist auf ein Problem kollektiven Handelns zurückzuführen: Falls einer der Anteilseigner erfolgreich Kontrolle ausübt und seine Kenntnisse glaubhaft der Öffentlichkeit zugänglich macht, lädt er die anderen Anteilseigner unfreiwillig zum Trittbrettfahren ein.[14] Zum anderen sind Eigentümer mit gestreuten Beteiligungen nicht zu verbindlichen Vereinbarungen in der Lage, da sie nicht auf die Vereinbarungen verpflichtet werden können (ausgenommen solche, die juristisch durchsetzbar sind). Daher lassen sich nur schwer Vereinbarungen treffen, mit denen die Kontrolle interner bzw. nur kostenintensiv beschaffbarer Informationen an Banken delegiert wird. Allgemeiner bedeutet dies, daß sich gestreute Beteiligungen nicht mit langfristigen Vereinbarungen vertragen, durch die die Eigentümer – abhängig von zufriedenstellender Kontrolle interner Informationen – sich darauf verständigen, im Fall versuchter feindlicher Übernahmen und darauf folgender Managementwechsel nicht zu verkaufen. Bei einem System gestreuter Beteiligungen werden Unternehmen auf der Grundlage öffentlich zugänglicher Informationen bewertet.

Im Gegensatz dazu bieten stabile Beteiligungssysteme die Möglichkeit zu langfristigen Vereinbarungen – einschließlich der Vereinbarung, die Kontrolle von Unternehmen an Banken oder andere Unternehmen zu delegieren. So können gegebenenfalls auch interne Informationen kontrolliert werden – zumindest stellt sich nicht das Problem kollektiven Handelns. Ob sich die internen Informationen wirklich erfolgreich kontrollieren lassen, hängt von zusätzlichen Faktoren ab, vor allem davon, ob diejenigen, die über die Informationen verfügen, einen Anreiz haben, sie dem delegierten Prüfer wahrheitsgemäß mitzuteilen, sofern er sie nicht selbst direkt erheben kann. So eröffnen sich Wege zu Vereinbarungen, bei denen feindliche Übernahmen kaum Aussicht auf Erfolg haben.

(Im übrigen sind gestreute Beteiligungen nicht notwendigerweise schlecht. Zwar sind Zweifel daran laut geworden, ob feindliche Übernahmen als Mittel zur Disziplinierung des Managements einsetzbar sind [vgl. Schleifer 1988], doch hat Allen [1993] darauf hingewiesen, daß Übernahmen für die Bewertung alternativer Strategien eine Rolle spielen. Er argumentiert, daß bei extrem innovativen Industrien, wo sich bisher weder die Technologie noch die Organisationsstrategien „eingespielt" haben, in den Unternehmen mit einer gewissen Wahrscheinlichkeit tiefgreifende Meinungsverschiedenheiten über Strategien herrschen und daß sich diese zudem kaum auf die

---

14 So argumentiert Diamond (1984).

Vorstände der in diesem Sektor operierenden Unternehmen beschränken. In einem solchen Umfeld können feindliche Übernahmen ein wichtiges Werkzeug sein, mit dessen Hilfe Eigentümer alternative Strategien bewerten lassen können.)

Auf der Basis der genannten Unterscheidungen möchte ich die Folgen der primären Beziehungen hochwertiger, inkrementeller Innovationsstrategien für die Eigentümer untersuchen. Im folgenden werde ich die Probleme beschreiben, die sich daraus ergeben, daß die Eigentümer (a) alternative Strategien bewerten müssen, (b) die Aktiva einschätzen müssen, wenn es interne Informationen gibt, und (c) sich gegen den „Moral Hazard" schützen müssen, der aus verborgenen Aktionen des Top-Managements erwachsen kann.

(a) Das Problem der Bewertung alternativer Strategien stellt sich in Bereichen, wo sich angemessene Organisationsformen und Technologien im Sinne Allens schon „eingespielt" haben. Einschätzungen von Änderungen und Entwicklungen der Organisationsform und bestimmter Technologien lassen sich am besten bei verwandten Unternehmen und anderen Einrichtungen mit guten Kenntnissen der bestehenden Technologie gewinnen (z.B. bei Forschungsinstituten oder den entsprechenden Fachbereichen von Universitäten). Diese Einschätzungen hängen teilweise von den internen Informationen über das Unternehmen und seine vorhandenen technologischen Kompetenzen ab. Daher ist es unwahrscheinlich, daß die Anteilseigner bei gestreuten Beteiligungen gewillt sind, diesen Typ der Innovationsstrategie zu finanzieren.

(b) Hochwertige, inkrementelle Innovationsstrategien implizieren, daß interne Informationen im Unternehmen und in den Beziehungen zu anderen Unternehmen verteilt sind. Diese Organisationsweise erschwert eine Kontrolle. Je mehr die Aktivitäten miteinander verwoben sind, desto weniger ist die Einschätzung der Kompetenzen einzelner Gruppen innerhalb des Unternehmens und des Werts von Verbindungen zu anderen Unternehmen möglich. Zwar sind die Informationen über die Gewinne und zum Teil auch über die Position auf den Produktmärkten öffentlich verfügbar, doch die internen Informationen sind von großer Bedeutung für die richtige Bestimmung des Unternehmenswertes.[15] Auch diese Überlegungen schließen gestreute Beteiligungen bei hochwertigen, inkrementellen Innovationsstrategien aus.

(c) Die Anreizstrukturen für das Top-Management, für die anderen Beschäftigten und für kooperierende Unternehmen bringen Einschränkungen für die Beziehung zu den Eigentümern mit sich. Die Beschäftigten wünschen langfristige Verträge, auf die sie vor allem dann vertrauen, wenn stabile Vereinbarungen zwischen den Anteilseignern feindliche Übernahmen ausschließen und eine langfristige Finanzierung sichern.[16] Das gleiche trifft

---

15 Dies ist jedoch kein „Moral Hazard"-Problem, das von seiten des Top-Managements droht, da ihm viele der Informationen nicht zugänglich sein dürften.
16 So argumentierten Meyer und Alexander (1990).

auf kooperierende Unternehmen mit langfristigen Verbindungen zum betreffenden Unternehmen zu. Darüber hinaus schränkt das Prinzip konsensueller Entscheidungsfindung den Einsatz stark leistungsabhängiger Anreize für das Top-Management ein. Auch für diese Bedingungen werden die Anteilseigner bei gestreuten Beteiligungen nicht ausreichend gerüstet sein, um die Finanzierung sicherzustellen.

Unter welchen Bedingungen sind die Anteilseigner bei einer stabilen Beteiligung in der Lage, den Anforderungen aus (a), (b) und (c) gerecht zu werden? Zwei Probleme müssen von den Anteilseignern oder den von ihnen delegierten Prüfern gelöst werden: erstens die Beschaffung der entsprechenden Informationen, zweitens die Sicherstellung einer angemessenen Anreizstruktur.

Die relevanten Informationen befinden sich teilweise innerhalb des Unternehmens, teilweise bei anderen Unternehmen, die mit dem betreffenden Unternehmen in enger Verbindung stehen. In einem weiteren Sinne verfügen auch Forschungsinstitute und andere Institutionen über relevantes, umfassendes Wissen sowohl über die Unternehmen des Industriezweiges oder der Branche als auch über die Industrietechnologie und deren künftige Entwicklung. Angesichts des hochentwickelten Standes der einschlägigen Technologien wird der eingesetzte Prüfer selten über ausreichendes internes Fachwissen zur Kontrolle verfügen. Das entscheidende Kriterium ist hier also, daß sowohl die eingebundenen Unternehmen als auch Forschungsinstitute Zugang zu den Vorgängen im Unternehmen haben und auch darauf eingestellt sind, diese Informationen dem eingesetzten Prüfer wahrheitsgemäß mitzuteilen.

Dieser Bedingung liegt eine weitere zugrunde, die den Charakter des Wettbewerbs zwischen Unternehmen auf den Produktmärkten betrifft. Aufgrund des starken Wettbewerbs auf den Produktmärkten ist es sehr schwierig, diese Art der vertraulichen Information von verbundenen Unternehmen zu erhalten. Ist der Wettbewerb auf den Märkten sehr intensiv, besonders wenn er auf der schnellen Einführung neuer Produkte beruht und dabei das Ziel verfolgt, der Konkurrenz die Kunden abzuwerben, so sind die Unternehmen wenig geneigt, Beziehungen zu anderen Unternehmen, zu Forschungsinstituten oder anderen Institutionen aufzunehmen, die Zugang zu internen Informationen bieten. Hinzu kommt noch folgendes: Wenn Unternehmen B über interne Informationen über Unternehmen A verfügt (das von einer Bank geprüft wird), dann könnte B einen Anreiz haben, der Bank falsche Auskünfte über den Markterfolg von Unternehmen A zu geben. Wenn es im Interesse des Unternehmens B läge, daß Unternehmen A geschlossen wird, so wäre die Bank gegenüber der Bewertung von A durch B berechtigterweise mißtrauisch.

Damit ergeben sich zweierlei Bedingungen für eine erfolgreiche Delegation der Kontrolle von Unternehmen mit hochwertigen, inkrementellen Innovationsstrategien. Erstens dürfen die Unternehmen nicht in intensivem Wettbewerb miteinander stehen – sei es, weil sie über eine gewisse Breite an Nischenprodukten verfügen, oder weil der Wettbewerb sich über die technische Qualität herstellt. Zweitens muß es für die Unternehmen Gründe geben, Beziehungen einzugehen, in denen unter festgelegten Bedingungen Informationen ausgetauscht werden – beispielsweise weil sie die gleiche Industrietechnologie einsetzen und dadurch auf gleiche Probleme stoßen.

Da die letztgenannte Bedingung bei hochwertigen, inkrementellen Innovationsstrategien stets erfüllt ist, wird das Fehlen eines intensiven Wettbewerbs auf den Produktmärkten zur entscheidenden „institutionellen" Bedingung.[17]

Als Fazit dieses Abschnitts läßt sich festhalten: Die sekundären relationalen Anforderungen implizieren, daß hochwertige, inkrementale Innovationen erstens eine stabile Anteilseignerschaft voraussetzen und daß zweitens das Ausmaß des Wettbewerbs auf dem Produktmarkt nicht zu hoch sein darf, so daß es den Anteilseignern möglich ist, erfolgreich delegierte Kontrollverfahren einzurichten.

5. Nationale Institutionengefüge und relationale Anforderungen von Innovationsstrategien

Mit einem nationalen Institutionengefüge ist hier der Komplex von Regelungen und Absprachen gemeint, der das System der Arbeitsmarktregulierung, die Schul- und Ausbildungssysteme, das System der Findung und Durchführung strategischer Entscheidungen in Unternehmen und die dabei zu berücksichtigenden Umfeldbedingungen („corporate governance") sowie das System der Produktmarktregulierung beherrscht und in das die Unternehmen oder ihre Tochtergesellschaften, die sich in einer bestimmten Volkswirtschaft befinden, eingebunden sind. Diese institutionellen Rahmenbedingungen schränken die Unternehmen ein, bieten ihnen aber auch bestimmte Möglichkeiten. In diesem Abschnitt werden die nationalen Institutionengefüge einerseits in Großbritannien und den USA, andererseits in Deutschland während der späten achtziger Jahre skizziert. Zu diesem Zeitpunkt hatten sich die Institutionengefüge in den USA und Großbritannien in wichtigen Punkten angeglichen. Ebenso hatte eine Angleichung zwischen dem deutschen und dem schwedischen bzw. dem schweizerischen Institutionengefüge stattgefunden. Sicherlich gibt es viele Unterschiede zwischen Großbritannien und den USA oder zwischen Deutschland, Schweden und der Schweiz, doch bei den hier relevanten Aspekten herrschen auffallende Ähnlichkeiten. Ich werde im folgenden zeigen, daß es dem nordeuropäischen Institutionengefüge im Gegensatz zum angelsächsischen System gelingt, die relationalen Probleme der hochwertigen, inkrementalen Innovation zu lösen.

---

17 Es ist zu beachten, daß die Bedingungen für eine erfolgreiche delegierte Kontrolle im Falle Japans gänzlich andere sind, denn japanische Unternehmen stehen auf den Produktmärkten in einem intensiven Wettbewerb.

Der Arbeitsmarkt

1. Regelungen und Übereinkünfte: Die angelsächsischen Arbeitsmärkte sind heute weitgehend dereguliert. Es gibt einige wenige Beschränkungen bei Entlassungen und Einstellungen und fast keine Beschränkungen beim Lohn und bei sonstigen Zuwendungen. Ebensowenig gibt es Beschränkungen für die Arbeitnehmervertretung und deren potentiellen Einfluß auf die Entscheidungen des Managements.

Im Gegensatz dazu sind die nordeuropäischen Arbeitsmärkte de facto und de jure stärker reguliert: In Deutschland haben von der Belegschaft gewählte Betriebsräte gesetzlich verankerte Vetorechte („Mitbestimmungsrechte") bei Entscheidungen des Vorstands über Entlassungen, Überstunden, Arbeitsorganisation und Ausbildung. Sollte es zu Auseinandersetzungen kommen, können beide Seiten auf externe Gewerkschaften und Arbeitgeberverbände zurückgreifen, die im großen und ganzen ein gemeinsames Verständnis von „richtigem" Verhalten haben. Zudem spielen Gewerkschaften und Arbeitgeberverbände eine wichtige Rolle bei Entscheidungen der Arbeitsgerichte. In Schweden und in der Schweiz ist der gesetzlich verankerte Einfluß von Betriebsräten nicht so groß, doch können sich sowohl Unternehmen als auch Betriebsräte auf Arbeitgeberverbände und Gewerkschaften verlassen, wenn sie befürchten, daß die andere Seite sich über Vereinbarungen hinwegsetzt. Für unsere Überlegungen ist entscheidend, daß die Unternehmen innerhalb des deutschen Institutionengefüges Betriebsvereinbarungen mit den Beschäftigten treffen können; letztere verfügen durch dieses Instrument über eine gewisse Entscheidungsmacht, die sie unter bestimmten Umständen zu mißbrauchen geneigt sein könnten, weil sie wissen, daß ihnen externe Strukturen im Zweifel den Rücken stärken. Im übrigen haben die Betriebsräte nur begrenzte Möglichkeiten, ihre Macht in Lohnverhandlungen einzusetzen, denn die Löhne werden im wesentlichen außerhalb der Unternehmen durch die Verhandlungen zwischen Gewerkschaften und Arbeitgeberverbänden bestimmt. Hinter den institutionellen Einrichtungen, durch die die Betriebsratsarbeit und die Lohnfindung in der Industrie reguliert werden, stehen starke Arbeitgeberverbände, die letztlich mächtig genug sind, um sicherzustellen, daß die Industriegewerkschaften und – noch wichtiger – die Betriebsräte den institutionellen Rahmen nicht überschreiten.[18]

2. Innovationsstrategien: Die nordeuropäischen Regelungen werden den Anforderungen hochwertiger, inkrementeller Innovation gerecht, denn sie entsprechen dem Bedarf nach einem wirksamen externen Institutionengefüge für konsensuelle Entscheidungsfindung sowie nach verhältnismäßig großem Einfluß der selbständig arbeitenden Facharbeiter (lose gekoppelte Arbeitsorganisation), ohne die Unternehmen der Gefahr von „Hold-Up"-Si-

---

18 Zur Funktionsweise der Betriebsräte vgl. Streeck (1992, 1984); Thelen (1991) und Turner (1991). Zur Lohnfindung in der Industrie vgl. Soskice (1990).

tuationen auszusetzen. Im Gegensatz dazu erfüllen die deregulierten Systeme der USA und Großbritanniens diese Anforderungen nicht.

Das System schulischer und betrieblicher Ausbildung

1. Regelungen und Übereinkünfte: Das US-amerikanische und das britische System der Schul- und Berufsausbildung (nach der Schulpflicht) sind weitgehend dereguliert. Es hat sich mehr und mehr zu einem Rahmengefüge entwickelt, innerhalb dessen die Anbieter von Ausbildung auf allen Ebenen (von der Spitzenforschung an universitären Fachbereichen bis ganz hinunter) Ausbildungsgänge und Forschungsmöglichkeiten entsprechend der Marktnachfrage bereitstellen. Außerdem bietet das Bildungssystem Einzelnen die Möglichkeit, in ihre Allgemeinbildung sowie – mit einer wichtigen Einschränkung – in marktfähige Fertigkeiten zu investieren. Die Einschränkung bezieht sich darauf, daß das Bildungssystem in Übereinstimmung mit den Regeln des Arbeitsmarktes keine marktfähigen Fertigkeiten fördert, die große Investitionen von Unternehmen oder eine enge Zusammenarbeit mit Unternehmen voraussetzen. Das gleiche gilt für Fertigkeiten, die große Investitionen von Einzelnen erfordern, aber nur auf einem begrenzten Sektor des Arbeitsmarktes verwertbar sind.

Daher bietet dieses System nicht den geeigneten Rahmen, um beispielsweise Ingenieure in vertieften industrietechnologischen Fertigkeiten auszubilden, die an eine bestimmte Maschinenbautechnologie gebunden sind, erst recht dann nicht, wenn diese Fertigkeiten an die Kenntnis der Produktpalette eines Unternehmens gebunden sind. Ebensowenig fördert der bestehende Rahmen die Entwicklung eines betrieblichen Ausbildungssystems. Im Blick auf das nordeuropäische System werden wir sehen, warum ein dereguliertes Bildungssystem solche Art von Aufgaben nicht erfüllen kann.

Das nordeuropäische Institutionengefüge fördert die betriebliche und schulische Ausbildung von Ingenieuren, Wissenschaftlern, Technikern und Facharbeitern in Industrietechnologien, für die eine Zusammenarbeit von Unternehmen, Universitäten und Forschungsinstituten erforderlich ist. Die Unternehmen sind darauf eingerichtet, in diese Ausbildung zu investieren, weil das System der Betriebsräte und der Lohnverhandlungen, gestärkt von Gewerkschaften und Arbeitgeberverbänden, Abwerbungen erschwert. Die Unternehmen sind ebenso darauf eingestellt, zukünftige Strategien und benötigte technische Kompetenzen trotz des Gehalts an internen Informationen zu diskutieren, da die Arbeitgeberverbände den Mißbrauch solcher Informationen durch andere Unternehmen grundsätzlich informell ahnden können und weil es darüber hinaus einen impliziten Konsens über fairen Wettbewerb gibt (siehe unten), der einen brutalen Wettkampf zwischen den Unternehmen weitgehend ausschließt. Auszubildende und Studierende der Ingenieur- und Naturwissenschaften sind darauf vorbereitet, in eng definierte berufsorientierte Fertigkeiten zu investieren, da ihre Berufsverbände und Gewerkschaften an der Entwicklung der Lehrpläne gemeinsam mit den Arbeitgeberverbänden maßgeblich beteiligt sind, so daß deren längerfristige Verwertbarkeit sichergestellt wird. Zusätzlich können Unternehmen implizit langfristige Verträge anbieten, die direkt durch die Betriebsräte und indirekt durch die langfristig vorhandene Finanzierung mitgetragen werden (siehe unten).[19]

2. *Innovationsstrategien:* Die nordeuropäischen Regelungen stellen ein Gefüge dar, das die Probleme von Einzelnen (Ingenieuren, Wissenschaftlern, Technikern und Facharbeitern) ebenso wie von Unternehmen löst, die in industrietechnologische Fertigkeiten in Verbindung mit unternehmensspezifischem Wissen investieren. Außerdem löst es die Probleme der Zusammenarbeit zwischen Unternehmen, die zur Entwicklung von Ausbildungsprogrammen notwendig ist. Auch diese Funktion kann das Institutionengefüge in den USA oder in Großbritannien nicht übernehmen, während das deutsche Institutionengefüge damit die Probleme löst, die mit hochwertigen, inkrementellen Innovationen einhergehen.

Corporate Governance

1. *Regelungen und Übereinkünfte:* Das US-amerikanische und das britische System sind durch gestreute Beteiligungen gekennzeichnet. Dies ermöglicht, erfordert sogar einseitige Kontrolle und stark leistungsabhängige Anreize für das Top-Management. Es macht zudem stark risikofreudiges Kapital verfügbar, solange die Einschätzung des Risikos nicht von internen Informationen abhängt. Das nordeuropäische System ermöglicht dagegen langfristige Finanzierungen durch stabile Beteiligungen und die Delegation von Kontrollfunktionen an Banken. Dies ermöglicht internes Wissen, konsensuelle Entscheidungsfindung und das Fehlen stark leistungsabhängiger Anreize innerhalb des Unternehmens. Eine Voraussetzung dafür ist jedoch, daß die Unternehmen nur Strategien entwickeln, die die Banken direkt oder indirekt überblicken können. Banken verfügen nicht über das nötige Fachwissen, um fortgeschrittene Technologien selbst einschätzen zu können. Sie sind darauf eingestellt, indirekt an diese Informationen zu gelangen, indem sie andere Unternehmen und Forschungsinstitute aus verwandten technologischen Gebieten zu Rate ziehen, die ausreichendes Wissen über das betreffende Unternehmen haben und die einem Industriezweig angehören, innerhalb dessen der hohe Kooperationsgrad dazu führt, daß sich wahrheitsgemäße Aussagen potentieller Konkurrenten mit ihrer Anreizstruktur vertragen.[20]

2. *Innovationsstrategien:* Hochwertige, inkrementelle Innovationen erfordern stabile Beteiligungsverhältnisse (siehe oben). Da sie auch die Koope-

---

19 Genauere Ausführungen bei Finegold/Soskice (1988) und Cave/Weale (1992) über Großbritannien sowie Soskice (1994a) über Deutschland.
20 Die Arbeiten von Vitols (1995a, b, c) bieten einen genaueren Einblick in die komparativen Systeme der Corporate Governance. Eine andere nützliche Quelle ist die Arbeit von Mayer und Alexander (1990).

ration mit anderen Unternehmen voraussetzen, ergibt sich eine Grundlage für die indirekte Kotnrolle. Dadurch gestattet das nordeuropäische System diese Form von Innovationsstrategien. Das US-amerikanische und das britische System mit gestreuten Beteiligungen gestatten diesen Innovationstyp dagegen nicht, weil die Anteilseigner keine Möglichkeit haben, langfristig eingebundene interne Informationen effizient zu bewerten, und weil sie nicht in der Lage sind, dem Management einseitige Kontrolle und die damit verbundenen stark leistungsabhängigen Anreize einzuräumen.

Beziehungen zwischen den Unternehmen

1. Regelungen und Übereinkünfte: Das US-amerikanische Institutionengefüge beschränkt die Zusammenarbeit zwischen einzelnen Unternehmen durch eine starke Wettbewerbspolitik. Zudem gibt es nur eingeschränkte Möglichkeiten zur Regelung der Auseinandersetzungen zwischen Unternehmen, die während der Laufzeit langfristiger relationaler Verträge entstehen.[21] In bezug auf die Festlegung von Standards stehen keine Regelungsstrukturen zur Verfügung, mit denen sich Standards konsensuell vereinbaren ließen, da hierfür relativ starke Wirtschaftsverbände nötig sind. Die Festlegung von Standards ergibt sich somit aus dem Wettbewerb.

Das nordeuropäische Institutionengefüge ermöglicht weitergehende Zusammenarbeit zwischen den Unternehmen bis hin zu stillschweigenden Sanktionen gegen zu starken Wettbewerb innerhalb einzelner Branchen. Es existieren gut ausgebaute Regelungsstrukturen auf der Grundlage starker Wirtschaftsverbände, die zur Lösung von Auseinandersetzungen zwischen Unternehmen herangezogen werden können. Die Wirtschaftsverbände ermöglichen zudem die Festlegung von Standards in einem von Konsens getragenen Verfahren.[22]

2. Innovationsstrategien: Hochwertige, inkrementelle Innovationsstrategien sind auf das nordeuropäische Institutionengefüge angewiesen und hätten im Institutionengefüge der USA und Großbritanniens keinen leichten Stand, weil sie eine auf Konsens beruhende Festlegung von Standards ebenso erfordern wie ein Umfeld, in dem langfristige Kooperation durch relationale Verträge möglich ist.

---

21 Ich danke Rohan Pitchford für den Hinweis auf Tiroles Argument, Unternehmen könnten im Fall von Auseinandersetzungen jederzeit rechtlich verbindliche Vereinbarungen treffen, auch wenn der relationale Vertrag rechtlich nicht verbindlich ist. Die Prozedur beschränkt sich jedoch darauf, Schäden bei der Beendigung von Verträgen zu regeln und hilft nicht bei dem viel häufiger auftretenden Problem relationaler Verträge, wenn es um die Klärung von Streitigkeiten innerhalb einer bestehenden Kooperation geht.

22 Gute Informationsquellen über die Situation in Deutschland stellen Audretsch (1989), Lütz (1993) und Herrigel (1993) dar.

6. Technologiepolitik in Deutschland und den USA bzw. in Großbritannien

In diesem zusammenfassenden letzten Abschnitt soll gezeigt werden, warum eine Technologiepolitik wie die deutsche den Problemen der hochwertigen, inkrementellen Innovation in besonderem Maße angemessen ist. Ebenso wird gezeigt, daß das deutsche Institutionengefüge die Probleme kollektiven Handelns zu lösen imstande ist, die diese Art der im folgenden genauer definierten Technologiepolitik verursachen kann.

Welches sind die wichtigsten Probleme, die sich deutschen Unternehmen bei Innovationen stellen? Das wichtigste technologisch-relationale Problem hochwertiger, inkrementeller Innovation, das die Unternehmen nicht aus eigener Kraft lösen können, bezieht sich auf die Übersetzung wissenschaftlicher Grundlagenfortschritte in eine zu den Verfahren oder der Produkttechnologie des Unternehmens passende Form. Von besonderer Wichtigkeit und Schwierigkeit ist dabei die Integration radikaler Innovationen in neu entwickelte Technologien.

Hauptsächlich aus zwei Gründen stellt dies ein Problem dar:

Der erste Grund steht im Zusammenhang mit der Art und Weise, wie die Arbeit in einem Unternehmen bei inkrementeller Innovation organisiert sein muß. Diese Unternehmen müssen als lose gekoppelte Technologiesysteme arbeiten. Das schließt ein (vgl. Abschnitt 2), daß die Mitarbeiter über ein erhebliches Maß an Autonomie zu individueller und gemeinsamer Entwicklung von Arbeitsabläufen und Fachwissen verfügen müssen. „Paketlösungen" oder der direkte „Import", bei denen neue Beschäftigte mit bestimmten „radikalen Fertigkeiten" engagiert werden bzw. bei denen Unternehmen ohne bestehende Beziehungen „radikale Kompetenzen" in das Unternehmen hineinholen können oder bei denen – allgemeiner betrachtet – neue, hochentwickelte technologische Komponenten oder Verfahren als fertiges Paket erworben und eingesetzt werden, sind weniger üblich, weil die standardisierte Schnittstelle, an der sie eingesetzt werden könnten, selten vorhanden ist. In lose gekoppelten Unternehmen lassen sich die Standards für die Einführung neuer Technologie nur durch einen Prozeß der Konsensbildung entwickeln. Nur so läßt sich sicherstellen, daß die neue Technologie (Kompetenzen, Komponenten usw.) im ganzen Unternehmen angewendet werden kann, ohne dabei bestehende Kompetenzen in nennenswertem Umfang abzuwerten.

Der zweite Grund hängt mit den Anreizen zusammen, radikale mit bestehenden Kompetenzen oder Organisationsmustern zu kombinieren. Allgemein betrachtet handelt es sich hier um das von Kern untersuchte Problem (vgl. Abschnitt 3), wonach sich die Integration radikaler und bestehender Kompetenzen nicht in der Art eines vorgefertigten Vertrages erreichen läßt. Das macht einen impliziten Vertrag erforderlich. Für den Ingenieur oder das Unternehmen mit den radikalen Kompetenzen existiert jedoch eine andere Anreizstruktur als für den Ingenieur in dem Unternehmen, das die inkrementellen Innovationen durchführt, und als für dieses Unternehmen selbst. Diese unterschiedliche Anreizstruktur ist darauf zurückzuführen, daß das „radikale" Unternehmen bzw. der „radikale" Ingenieur keine vorhergehende Beziehung zu dem innovativen Unternehmen hatte und der Beziehung daher auch keinen spezifischen Wert beimißt; zudem ist es unwahrscheinlich, daß der „radikale" Ingenieur bzw. das „radikale" Unternehmen in Zukunft mit dem innovativen Unternehmen in enger Verbindung stehen wird. Daher wird es dem Unternehmen, das eine hochwertige, inkrementelle Innovation plant, schwerfallen, einen impliziten Vertrag zu entwickeln.

Wie löst die deutsche Technologiepolitik diese Probleme? Die Lösung weist drei miteinander verwobene Elemente auf. Das erste Element betrifft die Bewertung jener neuen technologischen Gebiete, auf denen Kompetenzen benötigt werden. Dies schließt sowohl die Weiterentwicklung bestehender Technologien auf führendem Niveau als auch neu entwickelte Technologien ein. Das zweite Element ist der Aufbau von – wie man sagen könnte – anreizkonformen Kompetenzen, d.h. es muß deutsche Unternehmen, Ingenieure, Forschungsinstitute u.ä. geben, die auf den Gebieten neuer Technologien Kompetenzen entwickelt haben und mit denen Unternehmen „sichere" implizite Verträge über die Einführung neuer Technologien abschließen können. Bei dem dritten Element handelt es sich um die Standardisierung von Schnittstellen: Wie lassen sich diese Entwicklungen in die bestehende Produktion und in neue Produkttechnologien integrieren?

1. Bewertung: Der Bewertungsprozeß findet in permanent tagenden Gremien statt, die die Verbindung zwischen den universitären Fachbereichen bzw. Forschungsinstituten und Industrieverbänden sowie großen Unternehmen herstellen. Eines der wichtigsten dieser Gremien, die Wissenschaftliche Gesellschaft für Produktionstechnik[23], versammelt die Inhaber von Schlüsselpositionen in verschiedenen Technischen Universitäten und Vertreter der relevanten Fraunhofer-Institute[24], wodurch verschiedene Aspekte der Produktionstechnologie abgedeckt werden. Dieses Gremium trifft sich auch als Untergremium des Verbands Deutscher Maschinen- und Anlagenbau (VDMA), in dem zusätzlich die Vertreter führender Unternehmen Mitglied sind.

In den Technischen Universitäten findet sowohl Grundlagenforschung als auch angewandte Forschung über bestehende Technologien auf höchstem Niveau statt. Die angewandte Forschung beschäftigt sich auch mit der Integration von Innovationen in neu entwickelte Technologien. Der Anreiz für die Professoren, sich im großen und ganzen am Interesse der Unterneh-

---

23 Details über die Wissenschaftliche Gesellschaft für Produktionstechnik finden sich bei Lütz (1993). Ihr Buch über deutsche Technologiepolitik, das diesen Aufsatz stark beeinflußt hat, ist eine überaus analytische und hilfreiche Darstellung.
24 Die Fraunhofer-Institute sind industrielle Forschungseinrichtungen, die sich zum Teil durch staatliche Mittel, zum Teil durch Auftragsforschung finanzieren.

men zu orientieren, liegt darin, daß sie zum Teil Forschungsmittel und Beratung von großen Unternehmen bekommen; zudem bieten diese Unternehmen ihren Doktoranden hochrangige Karrieren und Forschungshilfen bei der Promotion. Dies ist jedoch daran gebunden, daß ihre Forschung für die Unternehmen relevant und wichtig ist. Wenn man davon ausgeht, daß die Beziehungen zwischen Unternehmen und Professoren langfristig sind, so stehen die Anreize für die Professoren weitgehend in Übereinstimmung mit den langfristigen Interessen der Unternehmen.

Worin besteht für die Unternehmen der Anreiz, ihre langfristigen Pläne und ihre eigene interne Forschung offenzulegen, so daß jene Gremien zu brauchbaren aggregierten Einschätzungen gelangen können? Hier handelt es sich um drei verschiedene Fragen, von denen eine jede für die Technologiepolitik von Bedeutung ist. Erstens könnten die Unternehmen Bedenken haben, ihre künftigen Strategien vor allem im Bereich von Produkten oder Modellen offenzulegen, weil sie befürchten, ein konkurrierendes Unternehmen des Industriezweiges könnte davon profitieren. Wie in Abschnitt 4 und 5 erläutert wurde, sorgt das nordeuropäische Institutionengefüge dafür, daß sich dies weniger problematisch auswirkt als innerhalb der Institutionengefüge der USA und Großbritanniens. Auf die Unternehmen wird ein gewisser Druck ausgeübt, nicht direkt gegeneinander zu konkurrieren, sondern sich statt dessen auf Marktnischen zu konzentrieren. Zweitens könnten die Unternehmen Bedenken haben – und die meisten Unternehmen haben sie –, sich von der Regierung in die Karten gucken zu lassen. Ein Unternehmen könnte befürchten, daß die Regierung dadurch in die Lage versetzt wird, Maßnahmen zu ergreifen, die gezielt auf einzelne Unternehmen ausgerichtet sind. Dem wird dadurch vorgebaut, daß die Regierung während des gesamten Bewertungsprozesses auf Distanz gehalten wird; sie akzeptiert, daß die Bescheinigungen, die die Unternehmen benötigen, durch Wirtschaftsverbände und durch die Wissenschaftliche Gesellschaft für Produktionstechnologie vorgenommen werden. Drittens könnten Unternehmen einen Anreiz haben, Subventionen für ihre Forschung zu verlangen, obwohl sie diese ohne Subventionierungsmöglichkeit selbst finanziert hätten. Soweit es hier um ein Problem kollektiven Handelns aller Unternehmen geht, ist es weniger wahrscheinlich, daß es im nordeuropäischen Institutionengefüge auftritt als im Institutionengefüge der USA bzw. Großbritanniens, da bei den Unternehmen umfangreiches Wissen über die jeweiligen Kompetenzen und technologischen Situationen der anderen vorhanden ist. Daher ist ein gewisses Maß an gegenseitiger Kontrolle wirksam. Es ist unwahrscheinlich, daß eine ganze Gruppe von Unternehmen (z.B. eine ganze Branche) kollektive Anreize zur Vortäuschung falscher Tatsachen hat, denn erstens haben nur wenige Unternehmen die Fähigkeit oder den Anreiz, die Grundlagenforschung auf höchstem Niveau selbst zu übernehmen, und zweitens ist solche Forschung für die dynamische Wettbewerbsfähigkeit jener Industrien mit hochwertigen, inkrementellen Innovationen in jedem Fall notwendig.

2. *Anreizkonforme Kompetenzen:* Sind die neuen Technologiefelder identifiziert, so beginnt der Aufbau von Kompetenzen in einem Netzwerk, bestehend aus den relevanten universitären Fachbereichen oder Instituten, den entsprechenden Fraunhofer-Instituten, anderen auf die Industrie orientierten Forschungsinstituten und den Forschungsabteilungen der Unternehmen. Üblicherweise gibt es in jedem neuen Technologieprogramm eine Reihe gemeinsamer Forschungsprojekte, um eine ganze Spannbreite an Kompetenzen zu entwickeln. Die Ressourcen für das Programm werden in erster Linie von der Bundesregierung zur Verfügung gestellt, jedoch durch die Wirtschaftsverbände und Forschungsinstitute unter begrenzter Mitwirkung der Bundesregierung verteilt. Die Beteiligung der Unternehmen findet selbstverständlich auf freiwilliger Basis statt. Es ist wichtig sicherzustellen, daß die Kompetenzen zu Beginn in jenen Unternehmen aufgebaut werden, die über die Kapazität verfügen, sich an der Forschung erfolgreich zu beteiligen, und daß diese Unternehmen starke potentielle Verbindungen zu anderen Unternehmen haben, die die Kompetenzen benötigen könnten. Um zu garantieren, daß diese Bedingungen eingehalten werden, wird von den Unternehmen normalerweise verlangt, daß sie 50 Prozent der Forschungsausgaben selbst tragen.

Dieser Prozeß führt zu einer Anhäufung von Kompetenzen innerhalb der deutschen Industrie und der Wissenschaftlergemeinschaft. Das trägt zu einer Lösung des oben genannten Problems notwendigerweise impliziter Verträge bei. Denn da diese Unternehmen ähnliche Anreizstrukturen wie ihre potentiellen Kunden (jene inkrementell innovativen Unternehmen) haben, ist es letzteren leichter möglich, mit einer gewissen Sicherheit implizite Verträge mit ihnen einzugehen. Dies wird durch die Möglichkeit der Wirtschaftsverbände zu informeller Vermittlung im Fall eines Konflikts noch verstärkt.

3. *Standardisierung von Schnittstellen:* In Unternehmen mit lose gekoppelter Arbeitsorganisation gibt es typischerweise viele gewachsene Routinen und Praxen in den Produkt- und Verfahrenstechnologien. Das trifft auch auf die Arbeitsorganisation bei lange bestehenden Beziehungen zwischen Unternehmen zu. Daher muß die Einführung neuer Technologien, sollen sie sich erfolgreich in dem betreffenden Industriezweig ausbreiten, auf einer breiten Akzeptanz der entscheidenden Schnittstellen-Standards beruhen. Die Standardisierung kann, wie in den USA und Großbritannien, entweder das Ergebnis einer Wettbewerbssituation sein oder aber von den großen Unternehmen und/oder der Wissenschaftlergemeinschaft auferlegt werden (wie im französischen Institutionengefüge). Eine solchermaßen vorgeschriebene Standardisierung würde Unternehmen mit lose gekoppelter Arbeitsorganisation Schwierigkeiten bereiten. Diese Unternehmen müssen die Möglichkeit haben, sich an der Entwicklung der Standards zu beteiligen. Das nordeuropäische Institutionengefüge ermöglicht genau dies: Die Standards werden auf der Basis konsensueller Entscheidungen festgelegt. Naturgemäß bedarf es dazu eines längeren Zeitraums und vieler Verhandlungen. Doch dieses Verfahren gestattet die relativ schnelle Ausbreitung einer neuen Tech-

nologie, wenn die gemeinsamen Standards für diese Technologie erst einmal eingeführt sind.

Neu entstehende Technologien und die Grenzen der deutschen Technologiepolitik

Die deutsche Technologiepolitik ist nicht darauf orientiert, radikale Innovationen in neu zu entwickelnden Technologien zu fördern. Sie versucht (teilweise), die Ergebnisse solcher radikaler Innovationen in ein Paket zu schnüren, das deutschen Unternehmen den „Import" ermöglicht, und so die oben beschriebenen Probleme zu lösen. Dadurch kommt es nahezu unvermeidbar zu einer zeitlichen Differenz zwischen Innovationen in neu entstehenden Technologien und ihrer Aufnahme in das deutsche Industriesystem. Weder für die fähigsten Professoren und Forscher noch für deren beste Doktoranden gibt es einen wirklichen Anreiz, Fachwissen im Bereich neuer Entwicklungen zu bilden, wenn sich möglicherweise herausstellt, daß diese Entwicklungen für die großen forschungsorientierten Unternehmen, die sie mit Forschungsfinanzierung und Karrierechancen unterstützen, keinen Wert haben. Erst wenn neu entstehende Technologien absehbar von Relevanz sind, d.h. wenn die Unsicherheit weitgehend abgebaut ist, lohnt es sich für diese Wissenschaftler, ernsthaft daran zu arbeiten.

Man muß darin nicht unbedingt eine generelle Schwäche des deutschen Systems sehen. Die deutschen Unternehmen haben auf ihren Exportmärkten häufig führende Positionen inne, und die Konkurrenten im Bereich inkrementeller Innovationen sind ähnlichen Schwierigkeiten ausgesetzt. In manchen Fällen gibt es jedoch ein potentielles Problem: Eine schnellere Integration von Neuerungen kann erforderlich sein, wenn deutsche Unternehmen anders organisierten Konkurrenten gegenüberstehen, die sich möglicherweise schneller anpassen können. Die deutsche Chemieindustrie und besonders die pharmazeutischen Unternehmen konkurrieren mit US-amerikanischen und britischen Unternehmen, die die Ergebnisse biogenetischer Innovationen schneller aufgreifen können.

Die großen deutschen Chemiekonzerne haben darauf reagiert, indem sie US-amerikanische biotechnologische Unternehmen gekauft haben. Eine ähnliche Reaktion war bei deutschen Banken zu beobachten, die nicht in der Lage waren, einen ganzen Bereich innovativer, internationaler Dienstleistungen schnell genug aufzubauen: Sie haben weitgehend unabhängige britische Tochtergesellschaften gegründet. In beiden Fällen wurde das stärker deregulierte Institutionengefüge der USA und Großbritanniens genutzt, um radikalere Innovationen zu fördern.

Es ist jedoch unklar, warum diese ortsbezogene Reaktion für sich allein funktionieren sollte – zumindest wenn die deutschen Unternehmen glauben, die radikalen Innovationen aus den USA oder Großbritannien in ihre von inkrementellen Innovationen bestimmten Unternehmen in Deutschland integrieren zu können.

Denn das grundlegende Problem der Anreizstruktur ist keines, das sich durch die Vereinigung von Besitz in der Hand eines Eigentümers lösen ließe. Der grundsätzliche Ortsvorteil beim Einstieg in US-amerikanische Biotechnologie liegt darin, daß die Karriereanreize für Wissenschaftler dort entscheidend andere sind als in Deutschland. Doch dadurch werden die Versuche behindert, reibungslose Transfermechanismen zwischen den deutschen und amerikanischen Teilen des Unternehmens zu entwickeln. Ähnliches trifft auf die Banken zu: Der Anreiz für britische Spezialisten besteht darin, auf dem Markt hohe Verdienste zu erzielen; dabei gehört es teilweise dazu, den eigenen Kundenstamm mitzubringen, wenn man zu einer anderen Bank wechselt. Wenn die deutschen Bankfachleute diese Anreizstruktur verstanden haben, werden sie nicht mehr so erpicht darauf sein, die britische Tochtergesellschaft einzusetzen, um ihren eigenen Kunden zu helfen. Ob deutsche multinationale Unternehmen erfolgreiche organisationsinterne Anreizstrukturen entwickeln können, um diese Probleme zu beheben, ist eine der ausschlaggebenden Zukunftsfragen.

Übersetzung aus dem Englischen: Carola Schirmer.

Literatur

Aghion, P./Tirole, J. (1994): *Formal and Real Authority in Organizations.* Mimeo. Oxford/Toulouse.

Allen, F. (1993): „Stock Markets and Resource Allocation". In: C. Mayer/X. Vives (eds.): *Capital Markets and Financial Intermediation.* Cambridge, S. 81-108.

Aoki, M. (1994): „The Japanese Firm as a System of Attributes: A Survey and Research Agenda". In: M. Aoki/R. Dore (eds.): *The Japanese Firm: Sources of Competitive Strength.* Oxford, S. 1-40.

Audretsch, D. (1989): „Legalized Cartels in West Germany". In: *Antitrust Bulletin, 34* (Herbst), S. 579-600.

Cave, M./Weale, M. (1992): „The State of Play. Higher Education: The Assessment". In: *Oxford Review of Economic Policy,* 8 (2), S. 1-18.

Diamond, D. (1984): „Financial Intermediation and Delegated Monitoring". In: *Review of Economic Studies,* 51, S. 393-414.

Finegold, D./Soskice, D. (1988): „The Failure of Training in Britain: Analysis and Prescription". In: *Oxford Review of Economic Policy,* Jg. 4, H. 3, S. 21-53.

Hall, P. (1986): *Governing the Economy: The Politics of State Intervention in Britain and France.* Cambridge, Ma.

Herrigel, G. (1993): „Large Firms, Small Firms and the Governance of Flexible Specialization: the Case of Baden-Wuerttemberg and Socialized Risk". In: B. Kogut (ed.): *Country Competitiveness: Technology and the Organizing of Work.* New York/Oxford, S. 15-35.

Katzenstein, P. J. (1985): *Small States in World Markets.* Ithaca.

Kitschelt, H. (1991): „Industrial Governance, Innovation Strategies and the Case of Japan: Sectoral Governance or Cross-national Comparative Analysis?" In: *International Organization*, Jg. 45, H. 3, S. 453-493.
Lütz, S. (1993): *Die Steuerung industrieller Forschungskooperation*. Frankfurt a.M.
Matraves, C. (1997): „German Industrial Structure in Comparative Perspective". In: *Industry and Innovation*, 4 (1), S. 37-52.
Maurice, M./Sellier, F./Silvestre, J.-J. (1986): *The Social Foundations of Industrial Power*. Cambridge.
Mayer, C./Alexander, I. (1990): *Banks and Securities Markets: Corporate Financing in Germany and the UK*. Discussion paper No. 433, Centre for Economic Policy Research, London School of Economics. London.
Milgrom, P./Roberts, J. (1992): *Economics, Organization and Management*. Eaglewood Cliffs, N.J.
Perrow, C. (1984): *Normal Catastrophes*. New York.
Perrow, C. (1986): *Complex Organisations: A Critical Essay*. New York.
Porter, M. E. (1990): *The Competitive Advantage of Nations*. London.
Schleifer, A./Summers, L. (1988): „Breach of Trust in Hostile Takeovers". In: A. Auerbach (ed.): *Mergers and Acquisitions*. Chicago.
Sorge, A./Warner, M. (1987): *Comparative Factory Organisation: An Anglo-German Comparison of Manpower in Manufacturing*. Aldershot.
Soskice, D. (1990): „Wage Determination: the Changing Role of Institutions in Advanced Industrialised Countries". In: *Oxford Review of Economic Policy*, 6 (4), S. 1-23.
Soskice, D. (1994a): „The German Training System: Reconciling Markets and Institutions". In: L. Lynch (ed.): *International Comparisons of Private Sector Training*. Chicago, S. 25-60.
Soskice, D. (1994b): „Innovation Strategies of Companies: A Comparative Institutional Analysis of Some Cross-Country Differences". In: W. Zapf/M. Dierkes (Hg.): *Institutionenvergleich und Institutionendynamik. WZB-Jahrbuch 1994*. Berlin, S. 271-289.
Streeck, W. (1984): *Industrial Relations in West Germany: A Case Study of the Car Industry*. London.
Streeck, W. (1991): „On the Institutional Conditions of Diversified Quality Production." In: E. Matzner/W. Streeck (eds.): *Beyond Keynesianism. The Socio-Economics of Production and Employment*. London, S. 21-61.
Streeck, W. (1992): *Social Institutions and Economic Performance: Studies of Industrial Relations in Advanced Countries*. London/Beverly Hills.
Teece, D. (1986): „Profiting from Technological Innovation: Implications for Interaction, Collaborative Licensing and Public Policy". In: *Research Policy*, 16 (6), S. 285-305.
Thelen, K. (1991): *Union of Parts*. Ithaca.
Turner, L. (1991): *Democracy at Work: Changing World Markets and the Future of Labor Unions*. Ithaca.
Vitols, S. (1995a): *Corporate Governance versus Economic Governance: Banks and Industrial Restructuring in the US and Germany*. Discussion paper FS I 95-310, Wissenschaftszentrum Berlin für Sozialforschung. Berlin.
Vitols, S. (1995b): *Financial Systems and Industrial Policy in Germany and Great Britain: The Limits of Convergence*. Discussion paper FS I 95-311, Wissenschaftszentrum Berlin für Sozialforschung. Berlin.

Vitols, S. (1995c): *German Banks and the Modernization of the Small Firm Sector: Long-term Finance in Comparative Perspective.* Discussion paper FS I 95-309, Wissenschaftszentrum Berlin für Sozialforschung. Berlin.

Williamson, O. (1985): *Institutions of Capitalism.* New York.

Zysman, J. (1993): *Governments, Markets and Growth: Financial Systems and the Politics of Industrial Change.* Ithaca.

Identity, Procedural Knowledge, and Institutions: Functional and Historical Explanations for Institutional Change

Bruce Kogut*

> It is proved, he used to say, that things cannot be other than they are, for since everything was made for a purpose, it follows that everything is made for the best purpose. Observe: our noses were made to carry spectacles; so we have spectacles. Legs were clearly intended for breeches, and we wear them. Stones were meant for carving and for building houses, and that is why my lord has a most beautiful house; for the greatest baron in Westphalia ought to have the noblest residence. And since pigs were made to be eaten, we eat pork all year around. It follows that those who maintain that all is right talk nonsense; they ought to say, all is for the best.
>
> *Pangloss to his Lord from Voltaire's Candide*

One of the central themes that cuts across Professor Karl W. Deutsch's work, be it on nation-building or the cybernetics of government, was an insistence on understanding societies as systems.[1] This systems approach remains a deep challenge to efforts to understand the transition of socialist economies and the comparative economics of national institutions. A similar systemic approach is the core of the accounts by Masahiko Aoki for Japan or David Soskice for Germany which explain economic performance as the outcome

---

* Bruce Kogut is Professor of Management and Director of the "Emerging Economies"-Programme at the Wharton School, University of Pennsylvania. In 1996 he held, together with Peter A. Hall, the Karl W. Deutsch-Visiting Professorship, created by the Wissenschaftszentrum Berlin für Sozialforschung in honour of its former Director Karl W. Deutsch.

1 This essay is a revised version of the Karl W. Deutsch Lecture given on 27 November 1996 during my stay as Karl W. Deutsch Visiting Professor at the Wissenschaftszentrum Berlin für Sozialforschung. I would like to thank the Wissenschaftszentrum for supporting my research. Also I thank Black Adder, Tom Cusack, Peter Hall, Bob Hancké, Ulrich Jürgens, Andy Spicer, Rosemary Taylor, and David Soskice for the many conversations.

of a finely tuned equilibrium among financial, corporate, and labor institutions. The components of these systems function to generate incentives for individual actors to coordinate their economic decisions and activities. The functional argument is implicit in the recent burgeoning of the literature on complementarities which posits that systems move towards (local) optimal configurations through marginal adjustments to interacting components.

Complementarities are rarely identified *a priori*. This observation points to the core of my argument that the ambiguity of what fits with what provides an intrinsically interesting insight into the difficulty of organizational and institutional change. However, even if complements are difficult abstractly to identify, there are two criteria that complements should satisfy. The first is the criterion of economy in incentives that governs the interactions between institutional components. In this formulation, financial markets exist "in order to" curtail managerial discretion; employer associations eliminate the dangers of underinvestment in human capital through free riding. The second criterion is that of closing the system such that, if financial markets are seen as providing incentives to managers and managers act to invest in human capital, there are also mechanisms that insure the incentives for financial agents to monitor and sanction bad management.

One can think of these complements then as a coordination problem, with corresponding high and low equilibria (Finegold/Soskice 1988). Germany, for example, is often considered to represent a high equilibrium, because it resolves a fundamental problem inherent in a high skill economy, namely, creating the incentives for individuals to invest in their human capital by providing credible promises of future employment at wages to justify the investment (Streeck 1992; Soskice 1990). Works councils act to adjudicate between workers and managers; unions can make binding wage agreements; employer associations prevent individual firms from poaching workers, thus decreasing the attractiveness of any firm to invest in particular workers. The success of the German economy can be insightfully described as shifting a potential prisoner dilemma situation to a coordination problem. That is, instead of a situation in which expectations that employers will not respect the high wage commitment leads to workers refusing to invest in future earnings, the institutions provide a cooperative context in which works councils and unions function *in order to* support the source of German productivity, namely, the high skills earned by apprenticeship and training.

These are powerful arguments that provide an analytical framing of the comparative merits of different national systems. However, I want to make a simple case against them, namely that these arguments do not help to explain institutional change. In times of institutional change, the analysis shifts from corporatist actors to the beliefs held by individuals. In those circumstances, the (mainly tacit) procedural knowledge that underpins coordinated markets cannot be assumed, since individuals abandon the non-reflexive routines that push them to obey normatively prescribed behavior. Institutional change thus raises the question how common sense notions of coordinated action are achieved.

This essay begins by ruling out one kind of argument that appears useful in static functional formulations of institutions, namely, the implicit use of backward induction. Instead, I argue for the notion of procedural knowledge as guiding the behavior of individuals in particular historical settings and as the underpinning of coordinated action. This knowledge is indexical insofar that historically given identities unite the procedural knowledge of individuals with the classifications of work that define the division of labor. These ideas are illustrated through an examination of the change in work practices in Weimar Germany. The paper ends with a short discussion of why behavioral change in eastern Germany is not achieved through the installation of western German institutions.

Institutions as a Coasian Problem

The difficulty with a systems approach is in the integration of the system description with the action of individuals. This integration is often achieved, I think with great power and effect, by trying to understand systems, such as nations, as generating incentives for people to behave in particular ways. For example, in Germany the labor market pays people with respect to their educational qualifications. Thus, there is an incentive in the form of future higher wages for people to educate themselves and postpone higher salaries until later. Now all of this makes sense if firms create a pay policy that respects these labor institutions. Hence there has to be a set of incentives that prevents firms from poaching, and there must also be strong centralized unions that can impose wage restraint through potential sanctions. It is easy to see how this line of thinking generates a system, in which labor, firms, finance, and government are all interlocked in a closed cycle. The system is closed through the functional coupling of complementary institutions. If you pull an element out, the whole apparatus wobbles.

The obvious advantage of having a nose to support spectacles is the source of the often posed question why societies do not reconstitute themselves to realize Pareto improvements. The Coasian bargain fundamentally says that in the absence of prohibitive transaction costs, parties should be able to negotiate and contract the allocation of property rights to provide incentives for mutual gain. To state the point of Douglass North (1990) that transaction costs have been prohibitively high in some historical periods and in some societies misses the point that the Coasian bargain should also permit the redesign of the institutions that govern property rights.

Functional and Evolutionary Arguments

Thus, the central perplexity raised by these functional descriptions of national systems is the puzzle why should low equilibrium societies not switch to better coordinated economies. In fact, the academic debate is principled, at least implicitly, on the presumption that given the appropriate institutions, powerful and organized economic interests (e.g. business and labor) should negotiate along an efficient frontier; distributional bargaining should not upset the efficient allocation of investment in human skills and capital. But if some distributional outcomes in this higher equilibrium system should dominate the best payments to each party in a low equilibrium system, then the Coasian argument implies that institutions should be re-contracted. But they are not.

There are, no doubt, several ways to construct an argument why institutional change is less likely to be subjected to the considerations of Coasian bargaining. There is one approach that, however, should be ruled out, namely, the Panglossian functionalism that is so useful as a description of static systems. As a system characterization, functional arguments are useful descriptions of why particular elements coalesce in a coherent (i.e. complementary) system. Historical moments of institutional change, however, are not characterized by the functional "in order to" reasoning implied by a systems approach.

To argue that parties to a reconstitution of institutions act in order to arrive at a high equilibrium outcome is subject to at least two problems. This approach implies a high level of rationality and knowledge over the outcomes of complex interactions among institutions. If there are ten institutions which compose a system (e.g. centralized unions, works councils, central banks, employer associations, banking finance, etc.), we quickly arrive at 2^{10}, or 1024 outcomes. This calculation assumes that these ten institutions can be identified and that there is enough variety in the world to infer positive complements. It is not surprising that the combination of complexity and the scarcity of natural experiments represents an unresolved challenge to comparative methods (see, for example, Ragin 1987).

More importantly, functional arguments stipulate a circularity in which backward induction determines the belief set held by the individuals at the time of institutional re-contracting. As Elster (1983) powerfully notes, the only escape from this circularity is to state the functional argument in terms of intended and unintended consequences. More simply, the presumption is that actors bargain to achieve some local consequence, with the system consequence that they achieve an outcome that was not intended. This constraint on the argument requires that the beliefs of the actors need to be stated empirically (or what in sociology is called "indexically") rather than as induced from the functional outcomes.

An excellent historical example is the origin of works councils. Works councils were created in the revolutionary period of 1919 as a way to enforce worker control over the work place. One of their unintended consequences was that by the end of the 1920s they permitted a high degree of coordination among workers and employers (see Plumbe 1994). The Weimar Republic was therefore a remarkable period in which the principle institutions that guided the West German economic miracle were created; but they were not created with the functional merits of the postwar coordinated market economy as a goal.

There is a distinction between the historical process as guided by a functional logic of "in order to" and the evolutionary logic of "because of." To restate the point, works councils were not created in order to function in conjunction with other institutions to achieve a highly coordinated economy. But because they were created, the German system evolved a necessary component in the functioning of a high equilibrium economy.

Institutional Imitation

This distinction between historical arguments and functional analysis may seem irrelevant to a debate that asks whether national systems may not learn from each other. Let us, for the sake of argument, assume that decision-makers in reputedly low equilibrium economies, e.g. the United Kingdom, hold an accurate understanding of the functional components of high equilibrium national systems. Given the demonstration effect of superior German institutions, the United Kingdom parties could convene themselves in a constitutional meeting to re-contract their social and political arrangements. The United Kingdom could become German in all but territory and national identity.

This thought experiment runs into a kind of Goedel recursion insofar that the decision to convene a constitutional meeting is itself subject to the institutional failure that would characterize an uncoordinated market economy in the first place. British labor is not centralized. If we accept for purposes of illustration the argument that the British system is impaired by the inability of unions to commit credibility to wage restraint at the shop level due to the absence of centralized control, then how should they commit credibility to the guarantees required for institutional reform? The recursion is that in the absence of institutions to enforce the process of institutional change, the ability to bootstrap to a higher equilibrium by imitative learning is subject to failure of collective action.[2]

However, this kind of argumentation is prone to the following criticism. If British citizens knew that the German model was superior, they should achieve the Coasian re-contracting by which, first, unions are centralized and then central actors agree to reconstitute national institutions. This criticism is not petty insofar as it points out that corporate actors are analytical fictions. The analytical convenience of corporatist arguments of assuming stable organized interests is obviously not valid if the question shifts to what sustains the longevity of institutions. Considerations of institutional change

---

2 Ostrom (1990) suggests certain principles by which communities may self-organize to achieve cooperation even in the absence of constitutional guarantees. But in communities in which these principles are missing, her argument implies low equilibrium as a stable attractor state.

force a change in the level of analysis to the decisions of individuals. For whatever historical reasons, German and British workers were organized into centralized and decentralized bargaining institutions. If these institutions no longer correspond to their preferences, then they should in democratic societies vote by exit, voice, or ballot.[3]

Let us proceed with a few considerations by both staying within the framework of rational choice and admitting its validity. First, it could well be that individuals prefer to persist in familiar paths rather than shift, due either to habit or to uncertainty over compensation. However, if the costs of institutional persistence are large enough, they should at some point change. This observation is simply a generalization of North and Thomas' (1973) argument that changes in the relative prices of land and labor caused the break up of feudalism in western Europe.[4]

Second, individuals may lack knowledge over alternatives. This consideration is historically possible, but analytically not useful unless we allow some individuals to be informed. Boyer and Orléan (1991) effectively model this case by showing that if individuals who are informed can interact, then the new institutions can replicate and diffuse to alter existing institutions. Of course, there are many reasons why institutions may not change, especially those derived from the failure of collective action. But if there is gold in recontracting, then the Boyer-Orléan model simply says that people should at local levels self-organize to institute local change.

Somehow, the difficulties of institutional change are not adequately reflected in the stylized models by which individuals should strike the Coasian bargain. To underscore the intuition that something is missing, consider the experiment whether the United Kingdom would operate effectively better if it adopted German institutions. To a certain extent, this experiment has been tried in the federal states that formerly comprised the German Democratic Republic. By September 1990, West German law dismantled the remaining institutions in the eastern states, and Germany was united under the same constitutional and institutional guarantees for the entire territory. The economic consequences of this experiment have not been encouraging.

Incentives and Coordination

If we reflect on the problems in eastern Germany, it seems obvious that the problem is only secondarily an issue of incentives that are given by a set of complementary institutions. Rather, the problem of institutional change is

---

3 See Peter Hall's contribution to this volume for an explicit treatment of the political economy of change in Germany.
4 It is an interesting question whether Germany has suffered a shock of relative price change that should induce institutional change. Carlin/Soskice (1997) imply that Germany remains innovative and relatively efficient, but attributes current ills to burden sharing during a period of lower returns to both labor and capital.

connected with the acquisition of the "procedural knowledge" that supports the coordination of work. To understand what procedural knowledge is, I would like first to explain why coordination is not an incentive problem.

Consider the experiment defined by the prisoner's dilemma game. The idea of this game is to show that cooperation does not occur (even when in the interests of two parties) if there are conflicting incentives. This failure to cooperate is a breakdown of collective action, and therefore it is important because it suggests that cooperation to create institutions that benefit all players may yet be hard to accomplish.

This game has been the subject of an immense body of work. Its name comes from the description given by Tucker of operations research fame, who created the image of two criminals caught red-handed. The two prisoners are separated, and they face the choice of remaining silent or of cooperating with authorities. The best outcome for each individual is to cooperate as long as the other is silent; the worst is to remain silent when the other cooperates. The equilibrium is mutual defection. In repeated play, however, cooperation can be expected in finite settings, as long as there is some reasonable chance of cooperation in the final round.

It is interesting to take a glance at the notes taken by players to the game during the first time it was held at the Rand Corporation in 1950 (cf. Poundstone 1992). In an experiment designed by Melvin Dresher and Merrill Flood, Armen Alchian and John Williams played a non-cooperative prisoner dilemma game over 100 iterations. The payoffs to the players were not symmetric, for Williams gained more than Alchian through cooperation.

The comments written by the two are quite revealing. For example, Alchian begins by noting that "JW will play D *(defect)* – sure to win" and immediately adds after round 1 "What is he doing!!" He notes in round 68 that "He won't share." Williams, who plays a cooperative strategy of what is now called tit-for-tat, starts by noting "Hope he's bright" and adds after round 2 "He isn't but maybe he'll wise up." He clearly tries to teach his counterpart, noting "He's crazy. I'll teach him the hard way," "Let him suffer," "Maybe he'll be a good boy now," and "This is like toilet training a child – you have to be very patient." Both defected at the end of the 100 rounds. Yet, overall, mutual cooperation prevailed 60 out of the 100 times.

The striking aspect of this exchange is the exploration of both parties to communicate a set of rules. A key aspect of their frustration was that their payoffs were not symmetric, Williams gained more by cooperation than Alchian. Alchian thought that Williams should therefore let Alchian defect sometimes to balance out the payoffs. In effect, Alchian was trying to teach his opponent rules of distributive justice using a norm of equality. Williams was operating by rules of procedural justice using a norm of equity in process. Alchian thought Williams was unfair, Williams thought Alchian was either crazy or stupid.

The prisoner dilemma game is a useful, but misleading characterization of what we mean by cooperation that is required for institutions. For in some sense, Alchian and Williams were trying to transform the prisoner dilemma game into a game of coordination. What prevented them from doing this was not simply the issue of conflict in incentives. Rather, their cooperation was hampered by three obstacles: they had different views of distributional fairness; they classified certain actions differently; and they did not develop a cognitive underpinning to their coordination.

In effect, the experiment was an artificial setting in which they were deprived of social knowledge. Game theory experiments, even though they are interesting for the exploration of a certain kind of rationality, deprive individuals of this social knowledge. The location is an artificial setting; the experiments – no matter the number of repeated plays – are of short duration; the subjects know it is an experiment. Yet, behind the constraints of the experimental design, the subjects try to reinstate norms, rules of coordination, and ideas of justice.

Procedural Knowledge and Common Sense Understandings

A fair interpretation of the prisoner dilemma experiment is that, despite the non-cooperative conditions, the players sought to convert the game to one of coordination.[5] Coordination is often considered to be achieved through the use of focal rules. The term focal rules is useful, but it obscures an important issue. A focal rule means, if I am lost in Berlin, and if I am trying to find a friend who is also lost, we might use the rule implicitly to meet at the Brandenburg Gate. There are many clever issues involved in this line of reasoning, but I will only make the observation that coordination very rarely is the problem of finding someone in Berlin. In truth, we solve coordination problems every day. We show up at work and there are meetings with people who slide without reflection in and out of meetings. The only time we become aware of coordination problems is when we are lost, or in a foreign country, or something strange happens, and we cannot rely upon our social knowledge of the situation.[6]

Focal rules are essentially the procedural knowledge held by individuals. Certainly, incentives influence the use of these rules, as well as their acquisition. But in some respects, these are second order effects. The first order effect is that because people hold procedural knowledge, they know how to coordinate.

---

5 The appropriate stylization of this coordination problem, as David Soskice has remarked, ist the "battle of the sexes" game. Kreps (1990, p. 101) notes that little progress has been made in exploring Schelling's insights on focal rules, and he offers the qualified conclusion that "game theory tells us to ignore ... the very keys upon which players coordinate." We are argue below that these keys are the procedural knowledge held by the individuals.
6 This observation has been extensively explored by Garfinkel (1967).

Coordination is difficult when the procedural knowledge is lacking. Think of this coordination, in its purest form, as a design task. If we are simply doing what we did before, then it is easy to miss the dimension of coordination as difficult. In the United States, we have what is called Levitt towns, in which an entrepreneur Levitt built village after village consisting of identical houses. If construction is slow, it is probable that someone is loafing or not doing his job. But change the task from building houses to building airplanes. Then the challenge of coordination, and knowing what to coordinate, becomes paramount; incentive issues become secondary.

This confusion that all purposive behavior that appears to external observers as non-optimal is because incentives are lacking, is fairly deeply rooted in academic thinking. In an address to the American Financial Association, Michael Jensen noted that American businesses fared poorly in the 1980s despite incentives generated by the tremendous competitive pressures stemming from international in-roads in the home market. His explanation put this fault in the failure of managers to apply capital budgeting tools to maximize the value of the firm.

> "Agency theory (the study of the inevitable conflicts of interest that occur when individuals engage in cooperative behavior) has fundamentally changed corporate finance and organization theory, but it has yet to affect substantially research on capital-budgeting procedures. No longer can we assume that managers automatically act (in opposition to their own best interests) to maximize firm value" (Jensen 1993, p. 870).

Yet, to believe that American executives, who are, if anything, "highly incentivized," failed to respond optimally to international competition due to an incentive problem overlooks simply a more prosaic explanation. The confrontation of American management with radical changes in technology and organization challenged the existing knowledge of how work should be organized and managed. The problem is not that incentives were absent, but the procedural knowledge that guided the organizing principles of many American firms was deficient.

Procedural knowledge is difficult to change, because such knowledge is implicit (Reber 1993). There is considerable psychological evidence that procedural knowledge is hardwired. People learn rules without conscious knowledge of them, and these rules are stored as procedural memory. We may forget the rules of grammar without losing the ability to speak correct sentences. For this reason, a trip abroad is very often an occasion when people think about their own country and its procedural rules.

Procedural knowledge consists, in other words, of the common sense understandings that individuals use in their routine lives. Schutz (1962, p. 339) describes these understandings as "based on a stock of previous experiences of it, our own or those handed down to us by parents or teachers; these experiences in the form of 'knowledge at hand' function as a scheme of reference." Unlike the concept of common knowledge – individuals hold n-tuple calculations of each others' beliefs – common sense knowledge is predicated upon two characteristics: its taken-for-grantedness and its indexical property. By taken-for-granted, it is meant that procedural knowledge operates in implicit memory. It is implicit, because an individual is not conscious of these beliefs in everyday life, but it is not unconscious, because individuals can articulate the belief if prompted. It is indexical, because these beliefs do not generalize, but are valid within historically given contexts.

Identity and Categorization

I wish to make use of this idea of procedural knowledge to suggest that individuals classify the work into divisions of labor which correspond to deeply rooted identities. Procedural knowledge is hard to change because it is rooted in identities that are given by the existing categories defined by the division of labor. Again, we see the importance of understanding this knowledge as indexical, i.e. as rooted in historical identities and conditions.

The process of industrialization was of course quite bitter, especially in Britain. In this process, labor left the land eventually and entered into contract with an owner. This change was accompanied slowly by adjustments in labor law and also by an industrial ideology. Bendix (1956) contented that the need to legitimize authority in these very small factories required an articulation of an ideology. This ideological fight, which eventually became in some countries expressed as class-oriented, was in large part about the identity of the worker with regard to skill, owner, or class.

This debate over identity is echoed in Marx's lament over false consciousness, or Sorel's admonition for a general strike, or in Weber's distinction between class and status. In other words, identity is not given abstractly, but has emerged through a historical process in which the division of labor emerged and evolved. In this more complex expression of the organization of work, we see the emergence of Durkheim's observations on the need for solidarity because there is a division of labor.

Identity has, however, a particular implication which is only now being fully recognized. Namely, there is a very close association between identity, self-classification, and the acquisition of procedural knowledge. The term for this association is "situated learning." It arose from studies by Jean Lave and others about how students learn. It was discovered in the inner city schools of America that students learn much better when the learning is situated in a context with which the students identify. Of course, we have always known this in some regard, and the foundations of apprenticeship programs rest on this belief. But what is frequently missing in our understanding is that knowledge and skill are embodied in identity.[7]

---

7 See Van Maanen/Barley (1984) for a discussion of skill and work community.

A powerful way in which the division of labor exercises an influence on the identity of individuals is through categorization. Lakoff (1987) notes that people hold ideal cognitive models that inform their understanding of their world. Whereas logic may apply to the manipulation of symbols within a schema, the reference of these symbols to an external reality is influenced by bodily properties (e.g. color perception) and imaginative processes (e.g. metaphor and metonymy). Borrowing Eleanor Rosch's theory of classification, Lakoff notes that primitives tend to be classified by prototypic effects, i.e. best examples.[8] One of Lakoff's examples is that an "unmarried man" is a possible prototype for bachelor; priests and men with three wives when four are allowed would be poor best examples.

To suggest the implications of this thinking, consider the notion of "best practices." Many firms may claim to have installed Japanese production methods; the Toyota system is, however, a best example. Other systems belong to this category, but the prototype is Toyota. The transfer of this system across firms and countries is difficult for many reasons, but a principle reason is that a prototype is not a fixed template. The transfer of just-in-time systems, by argument of metonymy – a part representing a whole – might lead to the classification of adopters as implementing Japanese systems. Moreover, understanding Toyotism or Taylorism as a philosophy leads to the implementation of the spirit of the system, metaphorically. It is not surprising that transfer usually entails innovation, and disagreement as to whether or not it occurred. This observation has profound implications, which can be understood with the help of a historical example of some pertinence to contemporary Germany.

Diffusion and the German Response

The institutional brilliance of the German system was to resolve the ideological conflict in identity by wedding skill and class together through the creation of job classifications that were recognized by owners and managers. It is of paramount importance to underline that identity was at the heart of this institutional structure. Terms such as the distinction between *Facharbeiter* and *gelernte Arbeiter* are difficult to maintain in American English, because these social categories did not develop in the American context. There is, in other words, a subtle relationship between identity and the social categories by which work is recognized to be organized.

I want to underline that the change in work flow required changes in the categories by which people assigned responsibilities and status. The proposals of the American engineer Frederick Taylor to change the division of labor caused different reactions in Germany and the United States, because the procedural knowledge and the categories by which coordination was

---

[8] Schutz (1962, pp. 7-9) anticipates this idea in his discussion of typification, or how perception is cognitively classified.

achieved were different. Taylor proposed to alter the division of labor by creating staff experts, by removing knowledge from the shop floor and putting it into the offices of lower management. Similarly, Ford challenged the practical knowledge held by workers and engineers by installing the famous assembly line, in which work was paced by the line and pay no longer had to be tied to individual performance. They both changed the division of labor, and having done so, changed the procedural knowledge at the work place.

At the start of the 1900s, American firms began to invest heavily in Europe, including Germany. Singer, Remington Typewriter, NCR all decimated German competitors through their factories located in Germany and Europe (Blaich 1984). A number of German firms openly adopted the American system, one firm even advertised that it produced "nach dem Tayloristischen System" and claimed that both employer and worker gain. (Clearly, it understood the Coasian bargain.) Daimler and Krupp were firms that early on experimented with Taylorism (Kugler 1987).

These American investments were especially poignant because they posed a competitive threat to German exports and even home sales. In this sense, the extension of American organizing principles to Germany challenged the institutional knowledge that was still at a critical stage in the historical development of Germany. American firms presented one kind of solution to the increasing problems created by the growing mechanization of work.

A particularly interesting case is Bosch (I draw on the history of Prinzing 1989). By 1913, Bosch was facing increased competition from American firms, especially in the American market in which it had opened a factory in Massachusetts. Bosch began to experiment with Tayloristic ideas, and these came to a head in a famous strike in 1913, just about the time strikes hit Renault in France and Watertown in the United States. Taylor, back in Philadelphia, complained that people tried to take just parts of his system and changed the firms too fast. Here we hear the familiar refrain of system thinking and of the slow acquisition of procedural knowledge.

Yet, the strike at Bosch revealed more than the difficulty of adoption. For in these complex events, a few facts stand out. First, higher wages at Bosch were not sufficient to stop a strike, despite Taylor's belief that wage incentives would lead to social harmony. Further, the introduction of new practices led to an increased hiring of *Hilfsarbeiter* and a downgrading of responsibility of the *Meister*. The social categories of work were challenged by the new methods. Finally, the politics of the SPD and the Deutscher Metallarbeiter Verband (DMV) were critical elements in influencing the strike.

In short, the introduction of Taylorist kind of ideas, many of which were indigenous to Germany, was not done abstractly but faced an existing social order, complete with skill identities (the *Meister*, the *Facharbeiter*) and with concerned political players. Bosch believed strongly in the importance of apprenticeship and in fact even started an apprenticeship school in the same year as the strike. Yet, the conflict between worker and owner was generic to the situation in Germany, and the strike says as much about late Wilhelmian Germany as it does about the details of the Bosch plant. It is particularly striking that Bosch decided to join the local employers association during the strike, even though his social welfare policies were viewed as radical by many of the other owners in the Wuerttemberg area.

Pre-World War I Germany did not succeed in creating strong institutions required to support a system of skilled work and high wages. The precarious nature of these institutions came to the fore in the Weimar republic as many employers began to experiment with American production methods as a response to the gains made by unions in the revolutionary period following World War I.

There are four critical elements during this period.[9] The first was that the inflationary period led to a rapid compression in wages among skilled and unskilled workers. Perhaps as a result, the apprenticeship programs during the Weimar period were especially weak, either because employers did not invest in them, or young workers did not want to sacrifice years of education for little gain. If one reads the *Enquete Ausschuß* documents drawn up at the end of the 1920s, there is a persistent theme of the dwindling supply of apprentices.

Second, the pressure to rationalize through mechanization proved to be a very difficult problem in the context of a highly skilled workforce. It should be remembered that engineers at Ford introduced the first assembly line by running an experiment on a Sunday and then installing it the next day. The story of Germany, unlike, for example, that of Citroen in France, presents a very troubled and slow adoption of mass production. Indeed, it is notable that many firms stalled in the process by adopting an intermediate stage organized around groups. Many of these work organization experiments were accomplished by an increase in female workers and *Hilfsarbeiter* who were paid substantially less than skilled or *Facharbeiter*. It is true that in many industries, the percentage of skilled workers in the work force returned to the pre-war levels. But in many industries this was not the case, and in almost all industries the proportion of women in the workforce was substantially higher. (This theme of the use of women workers to introduce new work practices can be found also in Goldin [1990] who investigated this pattern for the United States.)

The third point was that the introduction of so-called American methods launched a debate that went far beyond issues of interest, but rather posed the challenge to work out the implications for Germany. The original discussion somewhat blindly assumed that Taylorism or Fordism should be adopted outright. The response by labor to these arguments was negative. But in the end both business and labor began to approach these issues in a more balanced, discursive way. If one reads the material from this time, the impression is that there were proposals, some were tried, but most were rejected. Eventually, however, there was a rough understanding of what would

---

9 The following summarizes the argument in Kogut (1997).

work for the German context. In this process, institutions such as the *Rationalisierungs-Kuratorium der Deutschen Wirtschaft* (RKW) or *REFA-Verband für Arbeitsstudien und Betriebsorganisation* (REFA[10]) played a major role in the definition of these practices. Moreover, they created a strong sense of identity among the ("white collar") *Angestellten* with modern methods. The phrase of the *REFA-Mann* described the thousands of graduates educated in modern management methods, and suggests the formation of a managerial elite that saw itself as the diffusers of the new knowledge. They were the carriers of the new procedural knowledge that disbanded the *Meister* system in favor of a more rational approach to shop floor organization. Moreover, this change in the shop organization also led to changes in accounting and firm hierarchy. As a result, the 1920s showed an increase in management as a percentage of the workforce.

The interesting issue, finally, is what happened to the worker and the new methods. In Germany, unlike the United States or France, the use of bonuses tied directly to piece rates appears to have been far less accepted. What Georg Schlesinger called the *Faktor Mensch* was an indication that there was resistance to incentives that were seen as crude and contrary to *Facharbeit*. In Germany, we see the struggle for a definition of the worker in a time of growing mechanization. Generally, the industrial solution did not lead to a deskilling or to the imposition of crude incentives seen elsewhere. The redefinition of scientific methods in Germany were, in conclusion, deeply influenced by the prevailing norms of justice and adherence to a belief in sustaining the role of the skilled laborer in the work place.

Weimar Germany was a decade in which productivity remained low and political institutions weak. By the end of the 1920s, real wages were increasing, as was productivity. But the coordination between business and labor was very weak and precarious. Corporatist institutional solutions were only partly worked out during the Nazi time when women workers left the work force and apprenticeship programs were reinstated. In fact, REFA was educating thousands during the 1930s.

REFA not only operates today, but also operated for a few years in East Germany after World War II where notions for time study and bonuses found a willing audience. Indeed, one could argue that East Germany was built upon a procedural knowledge of individual effort measurement that the West came to abandon during the later decades. As a note of little worth, the costs of reunification would have been considerably lower in 1950 not because the relative capital stock or technology of East and West Germany were closer together, but because the procedural knowledge in 1950 was vastly more similar in what became two countries afterwards.

Complements are not platonic concepts. They represent the social contract of work definitions, and carry a cognitive salience that guides the routine coordination of jobs and tasks among variegated skills in a work com-

---

10 The abbreviation REFA initially derives from "Reichsausschuß für Arbeitszeitermittlung" (1924).

munity. The Weimar Republic achieved a recontracting of skill, categorization, and wage based on fundamental, though incomplete, innovations in economic democracy. When embedded in corporatist macro-institutions, these micro-institutions have permitted the flexibility in adjusting the Coasian bargain along with technical and organizational changes in the Federal Republic.

Conclusions

In a classic article, Kocka (1979) concluded that the Federal Republic of post-war Germany represented a new beginning rather than a restoration of the Weimar Republic. In the reconfiguration of the balance of power between business and labor, the Federal Republic has built the macro-institutions of a coordinated economy that offer an escape from the kind of divided interests that plagued the Weimar Republic. And yet, the micro-institutions of work – works councils, collective wage agreements, apprenticeship and products calling for intensive skilled labor – are the complementary practices and strategies worked out during the 1920s.

It is tempting to say that the dilemmas facing Germany today are reminiscent of Weimar Germany. There are many elements that are strikingly similar. Unemployment is high. The pressure of women entering the workforce has had an important influence on changing the dynamics of the labor market. There is pressure on relative wages between skilled and unskilled. Some of the gains made by labor, not during a Spartacus revolt but during a long period of the policy of *Soziale Marktwirtschaft* are being rolled back. And of course, German procedural knowledge is being challenged by the diffusion of organizing ideas coming from elsewhere.

This analogy, I would argue, is right in the details, but wrong in the analysis. Not only are the political institutions vastly stronger, as are the social institutions of labor and business organization. There is also a deep agreement on the social values that should determine the main points of the discussion. In fact, it is the observation that social uncertainty has generated a discourse between interested parties that points to the feasibility of a solution.

Countries are arenas in which national values and identities are formed and developed. National norms do not provide superficial points of coordination, but rather contexts in which individual identities are anchored. Historical periods of institutional change always entail an ideological echo, for changing working definitions and ways of doing things implies a change in deeply-rooted identities.

Institutional change is possible, however. Despite strong functional descriptions of static economic systems, economies rarely collapse because single institutional components change. This durability stems from the stock of procedural knowledge that evolves by innovation, or by re-categorization of existing work roles. To suggest otherwise is to ignore that work practices successfully migrate across countries without all the institutional baggage that functional arguments would claim are vital complements.

Even if institutional change is an adaptive process in the procedural knowledge held by individuals, corporatist actors play nevertheless powerful roles in two regards. The first lies in their ability to hinder or permit the local experimentation around new practices. The second aspect is their salience to the re-striking of the burden sharing bargain entailed in shifting identities and altering conceptions of the division of labor and classification of work.

It is ironic that the German strength in corporatist solutions to burden sharing is the drawback to the required experimentation in transforming work practices. The ills of eastern Germany are partly the result that the negotiated political order of the corporatist West Germany was not suited in allowing a region to explore paths from its given conditions in 1989. For along with centralized unions, business associations, and federal law came also definitions of work councils, apprenticeship programs defined by existing skill classifications, and specific templates of work organization.

The functional error was to believe that the incentive properties in the macro-institutional structures were tightly coupled with a set of micro-institutions. However, it is far from obvious that the macro-institutions by which negotiations are supported are uniquely coupled with the work definitions at the micro-level. The problem facing eastern transformation was not that of incentives and Coasian bargains. It was, and remains, the issue of the rapid transformation of procedural knowledge, along with that of work classifications, that represent legitimized rules for coordinated action.

References

Aoki, M. (1990): "Toward an Economic Model of the Japanese Firm." In: *Journal of Economic Literature,* 28, 1, pp. 1-27.
Bendix, R. (1956): *Work and Authority in Industry: Ideologies of Management in the Course of Industrialization.* Berkeley.
Blaich, F. (1984): *Amerikanische Firmen in Deutschland 1890-1918. U.S.-Direktinvestitionen im deutschen Maschinenbau.* Wiesbaden.
Boyer, R./Orléan A. (1991): "Les transformations des conventions salariales entre théorie et histoire. D'Henry Ford au fordisme." In: *Revue économique,* 42, 2, pp. 233-272.
Carlin, W./Soskice D. (1997): "Shocks to the System: The German Political Economy Under Stress". In: *National Institute Economic Review,* 159, pp. 57-76.
Durkheim, E. (1893/1933): *The Division of Labor in Society.* New York.
Elster, J. (1983): *Explaining Technical Change: A Case Study in the Philosophy of Science.* Cambridge/New York.
Finegold, D./Soskice D. (1988): "The Failure of Training in Britain: Analysis and Prescription." In: *Oxford Review of Economic Policy,* 4, 3, pp. 21-53.
Garfinkel, H. (1967): *Studies in Ethnomethodology.* Eaglewood Cliffs.
Garfinkel, H./Sacks H. (1969): "On Formal Structures of Practical Actions." In: J. C. McKinney/E. Tiryakian (eds.): *Theoretical Sociology.* New York, pp. 336-366.

Goldin, C. (1990): *Understanding the Gender Gap: An Economic History of American Women*. Oxford.
Jensen, M. (1993): "Presidential Address." In: *Journal of Finance*, 48, 3, pp. 831-880.
Kocka, J. (1979): "1945: Neubeginn oder Restauration?" In: C. Stern/H.-A. Winkler (Hg.): *Wendepunkte deutscher Geschichte 1848-1945*. Frankfurt a.M., pp. 75-94.
Kogut, B. (1997): *The Recoupling of a Somewhat Coupled System: Weimar Germany and American Work Practices*. Manuscript.
Kreps, D. (1990): *Game Theory and Economic Modelling*. Oxford.
Kugler, A. (1987): "Von der Werkstatt zum Fließband. Etappen der frühen Automobilproduktion in Deutschland". In: *Geschichte und Gesellschaft*, 13, 3, pp. 304-339.
Lakoff, G. (1987): *Women, Fire, and Dangerous Things. What Categories Reveal about the Mind*. Chicago.
Lave, J./Wenger, E. (1991): *Situated Learning*. Cambridge.
North, D. (1990): *Institutions, Institutional Change, and Economic Performance*. Cambridge.
North, D./Thomas, R. (1973): *The Rise of the Western World: A New Economic History*. Cambridge.
North, D./Weingast, B. (1989): "Constitutions and Commitment: The Evolution of Institutions Governing Public Choice in Seventeenth-Century England." In: *Journal of Economic History*, Vol. 49, pp. 803-832
Ostrom, E. (1990): *Governing the Commons*. New York/Cambridge.
Plumbe, W. (1994): "Die Betriebsräte in der Weimarer Republik: Eine Skizze zu ihrer Verbreitung, Zusammensetzung und Akzeptanz". In: K. Lauschke/T. Welskopp (Hg.): *Mikropolitik im Unternehmen. Arbeitsbeziehungen und Machtstrukturen in industriellen Großbetrieben des 20. Jahrhunderts*. Essen, pp. 42-60.
Poundstone, W. (1992): *Prisoner's Dilemma*. New York.
Prinzing, M. (1989): *Der Streik bei Bosch im Jahre 1913. Ein Beitrag zur Geschichte von Rationalisierung und Arbeiterbewegung*. Stuttgart.
Ragin, C. (1987): *The Comparative Method: Moving Beyond Qualitative and Quantitative Strategies*. Berkeley.
Reber, A. (1993): *Implicit Learning and Tacit Knowledge. An Essay on the Cognitive Unconscious*. New York/Oxford.
Schutz, A. (1962): *Collected Papers*, Vol. 2. The Hague.
Soskice, D. (1990): "Reinterpreting Corporatism and Explaining Unemployment: Coordinated and Non-Coordinated Market Economies". In: R. Brunetta/C. Dell'Aringa (eds.): *Labour Relations and Economic Performance*. London, pp. 170-211
Streeck, W. (1992): *Social Institutions and Economic Performance. Studies of Industrial Relations in Advanced Industrialized Countries*. London.
Van Maanen, J./Barley, S. (1984): "Occupational Communities: Culture and Control in Organizations". In: B. Staw /L. Cummings (eds.): *Research in Organizational Behavior*, 6, pp. 287-365.
Weber, M. (1922/1968): *Economy and Society*. Berkeley.
Wietog, J. (1990): *Zwischenbericht: Von der Mechanisierungs- zur Automatisierungsdebatte*. Akademie der Wissenschaften zu Berlin. Manuscript.

Weitere Titel aus dem Wissenschaftszentrum
Berlin für Sozialforschung bei edition sigma

Eine Auswahl

Der Verlag hält Sie
über sein sozial-
wissenschaftliches
Buchprogramm
gern auf dem
laufenden. Natür-
lich kostenlos und
unverbindlich.

edition sigma
K.-Marx-Str. 17
D-12043 Berlin

Die WZB-Jahrbücher

Wolfgang Zapf, Meinolf Dierkes (Hg.)
Institutionenvergleich und Institutionendynamik
WZB-Jahrbuch 1994

1994, 379 S., geb.
ISBN 3-89404-290-7
DM 49,80

Hedwig Rudolph (Hg.) unter Mitarbeit von Dagmar Simon
Geplanter Wandel, ungeplante Wirkungen
Handlungslogiken und -ressourcen im Prozeß der
Transformation. WZB-Jahrbuch 1995

1995, 348 S., geb.
ISBN 3-89404-291-5
DM 49,80

Wolfgang van den Daele, Friedhelm Neidhardt (Hg.)
Kommunikation und Entscheidung
Politische Funktionen öffentlicher Meinungsbildung
und diskursiver Verfahren. WZB-Jahrbuch 1996

1996, 406 S., geb.
ISBN 3-89404-292-3
DM 49,80

Vorankündigung: Das WZB-Jahrbuch 1998

Horst Albach, Meinolf Dierkes (Hg.)
**Organisationslernen - institutionelle und kulturelle
Dimensionen** [Arbeitstitel]

erscheint im
Herbst 1998

Neuerscheinungen 1997 aus dem WZB

Ulrich von Alemann, Bernhard Weßels (Hg.)
Verbände in vergleichender Perspektive
Beiträge zu einem vernachlässigten Feld

1997, 289 S.
ISBN 3-89404-164-1
DM 36,00

Frank Biermann, Sebastian Büttner, Carsten Helm (Hg.)
Zukunftsfähige Entwicklung
Herausforderungen an Wissenschaft und Politik. Festschrift
für Udo E. Simonis zum 60. Geburtstag

1997, 330 S.
ISBN 3-89404-174-9
DM 44,00

Meinolf Dierkes (Hg.)
Technikgenese
Befunde aus einem Forschungsprogramm

1997, 264 S.
ISBN 3-89404-169-2
DM 36,00

bitte beachten Sie auch die folgende Seite

Weitere Titel aus dem Wissenschaftszentrum Berlin für Sozialforschung bei edition sigma

Eine Auswahl

Der Verlag hält Sie über sein sozialwissenschaftliches Buchprogramm gern auf dem laufenden. Natürlich kostenlos und unverbindlich.

edition sigma
K.-Marx-Str. 17
D-12043 Berlin

Manfred Fleischer
The Inefficiency Trap
Strategy Failure in the German Machine Tool Industry

1997, 233 S.
ISBN 3-89404-173-0
DM 33,00

Ute Hoffmann, Bernward Joerges, Ingrid Severin (Hg.)
LogIcons
Bilder zwischen Theorie und Anschauung

1997, 291 S.
ISBN 3-89404-171-4
DM 39,00

Georgi Karasimeonov (ed.)
The 1990 Election to the Bulgarian Grand National Assembly and the 1991 Election to the Bulgarian National Assembly
Analyses, Documents and Data

1997, 156 S.
ISBN 3-89404-165-X
DM 33,00

S. Ran Kim
Vom Schwellenland zur Spitzennation
Entwicklungsbedingungen und -prozesse der Halbleiterindustrie Südkoreas

1997, 232 S.
ISBN 3-89404-172-2
DM 33,00

Barbara Maria Köhler, Elfriede Feichtinger, Eva Barlösius, Elizabeth Dowler (eds.)
Poverty and Food in Welfare Societies

1997, 385 S.
ISBN 3-89404-166-8
DM 44,00

Traute Meyer
Ungleich besser?
Die ökonomische Unabhängigkeit von Frauen im Zeichen der Expansion sozialer Dienstleistungen

1997, 216 S.
ISBN 3-89404-168-4
DM 29,80

Andreas Schmidt
Flugzeughersteller zwischen globalem Wettbewerb und internationaler Kooperation
Der Einfluß von Organisationsstrukturen auf die Wettbewerbsfähigkeit von Hochtechnologie-Unternehmen

1997, 308 S.
ISBN 3-89404-170-6
DM 39,00

Carolin Schöbel
Macht Persönlichkeit einen Unterschied?
Eine empirische Analyse über das Wechselverhältnis von politischer Kultur und Persönlichkeitsstruktur

1997, 195 S.
ISBN 3-89404-167-6
DM 29,80

Kontinuierlich neue Programminformationen im Web: http://www.edition-sigma.de